B&E 金融学系列

金融工程（第2版）

周复之　杨世峰　主　编
周子茗　张利军　周洋帆　副主编

清华大学出版社
北　京

Financial Engineering

内 容 简 介

本书系统而全面地介绍了金融工程的原理、方法、工具及其应用。全书分为三篇：第一篇阐述金融工程的基本方法和基本理论，包括金融工程的概念、特点与功能、金融工程方法论、风险及其管理、金融工程理论基础等；第二篇阐述基础性金融工具的特性、定价及其应用，包括固定收益证券及其定价、非固定收益证券及其定价、资产证券化等；第三篇阐述衍生性金融工具的特性、定价及其应用，主要包括互换、远期、期货、期权等内容。

本书适用于经济类、管理类各专业的本科生作为基础教材，亦可作为其他专业本科生学习此类课程的教科书，也可以作为研究生或金融、财会专业人士的参考用书。

本书封面贴有清华大学出版社防伪标签，无标签者不得销售。
版权所有，侵权必究。举报：010-62782989，beiqinquan@tup.tsinghua.edu.cn。

图书在版编目 CIP 数据

金融工程/周复之，杨世峰主编. — 2版. — 北京：清华大学出版社，2014（2022.8重印）
（B&E金融学系列）
ISBN 978-7-302-38597-4

Ⅰ. ①金… Ⅱ. ①周… ②杨… Ⅲ. ①金融工程 Ⅳ. ①F830.49

中国版本图书馆CIP数据核字(2014)第273653号

责任编辑：高晓蔚
封面设计：刘晓霞
责任校对：宋玉莲
责任印制：丛怀宇

出版发行：清华大学出版社
网　　址：http://www.tup.com.cn，http://www.wqbook.com
地　　址：北京清华大学学研大厦A座　　　　邮　编：100084
社 总 机：010-83470000　　　　　　　　　　邮　购：010-62786544
投稿与读者服务：010-62776969，c-service@tup.tsinghua.edu.cn
质量反馈：010-62772015，zhiliang@tup.tsinghua.edu.cn

印 装 者：北京富博印刷有限公司
经　　销：全国新华书店
开　　本：185mm×230mm　　印　张：25.25　　插　页：1　　字　数：502千字
版　　次：2008年2月第1版　2014年12月第2版　　印　次：2022年8月第7次印刷
定　　价：59.00元

产品编号：058737-02

第 2 版前言

《金融工程》第 1 版出版至今,已经有 6 年多了。6 年来金融领域风云跌宕,世界金融格局和中国的金融市场都发生了巨大的变化。这为金融工程的教学提出了新的要求和挑战。《金融工程》第 1 版受到各地师生的欢迎,接连印刷达 6 次之多,发行逾万册。先后获得省级社会科学优秀成果奖、省级教学成果奖,并被评选确定为省级精品课程。

这次的修订工作是在总结本书 6 年来教学实践情况的基础上进行的,同时也汲取了国内众多院校在使用本教材后提出的修改建议。修订工作主要完成了以下几项内容:

1. 审校、订正了第 1 版中的某些错误和遗漏。根据金融领域近来的发展,更新了部分内容。

2. 为了便于学生理清思路,把握住对金融工程基本内容的学习、对知识要点的理解,我们在每一章正文的开头编写了"学习指导",结尾编写了"本章小结",为教师的教学和学生的学习提供相应的参考。

3. 为了反映近年来国内外金融领域的众多发展变化、金融实践的重大经验教训,在每一章小结之后编纂了两篇"阅读资料",借以增加对金融工程原理及技术的深入理解、对金融工程方法与策略的正确运用。

4. 在每一章的最后,全面修改、编写了"复习思考题",并详细分为问答题、选择题、计算题三部分,使学生在学习本教材的基本内容之后加强具体练习、技能实训和期末复习,以加强对基本知识的融会贯通和掌握。如需参考答案,可向作者索取,或从 http://www.tup.com.cn 下载。

这次的修订工作和及时出版自始至终得到清华大学出版社的大力支持和多方面帮助,对此我们表示诚挚的谢意。

各章编写人员分工如下:周复之为编写修订工作的总负责人并总纂全文,杨世峰负责编写第三章、第八章、第九章,周子茗负责编写第五章、第六章，张利军负责编写第四章、第十章，周洋帆负责编写第二章、第十一章，刘德光负责编写第一章，徐芳和周子茗负责编写第七章。先后参加编写、修订工作的还有庞楷博士、许晓永博士、张学峰博士、吴炳辉博士、罗频宇、付海龙、李映宗、王乐、陈冬亚、任丽鑫、周鸿霞、杨栓军、曾海丽、史安玲诸位老师；研究生南旭、叶雄辉、韩磊、冯海东、张国栋、王刘洋、张亮旭、聂宁、刘宁一、张晶晶、赵奕尧、魏鑫、李懿玮、张青、聂䥽、姜亚辉、苏晓立、周贺贺、黄娅娟参加了资料整理、作图制表、文档录入等工作。

　　本书在编写、修订过程中参考了大量相关文献资料，在此一并表示感谢。对本书中尚存在的不足之处表示歉意，并随时敬请各位读者不吝赐教。下列 E-mail 地址恭候您的批评和指正：zhoufz126@126.com，电话：13519447663。

周复之
2014 年 8 月

第1版前言

金融工程是20世纪90年代首先在经济发达国家兴起的一门新型学科。它的出现，带来了金融科学突飞猛进的发展，受到了各国理论界、实业界和监管当局的高度重视，被称之为"金融业中的高科技"，并且越来越受到广泛的应用。由于金融已经逐步成为现代经济的核心，而知识经济在金融领域的标志就是金融工程，所以世界各国的高等教育对此展开了激烈的竞赛。当前，发达国家的高校不但普遍在经济类、管理类院系将金融工程设立为主干课，而且已经延伸到数理类、工程类院系，成为热门的必修课或选修课。

在这种快速发展的态势下，我国在教育部21世纪金融教改会议上也已将金融工程列为金融学各专业的主干课，并且推荐为经济类、管理类各专业的必修课或选修课。但是，与此快速发展形成强烈反差的是，金融工程教材的内容体系若干年来却一直没有很大的变化，这不能不对其教学质量带来一定的负面影响。因而，如何结合我国普通院校本科层次的具体情况，构造适应我国学生特点及国情现况的金融工程教材内容新体系，成为当前十分迫切的一项任务。

一、金融工程教材目前存在的问题

在金融工程刚刚介绍到国内的一段时期中，各院校所使用的教材基本上是海外的原版教材或原版翻译教材，经过一段时间的教学实践之后，出现了我国学者自己编著的教材。但是，由于金融工程是交叉学科，内容涉及金融科学、数理统计、系统工程以及计算机信息技术等，是多学科的综合与集成，因而编撰起来难度大、头绪杂，导致体系照搬的多，创新的少；内容原有的多，新增的少。在课程的教学过程中，让教师们颇感费心的是要找到一本文理兼顾、深浅适度、使我国普通院校本科学生易于接受的教材往往很难如愿。当前国内已有的金融工程教材可以分为以下几类：

（1）原版翻译型教材。这类教材往往包涵金融工程所涉及的方方面面，编撰体系极具广泛性，内容由于量大面广而显得十分庞杂，以至一本教材在我国经常要分上下册出版，这自然使得教师在内容选择上容易产生难以驾驭之感，在日常备课时要耗费较多的精力，在有限课时的讲授过程中颇难取舍；同时应用的大量数据、报表、案例等均来自国外，学生读后常常反映大有"隔岸观火"之感，且不说还有昂贵的教材费用负担问题。

（2）数理推导型教材。该类教材倾向于以建立理论模型作为出发点，其作者大多有数理及工程背景，长于用数学模型和演绎方法来阐述金融工程原理。教材中数学推导和相关模型过多，而经济活动中有关金融学和经济学的过程描述却不是那么清晰，对于金融特性、经济本质的揭示着墨不多或分析不够，难以满足本科层次学生的学习要求。我国的经济类、管理类专业招生多为文理兼收甚至以文科为主，从学生的理解方式与认知过程来看，有关交易及活动过程的经济学和金融学解释同样是十分必要的，这就使得该类教材的普遍可接受性受到了很大限制。

（3）专业操作型教材。这些教材多以衍生工具为主，表现出明显的应用操作特色，其作者大多有海外金融机构的工作经历，熟悉金融工具的运作过程，往往具有丰富的实务经验。教材中不但仔细介绍每种工具的各项功能，甚至对各功能在不同场合、不同交易中的具体操作都一一罗列，详加示范。但是当这些内容占据了大量篇幅之后，有关基本原理的解释、基本工具的分析就无暇顾及了。故而这类教材更加适合于金融机构的业务人员或有过相关金融工作经验的人士阅读，对于普通院校本科层次且尚未有过从业经历的在校学生来说则勉为其难了。

另外，上述教材对于最近在我国发展很快的一些金融工程新动向、新工具缺乏足够的介绍，如各种基础工具、资产证券化工具的新发展以及它们与衍生工具之间的关联分析等，这将直接影响到学生毕业后的学以致用问题。

二、本教材的改革方向与特色探索

高校毕业生所具备的知识结构是高校教学质量的集中体现，学科知识结构的优化与整合是提升高校竞争力的关键点。金融工程作为新兴的交叉性、综合性学科，在这一点上显得尤为突出。我国正式引入金融工程的时间尚不到十年，但争论却一直不断，其中"拿来主义"与"中国特色"之间的争论总是最激烈的。金融工程的出现，促成了经济发达国家金融业突飞猛进的发展，如此先进的东西，拿来为我所用是对的；但我国又是世界上最大的发展中国家、转轨国家，有许多特有的国情，有自己的路径选择，强调中国特色也是对的。能够使两者兼而有之的当然是首尾连贯的三步曲：择优引进—消化吸收—本土化创新。因而"西学中用，最终实现本土化"应当成为此类教材内容体系改革的基本方向。

第1版前言

教育部21世纪金融教改会议上提出,"全国金融教学不应搞成一个模式,应该搞出自己的特色","要允许不同的学校根据自己的学科基础办出自己的特色来"。本教材正是依此,为了适应提高学科教学质量和建设精品课程的需要,在近几年的教学实践中逐渐形成了以下若干特色。

1. 瞄准学科的应用实践——以此确定金融工程的涵盖范围

金融工程是一门应用性、综合性学科,包含的内容十分广泛,但其主体是现代金融理论、现代工程方法和现代信息技术的结合,并在此基础上形成了自己的知识体系,大体上可以分为三部分:一是概念性的工具,指使金融工程成为一门正式学科的基本思想和基本原理;二是基础性工具,包括各种基础金融产品及其证券化手段;三是衍生性金融工具。

(1) 知识体系要完整、合用。在这里需要指出的是,现在国内有些专业在开设金融工程课程时,其内容主要限于衍生性金融工具,这样做是不妥当的。一是"元件"类课程不能代表整个"工程"本身;二是从学以致用的角度看,这样的知识结构不适合于我国的现实要求。经济发达国家的金融衍生市场是金融工程应用的热门领域,而我国基本上处于开发阶段。可是我国的现货市场却有许多工具急需我们去定价、去配置,不但空间很大,并且需求迫切,这应当成为国内教学的重点。

(2) 知识体系要注重基础环节。按照我国当前的现实情况,本教材不但增加了基础金融资产的有关章节(第五章、第六章),并且将其作为分析的重点,因为它们才是金融工程中最基本的"元素"和"部件"。而现有许多教材对此不是缺环,就是仅作简单介绍,缺少工程视角的分析与应用。这类内容在金融市场学、证券投资学中则更多的是从业务运行、市场操作的角度加以讲解,缺少量化分析与机理阐述。而国外的教材或专著对这些方面的论述又过于庞杂和艰深,不适合于本科学生的接受能力。

(3) 知识体系要突出"工程化"。本教材对于资产证券化的内容亦专门设置一章(第七章)加以阐述,对其本质及特性从工程视角作了新的分析与归纳。因为资产证券化的整个过程,从需求、设计、制作,直到实施,典型地体现出了工程化活动的所有特征;而我国的经济、金融多年来快速发展,也进入了需要加强资产证券化知识的普及和应用阶段。

2. 把握课程的相互分工——以此权衡金融工程的内容侧重

(1) 金融工程是理论类课程的"工具包"。金融学(货币银行学)、金融经济学、金融市场学、国际金融等,这些课程大多是金融工程的前续课程,主要介绍有关金融领域的基本原理、运行机制及其主体的行为规律;而金融工程则主要是为它们提供具体的实施技术和各种可操作化工具。

(2) 金融工程是实务类课程的"方法论"。公司理财、投资学、风险管理、创业金融、企业并购等,这些课程一般为金融工程的并行或后续课程,可以看作是金融工程在某个领域的应用,主要介绍有关金融业务、运营过程及其实施的基本步骤和规则;而金融工程则成为它们实践过程中的方法论和创造性、创新性手段。

（3）金融工程是元件类课程的"集成化"。固定收益证券、非固定收益证券（或权益证券）、资产证券化、金融衍生工具等，这些课程一般是某一类金融工具或技术的专门知识，可以看作是组成整个金融工程的某种零件或某类工艺；而金融工程则是它们的综合化、集成化，由此形成金融工程与这些课程的分工，不宜相互替代。

综上所述，金融工程是整个金融知识体系中的"方法论"、"工具包"和"集成技术"，本书也正是以此为准则来进行内容选取和章节编排的。

3. 适应学生的认知过程——以此优化金融工程的表述方式

虽然国内目前有关金融工程方面的教材已经有许多不同版本，但由于出书院校的类型不同（数学类、理工类、财经类）、层次不同（本科生、硕士研究生、博士研究生），所以教材的深浅程度参差不齐，涵盖范围繁简不一，适用的方向和侧重也互有差异。在上述改革方向的基点之上，结合我国的国情、宏微观环境，以及普通院校、本科层次学生的特点，我们对金融工程课程的内容体系和表述方式重新进行了组织，使之更好地符合学生的认知特点。

（1）本科层次，深浅适度。针对我国普通院校本科层次的教学要求，注意知识覆盖面适中，重要的原理和模型既有基本的论述，又避免采用复杂的纯推导过程，多运用类比和举例加以说明，尽量增加普遍可接受性。

（2）文理兼顾，表述简洁。针对我国财经类、管理类专业招生文理兼收的特点，在内容表述上注意加强金融学、经济学讲述方式与数理演绎方式相结合的力度，使之融会贯通，便于学生领会和掌握。

（3）图表结合，易于理解。精心设计多种图示和表列，使复杂内容的表达既直观又清晰，并运用分解/组合模块图将知识结构的关键环节及基本步骤加以程序化和可视化，既符合学生的认知特点，又充分体现了工程类学科的特色。

（4）必修、选修，适应多种课型。在章节安排、内容伸缩上注意与当前教师的教学工作量相对应，符合我国绝大多数高校课时配置的惯例（必修课3~4学时/周，选修课2学时/周），让教师便于按照教学要求进行取舍。各章之后均附有复习思考题。

本书在写作的过程中直接或间接地借鉴国内外的论著、教科书等一些素材，难以一一列举，在此一并致谢！书中如存在观点上的偏差，当由作者自己负完全责任。

囿于笔者的学识水平，书中肯定错误之处甚多，敬请读者和使用本书进行教学的老师与同学们批评指正。

周复之

2008年1月

目 录

第一篇　金融工程的基本方法和基本理论

第一章　金融工程概论 …………………………………………………… 3
【学习指导】 ……………………………………………………………… 3
第一节　金融工程的概念、特点与功能 ………………………………… 3
第二节　金融工程的发展及动因 ……………………………………… 13
第三节　金融工程的研究内容 ………………………………………… 16
第四节　金融工程的应用领域 ………………………………………… 23
本章小结 ………………………………………………………………… 29
阅读资料 ………………………………………………………………… 30
复习思考题 ……………………………………………………………… 32

第二章　金融工程方法论 ………………………………………………… 34
【学习指导】 ……………………………………………………………… 34
第一节　无套利分析法 ………………………………………………… 34
第二节　风险中性定价法 ……………………………………………… 42
第三节　状态复制定价法 ……………………………………………… 44
第四节　积木分析法 …………………………………………………… 49
本章小结 ………………………………………………………………… 57
阅读资料 ………………………………………………………………… 57
复习思考题 ……………………………………………………………… 60

第三章　风险及其管理 …………………………………………………… 62
【学习指导】 ……………………………………………………………… 62

第一节 风险及风险管理概述 …… 62
第二节 风险的识别 …… 72
第三节 风险的衡量 …… 76
第四节 金融风险及其管理 …… 82
本章小结 …… 89
阅读资料 …… 90
复习思考题 …… 92

第四章 金融工程理论基础 …… 94

【学习指导】 …… 94
第一节 投资组合理论 …… 94
第二节 资本资产定价模型(CAPM) …… 103
第三节 套利定价理论(APT) …… 109
第四节 有效市场假说 …… 118
本章小结 …… 126
阅读资料 …… 126
复习思考题 …… 129

第二篇 基础性金融工具的特性、定价及其应用

第五章 固定收益证券及其定价 …… 133

【学习指导】 …… 133
第一节 固定收益证券概述 …… 133
第二节 固定收益证券的内在价值与价格 …… 145
第三节 债券条款及其价格特性分析 …… 153
第四节 固定收益证券的不确定性分析 …… 168
本章小结 …… 176
阅读资料 …… 177
复习思考题 …… 178

第六章 非固定收益证券及其定价 …… 181

【学习指导】 …… 181
第一节 非固定收益证券概述 …… 181

第二节 贴现现金流估价方法 191
第三节 相关比率估价方法 198
第四节 或有索取估价法 207
本章小结 215
阅读资料 216
复习思考题 220

第七章　资产证券化 222

【学习指导】 222
第一节 资产证券化概述 222
第二节 资产证券的基本类型及其特点 229
第三节 资产证券化的主体、客体和操作流程 236
第四节 现金流分析与资产证券定价 247
本章小结 251
阅读资料 252
复习思考题 255

第三篇　衍生性金融工具的特性、定价及其应用

第八章　互换 259

【学习指导】 259
第一节 互换概述 259
第二节 利率互换 265
第三节 货币互换 274
第四节 互换的应用 281
本章小结 290
阅读资料 291
复习思考题 293

第九章　远期 295

【学习指导】 295
第一节 远期合约概述 295
第二节 远期合约定价 299

第三节　远期利率协议 ································· 305
　　第四节　远期外汇交易 ································· 311
　　本章小结 ··· 319
　　阅读资料 ··· 320
　　复习思考题 ··· 322

第十章　期货 ··· 324

【学习指导】 ··· 324
第一节　期货交易概述 ····································· 324
第二节　期货交易的基本原理 ······························· 330
第三节　股票指数期货 ····································· 334
第四节　利率期货 ··· 341
第五节　外汇期货 ··· 345
本章小结 ··· 349
阅读资料 ··· 350
复习思考题 ··· 353

第十一章　期权 ··· 355

【学习指导】 ··· 355
第一节　期权交易概述 ····································· 355
第二节　二叉树期权定价模型 ······························· 365
第三节　Black-Scholes 期权定价模型 ······················· 372
第四节　期权交易策略 ····································· 376
本章小结 ··· 383
阅读资料 ··· 384
复习思考题 ··· 386

参考文献 ··· 389

第1版后记 ··· 391

第一篇 金融工程的基本方法和基本理论

第一章　金融工程概论
第二章　金融工程方法论
第三章　风险及其管理
第四章　金融工程理论基础

第一章
金融工程概论

【学习指导】

通过本章学习,能够掌握金融工程的概念、特点与基本功能;了解金融工程与金融创新、金融工程与金融发展的关系;知道金融工程产生和发展的微观因素及内在动因、宏观因素及外在动因;明确金融工程的知识结构、研究范围和内容体系;对金融工程在企业管理、风险控制、公司理财、投资决策以及金融各行业中的具体应用建立初步的知识框架。

第一节 金融工程的概念、特点与功能

金融工程是在20世纪80年代末和90年代初,在金融创新的基础上发展起来的一门新学科,作为一门前沿学科,它融合了金融学、经济学、投资学和工程学的相关理论,同时又吸收了数学、运筹学、物理学等学科的精髓部分,是一门以现代金融理论为支撑、以实务操作为导向、结合工程技术管理和信息加工处理的交叉性学科。金融工程被正式确立为一门独立的学科,一般以1991年美国"国际金融工程师学会"(IAFE)的成立作为标志,表明了金融工程正式被国际社会所确认。

一、金融工程的概念

1. 金融工程的基本概念:金融的工程化

金融工程作为一门独立学科的时间毕竟还不是很长,因此学术界和产业界对于金融工程的定义、性质、涵盖范围和研究内容等方面的认识也不尽相同。下面介绍几种具有代表性的观点,其要点列于表1-1。

表 1-1 有关金融工程定义的代表性观点

观点提出者	代表性著作	对金融工程的定义要点
芬纳蒂（美国金融学教授）	《公司理财中的金融工程综述》	金融工程包括创新型金融工具与金融手段的设计、开发与实施，以及对金融问题给予创造性地解决。
史密斯和史密森（美国经济学家、银行家）	《金融工程手册》	金融工程主要是指用基本的资本市场工具结合而成新型金融工具的过程。
格利茨（英国金融学家）	《金融工程学——管理金融风险的工具和技巧》	金融工程是应用金融工具，将现有的金融结构进行重组，以获得人们所希望的结果。
宋逢明（中国清华大学教授）	《金融工程原理——无套利均衡分析》	金融工程是将工程思维引入金融领域，综合地采用各种工程技术方法来设计、开发和实施新型的金融产品，创造性地解决各种金融问题。

(1) 约翰·芬纳蒂(John Finnerty)的定义

金融工程包括创新性金融工具与金融过程的设计、开发与运用，以及对企业整体金融问题的创造性解决方略[1]。该定义中的"创新"与"创造"涉及金融领域中思想的跃进、对已有的观念做出新的理解和应用以及对已有的金融产品进行重新组合，以适应某种特定的情况。按照这个定义金融工程包括三个方面的内容：一是新型金融工具的设计与创造，如零息债券、可转换债券的设计；二是创新性金融过程的设计与开发，如在金融交易系统中引进新的通信技术，改变交易、清算系统等；三是针对企业整体金融问题的创造性解决方略，如针对企业的投资提出整体的解决方案，以降低投资的风险或者提高投资的预期收益率。

(2) 史密斯和史密森的定义

美国罗彻斯特大学西蒙管理学院教授克里弗德·史密斯和大通曼哈顿银行经理查尔斯·史密森合著的《金融工程手册》(1993)提出的概念颇具代表性。他们指出，金融工程创造的是导致非标准现金流的金融合约，它主要指用基础的资本市场工具组合而成新工具的过程。

这个定义的优点在于指出了金融工程着眼于创造"非标准"的新金融工具。这从金融工程的一般运作过程中可以很清晰地看出。标准的金融工程一般包括以下几个运作步骤：

① 诊断。根据客户特定的要求和所遇到的特殊困难，找出问题的根源和性质。

② 研究和设计。根据现有的金融理论、金融技术、市场状况、本公司和客户的资源状

---

[1] John D Finnerty. Financial Engineering in Corporation Finance: an Overview[J]. Financial Management, 1988, 7(4).

况,在符合金融监管的基础上,为客户寻找解决问题的最佳方案。这种最佳方案一般是一种全新的金融工具或者是一种新的金融操作方式,甚至有时需要设立一个专门的金融中介机构来达到客户的目标。在研究中,必须充分考虑这种金融方案可能引起的对客户、对本公司的各种风险,并设计分散或转移风险的方案。同时,还要估算该金融产品的价格,编写研究报告,以获得客户同意。

③ 开发。按照上述最佳解决方案开发出新的金融产品,并根据金融资产的定价理论、本公司的开发成本和合理的利润计算产品的价格。

④ 管理。考察金融产品的运作情况,监督本公司和客户的头寸暴露情况,并根据市场状况和本公司整体头寸状况进行动态交易调整。

由此可见,金融工程实际上是为特定的客户量体裁衣,设计特定的、非标准的金融产品的过程。产品的标准与非标准,是指该金融产品是否被市场普遍接受并交易。实际上,每一种标准的金融产品,都经历过一个由非标准的金融产品到被市场接纳、复制、批量生产、集中交易的过程。

(3) 洛伦兹·格利茨的定义

金融工程是应用金融工具,将现有的金融结构进行重组以获得人们希望的结果[①]。

格利茨认为重组金融结构以获得人们希望的结果是金融工程的主要用途。例如:对于进口商而言,金融工程(外汇期权)能够在防范汇率风险的同时保留汇率变动带来的收益;对于筹资者来说,金融工程可以设计出符合投资者风险收益需要的金融工具,以使筹资活动顺利地进行。

(4) 宋逢明的定义

金融工程是将工程思维引入金融领域,综合地采用各种工程技术方法(主要有数学建模、数值计算、网络图解、仿真模拟等)设计、开发和实施新型的金融产品,创造性地解决各种金融问题[②]。该定义中的金融产品包括金融商品(股票、债券等)、金融服务(结算、清算等)和金融问题的解。

综合上述各种定义,对金融工程的含义可以归纳为两类定义,即狭义的金融工程和广义的金融工程:

狭义的金融工程主要是指利用数学、计算机及信息网络等现代化信息工具,在现有基本金融产品和交易方式的基础上,对各种金融产品的收益、流动性、风险性进行各种形式的组合分解,以重组拆分的设计手段设计出符合客户需要的新金融产品。

---

① [英]洛伦兹·格利茨(Lawrance Galitz). 金融工程学——管理金融风险的工具和技巧[M]. 唐旭,等,译. 北京:经济科学出版社,1998.
② 宋逢明. 金融工程原理——无套利均衡分析[M]. 北京:清华大学出版社,1999.

广义的金融工程主要是指一切利用工程化手段来解决金融问题,包括金融技术和服务的开发以及程序化的全过程,即金融工程不仅包括金融产品设计,还包括金融产品的定价、交易方式、营销策略以及金融风险管理等各个方面。

2. 金融工程的核心概念:金融创新与实践

一门学科应该有一个核心的概念和围绕该概念发展的核心部分。根据J.芬纳蒂对金融工程所下的定义,金融工程是从微观领域的金融问题为出发点,创新和创造性地寻找解决问题的思维方式和办法的。所以该学科的核心概念可以理解为一组关于金融如何创新(innovation)的概念,它的核心部分是金融创新与实践,包括金融产品创新和金融技术进步革新。

尽管金融工程研究的范围远远超过并涵盖了金融创新,但其研究成果一直是注重实效的金融应用层面,也就是其实践性应用研究多于理论研究,由此可见金融观念创新和与满足社会需求的金融技术创新相结合乃是该学科的生命线。基于这种认识,在探究一个真正的或成功的金融工程的时候,应该从它所引发的种种不同于旧的事物和方法、代表一种崭新的想法去认识金融工程及金融工程学本身;应该从它所创新的金融理论工具或实体工具既基于先前的应用原理、作业程序以及方法的技术性能水平,又有超过其原来能限的某些进步去体会其技术特征及方法论。既然创新是该学科得以快速发展的一个重要的标志,那么,学习金融工程,就是探究创新实践,发掘新观念、导入新观念,并激励研究、引发争论、指导实践,从而增进我们对经济现象的深入理解、预测和控制能力。把握好了这一点,我们才不至于担心新观念会引起混乱或者导致学科分裂,才能通过金融工程学会开发设计的思维方式,才能从工程系统论的视角去探究金融问题及发展学科本身。

二、金融工程的特点

金融工程作为一门新兴的工程化交叉学科,具有以下突出的特点。

1. 实用化的特点:实践性、灵活性和可操作性

金融工程的实用化特点表现在其问题来自于实践、理论服务于实践、工作完成于实践,以及问题求解的灵活务实性和最终解决方案实施过程的可操作性。金融工程的根本目的就是根据客户的期望和市场的状况,运用金融工程技术和金融工具制造出满足客户需要的产品,圆满地解决金融实际问题。金融科学的工程化发展过程本身就已经表明,金融学已经从抽象的理论中走了出来,开始面向客户、面向市场,致力于解决实践中的具体金融问题。

在当今的金融市场上,越来越多的客户已经不再满足于利用市场上现有的金融工

具进行投资交易,而是需要能够为他们提供更多"实际效用"的、更"个性化"的金融产品。正是这类需求推动着新型金融产品层出不穷,也使得金融工程学成为抽象理论和具体实践联系得最为紧密的学科之一。形象地说,可以将一个个金融工程部门比作一家家裁缝店,为不同需求的客户"量体裁衣",制作出一件件个性化的"时装"。金融工程的实施过程可以看作是把一个个种类各异的金融实体工具作为零件,由金融工程师装配成一部部具有特殊性能的"机器"以满足客户的独特需求,或生产出最适合客户特点的新型金融产品。

2. 综合化的特点:跨学科、交叉性和互补性

金融工程作为一门新兴学科,是现代金融理论和现代工程技术方法以及信息技术相结合的产物,金融工程与三者之间的关系如图 1-1 所示。工程技术进入金融领域,使金融科学进入了一个崭新的发展阶段,从原来的描述性、分析性阶段进入了工程化的阶段。现代金融理论主要涉及投资组合与风险管理理论、资产价值和定价理论、金融衍生产品理论等;现代工程方法主要涉及系统科学和系统工程、数学建模与运筹学、现代决策理论等;现代信息技术主要涉及计算机科学及数据处理、数据传递、仿真模拟、人工智能等。金融工程跨越多门学科,给从事这一工作的人员提出了更高的要求。

图 1-1　金融工程的学科交叉

工程化观念和信息技术从最基本的方法论角度为金融科学的研究与发展提供了新的思维范式和工具支持。金融工程的创新特征,在于它所提供的是适用于金融业的高新科技。事实上,这种金融领域的高新科技已经显示出了巨大的威力。国际金融投机者在世界各地的金融市场兴风作浪时,并不是在盲目地投注赌博,而是利用高新科技,设计出十分精妙的大规模套利和投机策略,向各国金融市场的薄弱环节发动进攻。各国政府和金融当局,也正是借助于此类高新科技,才能捍卫自己的经济利益和金融稳定,并得以持续发展。

金融工程涉及的内容非常广泛,其变化与新的发展又无比迅猛。它除了运用现代数理知识为其主要工具外,还引入了尖端的信息技术、远程自动化、数据挖掘、知识发现以及人工神经元等前沿技术,也用到大量与系统科学和决策科学有关的可操作性工具。自然科学和工程技术的方法已经向金融工程全面渗透。使得金融工程的手段更加相辅相成、丰富多彩,增强了金融工程解决实际问题的能力和效率,在经济、金融、社会诸领域展现出了全新的面貌和广阔的应用前景。

3. 最优化的特点：目的性、盈利性和抗风险性

最优化是金融工程的思维核心，是量体裁衣和个性化服务的本质体现。金融工程不仅要解决客户的实际问题，还要在现有的约束条件下寻求最优的解决方案，找到能够达到成本最低、收益最高、风险最小、流动性最强等单项目标最优的途径，并且力争能够集成为可以实施的整体最优解决方案。

金融工程在解决任何金融实际问题中都以此为指导思想，根据不同客户的风险/收益偏好，运用金融工程技术，提供给客户最满意的产品和服务。

4. 数量化的特点：严密性、准确性和可计算性

金融工程在设计金融产品、提供金融服务以及解决实际问题的过程中，对风险和收益的衡量、对资产的定价、对金融工具的创造及其组合、分解，都需要准确地定量分析、定量计算。一丝偏差都会带来错误的结论，给服务对象造成负面后果甚至无可挽回的损失。

因此，金融工程广泛地运用了现代数量化技术和统计工具，主要有数值计算、数据处理、数理逻辑和模糊逻辑、网络与图论等技术手段。大量采用数量化方法作为金融工程的工具成为一个突出的特点。正是因为把数理工具和现代金融原理结合起来，才使得金融工程提供的产品和服务既有了坚实的科学基础也有了实际的支撑手段。

5. 创造性的特点：发散性、创新性和主观能动性

金融工程的最终目的是要达到实际问题的彻底解决和顾客满意，金融工程在实现这一目的的过程中时时处处体现出了创造性的特点。当今的客户已经不再满足于利用现有的金融工具开展各种业务，而是极力寻求那些能够更好地满足于他们个性化要求、更"得心应手"的金融工具。正是这种强烈的需求推动着功能各异的金融工具不断问世，成为发散性思维之灵感、创新性设计之源泉、创造性作业之动力。

金融工程在形式上创造出非标准化的现金流，而在具体内容上则可以根据不同的具体情况为客户开发、设计出令人满意的金融产品；在负债业务、资产业务及中间业务诸方面进行创新，按照客户提出的目标设计和安排各种金融实施方案供客户选择；进行新型金融手段和金融技术的开发，包括金融交易过程中套利机会的发掘，金融交易与支付、清算系统的创新等；针对金融风险的日趋严重进行风险管理技术的开发，为企业制定现金与财务管理的策略，对公司融资结构做合理的策划，为并购者设计完整的并购方案，帮助投融资双方实施资产证券化战略等，创造性地解决各类特殊金融问题。

三、金融工程的基本功能

金融工程总的目的是改善金融活动参与者的福利,主要是通过提供更物美价廉的金融产品和金融服务来达到。因而金融工程的基本功能主要体现在以下四个方面。

1. 完善金融市场

根据不完备市场理论,不完备金融市场主要源于不完全参与者或不完全金融工具。不完全参与者主要指由于垄断、进入门槛等因素的限制,使得一些有金融交易意愿的人被排除在具体金融交易之外,使得实际的交易者比意愿的交易者要少。不完全金融工具则指的是相对于未来各种可能的经济状态,可以用来对当期财富和未来支付进行转换的金融工具太少,以致人们不可能获得其合意的未来各种经济状态下的财富分布。例如,高工资的人可能希望通过某种高工资保险以维持未来工资收入不会降低,而当前保险市场并不提供这种保险,致使其通过金融工具保证未来工资不降低的希望结果落空。

一般地说,由于垄断、外在性、交易成本、信息不对称等因素的影响,金融工程并不能够保证最终达到完全的完备市场,而只能尽可能多地克服一些破坏市场完备性的因素,通过引入更多的参与者和金融工具,最大限度地完善市场。比如近30年来,由于在金融领域引入了大量的新型金融工具,从而使得投资者拥有了更多的交易空间。所以,增加风险集中与分担、保值以及对闲置资源的重新配置机会,以满足人们对完善市场的需求是金融工程的第一要务。

2. 降低交易成本

交易成本是交易的摩擦因素,交易成本太高会抑制金融交易的进行,阻碍金融策略的实施。比如20世纪50年代,一些商业银行曾尝试把当时已经出现但尚不普及的信用卡业务推广到更多的市场中去,但是因为每笔交易的成本太高,致使这些努力以失败而告终。所以降低交易成本是金融工程的一个重要出发点。现代计算机技术和通信技术的发展为降低交易成本奠定了坚实的基础,金融自由化以及金融行业竞争的加剧亦对降低交易成本形成了有力的推动。

近些年来,为大宗交易开发的三级市场和四级市场的出现、一般证券网上交易的普及、商业票据和垃圾债券市场的快速扩张以及资产证券化的盛行等,都显示出了降低交易成本的不断努力和累累成果。另一个简单的例子是,交易单价为每股100美元的股票的交易成本已由20世纪70年代的大约1美元降到了现在的不足1美分。

3. 减少代理成本

公司制企业的代理成本源于所有权与管理经营权相分离的治理结构,这种结构导致公司所有者与公司管理者目标利益不一致。比如一个有着成千上万小股东的股份公司,其管理者很容易变得对股东的意愿漠不关心。在公司董事会的默认下,公司的管理者可以为自己订立非常有利的任期合同,例如以公司短期的经营业绩为标准给予自己奖励,这种度量业绩的方式会使管理者牺牲公司长期利益以追求短期经营业绩。金融工程对代理问题的解决方案主要是构造股票期权的激励措施,以避免公司的管理者为了自己任期内的利益而损害企业的长远发展目标。金融工程的有关活动亦可以降低由于交易双方信息不对称或委托人对代理人行为不能有效监控而引发的代理成本。

4. 增加流动性

流动性指的是金融资产变现的难易程度或经济主体获取现金的自由程度。为了应付不时之需,无论个人或公司都有流动性方面的需求,金融工程所提供的好几类金融工具和财务策略都是针对流动性问题而设计的。第一类创新是为了更方便地获取现金,或是反过来加大对闲置现金的利用。如大额可转让存单、货币市场基金与账户、电子资金转移与支付、商业票据和回购协议市场的扩展等。第二类创新着眼于创造一些其价值对利率等市场变量不敏感的工具,以降低变现成本。如浮动利率票据、可变股息优先股、可调利率抵押贷款等。第三类创新则试图借助增加市场深度来提高流动性,包括把以往不标准的金融工具标准化、重构某些已有工具使之更易于在规范的二级市场中交易、对某些高风险资产加大信用担保以吸引低风险偏好的投资者等,如银行贷款证券化、抵押担保证券、资产支持证券、垃圾债券等。

四、金融工程与金融创新

与金融工程紧密关联的一个概念是金融创新。金融工程十分强调金融创新,而金融创新也日益工程化,这就是我们当今时代的一种特征,也使得金融工程和金融创新。总地来说,金融创新可以整体分为两大类:一是能更好地适应市场和经济环境的新型金融工具(金融产品);二是运用这些金融创新工具的相应策略,包括实施方案的设计和金融机构的重组。

对于金融工具的创新,加拿大经济委员会将它们分成三种:第一种是扩大市场的工具,它们通过吸引新的投资者或对融资者提供新的机会以增加市场的流动性和资金的可获得性;第二种是风险管理工具,通过它们可将金融风险重新配置到具有风险喜好或有对冲头寸,或其他能更好地承担风险的经济主体;第三种是套利工具,它们使投资者和融资者可以利用不同的市场成本收益差别进行套利交易，而不同的成本收益差别体现了不同市场的风险、信息、税收和监管等特征。

近几十年以来，金融创新浪潮迭起，这期间具有代表性的金融创新有：可变利率抵押贷款的推行、金融资产的证券化、金融期货和期权的标准化交易、银行信用卡的东山再起、垃圾债券和商业票据市场的扩大、金融市场的国际化、回购协议的出现、欧洲美元与货币市场基金的迅速发展等。金融工程推动的金融创新，既包括金融工具的原始性创新，也包括对金融工具组合使用的创新。从这个角度审视，金融创新可以分为以下三个基本层次。

1. 创造全新的基元

基元自身的创造处在金融创新的最高层次，它指创造全新的金融工具，并且这种工具能够真正做到完善"不完全市场"。通俗地讲，也就是人们常说的"搭积木"中所使用的最基本的构建模块。比如第一份远期合约、第一份期权合约等。基元创造不仅可以来自于一种新工具的原创，也可以通过对现有工具（未来支付的现金流）进行分解而得到。剥离就是一种常用的方法，比如将附在债券上的息票第一次剥离下来单独出售的创举。

2. 用基元组合创造新型产品

这是金融创新的第二层次，它指利用基元的组合来创造新型金融产品。这些新产品虽不能真正完善市场，但仍能提供新的收益/风险特征，满足人们特定的需求。例如远期互换、期货期权等。由称谓就可以看出，这些新产品大多具有杂交的特性。事实上，利用基元组合创造新型产品是金融工程日常进行金融创新的主要形式，这也正是人们常常谈到的金融工程"搭积木"的活动。

3. 用基元组合复制现有产品

这是金融创新的第三层次，它指利用基元组合复制现有金融产品的现金流，即复制现有金融产品的基本功能。复制现有产品并不是无聊的金融游戏，它的结果可以直接用于套利。这是由于，尽管复制产品功能的过程并没有什么创新，但其构造成本却可能比现有产品成本低，这就有可能形成套利空间。而且，如果现有市场产品上稀薄，供给不稳定，复制产品也提供了一种满足需求的新途径。

金融产品的创新类型不仅可以分出层次结构，也可以体现在市场结构中。大量金融产品的创新过程显示出这样一种模式：新产品最初由金融中介机构提供，随着产品不断完善、大众日益认可，产品逐渐从个性化走向标准化，估价变得越来越容易，最终使其供给方也由当初的金融中介机构转为市场。甚至有人据此认为金融中介机构终将逐步被金融市场所取代。不过，至少现实情况表明，金融中介机构还在继续发挥作用，当其原有产品被市场化后，富有创新精神的金融中介必然会去开发、培育新的金融产品，就如同风险投资机构辅导风险企业一样。这实际上使得金融中介机构成为新产品的孵化器。在新产品一开始面世之时，由于批量小、专业性强、信息不对称、交易成本高，其发育成长需要一段时间。在培育过程中，有些产品由于供求不对路夭折了，有些因曲高和寡只能维持一定的柜台交易，有些则被更多的客户认可和接受，开始大规模进入市场，成为"市场化"产品。整个过程像服装供给，最初由个别厂商设计制造，以后有的服装可能无人问津而自生自灭，有的进入专卖店供某些特定群体消费，有的可能最终成为都市流行款式，在更广阔的市场上实现供给和需求。

创新产品在中介和市场之间的这种生长更替过程推动了整个金融体系朝着更理想更有效的方向发展。随着许多产品，如期货、期权、互换以及证券化贷款成为标准化产品不断由中介走向市场，它们带来的新型交易市场的剧增为创造更适合客户的金融产品提供了环境和条件，进而促使整个市场更加完善。与此同时，作为金融产品的供给者，许多金融中介为了对冲这些创新产品带来的风险，需要经常到新产品的市场中进行交易，这自然会增加市场交易量。交易量的扩大又降低了单位交易成本，使金融中介有能力进一步开发新的产品和实施新的交易策略，如此反过来又导致更大的交易量。这些新工具和新市场的成功会进一步激发更多的产品和更多的市场诞生。这种良性循环推动实践逐渐趋向理论上的极限，即逐渐趋向零边际交易成本和完全的完备市场。

但是，金融工程并不会一帆风顺，而应当看作一个不断探索、学习和完善的实践过程。在这个过程中可能有曲折，有反复，甚至有失败，这也意味着一种风险意识。金融工程活动中有哪些因素会导致创新失败呢？首先，如同一般产品的创新，金融产品可能由于设计不完善，或者市场调查与定位失误，开发出来后无人问津。其次，金融产品经常表现为合约，而金融合约大多具有较长的时间跨度。在合约订立之初双方都觉得有利，但随着时间流逝、经济环境变化，合约的某一方可能会后悔当初的选择，出现违约动机。再加上合约常常本质上是欠完备的，即所谓的"不完全合同"，由于未能充分地界定双方的权利和义务，或者在法庭加以解释时模糊空间过大，容易引发法律争端。并且新合约因为没有历史判例，更容易出现此类情况。这样造成金融工程活动在实施中出现困境。再次，金融工程中的创新产品一般缺乏专利保护，而且模仿产品设计推出相同产品、甚至改变产品设计推出改进产品都可能是相当迅速的过程。所以经常会出现在创新者成功地销售一份新产品之前，竞争者就已经销售出一份替代品。这种模仿和改进行为会大大侵占创新者的市场，也会缩短新产品的生命周期。最后，监管当局的某些政策或行为也可能会造成新产品的夭折或缩短其生命周期。

第二节 金融工程的发展及动因

一、金融工程与金融发展

金融工程的提法起始于20世纪80年代伦敦的银行界。当时有的银行建立起专家小组,对客户的风险进行分析和衡量,应用组合工具进行结构化管理。这类工作开始称为金融工程,从事此类工作的专家开始称为金融工程师。到20世纪90年代初,许多具有创新思想的银行家和金融专业人员开始从新的角度审视自己的行为,"金融工程"的说法加速传播。1991年,包括多名诺贝尔经济奖获得者在内的一些学者、金融业实务人员在美国证券交易所、摩根斯坦利、花旗银行等机构的支持下,发起和组建了"国际金融工程师学会"(IAFE),标志着金融工程作为一个专业领域在世界范围内开始得到认可。

在20世纪90年代,金融工程作为一个学科也正式进入了大学校园。在美国,麻省理工学院、哈佛大学、康奈尔大学、斯坦福大学、加州伯克利大学、纽约大学、哥伦比亚大学等著名学府都已经设立了金融工程的学位或专业证书教育。同时,金融工程的学术研究非常迅速地应用化,像纽约工业大学和华尔街的重要金融机构建立了密切的业务合作联系。近几年,我国的一些高等院校也纷纷设立金融工程专业,或者在金融学专业、财经类、管理类专业开设相应的金融工程课程。

在20世纪90年代,金融工程也大规模现身产业界、实务界,许多大型银行(如大通曼哈顿银行、美洲银行等)和非银行金融机构(如高盛、美林、摩根斯坦利等投资银行)都开始雇用高水平的金融工程师,利用大型计算机和先进的通信设备,进行标准的金融工程活动。事实上,现代金融工程的影响不仅仅局限于华尔街,在更广阔的金融市场里都能找到它的身影。

现代金融理论的形成和发展为金融工程的发展奠定了理论基础。估值理论、资产组合理论、期权定价理论、不完全市场一般均衡理论等金融理论创新成果的产生,从理论上推动了金融工程的产生和发展。20世纪90年代的各种金融工程理论,如资产定价模型、风险模型更是得到空前发展,客观使用性和准确性大大提高,金融工程得以迅速发展。这个时期金融产品创新主要有浮动利率债券和浮动利率贷款、远期利率协议、外汇期货、股指期货、利率互换、期权交易以及较为复杂的金融产品。它们的基本功能都是为了规避风险、调节收益与风险的匹配,使交易者处于财务上的优势地位。它们的设计与定价的过程需要依靠现代金融理论和数理分析工具,并借助计算机运算才能完成。金融理论创新使金融业认识到学术界的巨大贡献,学术界与产业界合作关系蓬勃发展,金融业自己也加大对学术研究的投入,大量金融机构设立了博士后流动站或专门研究开发机构。金融理论创新使得金融业在新的形势下焕发出勃勃生机,而金融工程的问世则是金融理论创新持续发展的动力。

科学技术为金融工程的产生和发展提供了技术支持、物质条件、研究手段和新的发展空间。近些年来金融工程爆炸式发展正是科学技术发展和应用的结果。推动金融工程发展的科学技术突破主要体现在以高速微处理器为核心的计算机、网络系统、通信技术和软件程序设计体现的信息技术的进步;以估值理论、资产定价和风险管理为主的金融数学模型的建立;以测试技术、遥测卫星和气象卫星为主的尖端技术导致的信息高速传播等方面。科学技术的突破,第一,扩大了金融工程交易的空间,加速了信息传输速度,缩短了交易时间,使结算方式电子化,降低了交易成本,提高了金融市场效率,如引入微型计算机和工作软件表后,作为三方交易的典型货币和利率交换得到迅速发展。第二,解决了复杂金融交易的建模问题,提供了解决各种财务金融问题、设计和开发各种新型金融产品的手段,如估值方法和订单匹配计算机系统的引入实现程序化交易,使股指期货兴盛起来。第三,增加了股票市场短期价格的波动性,加快了金融变量的变动速度,从而增加了金融风险,金融风险的增加又提高了对金融工程的需求。第四,利用遥测卫星、气象卫星等尖端技术对世界范围内的农作物生长进行估测,对未来谷物等农作物品种价格变化做出迅速、准确的反应,为期货市场快速提供准确信息。科学技术的发展及其在金融业中的广泛应用,降低了交易成本和信息成本,极大地提高了金融市场效率。各种新金融工具投放市场,又增加了金融市场转移和重新配置风险的能力,增强了市场的完全性和有效性。

二、金融工程产生和发展的微观因素及内在动因

金融工程是金融深化和金融创新发展到相当程度的产物,金融工程的迅猛发展是一系列因素综合作用的结果。每一种因素都刺激金融工程在某个方面或多个方面得以发展;或者各种因素联合作用,形成一个有利于金融工程不断发展的环境。我们可以把这些因素归纳为两大类:第一类是微观因素,其中大部分企业有能力加以控制,形成发展的内部动因;第二类是宏观因素,或企业不能直接控制的因素,称为环境因素,形成发展的外部动因。这是需要企业重视并关注的一类因素,主要由反映企业经营环境特征的诸因素构成。

微观因素和发展的内部动因主要包括企业对资本金流动性的需要、经营者和所有者对风险的厌恶程度、代理成本、企业特别是机构投资者对技术、管理型人才的需求等。

1. 增加流动性的需要

经营主体在激烈竞争中对金融资产流动性和营利性需求的加大,是金融工程产生和发展的主要内在动因之一。流动性通常指变现能力。企业出于经营需要,要使其资产保

持一定的流动性。出于这种目的,就产生了大额可转让存单、货币基金账户、NOW 账户、抵押债券、自动取款机等。

2. 企业进行风险管理的需要

企业都是金融风险的厌恶者,它们经营的目的是为了获取正常经营利润,而非金融价格波动的投机利润。为了使企业的经营风险尽可能减小,大量的金融创新手段被开发出来。金融工程的发展重点就是针对这种风险厌恶需求的。如利率期货、利率期权,货币期货、货币期权,股票指数期货、股票和股票指数期权、远期利率协议、远期股票协议、远期外汇合约,以及一系列的互换产品等,都是为了有效规避金融价格波动风险设计出来的。

3. 降低委托代理成本的需要

代理成本(agency cost)是在 1976 年由米契尔·杰逊(Michael Jensen)和威廉·梅克林(William Meckling)引入的激励并驱动许多金融工程活动的概念,它是指现代企业或公司所有权与控制权相分离的结构使得公司管理者与公司所有者之间产生的利益差别。现代企业制度的一个重要特征就是所有权与经营权的分离,企业所有者和经营者是一种委托代理关系。如何保护自己的利益,加强对经理人员的有效监督,是投资者深为关注的问题。金融工程顺应了这一需求,通过设计新型金融工具来降低代理成本,避免证券发行者在证券有效期内因经营不善、信用降低而蒙受损失。如认股权证、可转换债券等均属此类。

三、金融工程产生和发展的宏观因素及外在动因

1. 价格的波动性

经济不确定性的增加,加大了企业经营风险。这些不确定性因素表现为价格的波动性,主要包括价格变动的速度、频率和大小,例如利率波动、汇率波动、证券行情波动等。近几十年来,浮动汇率制的实行、放松利率管制、金融自由化和金融创新浪潮的深入进行、货币主义学说和新古典主义经济学说相继为西方主要国家所接纳,使汇率、利率、股市等多种金融价格进入难以预料的波动之中。金融市场的种种变动,使金融机构、企业和个人时时刻刻生活在价格变动的风险之中;石油危机的频发和冲击,使国际市场上主要商品价格的变动也开始捉摸不定,更使人们生活在一个不确定性日益增加的环境中,从而产生了规避市场风险的迫切需求。这些传统金融市场风险又难以通过传统金融工具来规避,众多的金融创新手段和金融衍生工具便应运而生。

2. 世界经济一体化

近几十年来，产品生产的国际化和资本流动的国际化趋势日益明显，跨国公司和跨国银行的迅速膨胀、离岸金融市场的蓬勃发展，使生产、经营、融资活动完全打破了疆域限制，企业和银行经营活动日益复杂化，面临的不确定性因素日益增多，风险日益加大。为了在新的市场环境下增强竞争能力、实现稳健经营、改善管理状况、有效控制成本、发掘潜在利润，各企业和银行都在谋求采用创新型的金融工具和风险管理手段。

3. 税收的不对称性

由于政府在不同行业上确定不同的税赋水平，对国内企业与国外企业征收的税赋也不同，这为金融工程师留下了可资利用的机会。通过互换等衍生工具，可以规避有关的税收管制，达到合理避税。

4. 微电子技术和通信技术的进步

计算机信息处理技术和通信技术的飞速发展使得大量资料的加工与传输变得十分便捷，一方面大幅度降低了市场的交易成本，如信息成本等；另一方面将全球各主要金融市场紧密连接起来，市场运作更具效率，从而使市场规模得以急剧扩大。

5. 金融理论的发展

诺贝尔经济学奖获得者米尔顿·弗里得曼的一篇题为《货币需要期货市场》(1972)的论文，宣布"布雷顿森林体系已经死亡"，并为货币期货的诞生发挥了决定性的影响。布莱克和斯克尔斯发表的一篇关于《股票欧式看涨期权定价》(1973)的论文，使得原本空泛的期权定价在理论上有了支撑，促成当年期权交易所成立。这两位学者的模型被继续发展并运用到其他衍生工具的开发与使用上，使金融工程学的应用领域不断扩大。

此外，税制上的差别待遇、各国对不同经营者的管制变化等因素，也都构成了金融工程发展的外在推动因素。

第三节 金融工程的研究内容

从科学研究和教育的角度看，金融工程是 20 世纪 90 年代首先在经济发达国家兴起的一门新型学科。由于金融已经逐步成为现代经济的核心，而知识经济在金融领域的标志就是金融工程，所以世界各国的高等教育对此展开了激烈的竞赛。当前，发达国家的高校不但普遍在经济类、管理类院系将金融工程学设立为主干课程，而且已经延伸到数理类、工程类院系,成为热门的必修课程或选修课程。在这种快速发展的态势下,我国在教育部 21 世纪金融教育改革会议上也已将金融工程学列为金融学各专业的主干课程,并且推荐为经济类、管理类各专业的必修课程或选修课程。

一、金融工程的知识结构

金融工程是一门综合性、交叉性学科,横跨经济科学、工程科学和信息技术三大领域。金融工程学包含的内容十分广泛,但其主体是现代金融理论、现代工程方法和现代信息技术的结合,并在此基础上形成了自己的知识体系。其知识结构主要涉及以下三个方面的内容。

1. 现代金融理论

一般认为,金融学的发展经历了描述性金融、分析性金融和工程化金融三个阶段。第二次世界大战以前,金融学还只是附属于经济学的一个分支。金融学研究的方法论从整体上来说和当时经济学研究的方法论基本相同。以定性的思维推理和自然语言描述为主,采用的是类似于经济学的供求均衡分析方法。在这一期间,金融学的研究尚处于经验性、描述性阶段,缺少完整、精确的数量化分析。但值得重视的一个是欧文·费希尔(Irving Fisher)的净现值法,集中体现了资产的当前价值等于其未来现金流量折现值之和的思想;另一个是冯·诺依曼(Von Neumann)和摩根斯特恩(Morgenstern)的效用理论,描述了投资者的风险态度,开启了人们在更广泛的范围内描述收益与风险的方法。

现代金融理论的发端通常认为始于 1952 年哈里·马柯维茨(H. Markowitz)提出的投资组合理论,最先把数理工具正式引入金融研究,因此被看作是分析金融学的起点。而现代金融学真正的方法论革命,则是 1958 年莫迪利安尼(F. Modigliani)和米勒(M. Miller)在研究企业资本结构和企业价值的关系(即所谓的 MM 理论)时提出的"无套利(no-arbitrage)"分析方法,它使得金融学在研究方法上完全从经济学中独立出来。到 20 世纪 60—70 年代,分析性方法逐渐全面取代了侧重于描述和经验的方法。资本资产定价模型(CAPM)和套利定价模型(APT)的提出,标志着金融学的数量化分析已经走向成熟。布莱克-斯克尔斯期权定价模型的发表,使得金融业务未来向工程化方向发展成为可能。后来人们把马柯维茨提出投资组合理论和布莱克、斯克尔斯提出第一个期权定价公式并称为"华尔街的两次数学革命"。

20 世纪 80 年代以后,金融市场波动的加剧、金融创新的大量涌现、信息技术的快速发展从各个方面共同推动金融学进入了工程化时代——金融工程阶段。学者们不再像马柯维茨当年那样对投资者效用函数进行规范性分析,而是运用实证研究方法探求股价与信息变动的关系,恩格尔(Engle)提出的 P 阶条件异方差自回归(ARCH(p))模型为其代表之一。而新一代金融经济学家更是摒弃了传统的思维模式及方法论,打破了风险和收益呈线性相关的假定,直接采用非线性模型进行动态定价,甚至尝试突破风险和收益正相关的基本假设,并进一步提出了具有黑箱性质的定价核(price kernel)概念。达雷尔·达菲(Darrell Duffie)等在不完全市场一般均衡理论方面的研究则为金融创新和金融工程的发展提供了重要支持,从理论上证明了金融创新和金融工程的合理性,及其对提高社会资本资源配置效率的重大意义。这为促进当代金融理论从分析性科学向工程化科学过渡作出了贡献。

2. 现代工程学及其方法论

工程技术的方法论主要有系统科学与系统工程、数学建模与运筹学、数值计算、仿真模拟技术等现代化理论和决策手段。工程化的活动过程主要来自于工程师们的创造性劳动,不拘泥于死板的理论。工程方法论首先是面向市场,立足于解决实践中的具体问题。产品的设计、开发和实施是一切工程活动的基本内容。在市场经济条件下,产品必须适销对路。金融工程作为工程型学科的方法与技术体系是围绕着金融产品的创造和实现展开的,而金融产品的推出和改进,以及金融解决方案的实施又都是以市场为导向的。

3. 现代信息技术

信息技术的进步对金融工程的发展起到了根本性的支撑作用,为金融工程的研究与应用提供了物质条件和强力有效的工具及手段。信息技术的发展还通过影响其他环境因素或与其他因素共同作用,对金融工程产生综合而深远的影响。

对金融工程的发展起到最显著的推动作用的信息技术包括计算机的大规模运算和数据处理技术。高速微处理器、个人计算机、网络系统、先进的数据输入输出技术等计算机硬件设备应用于金融领域,引起了一系列深刻的变革。远程通信技术的发展使信息在全球范围内的迅速传播成为现实,使世界金融市场通过信息连成一体。

软件技术的发展则使计算机与通信技术更直接、更充分地服务于金融工程,各种大规模的计算和分析软件包(包括近似计算和仿真计算)为金融工程提供了开发和实施各种新型金融工具、解决金融和财务问题的有效手段。比如,在使用了计算机与证券分析表软件后,使得复杂的涉及多边的金融交易成为可能,促进了货币与利率互换等金融工具的发展。再如,在进行股票指数期货交易时,金融工程师将复杂的运算关系编成程序,并通过计算机系统和通信端口获取实时数据和交易信息,这种交易策略被称为"程序化交易"。

各种新型期权产品的交易更是离不开计算机软件技术和模拟仿真技术。自动化和人工智能技术在金融工程中也有一定的应用,例如在信用分析、市场模拟等方面取得了很不错的研究和应用成果。

二、金融工程学研究的范围

金融工程学研究的范围大体上可以分为三部分:一是概念性的工具,指使金融工程成为一门正式学科的基本思想和基本原理;二是实体性工具,包括各种金融工具和金融手段;三是金融策略,即解决金融实际问题的各种具体方法和操作流程。当然,也可以从应用的角度加以分类,主要有如下几个方面。

1. 金融产品的设计与开发

每种工程存在的最基本前提是社会需要它所提供的产品。与一般的生产工程相类似,金融工程最基本的应用领域也是设计和开发本行业的产品——金融产品。这里的金融产品是广义的,它包括以下三种形式。

(1) 新型金融工具的研究与开发

根据顾客的特定需要、市场供求状况和现有的环境条件,设计开发新的金融工具并为之创造市场,这是目前金融工程学研究的主要领域,也是金融工程的核心部分。如针对企业需要而设计出的新型债务工具、权益工具、风险控制工具等金融产品,具体有货币互换和利率互换、远期利率协议、股票指数期货和各种奇异期权等金融衍生品;还有针对普通消费者需求而设计出的新型住宅抵押贷款、新型银行账号、新型基金品种、新型承保保单等金融产品。

(2) 新型金融服务的研究与开发

与一般产品类似,金融产品既包括"有形"的部分,也包括"无形"的部分。相对于上述各种具体的金融工具而言,金融服务可以看作金融行业的"无形"产品。包括为开发各种新型金融服务而设计的新型交易手段与运作流程,以及研究如何促成现有的金融工具、市场状态和信息技术达到更完美的结合。例如,优化金融机构内部运作、采用新技术降低金融运作成本、依据金融管制修正或改变已有运作方式、市场套利机会的识别和利用、交易和清算系统的创新与改进等。

(3) 设计系统化的金融工程解决方案

针对各种复杂金融系统、疑难金融问题,提供配套、完善的解决方法。金融工程为客户提供综合性的"一揽子"解决方案,以满足客户的特定风险—收益偏好,这类似于生产工程中的产品"定制",或"交钥匙"工程。如针对企业的特定财务目标或金融问题创新性地设计适合企业及其个性的解决问题方略,从经济主体的整体考虑金融特殊问题,提出创新的解决方案。包括设计开发各类风险管理技术、创新性的现金管理策略、债务管理策略、企业资本结构优化、企业兼并方案、杠杆收购方案、资产证券化实施方案以及项目融资策划等。

2. 资产定价的原理及方法

金融工程是通过辨识和利用金融机会来使资产增值，因而资产定价成为金融工程研究的又一核心内容。它针对金融市场中的某种金融资产的持有或短缺，对该项"头寸"进行正确估值和定价。分析的基本方法是将这项头寸与市场中其他金融资产的头寸组合起来，构筑起一个在市场均衡时不会产生风险的利润的组合头寸，由此测算出该项头寸在市场均衡时的价值，即均衡价格。

（1）资本资产定价的基本理论

由马柯维茨开创的现代证券组合理论使金融实务由定性分析阶段进入定量分析阶段；夏普提出的资本资产定价模型（CAPM）、罗斯提出的套利定价模型（APT）、布莱克和斯克尔斯提出的期权定价模型，加上其他人的不断完善，使之成为一套完整的资产定价理论体系。

（2）资本资产定价理论的新发展

跨时资本资产定价模型（ICAPM）将单期投资行为扩展到多期，消费资本资产定价模型（CCAPM）把当期消费也作为一种资产引入最优组合分析；行为金融学在 CAPM 理论的基础上增加了噪声交易者风险、期望理论与风险选择的两因素理论等，提出了行为资产定价理论（BAPM）和行为资产组合理论（BPT）。

（3）其他有关重要的现代金融理论

法玛系统提出的有效市场理论，在资本结构方面有莫迪利安尼和米勒提出的交易成本理论（即 MM 定理）、詹森和麦克林等人提出的契约理论、斯蒂格利茨等人提出的信息不对称理论等。

3. 风险分析和管理方法

金融工程与风险管理紧密相连，甚至有人把两个术语等同起来。随着企业外部环境的变化，企业面临的利率、汇率、证券等行市，以及商品价格波动的风险越来越大。如果缺少新的金融工具来妥当地管理风险，将会使企业遭受巨大的风险损失。而金融工程可以将分散在社会经济各个角落的信用风险、市场风险等集中到金融市场上进行匹配，然后分割、包装并重新分配，使投资者通过一定方法规避掉正常经营中的大部分风险，而不承担或只承担极少一部分风险（例如，进行期货投资须承担基差风险，运用期权保值须付出期权费等）。还可以利用衍生金融工具的高杠杆比率，使投资者以较小的代价、较少的资金支出实现有效的风险管理。在这方面主要研究以下几项内容。

(1) 风险类型、特征及其识别方法

金融风险包括信用风险、市场风险、操作风险、流动性风险、国家风险、声誉风险、法律风险以及战略风险等。有效识别风险是风险管理的最基本要求,其关注的要点是:风险因素、风险的性质和后果、识别的方法及其效果。风险识别包括感知风险和风险分析两个环节,即了解各种潜在的风险和分析引起风险事件的原因。风险识别的主要方法有:风险分类列举法、情景分析法、分解分析法、失误树分析法、财务状况分析法等。

(2) 设计新的风险计量方法

风险计量是全面风险管理、资本监管和经济资本配置得以有效实施的基础。为加强内部风险管理和提高市场竞争力,发达国家不断开发出针对不同风险种类的量化方法,成为现代金融风险管理的重要标志。《巴塞尔新资本协议》也通过降低监管资本要求,鼓励采用高级的风险量化技术。如在险价值(VaR)方法,虽然风险管理不能完全防止损失的发生,但通过在险价值的研究可以使企业清楚地认识到自身所承受风险的程度。在识别风险、衡量风险、并确定了自身想要达到的结果后,运用金融工程技术制定相应的风险管理策略,从而使企业的业务可以得到从容的发展。

(3) 设计新的风险控制方法

金融工程为人们应对风险提供了多种不同的措施:分散、对冲、转移、规避和补偿等,以求对风险进行有效控制和管理。风险控制方法应当具有以下功能:可以达到经营目标的要求;符合风险管理战略和策略的需求;在成本/收益的基础上能够保持有效性;通过对风险诱因的分析,可以发现管理中存在的问题,以完善风险管理程序。

(4) 设计新的风险管理技术

设计新的风险管理技术主要是研究如何利用现有的金融工具和市场状况达到完善的组合。任何理性的人都厌恶金融风险,但这并不意味着人们不愿意承担风险,而应当理解为只有当人们得到充分的风险补偿时,他才愿意承担风险。企业或个人为了对付风险而引发金融创新是金融工程产生和发展的重要动因之一。比如信用风险和信用衍生工具,研究存在违约风险的情况下,如何对金融资产进行估值,设计开发具有针对性的风险防范方法,采用创新型的手段和活动以使风险监控和市场状况达到尽可能完善的结合。

4. 金融组合与运营决策

狭义的金融工程帮助企业管理投资组合,运用各种金融工具构造策略方案,以获取最大收益;广义的金融工程除了可以帮助投资者对那些没有市场交易的资产进行定价,还帮助投资者随时利用从金融市场上搜取的信息,调整自己的战略投资方向。

(1) 套期保值

套期保值专门研究已经面临价格风险的主体如何利用一种或几种套期保值工具的组

合，以抵消其所冒风险的途径和方法，因而亦称为对冲交易、套头交易。倘若保值工具与保值对象的价格正相关，可以利用相反的头寸进行套期保值，如多头对空头，或空头对多头；倘若保值工具与保值对象的价格负相关，则可以利用相同的头寸进行套期保值，如多头对多头，空头对空头。这类方法主要用来消除利率风险、汇率风险和证券价格风险等。

(2) 投机策略

在市场经济环境里，投机应当理解为"抓住机遇"，甘愿承担风险而谋取风险利益，其结果可能获利，也可能亏损。投机者主要是通过预测来获取利益，即在预测某物价格将上涨时购入，而在预测其价格将下降时售出。投机者可以从正确的预测中谋利，反之也会从错误的预测中蒙受损失。因而投机者是以承担风险为代价来谋取风险利益的交易者，其作用是帮助市场实现价格发现功能；提供"风险承担"服务，制造市场的流动性；促进资源在时间跨度上的均匀分配，从而熨平价格的剧烈波动。这些均有助于市场效率的提高。

(3) 套利策略

套利是指投资人利用一个或多个市场存在的各种价格差异，在不冒任何损失风险，且不需自有资金的情况下，通过正确运用交易策略组合以赚取利润。套利是利用资产定价的错误、价格联系的失常，以及市场机制不健全所提供的机会，通过买进价格被低估的资产，同时卖出价格被高估的资产来获取无风险利润的交易策略。套利源于市场效率的缺乏，而其结果促进了市场效率的提高。主要的形式有：跨市套利、跨期套利、跨商品套利，以及组合套利、对冲套利、风险套利等。

(4) 纳税筹划与合理避税

在金融工程的实际操作中，几乎所有的金融交易都会涉及税负问题。纳税筹划是在对国家制定的税法进行精细比较后的纳税优化选择，是一种符合政策导向的经济行为。纳税人依据现行税法，在遵守税法的前提下，主动和充分运用纳税人的权利，站在纳税人角度，通过对筹资、投资、经营等活动进行合理安排和筹划，以达到减少税收支出、降低税收成本、增加企业现金净流量，从而获取最大税收利益的管理行为。

三、本书的内容体系

本书将金融工程的主要内容分成以下三部分：

第一部分主要阐述金融工程的基本方法和基本理论，主要包括金融工程的概念、特点与功能、金融工程方法论、风险及其管理、金融工程理论基础等内容。

第二部分阐述基础金融资产的特性、定价及其应用，主要包括固定收益证券及其定价、非固定收益证券及其定价、资产证券化等内容。

第三部分主要阐述衍生金融工具的特性、定价及其应用，主要包括互换、远期、期货、期权等内容。

第四节 金融工程的应用领域

由于金融工程的出现,带来了金融科学突飞猛进的发展,受到了各国理论界、实业界和监管当局的高度重视,被称为"金融业中的高科技",并且越来越受到普遍的欢迎。金融工程运用十分广泛,不仅运用于投资银行、商业银行、保险公司、金融信托等金融机构,也用于现代化的各类企业和公司,甚至面向零售层面提供服务,即消费者层面。因此金融工程人才需求十分广泛,特别是随着我国开放程度的扩大与金融衍生产品的逐步推出,金融工程的应用还会进一步普及。从实践情况来看,金融工程人才已经介入了许多重要的金融经济领域。

一、金融工程在公司理财和企业管理中的应用

1. 金融工程给企业理财提供了新的思路

金融工程有两个最基本的思维准则:第一是问题导向的思维准则。一切金融问题应当通过金融市场来解决,金融创新要依据市场的需要,以解决金融问题为目的。第二是创新寻优的思维准则。在一定的经济环境下,利用金融工程技术对任何金融问题总能够设计出一个更佳的方案(至少是一个满意的方案)。如果一个金融问题的解决方案总得附加外部环境改善的条件,那么不能认为该项创新是成功的。金融工程的基本思想给企业理财提供了指导。企业理财首先要以企业的财务目标为导向,一切运作围绕目标进行;财务管理的方法与思路要注意创新,包括风险管理、投资分散化和资源再配置等;企业理财中任何问题的解决,不能依赖政策的调整而被动的等待,要用创新思维破解资金运动的奥秘,规避对企业不利的外部环境或政策。

2. 金融工程为企业理财提供了新的方法与工具

金融工程为企业理财提供了许多新的方法。最常见的有对现金流的复合、合成与分解。如将多个基本金融特征合成为某个新的金融特征,或将一个金融特征分解成多个不同的金融特征,以进行财务管理创新。像复合期权和复合期货(包括互换)都是合成的产物。在金融工具中添加期权性质的条款,也是相当流行的合成策略之一。另外,金融工程还为企业理财提供了多种创新工具。如通过利率互换降低筹资双方的利息成本,充分发挥各企业在资本市场的比较优势;利用资产证券化技术提高公司资产负债管理水平,以优化企业资本结构;通过签订远期协议、回购期权合约,将资本市场的借贷风险控制在一定区间范围之内等。

3. 金融工程在企业理财中的应用导致财务工程的产生

随着金融工程的思想在企业理财中的不断渗透,财务管理与工程技术的有机结合产生了财务工程。简要地讲,财务工程就是指以资源优化配置为宗旨,以金融工程为核心,以价值工程为支柱,以管理工程为基点的理财过程。其主要功能在于采用工程技术的思路、手段和方法,指导经营、改善环境、重塑形象、理好资金,促使企业管理发生质变,使之上升到一个新水平。由此可见,金融工程在企业理财中的渗透,正使得越来越多的工程思想和模式成为企业理财的创新点。反之也就要求企业理财须适应金融的快速发展,熟练地掌握金融基础工具和衍生工具,才能更好地方便融资,锁定风险,降低费用,增加企业价值。

4. 资本结构的优化与动态优化

传统的资本结构理论一般是通过增大负债比例、降低加权平均成本来寻求企业的最优资本结构。不过这种做法有很大的局限性,一是随着负债的增加,财务风险也在加大,二是各种代理问题会愈加严重。对此,金融工程提供的互换技术可以突破增加负债比例的各种局限性,在企业资信等级不变且不增加财务风险的情况下,实现融资成本的降低和资本结构的优化。例如,通过利率互换首先可以降低财务风险,其次能使加权平均资本成本随着负债比例的增加而下降得更快。另外,企业最优资本结构并不是一成不变的,它随着企业环境的改变和企业资金的运动而处于动态变化之中。对此,金融工程融资品种的财务创新将有助于企业保持动态的最优资本结构。如企业采用认股权证或具有可转换、可回售和可赎回特性的有价证券组合来获得动态调整资本结构的灵活性,或通过直接的债权和股权交换来达到调整资本结构的目的。

5. 投资决策与管理的科学化

企业投资的难点在于资金来源、风险控制、项目评价诸问题,金融工程为此都可提供优良的应对工具。比如针对项目贷款币种和收入货币的不同,可采用期权挂钩贷款对汇率进行套期保值。若项目资金来源、项目收入的期限结构和币种结构比较复杂,可采用或设计相关的资产/负债管理策略。对于项目投资的评价,金融工程突破了传统的净现值法的局限性,采用了实物期权的方法对项目投资进行或有要求权分析。从期权的角度看,项目继续等待的权利价值很可能还高于该期权当前的价值,因此对于不可逆的投资项目而言,应当考虑延期决策。项目未来的不确定性越大,经过延期决策获得新信息后消除不确定性的程度就越高,延期决策就越有利。另外,企业证券投资的难点在于如何兼顾安全性与营利性,金融工程也提供了大量的可操作性工具。如将中长期的附息债券转换为零息债券,可以免除投资者因利率的不确定性产生的再投资风险,同时可以获得税收延迟和减免的好处。

6. 激励制度的完善化

现代公司所有权与经营权分离产生的代理问题使得道德风险和逆向选择频频发生。金融工程对此提供了当前已广泛使用的股票期权激励制度。股票期权是公司给予经理人在一定期限内按照某个既定价格购买一定数量的本公司股票的权利。这样,股票期权激励将"报酬激励"与"所有权激励"有机地结合在一起,使得代理人的长期行为和利益与企业所有者利益休戚相关,以达到长期激励的功效。此外,金融工程还可用来增强股东信心。当股东认为某公司的股票投资风险大于其收益时会放弃持有权。此时公司高层管理人员总是设法劝说股东要增强对公司的信心,继续持有公司的股票。借助于金融工程也可以达到类似目的。如通过出售看涨期权并买入看跌期权,就可以保证股东会获得最低收益从而增强股东的信心。

二、金融工程在风险控制与管理中的应用

按照风险中性的内涵,风险是指由未来的不确定性引起的结果的任何变化,既包含了不希望发生的结果,也包含了希望发生的结果。但一般意义上的风险则是指发生不良后果的可能性。金融工程早期的狭义界定就指的是对风险的规避。洛伦兹·格利茨《金融工程学》的副标题即为"管理金融风险的工具和技巧"。至今,风险的控制与管理一直是金融工程最主要的应用领域之一。

1. 对价格风险的控制

价格风险又称市场风险,包括利率风险、汇率风险、股票价格风险、商品价格风险等。金融工程对此提供了远期、期货、期权及互换等方面一大批衍生类价格风险管理工具,同时还可对它们进行分解、组合、重新组合,创造出更为新颖的金融工具,用以抵补利率、汇率、股票收益率、商品价格等频繁波动而带来的风险。比如说,对于利率风险,金融工程提供了远期利率协议、利率封顶、保底、互换等工具及其组合;对于汇率风险,金融工程提供了掉期、远期和期权、远期汇率协议等工具及其组合。

2. 对数量风险的控制

数量风险是指经济主体所面临的产量、销量、交易量等数量方面所存在的不确定性,它既可能来自供给方面,也可能来自需求方面。传统上企业主要是通过调整生产过程来应对数量风险,如采用增减工人、改动设备的方法实现对产品数量的调节,但这种直接调整生产过程的成本高昂。针对数量风险,金融工程提供了两类金融工具:一类是商品期

权;另一类是利用宏观经济景气指数与企业产量的相关性来设计宏观衍生产品。宏观衍生产品以宏观经济指数为纽带,通过买卖宏观经济指数的形式,使得与该指数相对应的现金流能够在不同的经济主体之间相互转换,从而便于各方引入所需的逆向现金流。这样,企业就可以通过参与宏观衍生金融产品的交易,转移和分散数量风险,确保正常收益的实现。

3. 对兼并风险的抵御与控制

在现代企业的运营中兼并是经常发生的,正常的兼并有利于资源的优化配置,但兼并中的资本运作往往伴随着很大的风险,金融工程对此可以提供两类抵御风险和控制风险的方案:一是管理类策略,包括相互持股(双方互换股权,从而使流通在外的双方股权都大量减少)、通过保障管理层利益提高收购方收购成本(如金降落伞法、银降落伞法、锡降落伞法)、修改公司章程、增加反收购条款等;二是股票交易类策略,包括股份回购、员工持股、财产锁定、死亡换股等。

4. 对代理风险的监督与控制

代理风险是指在所有权和控制权相分离的公司治理结构下,公司的管理者其实并不始终把股东利益最大化放在公司经营目标的首位,而是经常以牺牲公司的长期发展利益为代价,追求短期的会计利润和在职享受。其结果通常会反映在股票价格的低估上,并引发投资者"用脚投票"。对此情况,金融工程提供的有效方案是杠杆收购,由公司高层管理人员来收购本公司并进行重组。当股东自身就是本公司的雇员时,其切身利益与公司的收益紧密相关,从而也增强了投资者的持股积极性。

5. 对信用风险的防范与控制

信用风险又称违约风险。传统的信用风险控制方法常常在提高信用质量和保证交易安全性的同时,也减少了潜在交易量和盈利,这对扩大整个市场的交易规模和增强流动性均是不利的。金融工程为此提供了信用互换这种新型的风险防范工具。对于那些经常有大量应收账款或者业务集中于少数几个客户的企业,就适合采用信用互换:企业定期向互换对手支付应收账款保险费,当出现应收账款拖欠时,企业可以从互换对手处得到补偿或者以某种有利价格将应收账款出售给互换对手。

三、金融工程在投资银行和证券业中的应用

1. 专用金融工具的制定与开发

金融工程可以根据客户偏好、业务需要或交通成本的要求专门研制和开发特殊的金

融产品,或者创造具有一系列特殊性质的工具,或者将多种证券组合起来综合加以运用,以确保经营目标的实现。

例如,金融资产的流动性往往与营利性、安全性之间存在着矛盾,企业和个人都有对流动性的需要和关注,金融工程为此创造出了许多金融产品,如货币市场基金、货币市场账户、电子资金转移和电子支付系统、商业票据和大面额存款单等。它们的流动性各不相同,与营利性、安全性的搭配也各具特色。

2. 多样化的投资与货币管理

实证研究不断表明,通过在世界各地金融市场分散化投资,可以扩大投资组合的有效边界,增加投资收益。20世纪80年代以来,美国、英国、日本等发达国家的机构投资者大都实施这种跨国多样化的投资。但是,一些国家的投资者因本国资本流动的限制和外汇管制,很难将资金投放到别国股票市场,利用金融工程中创设的国际股票收益互换这一新的衍生工具,即可解决这一难题。此外,如"高收益"的共同基金、货币市场共同基金、回购协议以及SWEEP系统等,这些金融工具和手段在运用中都取得了很好的管理效果。

3. 证券及衍生产品的交易优化

金融工程尤其便于开发具有套利性质或准套利性质的交易策略。这些套利策略可能涉及不同的地点、时间、风险、金融工具、法律法规,甚至税法税制等方面的内容。其要点就是对各种机会的充分利用,对交易组合、交易过程的充分优化,用以降低成本、减少阻碍、加快速度、提高综合效率。例如国际上的复合期权、零息票债券、以按揭贷款为担保的债券(CMO)等。我国也将陆续推出股票指数期货与期权等衍生金融工具,并且随着金融业的发展,金融衍生产品将会越来越多,为证券及各种金融交易的优化提供更多的途径。

4. 为并购提供综合性方案

金融工程还可以为企业的重组、兼并、收购提供支持,国际并购组织不断采用金融工程创造的新工具、新方法、新流程促进交易。近年来,为了保证兼并收购与杠杆赎买(LBO)所需的资金,金融工程引入了垃圾债券和桥式融资,仅在20世纪80年代就有数以千亿美元计的垃圾债券出售,为成百上千的并购交易活动提供资金。

我国现在已是WTO的成员国,企业的经营运作更加市场化、国际化。同时,随着国有企业改革的深化,并购重组将会越来越多。这些都需要金融工程提供具有创造性的、综合性的运作方案。

四、金融工程在银行业构建风险管理体系中的应用

1. 信贷风险的管理与控制

信贷风险是指借款人不能按期归还或逾期不归还贷款本息而给银行带来损失的可能性,主要表现为不良贷款风险,风险大小主要受国家宏观经济状况(如 GDP)、银行贷款规模、贷款占总资产比率、贷款结构(如各产业比重)及运营收入等因素影响。我国银行业传统的信用管理方法主要是 5C 法、5W 法、财务比例分析法、CAMEL 法等定性管理手段,以及打分求和、信用评级等量化分析方法。但这些方法对衡量集中信用风险并不完全适宜。金融工程管理信贷风险的有效方法是使用信用衍生产品,由参与衍生产品交易的双方签署一项金融性合同,允许信用风险从其他风险中隔离出来,并可以从一方传递到另一方。其目的在于给风险空头提供违约保护,为风险多头提供因承担风险而应得到的补偿。常用的信用衍生产品有信用互换、信用期权、信用远期及信用证券化等。

2. 利率风险的管理与控制

利率风险是指银行在利率出现不利波动时所面临的风险,主要有重新定价风险、收入曲线风险、基准风险和期权性风险等。20 世纪 80 年代以来,发达国家、发展中国家都或多或少地放松了利率管制,实行利率自由化,造成因利率风险过度暴露而导致巨大亏损甚至破产的银行不断增加。利率风险的大小主要取决于利率风险敞口与利率变动。金融工程对利率风险管理和控制的措施是针对基于利率风险管理的金融创新,如远期利率协议、利率互换、利率期货和利率期权等。前三种工具的功能都是以确定性消除风险,而期权则在替换或排除不利风险的同时将有利风险留住。此外,也可以运用某些组合手段来抵补利率的波动。

3. 汇率风险的管理与控制

汇率风险是指因各国间汇率比价的变动,给银行表内、表外头寸带来损失的可能性。即银行在涉及外汇交易中,由于汇率波动而造成外汇资产负债人损失的风险。当前由于越来越多的国家采用浮动汇率制,并且银行的国际化趋势不断加大,使得汇率风险日益严重。许多著名银行均曾因此而遭受重创。对付这类风险的金融衍生工具常见的有远期外汇合约、外汇期货合约、外汇期权和复合期权、货币互换等。金融工程通过对已有的基础金融工具进行改造、组合,沿着非标准化→标准化→非标准化途径演进,巧妙且有效地降低了情况各异的汇率风险。

4. 流动性风险的管理与控制

对于银行而言,流动性风险是指其无力为负债的减少或资产的增加提供融资而造成损失或破产的可能性。银行流动性不足时,无法以合理的成本迅速增加负债或变现资产以获得足够资金,从而影响其收益水平。国债期货风波的触发点就是流动性风险引致。流动性风险很难准确衡量,目前大多是根据资产与负债的有关数据和信息来加以测量。常用的风险管理工具有窗口贴现、同业拆借、回购协议、大面额可转让存款单、欧洲货币存款等。相应的金融工程策略有对资金流量实行多元化管理、运用证券组合实行多元化投资、推行内部使用资金收费制等。这些方式方法的运用并不是彼此孤立的,而是在全面风险管理的指导下加以统筹兼顾、综合运作。

本章小结

1. 狭义的金融工程主要是指利用数学、计算机及信息网络等现代化信息工具,在现有基本金融产品和交易方式的基础上,对各种金融产品的收益性、流动性、风险性进行各种形式的组合分解,以拆分重组的设计手段设计出符合客户需要的新金融产品。广义的金融工程主要是指一切利用工程化手段来解决金融问题,包括金融技术和服务的开发以及程序化的全过程。

2. 金融工程的特点体现为实用化、综合化、最优化、数量化和创造性。金融工程的基本功能是完善金融市场、降低交易成本、减少代理成本、增加流动性。金融工程的核心概念是金融创新及其实践,包括创造全新的基元、用基元组合创造新型产品、用基元组合复制现有产品。

3. 金融工程学是一门综合性、交叉性学科,横跨经济科学、工程科学以及信息技术三大领域。金融工程学包含的内容十分广泛,但其主体是现代金融理论、现代工程方法和现代信息技术的结合,并在此基础上形成了自己的知识体系。金融工程学研究的范围主要为金融产品的设计与开发、资产定价的原理及方法、风险分析和管理方法、金融组合与运营决策。

4. 金融工程被称为"金融业中的高科技",运用十分广泛,不仅运用于投资银行、商业银行、保险公司、金融信托等金融机构,也用于现代化的各类企业和公司,甚至面向零售层即消费者层面提供服务。金融工程的主要应用领域为公司理财、投融资决策、金融风险管理等。

阅读资料

中国金融：不可能再走老路

中国工商银行董事长姜建清2014年1月24日在世界经济论坛2014年达沃斯年会上接受新华社记者采访时说，当前中国经济在进行深刻调整，金融市场也面临一系列新变化，种种因素使得中国商业银行不可能再延续过去的发展方式和道路。

姜建清指出，中国经济增长正从高速调整到中高速，经济结构也在转型升级，金融领域面临利率市场化改革、汇率形成机制改革、互联网金融挑战、人民币国际化进程加快、金融监管规则重构等一系列新形势，这对商业银行的盈利模式、资本及流动性提出了新的要求，意味着商业银行不可能再走老路。

"简单来讲，我们会注重以更低的成本、更高的效率和更节约的资本来进行业务的发展，在资产业务方面做很多调整。今后随着资本市场化，大企业去资本市场融资，我们会更多关注中小企业领域。"姜建清说。

他介绍说，随着银行利差收窄，中国工商银行将通过提高更好的服务，增加中间业务收入，并在国际化、综合化业务方面进一步发展，以赢得多元收入，同时更好地发展信息化、大数据，为客户提供更好的服务，改善提升银行效率，迎接互联网金融的挑战。

谈及世界经济形势，姜建清说，此次达沃斯年会上，很多商业领袖对2014年世界经济整体持乐观态度，有人认为这一年是新一轮增长的起点，但他认为不确定风险依然存在。

姜建清说，美国缩减量化宽松政策（QE）对全球经济的影响有待观察，欧洲经济脆弱复苏与其比较宽松的货币、财政政策分不开，日本更是使用了极度的货币、财政政策以期实现经济复苏，但这种政策的后遗症已经显现，当这些政策退出后，全球经济会是什么状态，这就是不确定性所在。

针对美国缩减QE可能对中国造成的影响，姜建清说，对这个问题要充分关注，但总体来看，"对中国的风险相对来说是可控的"，原因在于中国经济基本面较好，经济增速相对于其他国家仍较强劲，金融改革也在有序进行。另外，中国深化改革也会带来大量投资新机会，将吸引全世界的投资者。（以上均据新华社）

资料来源：http://business.sohu.com/20140127/n394243699.shtml。

我国金融衍生品市场发展概况

以20世纪90年代初少数机构开展地下期货交易为起点，我国金融衍生产品市场先后出现了外汇期货、国债期货、指数期货及配股权证等交易品种。1992—1995年,上海和海南的交易所曾推出过国债和股指期货,2004年推出买断式回购,2005年推出银行间债券远期交易、人民币远期产品、人民币互换和远期结算的机构安排等。此后,伴随着股权分置改革而创立的各式权证市场成为仅次于香港的全球第二大市场。2006年9月8日,中国金融期货交易所在上海挂牌成立,2008年1月9日黄金期货在上海期货交易所上市,2010年股指期货上市,到2013年底期货品种已达40个,使得期货市场品种体系进一步健全。截至2014年上半年,除石油外,国外成熟市场主要的大宗商品期货品种基本上都在我国上市交易。

一、场外金融衍生品市场发展概况

1. 银行间场外衍生品市场

这是当前我国场外金融衍生品市场最重要的组成部分。自2005年建立以来,银行间场外衍生品市场逐渐发展成为一个监管环境宽松、市场迅速发展、以商业银行为主体、其他金融机构陆续参与的市场。银行间场外衍生品市场主要由监管机构、自律组织、交易平台、清算机构、市场成员共同组成。当前我国银行间场外衍生品市场产品包含了远期、掉期、期权等基础衍生品种类,涉及利率、汇率、信用等领域。各类机构参与银行间场外衍生品市场程度不一。其中,商业银行是参与银行间市场场外衍生品交易的主体,交易量占全市场交易量90%以上。证券公司、保险公司、信托公司等其他金融机构只能参与利率类、信用类衍生品交易,尚不能参与汇率衍生品交易,交易较少。2011年银行间场外衍生品市场交易量达到15.3万亿元,市场规模迅速扩大。其中,汇率衍生品交易量为2.0万亿美元,折合人民币12.5万亿元,占总交易量的82%;利率衍生品交易量为2.8万亿元,占总交易量的18%。人民币外汇掉期、利率互换交易量分别为1.8万亿美元、2.7万亿元人民币,占总交易量的比例分别为73%、17%,是银行间场外衍生品市场的主要交易品种。我国的场外金融衍生品市场2013年全年交易量达到24.2万亿元人民币。而根据央行规定,2014年7月1日起,金融机构之间新达成的,以FR007、Shibor-ON和Shibor-3M为参考利率的,期限在5年以下的人民币利率互换交易,凡参与主体、合约要素符合上海清算所有关规定的,均应提交上海清算所进行集中清算。

2. 银行柜台场外衍生品市场

这是商业银行与企业、个人进行交易的零售柜台市场。由于监管的原因,证券公司、保险公司等只能部分参与银行间场外衍生品市场,尚未对个人办理场外金融衍生品业务。与银行间场外衍生品市场相比,银行柜台场外衍生品市场交易场所分散,交易量较小。截至2011年年底,共有29家商业银行获得经营柜台衍生品业务资格,其中真正开展业务的有20家。客户中主要以大型实体企业为主,航运、电力、机械设备制造、煤炭等行业相关企业参与银行柜台衍生品交易较多。当前我国银行柜台场外衍生品市场共有利率互换、人民币外汇远期、人民币外汇掉期、人民币外汇货币掉期、外汇期权等产品，主要用于管理利率、汇率波动风险。随着实体企业及个人面临的利率、汇率波动风险加大，银行柜台场外衍生品市场规模也不断扩大。2011 年银行柜台外汇衍生品交易量为 4022 亿美元，为同期银行间市场外汇衍生品交易量的 1/5。银行柜台利率衍生品交易量尚没有公开的统计数据。

二、场内金融衍生品市场发展概况

1. 期货市场

当前我国场内衍生品市场即指期货市场，20 多年来经历了盲目发展、清理整顿和规范发展三个阶段，市场规模不断扩大，市场功能日益完善。尤其是 2008 年金融危机之后，国内期货市场融入世界期货市场的步伐不断加快，新业务、新品种不断推出，我国期货市场进入了创新发展的新阶段。目前国内共有上海期货交易所、郑州商品交易所、大连商品交易所和中国金融期货交易所 4 家期货交易所。截至 2013 年年底，上市交易的期货品种突破 40 个，较为完备的商品期货品种体系已基本形成。我国部分期货品种，如铜、铝、豆油、豆粕等品种，已经具有一定的国际影响力，部分商品期货交易量位居全球前列。

2. 期权市场

早在 2012 年 12 月，郑商所白糖期权合约及规则的设计方案出台，并开展了白糖期权的内部模拟测试。2013 年 10 月初，郑商所也面向市场开展白糖期货和期权的仿真交易竞赛。10 月 21 日，大商所向期货公司发布了《关于面向全市场开展期权仿真交易的通知》，开始面向全市场进行期权仿真交易，仿真品种为豆粕期权。中金所于 11 月 8 日开始面向全市场开展股指期权仿真交易。上期所于 11 月 19 日开展铜期货期权和黄金期货期权仿真交易，至此四家期货交易所已经全部开展期权仿真交易。2013 年 12 月第九届中国（深圳）国际期货大会上，业内对"得期权者得天下"普遍达成了共识，期权有望在 2014 年上市无疑将成为金融衍生品发展史上的里程碑事件，这意味着中国金融衍生品将迎来多元化发展时代。

资料来源：根据 http://www.ectime.com.cn/Emag.aspx?titleid＝20370 等整理。

复习思考题

一、问答题

1. 什么是金融工程？简述金融工程的主要特点与功能。
2. 作为交叉性学科，金融工程都会涉及哪些方面、哪些内容？
3. 金融创新对金融工程的发展起到了什么作用？

4. 金融工程迅猛发展的内、外动因何在?
5. 简述金融工程研究的基本内容。
6. 当前金融工程主要应用于哪些领域?

二、选择题

1. 金融基础产品主要包括(   )。
   A. 外汇   B. 远期   C. 利率产品   D. 股票
2. 金融衍生产品按照自身交易方法可分为(   )。
   A. 金融远期   B. 金融期货   C. 金融互换   D. 金融期权
3. 金融工程的基本特点可以概括为(   )。
   A. 实用化   B. 综合化   C. 制度化   D. 创造性
4. 金融工程的基本功能主要表现为(   )。
   A. 完善金融市场   B. 降低交易成本
   C. 防范金融风险   D. 增加流动性
5. 金融工程十分强调金融创新,它可以分为以下若干基本的层次(   )。
   A. 用基元组合创造新型产品   B. 创造全新的基元
   C. 用基元组合复制现有产品   D. 运用现有的产品
6. 金融工程有两个最基本的思维准则,它们是指(   )。
   A. 规范导向   B. 寻优导向   C. 问题导向   D. 传统导向
7. 证券业和投资银行运用金融工程往往体现在(   )。
   A. 专用金融工具的制定与开发   B. 多样化的投资与货币管理
   C. 证券及衍生产品的交易优化   D. 为并购提供综合性方案
8. 目前,金融工程在商业银行业风险管理体系中主要用来(   )。
   A. 管理和控制利率风险   B. 管理和控制信贷风险
   C. 管理和控制汇率风险   D. 管理和控制流动性风险

第二章
金融工程方法论

【学习指导】

支持金融工程的方法主要有无套利分析法、风险中性定价法、状态复制定价法、积木分析法等。通过本章学习,理解这几种方法的基本思想、基本原理与应用范围;初步掌握它们的分析技术、运用技巧与相关技能;重点掌握无套利分析法和积木分析法,理解无套利分析法与风险中性定价法、状态复制定价法三者之间的关系。

金融工程从本质上来说是运用工程技术的方法去解决金融领域的实际问题。工程技术的运用涉及三个方面的具体内容:指导理论、操作工具和实施方法。理论是技术应用的基础,指导金融工程的理论基础包括经济理论、金融理论和其他相关理论;工具是技术应用的载体,支撑金融工程的工具既包括债券、股票这样的原生金融工具,也包括不断涌现的创新型金融产品、金融衍生工具;方法则是结合相关理论工具来构造和实施一项具体工程的规划体系和工艺流程,它集中地反映了处理金融问题的基本思维模式。支持金融工程的方法主要有无套利分析法、风险中性分析法、积木分析法等。以这些方法为基础,金融工程师创造出许多功能各异的金融产品及解决方案。要掌握金融产品的创造过程,就要学习金融工程的基本方法论,它们既具有理论特性,又具有工具特性,是学习金融工程的基本内容之一。

第一节 无套利分析法

20世纪50年代后期莫迪利安尼(F. Modigliani)和米勒(M. Miller)在研究企业资本结构和企业价值的关系(即所谓的MM理论)时提出的无套利(no-arbitrage)分析方法,在金融资产(特别是以期权为代表的衍生工具)的定价分析过程中,既是一种定价的方法,也是定价理论中最基本的原则之一。

一、套利的基本概念

套利是指利用资产在空间和时间上的价格差以获得无风险收益为目的的操作。严格的套利是指在某项金融资产的交易过程中,交易者可以在不需要期初投资支出的条件下,在期末获取无风险收益。

如某资产在两个不同的市场上进行交易,而各个市场上的交易价格不同。在不考虑交易成本和运输成本[①]的情况下,交易者可以在一个市场上以低价买进,然后立即在另一个市场上以高价卖出。这样交易者就可以获得无风险的以价格差表现的收益。如果市场是有效率[②]的话,套利行为就会改变市场的供求均衡状态,从而市场价格就会由于套利行为作出相应的调整,重新回到均衡的状态。这就是无套利的定价原则,根据这个原则,在一个有效率的金融市场上,任何一项金融资产的定价,应当使得利用该项金融资产进行套利的机会不复存在。或者说,如果某项金融资产的定价不合理,市场必然出现以该项资产进行套利活动的机会,投资者会抓住这样的机会从事套利活动,而套利活动会促使该资产的价格趋向合理,并最终使套利机会消失。

例如,某一投资者期初有 A、B 两种资产可供选择投资。假设期末时这两项资产可以获得相同的收益,并且这两项资产所需的维持成本也完全相同。那么根据无套利原则,这两项资产在期初的投资成本(也就是它们期初的定价)应该相同。若期初定价不同,比如 B 资产的定价高于 A 资产,则可以卖空 B,然后用其所得去买入定价低的资产 A,剩下的即为期初实现的收益。期末时,由于两个投资的期末收益和期间维持成本相同,套利者正好可以用做多投资 A 的收益去轧平做空的资产 B。并且套利者这么做的时候没有任何风险。

如果市场是有效率的,上述获得无风险利润的机会就会被市场其他参与者发现,从而引发套利行为,结果会产生以下的市场效应:投资者大量买入资产 A,导致市场对资产 A 的需求增加,资产 A 的价格上涨;同时投资者大量抛售资产 B,致使资产 B 的价格下跌。结果 A 和 B 的价差迅速消失,套利机会被消灭。所以,资产 A 和资产 B 的期初价格一定是相同的。

二、无套利定价原理

以下通过几个例子说明无套利定价的原理。

---

① 一般金融产品由于采用网络交易,可以忽略运输成本,正因如此,金融产品的价格在现实中才很少出现价格差。

② 这里的效率是要求交易者拥有大量的资金,其买卖行为可以影响市场供求,或者市场行为没有制度限制,交易者可以大量进行卖空融资。

1. 远期外汇定价

假定市场条件如下：货币市场上英镑利率是5%，美元利率是10%；外汇市场上英镑与美元的即期汇率是1英镑兑换1.5美元(1∶1.5)。问题是：一年期的远期汇率是否还是1∶1.5呢？

答案是否定的，因为在此情况下会发生无风险的套利活动。套利者可以借入1英镑，一年后归还1.05英镑；在即期市场上，用借来的1英镑兑换成1.5美元存放一年，到期可以得到1.65美元；套利者在即期市场上购买1.5美元的同时，按照目前的一年期远期汇率1∶1.5卖出1.65美元，换回1.1英镑。在扣除掉为原先借入的1英镑支付的本息1.05英镑之外，还剩余0.05英镑(1.1－1.05)。如果不计交易费用，这个剩余就是套利者获取的无风险利润。显然，1∶1.5不是均衡的远期外汇价格。

因此，要确定无套利的均衡远期外汇价格，需要把握的要点是无套利均衡的远期外汇价格必须使得套利者处于这样一种境地：投资者通过套利形成的财富的现金价值，与他没有进行套利活动时形成的财富现金价值完全相等，即套利不能影响他的期初和期末的现金流量状况。只有这样，才能消灭套利机会引起的无风险利润，套利活动才能终止。在本例中，套利者借入1英镑后，如果不进行套利活动，他一年后将得到1.05英镑；如果他实施了套利活动，他一年后将得到1.65美元。这两种情况都是从期初的1英镑现金流出开始，到期末时两个现金流入的价值也必须相等。于是1.05英镑＝1.65美元，即1英镑＝1.57美元。这个价格才是无套利的均衡价格。此时，套利者将会发现，当外汇市场英镑兑换美元的远期汇率为1∶1.57时，他的套利活动并不能改善他的财富状况。

2. 确定远期利率

假设现在6个月即期年利率为10%(为简化计算，假设每半年复利一次，下同)，1年期的即期利率是12%。那么今后6个月到1年期的远期利率为11%是否是均衡的？

答案是否定的。远期利率为11%时存在套利机会，套利过程是：第一步，交易者按10%的利率借入一笔6个月资金(假设为1 000万元)。第二步，签订一份协议(远期利率协议)，该协议规定该交易者可以按11%的价格6个月后从市场借入资金1 050万元[1 000×(1＋10%/2)]。第三步，按12%的利率贷出一笔1年期的款项，金额为1 000万元。第四步，1年后收回1年期贷款，得本息1 124万元[＝1 000×(1＋12%/2)^2]，并用1 108万元[＝1 050×(1＋11%/2)]偿还1年期的债务后，交易者净赚16万元(1 124－1 108)。

套利者无风险地获取16万元的利润(操作资金的规模＝1 000万元)，说明该例中远期6个月远期利率11%的定价是不合理的。显然，合理的远期利率应该大于11%。因为该例表明，当即期利率和远期利率的适当关系被打破时，套利机会就会产生。如果远期利率偏低,套利者可以"借短贷长"实施套利(本例的情况);反之,套利者可以"借长贷短"实施套利,同样也能获取无风险利润。

3. 证券价格分析

假设有两家公司 A 和 B,它们每年创造的息税前收益都是 100 万。A 的资本全部由股本构成,为 100 万股。市场对 A 公司股票的预期收益是 10%(即资本成本)。A 公司的价值完全可以用资本成本对收益现金流的折现来计算,$V_A = 100$ 万元/10% = 1 000 万元,A 的股票价格是 1 000 万元/100 万股 = 10 元/股。B 公司的资本中有 400 万企业债券,年利率是 8%,即每年要支付利息 400×8% = 32 万。假定该利率被市场认为是无风险利率,并假定 B 公司的股份数是 60 万股。

在上述假定条件下,按照无套利定价的思想,可以认定 B 公司的股票价格必定是 10 元/股,否则会引起套利活动。比如,当 B 公司股票价格为 9 元/股时。交易者就会进行下列套利活动:卖空 1% 的 A 公司股票(1%×100 万股 = 1 万股)得 10 万元,同时买进 B 公司 1% 的债券 4 万元(1%×400 万元)和 B 公司 1% 的股票(1%×60 万股 = 6 000 股,价值为 9×6 000 = 54 000 元)。套利者的现金流状况如表 2-1 所示。

表 2-1　套利者的现金流

资产情况	当前现金流/元	未来每年的现金流/元
1%的 A 公司股票空头	1%×100 万股×10 = 10 万	−100 万×1% = −1 万
1%的 B 公司债券多头	−1%×400 万 = −4 万	32 万×1% = 3 200
1%的 B 公司股票多头	−1%×60 万股×9 = −54 000	1%×(100 万−32 万) = 6 800
净现金流	6 000	0

这样,套利者在期初不需要任何投入,又不承担任何风险,就赚取 6 000 元的利润,并且这个利润额还会随着套利规模的扩大而扩大。有套利机会存在,说明 B 公司股票的价格被市场低估,套利活动将改变其股票的供求关系,推动其价格上升,直到达到每股 10 元的均衡价格为止。容易看出,如果 B 公司的股票价格高于 10 元(比如 11 元),套利者可以实施相反的套利活动,即做空 B 公司的股票和债券,做多 A 公司的股票,同样可以获取无风险利润,有兴趣的读者可以自己列出套利者的现金流表。

三、无套利定价原理的特征

远期外汇的定价、远期利率的定价以及不同公司证券的定价只是运用无套利定价原理的具体事例。但是,由点及面,我们可以初步归纳出无套利定价机制的基本特征:

(1) 无套利定价原则首先要求套利活动应当在无风险的状态下进行。但是,在现实交易活动中,由于要做到完全没有任何风险实际上非常困难。所以交易者在具体套利时一般不强求把风险降到零,因而实际的套利活动有相当大的部分是带有风险的套利。

(2) 无套利定价的关键环节是恰当地运用复制技术,即选择一组证券来"复制"另外一组证券。

在上例中,我们用 B 公司的证券组合(股票加上债券)来复制 A 公司的股票;在远期利率定价的例子中,套利者利用两个半年期的资金借入替代一年期的资金借入。复制技术的要点是使复制组合的现金流特征与被复制组合的现金流特征完全一致,复制组合的多头(空头)与被复制组合的空头(多头)互相之间应该完全实现头寸对冲。

由此则有如下结论,如果有两个金融资产的现金流相同,但其收益率不一样,它们的市场价格必定不同。这时,通过对价格高者做空头、对价格低者做多头,就能够实现套利。套利活动的存在会推动市场走向均衡,并使两者的收益率相等。因此,在金融市场上,获取相同资产的资金成本一定相等。具有完全相同现金流特征的两项资产被认为完全相同,因而它们之间可以相互复制,且可以互相复制的资产在市场上交易时必定有相同的价格,否则就存在套利机会,即市场是不均衡的。

(3) 无风险的套利活动起初一般是零投资组合,即开始时套利者不需要任何资金的投入,在投资期间也没有任何的维持成本。这一点同金融市场可以无限制卖空的假设有很大的关系。卖空指交易者能够先卖出当时不属于自己的资产(做空头),待以后该资产价格下跌后再以低价买回进行平仓,即所谓"先卖后买",盈亏通过买卖差价来结算。在没有卖空限制的情况下,如果未来该资产价格下跌,套利者的零投资组合的净现金流一定大于零。这样的组合叫作"无风险套利组合"。

从理论上说,当金融市场出现无风险套利机会时,在没有卖空限制的情况下,每一个投资者都可以构筑无限大的无风险套利组合来赚取无限大的利润。这种巨额的套利头寸必定影响金融市场的供求关系,成为推动市场价格变化的力量,价格的变动会迅速消除套利机会。所以,理论上,只需要少数套利者(甚至一位套利者),就可以使金融市场上失衡的资产价格迅速回到均衡状态。

在了解无套利定价方法的基本特征后,现在可以将无套利定价法运用到期权定价中。其分析过程主要有:在一个不存在套利机会的有效的金融市场上,投资者可以建立起一个由金融衍生工具(比如期权)头寸和金融基础工具(比如股票)头寸构成的无风险的资产组合。若各资产数量配置适当,基础工具多头盈利(或亏损)就会与衍生工具的空头亏损(或盈利)相抵,因此,在短期内该组合是无风险的。根据无套利原则,无风险的资产组合的收益率必定等于无风险利率,即可以建立等价关系,求出衍生工具的价格。所以这个原理实际上表示了衍生证券的期望收益率、基础证券的期望收益率和无风险利率之间的一个均衡条件。

期权定价的二项式模型就是成功地运用了这一原理。下面我们举例说明这一原理的应用。

在一个有效的金融市场上,假设存在一只不支付红利的股票,当前的市价为100元,根据历史的数据规律可预知3个月后,该股票价格要么是110元,要么是90元。假设现在的无风险收益率为10%。那么如何确定一份3个月期、协议价格为105元的该股票欧式看涨期权的价值?

由于欧式期权必须到期才能执行,则其价值取决于3个月后股票的市价。若3个月后该股票价格等于110元,则执行该期权对于投资者有利,此时期权的价值为5元;若3个月后该股票价格等于90元,则放弃该期权对于投资者有利,此时其价值为0。为了衡量该期权的现在价值,可构建一个由一单位看涨期权空头和Δ单位的股票多头组成的组合。若3个月后该股票价格等于110元时,该组合价值等于(110Δ-5)元;若3个月后该股票价格等于90元时,该组合价值等于90Δ元。为了使该组合价值处于无风险状态,选择适当的Δ值,使3个月后该组合的价值无论在何种情况下都不变,即有

$$110\Delta - 5 = 90\Delta$$

则
$$\Delta = 0.25$$

因此,该无风险投资组合应包括一单位看涨期权空头和0.25股标的股票。无论3个月后股票价格是110元或90元,则该组合3个月后的价值都等于22.5元(90×0.25)。

在金融市场有效率时,由于不存在套利机会情况下,无风险组合获得的收益率应该为无风险。则该组合的现值应为

$$22.5e^{-0.1 \times 0.25} = 21.9(元)$$

由于该组合中有一单位看涨期权空头和0.25单位股票多头,而目前股票市场价格为100元,该欧式看涨期权价值为V,则有

$$100 \times 0.25 - V = 21.9$$
$$V = 3.1(元)$$

因此,该欧式看涨期权的价值应为3.1元,否则就存在套利机会,与假设不符合。

四、无套利定价法的应用

无套利定价方法在金融产品的定价和设计中有广泛的应用。金融工具的设计与合成就是运用无套利定价法的典型例子。

1. 金融工具的复制

金融工具的复制是指通过构建一个金融工具组合使之与被复制的金融工具具有相同或相似的现金流特征。

例如，可以通过买入一单位股票看涨期权，同时卖出一单位股票看跌期权来复制该股票的盈亏状况。上述看涨期权和看跌期权应当具有相同的标的资产 S、到期日 T 和执行价格 X，而且必须是欧式期权。

假定在 t 时刻，上述看涨期权和看跌期权的价格分别是 c 和 p，则构造复制股票的成本是 $c-p$。在期权的到期日 T，上述组合的价值 V_T 就是买入期权价值与卖出期权价值的差，即

$$V_T = \max(0, S_T - X) - \max(0, X - S_T)$$

如果到期日股票价格 S_T 大于执行价格 X，则看涨期权价值是 $S_T - X$，看跌期权价值是零；如果 S_T 小于 X，则看涨期权价值是零，看跌期权价值是 $X - S_T$。因此，无论股票未来的价格怎么变化，复制股票这个组合在期权到期日的价值总是 $|S_T - X|$。如果只考虑复制股票的构造成本而不考虑资金时间价值，则该组合到期盈亏为

$$\max(0, S_T - X) - \max(0, X - S_T) - (c - p) = S_T - X - c + p$$

当 $S = X$ 时，$c > p$，则由于投资股票的盈亏为 $S_T - S = S_T - X$，显然投资复制股票的盈亏不如投资股票本身，如图 2-1 所示。

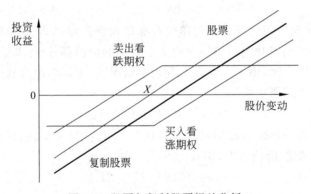

图 2-1　股票与复制股票损益分析

在图 2-1 的直线部分中，粗线表示复制股票的盈亏，细线表示股票的盈亏。两条折线分别表示了卖出看跌期权和买入看涨期权的盈亏。两条直线的平行关系，表示复制股票与股票的盈亏走向相一致。不过粗线的位置要低于细线，表示持有复制股票在损益方面总是比持有股票相差一个固定的金额，这当然是因为构造复制股票需要花费一定成本的缘故。图 2-1 中看起来，持有复制股票似乎有点不合算，但下面的例子表明，复制股票在财务杠杆方面的巨大优势，为风险偏好型的投资者提供了一个性质不同的投资渠道，在一定程度上弥补了这个损益差额因素。

假设一只股票现在的市场价格是 100 元，以该价格作为执行价格的看涨期权和看跌

期权的价格分别是 5 元和 4 元。一个投资者用 100 元钱的初始资金,采取两种方案进行投资,方案一是直接在股票市场上购买股票 1 股,方案二是用同样的资金购买复制股票,100 元钱可以购买 100 个复制股票(因为一个复制股票的构筑成本是 5−4=1 元)。表 2-2 和表 2-3 比较了在股票价格上升到 110 元和下跌到 90 元时,两种投资方案的情况。

表 2-2 股票价格上升到 110 元时两个方案的比较

方案	期初投资/元	净收益/元	投资收益率/%
方案一	100	110−100=10	10
方案二	100	100×(110−100−1)=900	900

表 2-3 股票价格下跌到 90 元时两个方案的比较

方案	期初投资/元	净收益/元	投资收益率/%
方案一	100	90−100=−10	−10
方案二	100	100×(90−100−1)=−1 100	−1 100

显然,当股票价格上升时购买复制股票的收益率远高于直接购买股票;反之,当股票价格下降时,复制股票的负收益(亏损)也要远大于购买股票。运用无套利的定价技术创造的金融衍生产品,可以丰富投资品种,为不同类型的投资者提供了满足其偏好的金融工具。事实上,由于投资者可以选择多个不同水平的 X,因此,可以创造的复制股票(也可以是债券或衍生金融工具)也可以有很多,而且对于不同的 X,复制股票的损益特征都不相同,这就极大地丰富了投资品种。

2. 金融工具的合成

金融工具的合成是指通过构建一个金融工具组合使之与被复制的金融工具具有相同价值。如复制股票虽然可以再现股票的盈亏状况,但两者价值毕竟有所不同。复制股票的价值是 $S_T - X$,股票的价值是 S_T,为消除这个差别,可以构造一个合成股票,它的价值可以与股票完全相同。

合成股票包括:一个欧式看涨期权的多头;一个欧式看跌期权的空头和无风险债券。看涨期权的价格是 c,看跌期权的价格是 p,无风险债券的数量是 $Xe^{-r(T-t)}$(r 是无风险利率,连续复利),看涨期权和看跌期权具有相同的标的资产 S、到期日 T、执行价格 X。这样一来,合成股票实际上是复制股票与无风险债券的合成品,其构造成本是 $c - p + Xe^{-r(T-t)}$。到期时由于无风险债券的价值是 X,该组合的价值(用 V 表示)为

$$V = \max(0, S_T - X) - \max(0, X - S_T) + X = S_T - X + X = S_T$$

这和股票到期日的价值相同。既然合成股票和标的股票在到期日有相同的价值,则

在任意时刻 t，它们的价值也应该相同，即有如下等式成立：
$$S = c - p + Xe^{-r(T-t)} \tag{2-1}$$
否则该市场就会出现无风险套利活动。

  前例中，复制股票的成本是 1 元，现在再加上到期价值为 100 元的无风险债券，两者之和必须等于当前投资股票的成本（100 元）。于是，投资无风险债券的当前成本应该为 99 元（100－1）。如果无风险债券的投资成本高于 99 元（比如 100 元），则期初合成股票的成本达到 101 元，套利者买入股票，卖出合成股票，可以获利 1 元；反之，当无风险债券的当前成本低于 99 元（比如 98 元），那么合成股票的成本为 99 元。套利者以 99 元买入合成股票，以 100 元卖空标的股票，获利 1 元。无论是哪一种情况，套利者都实施了无风险套利，而且不需要任何投资。

  下面以后一种情况来说明套利过程。当无风险债券的当前成本等于 98 元时，不管将来市场状况如何，套利者通过以 99 元买入合成股票和以 100 元卖出标的股票，立即获利 1 元。当到期时股票价格低于执行价格时，套利者的看涨期权作废，其看跌期权即将被行权。这时，用债券到期收回的现金 100 元收入，再按照 100 元的执行价格从看跌期权的买方手中买回股票，在履行期权合约的同时，恰好将当初做空的股票头寸平仓。当到期时股票的价格高于执行价格时，则合成股票中看跌期权作废，套利者可以行使看涨期权，用债券到期收回的现金 100 元买进标的股票，同样将做空的股票头寸平仓。

  无论合成股票的价格大于或者小于被复制股票，期初套利者的净现金流量都可以为正，而期末的净现金流量却是零，而这恰恰都是无风险套利的典型特征。

第二节 风险中性定价法

  在对衍生金融产品定价时，为了建立等式关系，往往可以假定所有投资者都是风险中性的。在所有投资者都是风险中性的条件下，所有证券的预期收益率都可以等于无风险利率 r_f，这是因为风险中性的投资者并不需要额外的收益来吸引他们承担风险。同样，在风险中性条件下，所有未来的现金流量都可以通过无风险利率进行折现求得现值。虽然风险中性的假定仅仅是为了定价方便而作出的人为假定，但通过这种假定所获得的结论不仅适用于投资者风险中性情况，也适用于投资者厌恶风险的所有情况。

一、风险中性定价原理

  下面先看一个简单的例子，来说明风险中性定价原理。

  假设一种不支付红利股票目前的市价为 100 元，在 3 个月后，该股票价格要么是 110 元，要么是 90 元。假设现在的无风险年利率等于 10%，现在要找出一份 3 个月期协议价格为 105 元的该股票欧式看涨期权的价值。

由于欧式期权不能提前执行,其价值取决于 3 个月后股票的市场价格。若 3 个月后该股票价格等于 110 元,则该期权价值为 5 元;若 3 个月后该股票价格等于 90 元,则该期权价值为 0。

在找出该期权的价值时,为了建立等式关系,假定所有投资者都是风险中性的。在风险中性世界中,假定该股票价格上升的概率为 P,下跌的概率为 $1-P$。这种概率被称为风险中性概率,它是由市场平均风险厌恶程度决定的,与现实世界中的真实概率是不同的。实际上,风险中性概率已经由股票价格的变动情况和无风险利率所决定:

$$e^{-0.1 \times 0.25}[110P + 90(1-P)] = 100$$
$$P = 0.626\ 6$$

这样,根据风险中性定价原理,投资于股票期权获得的收益率也应该为无风险的收益率 10%,而该期权未来价值的期望值的折现值就是期权期初的价值(或价格),这样就可以求出该期权的价值:

$$f = e^{-0.1 \times 0.25}(5 \times 0.626\ 6 + 0 \times 0.373\ 4) = 3.1\ (元)$$

二、无套利定价法与风险中性定价法的关系

上述例子说明,通过无套利定价法与风险中性定价法计算出来的结果是一样的,它们的区别仅仅在于定价思路不同,建立的等价关系不同而已。下面可以通过一个更一般的例子来说明风险中性定价法。

假设金融市场上有一只不支付红利的股票,当前时刻 t 股票价格为 S,基于该股票的欧式看涨期权的价值是 f,期权的到期日是 T,在这个有效期内,股票价格或者上升到 Su,或者下降到 Sd(u 为上升幅度,d 为下降幅度;$u>1$,$d<1$)。当股票价格上升到 Su 时,我们假设该期权的收益为 f_u,如果股票的价格下降到 Sd 时,则该期权的收益为 f_d,如图 2-2 所示。

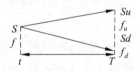

图 2-2 股票价格和期权价格

1. 无套利定价法的思路

将上节中的例子一般化后就得到了无套利定价的一般思路。首先,买入 Δ 股 A 公司股票,同时卖出一个以该公司股票为标的欧式看涨期权,并计算出该组合为无风险时的 Δ 值。

如果股票价格上升,该组合在期权到期时的价值是 $Su\Delta - f_u$,如果股票价格下降,组合的价值是 $Sd\Delta - f_d$。若 $Su\Delta - f_u = Sd\Delta - f_d$ 成立,则表明该组合在期权到期时无论股票价格上涨或者下跌,组合未来的价值是一样的,即该组合为无风险组合。

则有
$$\Delta = \frac{f_u - f_d}{Su - Sd} \tag{2-2}$$

如果无风险利率用 r 表示,则该无风险组合的现值一定是 $(Su\Delta - f_u)e^{-r(T-t)}$,而构造该组合的成本是 $S\Delta - f$,在有效的金融市场上,由于不存在套利机会,两者必相等。

即有
$$S\Delta - f = (Su\Delta - f_u)e^{-r(T-t)} \tag{2-3}$$

将方程(2-2)代入式(2-3)化简得
$$f = e^{-r(T-t)}[Pf_u + (1-P)f_d] \tag{2-4}$$

其中 P 为主观概率,是由股票未来价格升降的幅度决定的,即
$$P = \frac{e^{r(T-t)} - d}{u - d} \tag{2-5}$$

2. 风险中性定价的思路

假定在所有投资者都是风险中性的金融市场中,某只股票价格上升的概率为 P,下跌的概率为 $1-P$,由于股票期末期望值按无风险利率贴现的现值必须等于该股票期初的价格,因此该概率可通过下式求得

$$S = e^{-r(T-t)}[SuP + Sd(1-P)],$$

即
$$P = \frac{e^{r(T-t)} - d}{u - d}$$

知道了风险中性概率后,期权价格就可以通过下式来求:
$$f = e^{-r(T-t)}[Pf_u + (1-P)f_d] \tag{2-6}$$

上式与式(2-4)是完全相同的,可见无套利定价法与风险中性定价法本质上是相同的,只不过无套利定价法是假设市场上无套利机会,从而构造未来价值确定的组合证券,建立等式求得期权的价值;而风险中性定价法,通过对投资者的假设,没有无套利分析法构造组合证券复杂,计算过程相对比较简单。

第三节 状态复制定价法

状态证券是指在特定的状态发生时价格为 1,否则价格为 0 的金融资产。状态价格是该资产当前的价格。如果某资产未来时刻有 N 种状态,而这 N 种状态的价格都可以通过预测得到,那么只要知道该种资产在未来各种状态下的价格状况以及市场无风险利率水平,就可以对该资产进行定价,这就是状态复制定价法。它是无套利分析方法以及证券复制技术的具体运用。

一、状态复制定价法的原理

现举例介绍状态复制定价法的基本思路:

假设 A 是一只有风险的证券,其期初的价格是 P_A,一个投资周期后其价格要么上升到 uP_A,要么下降到 dP_A。这就是市场的两种状态:上升状态(概率是 q)和下降状态(概率是 $1-q$),如图 2-3 所示。

假设 r 为无风险利率(收益率,由于在一个投资周期内,故按照单利计算),假设 R 为无风险证券的终值系数,则有

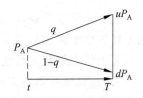

图 2-3 证券 A 的未来价格

$d<R<u$,其中 $R=1+r$。设 $R_A=1+r_A$,其中 r_A 是证券 A 的收益率。它的预期收益率是

$$E(R_A) = \frac{quP_A + (1-q)dP_A}{P_A} = qu + (1-q)d \tag{2-7}$$

证券 A 收益率的方差和标准差分别是

$$\sigma^2(R_A) = q(1-q)(u-d)^2$$
$$\sigma(R_A) = \sqrt{q(1-q)}\,(u-d)$$

现在假设有两个基本证券,基本证券 1 在证券 A 价格上涨时价格为 1,在证券 A 价格下跌时价格为 0;基本证券 2 恰好相反,在证券 A 价格上涨时价格为 0,在证券 A 价格下跌时价格为 1。基本证券 1 现在的市场价格是 π_u,基本证券 2 的价格是 π_d。π_u 和 π_d 分别被定义为上升状态的价格和下降状态的价格。这两个基本证券的特征使它们可以用来复制有风险的证券 A。复制过程如下:

以 uP_A 份基本证券 1 多头和 dP_A 份基本证券 2 多头组成一个假想的证券组合,则该组合在 T 时刻无论发生什么情况,都能够产生和证券 A 一样的现金流,所以该组合可以看作是证券 A 的复制证券。在有效的金融市场上,由于不存在无套利机会,复制品和被复制对象现在的市场价格应该相等。即

$$P_A = \pi_u uP_A + \pi_d dP_A \tag{2-8}$$

即有

$$\pi_u u + \pi_d d = 1 \tag{2-9}$$

同时,我们知道由一单位基本证券 1 和一单位基本证券 2 组成的证券组合在 T 时刻无论出现什么状态,其价格都是 1,即该组合是无风险的投资组合,其收益率应该是无风险收益率 r,于是有

$$\pi_u + \pi_d = e^{-r(T-t)} \tag{2-10}$$

联立方程(2-9)和(2-10)可解得

$$\pi_u = \frac{1 - de^{-r(T-t)}}{u - d}$$

$$\pi_d = \frac{ue^{-r(T-t)} - 1}{u - d}$$

从上式可以发现，决定基本证券期初价格的因素实际上只有3个：无风险利率 r，金融工具价格上升的幅度 u 和其价格下降的幅度 d。

关于状态复制定价法公式的推导，需要注意两点：

第一，只要有具备上述性质的一组基本证券存在，就能够根据需复制的证券未来价格的状态多少，假设相应的基本证券，通过复制技术，为金融市场上的任何有价证券定价。因为只要是某一证券的价格在一段时间后出现两(N)种价格状态，它的两(N)个基本证券就是唯一确定的。当确定了一个风险证券的基本证券价格后，就可以用它来为别的有风险证券定价。再看下面的例子。

假如有风险证券A的市场情况如下：$P_A = 1\,000, r = 2\%, u = 1.07, d = 0.98, T - t = 1$，可以算出：

$$\pi_u = \frac{1 - 0.98e^{-0.02}}{1.07 - 0.98} = 0.437\,8$$

$$\pi_d = \frac{1.07e^{-0.02} - 1}{1.07 - 0.98} = 0.542\,4$$

假设另外有一个证券B，它在一年后的价格可能上升到1 030元，也可能下降到985元，且和有风险证券A完全相关。那么，根据式(2-8)，其当前的价格应为

$$P_B = \pi_u u P_B + \pi_d d P_B = 0.437\,8 \times 1\,030 + 0.542\,4 \times 985 = 985.2$$

这就相当于用基本证券1和基本证券2来复制证券B，复制过程是购买 uP_B 份基本证券1和 dP_B 份基本证券2。该组合确保一定时期后无论市场状况如何，都产生和有价证券B相同的现金流，所以该组合是B的复制品。

由于证券A和证券B有相同的变动趋势，也可以用现实中的证券A和无风险证券来复制证券B。复制过程是：用 Δ 份证券A和当的市场价值为 L 的无风险证券构成市场价值为 I 的组合，其成本是 $I = 1\,000\Delta + L$。且满足条件，一年后，该组合无论证券市场大势上升还是下降，都必须与证券B的价格相同。于是有

$$I_u = \Delta \times 1\,070 + Le^{r(T-t)} = 1\,030$$

$$I_d = \Delta \times 980 + Le^{r(T-t)} = 985$$

由该方程组可解出 $\Delta = 0.5, L = (1\,030 - 0.5 \times 1\,070)e^{-0.02} = 485.2$。于是B现在市场的价值是 $I = 1\,000\Delta + L = 1\,000 \times 0.5 + 485.2 = 985.2$。这说明前面用状态价格为证券B定价的结果是正确的，否则就会出现无风险套利的机会。

前面是一个单期的状态复制定价法应用，现实中不可能都是单期模型，这就需要扩展

其到多期状态复制定价法,下面首先,采用上面的例子把它扩大到两期。

假定证券 A 和 B 的价格变动结构如图 2-4 所示,市场无风险利率仍为 2%。

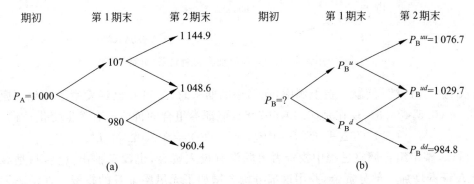

图 2-4 证券 A 和 B 的两期价格变化图

从图 2-4(b),我们看到证券 B 在第 2 期期末有 3 种价格状态,要求计算出证券 B 现在的价值。

下面使用倒推法求解,首先从证券 B 的价格变化图中右上部分开始。在第 1 年年末,假设市场处于上升状态,此时我们用 Δ^u 份证券 A 和市场价值为 L^u 的无风险证券来复制证券 B 的组合,见图 2-5 和图 2-6。

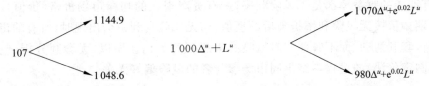

图 2-5 证券 A 第二期的价格变动图　　图 2-6 证券 A 和无风险证券复制证券 B

用联立方程组

$$1\,144.9\Delta^u + e^{0.02}L^u = 1\,076.7$$
$$1\,048.6\Delta^u + e^{0.02}L^u = 1\,029.7$$

解出 $\Delta^u=0.49, L^u=507.6$,因此有 $P_B^u=1070\Delta^u + L^u=1\,029.9$。用同样的办法处理右下方的二项式,同理,解出 $\Delta^d=0.51, L^d=486.2$,因此有 $P_B^d=980\Delta^d + L^d=985.0$。

最后,我们用 Δ 份证券 A 和价值为 L 的无风险证券的组合复制证券 B,如图(2-7)所示。

同样完全可以解出 $\Delta=0.5, L=485.3$,证券 B 的价值 $P_B=985.2$。

当二项式模型由单期扩展到二期(或以上)时,需要用动态无套利的方法来解释这里

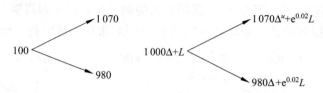

图 2-7 用证券 A 和无风险证券复制证券 B(第一期)

所涉及的"自融资"①问题。在上例中,在第一期期末时,Δ 和 L 已经发生了变化。原来是 (Δ,L)=(0.5,485.3),现在是(0.49,507.6),但证券组合的价值没有发生变化,因为有

$$1\,070\Delta + e^{0.02}L = P_B^u(=1\,030) = 1\,070\Delta^u + L^u$$

所以,整个组合调整过程中投资者者既没有投入资金,也没有抽出资金,只是靠出售部分 A 证券增加一部分资金,并用这部分资金增加了无风险证券的投资。在动态无套利均衡分析方法中的"动态",其实质就是需要随时调整 Δ 和 L,并确保调整中组合价值不会发生变化,这就是"自融资"的基本含义。

第二,关于有风险的证券价格上升的概率 P,它依赖于人们作出的主观判断。乐观的投资者认为 P 比较大,而悲观的投资者认为 P 可能比较小,所以市场上的投资者对 P 并没有统一的看法。在上述例子的计算推导以及其结论中,并没有用上 P。这意味着人们对 P 认识的分歧不会影响有价证券定价的结论。正如前节介绍的,在一个风险中性的世界里,所有证券的收益率都是无风险利率;所有资产现在的均衡市场价格(价值),都是未来收益的期望值按无风险利率折现后的现值;当无风险套利机会出现时,所有的市场参与者都会进行套利活动,而不管他们对风险的厌恶程度如何。所以,无套利分析(包括其应用状态复制定价法)的过程与结果同市场参与者的风险偏好无关。

二、状态复制定价法的应用

下面以一个例子介绍状态复制定价法为欧式期权进行定价。

假设某股票未来的价格符合上面提到的两种市场状态,即期初价值是 S_0,期末价值是 S_1,这里的 S_1 只可能取两个值:一是 $S_1 = S^u = uS_0, u>1$;二是 $S_1 = S^d = dS_0, d>1$。现在想要确定的是依附于该股票的欧式看涨期权的价值是多少?

首先需要构造这样一个投资组合 I,以便使它与看涨期权的未来的价值特征完全相同:以无风险利率 r 借入一部分资金 B(相当于做空无风险债券),同时在股票市场上购入 N 股标的股票。注意到上述组合的成本是 $V_0 = NS_0 - B$,到了期末,该组合的价值 V

---

① 这里的自融资指证券组合通过卖出组合内的一部分证券,以所得资金增加组合内其他证券的投资量来调整组合内的证券投资比例,并使证券投资组合的价值保持不变。

是 $NS_1 - RB$，$R = e^{r(T-t)}$。对应于 S_1 的两种可能，V 有两个取值：如果 $S_1 = S^u$，则 $V = V^u = NS^u - RB$；如果 $S_1 = S^d$，则 $V = V^d = NS^d - RB$。令到期日组合的价值与看涨期权的价值相同，则有

$$V^u = NS^u - e^{r(T-t)}B = c^u$$
$$V^d = NS^d - e^{r(T-t)}B = c^d$$

由该方程组可以解出 N 和 B：

$$N = (c^u - c^d)/(S^u - S^d) = (c^u - c^d)/[(u-d)S_0] \tag{2-11}$$

$$B = (S^d c^u - S^u c^d)/[(S^u - S^d)e^{r(T-t)}] = (NS^d - c^d)e^{-r(T-t)}$$
$$= (dc^u - uc^d)e^{r(T-t)}/(u-d) \tag{2-12}$$

由于期初的组合 I 应该等于看涨期权的价值，即有 $NS_0 - B = c_0$，把 N 和 B 代入本式中，得到看涨期权的价值公式：

$$c_0 = [pc^u + (1-p)c^d]e^{-r(T-t)} \tag{2-13}$$

其中，$p = (e^{r(T-t)}S_0 - S_d)/(S^u - S^d) = (e^{r(T-t)} - d)/(u-d)$

下面再看一个实际的例子：假设一份期限为 1 年的欧式看涨期权，执行价格 X 是 1 120 元；标的股票当前的价格是 1 000 元，无风险利率是 8%。1 年以后，股票的价格或是上升到 1 800 元，或是下降到 600 元。这样，期权的到期价值 c_1 也有两种可能：680 元或是 0，见图 2-8。

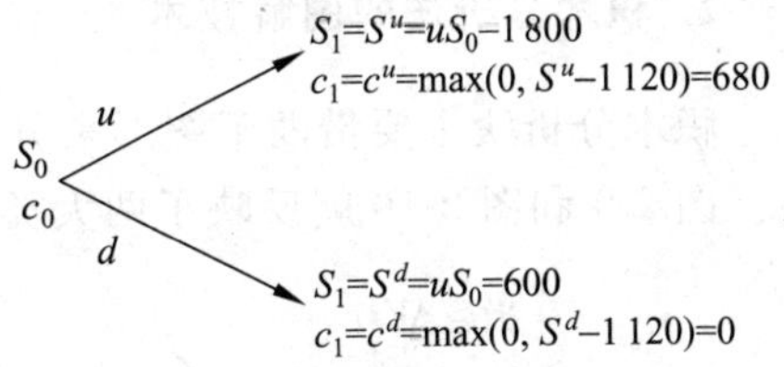

根据式（2-11）和式（2-12）代入有关参数，得到

$S_1 = S^u = uS_0 = 1800$
$c_1 = c^u = \max(0, S^u - 1120) = 680$

S_0
c_0

$S_1 = S^d = uS_0 = 600$
$c_1 = c^d = \max(0, S^d - 1120) = 0$

图 2-8 股票和期权价格变化图

$$N = (680 - 0)/(1\,800 - 600) = 0.567（股）$$
$$B = (0.567 \times 600 - 0)e^{-0.08} = 313.86（元）$$

也就是说，只要买入了 0.567 股标的股票，同时以 8% 的利率借入 313.86 元，则相应的组合完全可以复制上述看涨期权到期日的价值特征。通过 $c_0 = NS_0 - B$ 可以得到

$$c_0 = 0.567 \times 1\,000 - 313.86 = 253.4$$

第四节　积木分析法

金融工程在进行理论分析和量化分析时，无套利均衡分析既是基本原则之一，也是基本方法之一。但从金融工具运用、策略选择、风险防范措施搭配等方面进行综合考虑和确定实施方案时，或者为金融衍生产品定价时，积木分析法也是常用的方法之一。积木分析法也叫模块分析法，是指将各种金融工具看作功能不同的模块，针对要解决的金融问题的特点，进行分解、组合、对症下药，以求快速达到最终目标。该方法也可以看作是无套利分

析准则的具体化、实用化,具有灵活多变、使用便捷、应用面广的特点,易于理解和掌握。

一、积木分析法的基本原理

1. 积木分析法的主要思路

结构化的组合分解技术或模块式的组合分解技术是金融工程的核心技术之一,积木分析法是这一技术的实施。它把各种金融工具看作是零部件,采用各种不同的方式组装起来,实现收益性、流动性和抗风险性的重新配置,创造符合特殊需求的新型金融产品来满足客户的需要。从理论上来讲,积木分析法的基本原理就是根据实际需要构造一个相反方向的头寸,全部冲销或部分冲销原有的风险暴露。其主导思想就是运用数个基本的金融衍生工具来合成理想的对冲头寸,使之和原有的金融风险大小相等、方向相反。

上述处理问题的过程和方式是可逆的,即对于现有的金融工具或企业财务架构,也可以通过"剥离"等分解技术来分解其收益与风险,从而在金融市场上得以实现收益与风险的各种转移以及重新配置金融资产的功效。

2. 积木分析法的图解技术

积木分析法主要借助于图形来分析损益/风险关系以及金融工具之间的组合/分解关系。图2-9和图2-10就反映了两大类基本金融资产的价格风险和损益关系。

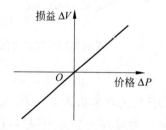

图2-9 资产多头价格风险示意图

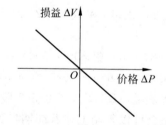

图2-10 资产空头价格风险示意图

图中横轴反映金融资产价格的变化(用 ΔP 表示),纵轴反映交易者的损益及其价值的变化(用 ΔV 表示)。图2-9表明,当金融资产价格 ΔP 增加时,交易者持有资产的价值 ΔV 也随之增加;反之,则随之减少。这种情况叫作多头金融价格风险,因为这类风险与金融资产的多头交易相类似。另一类风险正好相反,即图2-10中描绘的情况。当金融资产价格上升时,交易者持有的资产的价值反而下降,这类风险叫作空头金融价格风险,它与金融资产的空头交易相类似。

对于远期合约的交易者,可以在预定的日期按照预定的价格买卖某种资产。如果买入金融资产,这种交易称为多头远期交易;如果卖出金融资产,则称为空头远期交易。当面临的金融价格风险为多头性质的风险时,可以选择空头远期交易来套期保值;当面临的是空头性质的风险时,则可以选择多头远期交易来套期保值。图 2-11 表明了利用多头远期交易来对冲空头金融风险的套期保值结果。

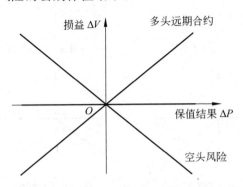

图 2-11　利用多头远期对冲空头风险示意图

在图 2-11 中,向右下方倾斜的斜线表示金融资产空头风险,向右上方倾斜的斜线代表金融资产远期合约,而与横轴重合的粗黑线则是利用远期合约套期保值对冲风险的结果。

3. 积木分析法的基本模块

积木分析法的基本模块可以分为资产模块和期权模块两大类。其中资产模块有资产多头模块和资产空头模块两种基本形式,其特性曲线的图示已在图 2-9 和图 2-10 中表明,不再重复。需要说明的是,这里的"资产"是广义的,既可以是金融资产,也可以是实物(如大宗农产品、金属、石油)和实体(如企业);既可以是基础金融资产(如股票、债券),也可以是衍生产品(如远期、期货)。

期权模块可以分为多头看涨、多头看跌、空头看涨、空头看跌四种基本形式,各自的特性曲线分别如图 2-12 中(a)、(b)、(c)、(d)所示。为简化起见,图示中暂不计入期权费。它们也是期权交易的 4 种基本类型。

例如,图 2-12(a)显示的是买入看涨期权的情况(多头看涨期权)。这里假定看涨期权的执行价格就是标的资产的现货价格,坐标选为相对坐标,因而执行价格对准坐标原点(O 点)。当市场现货价格 P 上升并超过执行价格时,看涨期权的价值 V 随之上涨;反之,当现货价格下降时,坐标原点左面的图形与横轴重合,说明买入看涨期权一方的价值没有任何变化(注意这里省略了期权费),这同交易者持有无风险收益证券的情况相同。所以,从积木分析的角度看,期权交易无非是远期交易和无风险债券交易的组合。这里就好比远期交易是一块积木,无风险债券交易是另一块积木,期权交易则是这两块积木复合在一

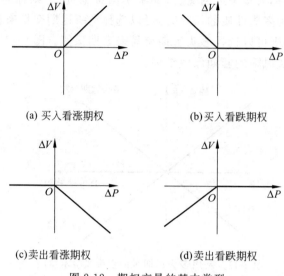

(a) 买入看涨期权　　(b) 买入看跌期权

(c) 卖出看涨期权　　(d) 卖出看跌期权

图 2-12　期权交易的基本类型

起的产物。

4. 积木分析法的具体运用

下面结合多头金融价格风险和空头金融价格风险这两种情况,运用积木分析法分析期权交易在风险管理中的具体应用。

首先,分析研究如何应对多头金融风险的方法。期权交易对多头金融价格风险的影响可以通过图 2-13 来表示。

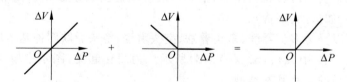

多头金融价格风险＋买入看跌期权＝买入看涨期权

图 2-13　买入看跌期权对多头风险套期保值结果

从图 2-13 中可以看到,当面临多头金融价格风险时,可以运用多头看跌期权来套期保值。买入看跌期权抵御这种金融风险的对冲结果,与单独买入一份看涨期权结果相同。这里把多头金融价格风险作为一块积木,把多头看跌期权作为另一块积木。两者相结合,就形成了一块功能不同的新积木。

其次,分析研究如何应对空头金融价格风险的方法。当存在这类风险时,可以买入看涨期权来套期保值。保值的对冲结果与单独买入一份看跌期权结果相同。这里,可以把空头金融价格风险作为一块积木,把多头看涨期权作为另一块积木,两块积木的组合形成了多头看跌期权的结果,如图 2-14 所示。

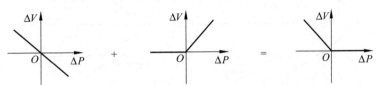

空头金融价格风险＋买入看涨期权＝买入看跌期权

图 2-14　买入看涨期权对空头风险套期保值结果

最后,进一步分析研究期权合约和远期合约的关系。从图 2-14 可以看到,当把多头看涨期权合约与空头看跌期权合约组合在一起时,得到的是多头远期交易合约;当把空头看涨期权合约与多头看跌期权合约组合在一起时,得到的是空头远期交易合约。这说明远期交易合约完全可以运用期权交易合约来复制,如图 2-15 和图 2-16 所示。

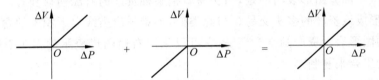

多头看涨期权＋空头看跌期权＝多头远期合约

图 2-15　用两种期权合约复制多头远期合约

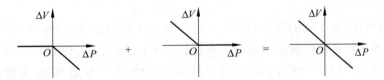

空头看涨期权＋多头看跌期权＝空头远期合约

图 2-16　用两种期权合约复制空头远期合约

二、资产复制基本算法

1. 积木图综合法

综合以上分析结果,金融工程师可以运用以下 6 种基本积木对已有金融产品进行分解、组合、分析、复制等作业,并创造新的金融产品,如图2-17所示。

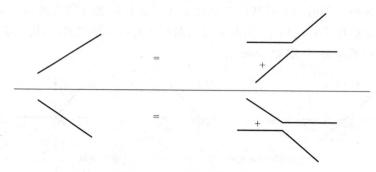

图 2-17　金融积木综合图

在图2-17中共有6种基本图形,可以看作是金融工程所运用的6种基本"积木"。每种积木其实都是一类金融工具。该图的上半部分是横线的上面部分,其左边图形表示标的资产多头交易,右边图形表示资产多头看涨期权(右上边的折线)和空头看跌期权(右下边的折线)。这一部分图形表明的是,当交易者把某种资产的看涨期权和看跌期权组合在一起时,可以形成该资产的多头交易。与此类似,不难看出横线以下积木的含义。处在横线以下左边的图形表示资产的空头交易,它可以采用右边图形表示的多头看跌期权和空头看涨期权的组合来复制。

除了上面提到的组合方式以外,还可以将横线上面的图形与横线下面的图形进行交叉组合,详见后文的综合运用举例。

2. 斜率叠加算法

在以上分析中,由于标的资产的价格变动与金融工具的价值变化一一对应,且计量单位相同,因而各种特性曲线的基本成分只有保持水平(斜率为0)、向右上升(斜率为+1)、向右下降(斜率为-1)三种情况。利用这三种斜率符号,可以快速判定、简捷表达各种资产模块和期权模块的分解/组合结果。为此,首先定义符号表示规则。如果某种资产或其交易的结果在损益图上出现向右下降状态,就用(-1)表示;如果出现的结果是向右上升状态,就用(+1)表示;如果出现的结果是水平状态,就用(0)表示;每个转折点都用逗号隔开。这样,各种基本模块的价值特性或损益状态可以分别表示如下。

- 买入看涨期权:(0,+1)
- 卖出看涨期权:(0,-1)
- 买入看跌期权:(-1,0)
- 卖出看跌期权:(+1,0)

- 标的资产多头：(+1,+1)
- 标的资产空头：(−1,−1)

用这 6 种基本的模块作为构成元素,对它们进行不同的组合,就可以创造出各种各样的金融特性,从而满足不同的客户需求。

3. 综合运用举例

现在将积木综合图的形象化方法与斜率叠加式的符号化方法结合起来,优势互补,加以应用。并以图 2-17 所示 6 种模块,进行横线上半部分和横线下半部分的交叉组合作为具体举例。

(1) 将横线上面的资产多头交易与横线下面的期权交易中的多头看跌期权交易组合在一起,可以看出它就是看涨期权的多头交易。其斜率叠加算式为:(+1,+1)+(−1,0)=(0,+1),如图 2-18 所示。

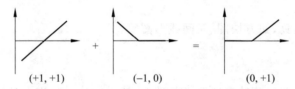

图 2-18 资产多头＋看跌期权多头＝看涨期权多头

(2) 若将横线上面的资产多头交易与横线下面的看涨期权的空头交易相结合时,可以形成看跌期权空头交易。其斜率叠加算式为:(+1,+1)+(0,−1)=(+1,0),如图 2-19 所示。

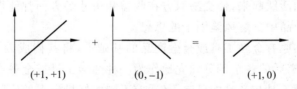

图 2-19 资产多头＋看涨期权空头＝看跌期权空头

(3) 若将横线下面的资产空头交易和横线上面的期权交易结合时,资产空头交易同多头看涨期权结合后形成多头看跌期权。其斜率叠加算式为:(−1,−1)+(0,+1)=(−1,0),如图 2-20 所示。

(4) 若将横线下面的资产空头交易与横线上面的空头看跌期权相结合时,可以形成空头看涨期权。其斜率叠加算式为:(−1,−1)+(+1,0)=(0,−1),如图 2-21 所示。

在实践中,积木分析法中除了使用以上价值图、损益图外,也经常用一些其他图形作

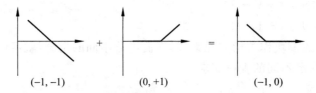

图 2-20　资产空头＋看涨期权多头＝看跌期权多头

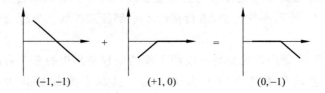

图 2-21　资产空头＋看跌期权空头＝看涨期权空头

为金融工程的分析工具,如方块图、时间线形图等。

三、分解技术

分解技术主要是在现有的金融工具基础上,通过拆分风险进行结构分解,使其风险因素与原工具分离,从而创造出新型金融工具,以满足不同投资者的需求。

现有的大多数金融工具或金融产品,都有自己特定的结构形式与要素构成,但其共同点就是构成要素中具有风险因子,如浮动利率债券,在市场利率不稳的情况下,对于风险厌恶的投资人来说,将大大削弱其投资力度。倘若能将风险因子从债券中分离开来,则债券市场交易就会更加活跃起来,使交易双方在收益和头寸等方面都能得到满足,由此引发从金融工具或金融产品中分解风险因子的思想。

分解技术就是在原有金融工具或金融产品的基础上,将其构成因素中的某些高风险因子进行剥离,使剥离后的各个部分独立地作为一种金融工具或金融产品参与市场交易,既达到消除原型金融工具与产品的风险,又适应不同偏好投资人的实际需要。

分解技术包含以下三层含义:

第一,分解技术一般从单一原型金融工具或金融产品中进行风险因子分离,使分离后的因子成为一种新型工具或产品参与市场交易;

第二,分解技术还包括从若干个原型金融工具或金融产品中进行风险因子分离;

第三,对分解后的新成分进行优化组合,构成新型金融工具与产品。也就是说,这种优化组合是在分解的基础上实现的。

第二章　金融工程方法论

 本章小结

1. 套利是指利用资产在空间和时间上的价格差以获得无风险收益为目的的操作。纯粹的套利是指在某项金融资产的交易过程中,交易者可以在不需要期初投资的条件下,在期末获取无风险收益。如果市场是有效率的话,套利行为就会改变市场的供求均衡状态,从而市场价格就会由于套利行为作出相应的调整,重新回到均衡的状态,这就是无套利分析的原理。

2. 风险中性定价法是指,在所有投资者都是风险中性的条件下,所有证券的预期收益率都将趋向于无风险利率,所有未来的现金流量都可以通过无风险利率进行折现求得现值。同样,当无风险套利机会出现时,所有的市场参与者都会进行套利活动,而与市场参与者的风险偏好无关。由此可见,风险中性定价法和无套利分析的基本思想是一致的。

3. 状态证券是指在特定的状态发生时价格为1,否则价格为0的金融资产。状态价格是该资产当前的价格。如果某资产未来时刻有N种状态,而N种状态的价格都可以通过预测得到,那么只要知道该资产在未来各种状态下的价格状况以及市场无风险利率水平,就可以对该资产进行定价,这就是状态复制定价法。它是无套利分析和证券复制技术的组合运用。

4. 积木分析法也叫模块分析法,是指将各种金融工具看作功能不同的"积木"或"模块",针对要解决的金融问题的特点,进行分解、组合、对症下药,以求快速达到最终解决问题的目标。该方法常常采用图形来直观地表达收益和风险的关系,以及金融工具之间的分解与合成关系,具有灵活多变、使用便捷、应用面广的特点,易于理解和掌握。

 阅读资料

现代金融的发展与平衡:方法、技术、重要性

美国众议院近期通过了金融监管改革方案,美国联邦储备委员会将成为"超级监管者",赋予其监管所有对金融稳定构成威胁的企业,包括不直接拥有银行的企业的权力。大型银行可能会面临更高的资本金和流动性要求,如果大型金融机构被视为对整体经济构成威胁,政府有权予以分拆,以防止"太大而不能倒闭"的道德风险,使银行业保持合理的业务规模。

1. 监管与银行的再平衡

据国际清算银行统计,金融危机引发"去杠杆化",使国际银行业的总资产从2007年底的37.4兆美元,收缩至2009年6月底的34兆美元,未来更严格的监管规定将导致银行被迫保留更多的资本金,提高安全性、流动性高的资产持有比例,缩小杠杆倍数,使银行的资产负债规模将明显缩小。银行出于自身加强风险管理、强化核心业务的需求,也将在未来的经营中有效控制业务规模,实现规模与风险、效益的平衡。合理的银行规模将成为监管和银行业未来关注的焦点。

2. 传统与新兴的再平衡

未来国际银行业应从四方面实现新兴与传统业务的再平衡:一在零售银行方面,银行业将更重视存款、客户和网点,通过网点吸收存款和招揽客户,扩展客户基础。银行将主要通过调整激励机制,来促使各项业务联动发展,提高多管道营销的综合效益。二在公司银行业务方面,由于未来银行的杠杆比率将受监管限制,结构融资和杠杆收购贷款的增长将放缓,公司银行加强低资本占用、高佣金收入的业务,如贸易服务、现金管理、国际支付、证券和基金服务等业务。三是金融危机中,银行的财富管理业务因出现巨额亏损而失去客户的信任,银行的财富管理业务需重建客户信心,转变理财模式。四是资产管理业务需要加强风险管理,在建立投资组合过程中严格控制衍生产品风险,创新产品过程中将风险控制放在首位。

3. 创新与管理的再平衡

金融危机中,一些目的在于分散金融风险的金融创新工具出人意料地放大了风险,从而导致市场主体对金融创新失去信心,但是这并不能完全抹掉金融创新的优势,合理利用金融创新,能够扩大产品市场,分散并降低风险。因此在创新的过程中,为满足投资者不同风险和收益偏好的需求,适度的金融衍生工具会继续得到发展,但那些远离基础信贷资产的、远离实体经济需求的、复杂的衍生金融工具短时期内将没有市场,以防止金融风险的放大。

同时,银行将更客观地衡量各个业务风险调整后的收益,并考虑从缺乏可持续竞争优势的产品和市场中退出。最为重要的是,银行要立足于实体经济的金融服务需求,关注业务创新可能引发的风险点,构建全面风险管理体系,以全局视角加强对金融创新产品链条各个环节的风险评估。综合化经营机构应加强对系统性风险的防范,授权专门的部门负责对系统性风险的监控,对各种业务所带来的系统性风险做出相应的约束。

资料来源:巴曙松. 金融危机之后国际银行业的变化趋势. http://blog.sina.com.cn/s/blog_4cd035a10100iw1u.html.

工具未变,结果迥异:冰岛"国家破产"的启示

案情

冰岛,一个美丽富饶的北欧温泉岛国,被联合国选为全球最适宜居住的国家。由于受到世界金融危机的影响,一度面临着"国家破产"的危险。

在2005年,冰岛人均国内生产总值达到54 975美元,位居世界第三。除了人均国内生产总值高之外,原来冰岛还是世界上第二长寿的国家,以及世界排名第一的人类发展指数,被誉为"世上最幸福国家"。而在世界金融危机中,冰岛货币克朗贬值已超过一半,很多冰岛人甚至产生了移民的想法。

1. 2008年10月9日,冰岛市值排名前三位的银行已全部被政府接管。数据显示,这三家银行的债务总额为610亿美元,大约相当于冰岛GDP的12倍。
2. 冰岛出现严重金融动荡,冰岛克朗受世界金融危机冲击,贬值超过一半。
3. 冰岛政府向国际货币基金组织(IMF)、俄罗斯等申请援助,以应对金融危机。

启示

1. 发展金融业必须有坚实的实体经济做后盾。冰岛政府把筹码过多地押在虚拟经济上,使得风险被扩大导致到无法控制的地步,简而言之,冰岛选择的经济发展模式,就是利用高利率和低管制的开放金融环境吸引海外资本,然后投入高收益的金融项目,进而在全球资本流动增值链中获利。这种依托国际信贷市场的杠杆式发展,收益高但风险也大。全球化带来了全球资本的流动,一个国家可以搏杀于全球资本市场,参与金融利益的分成,并攀上全球金融生态链的高端,但前提是有足够强大的实体经济做支撑。从经济规模看,冰岛似乎并不具备这种实力,不止如此,冰岛还把发展经济的筹码过多地押在了虚拟经济上,忽视了实体经济的发展。

2. 国家不能放松对金融行业的监管。冰岛之所以出现危机,是由于金融业扩充过度,银行和大商家纷纷涉足高风险投资。但政府对此不仅坐视不理,反而鼓励它们大举放贷,国民又常年习惯于靠借贷消费,由泡沫形成的经济繁荣毕竟是脆弱的。对这种严重失衡的状况,冰岛政府和中央银行不仅视若无睹,政府反而鼓励银行发放更多贷款和承担更高的风险。而金融评级机构早在两年前便对冰岛银行业的情况表示关注,但冰岛当局毫无动作,世界金融危机来临的前夜冰岛的银行监管者还宣称其银行体系稳固可以抵御很大的金融冲击。但言犹在耳,冰岛最大的三家银行在不到一个半月后全都出了问题。

资料来源:根据http://view.news.qq.com/zt/2008/iceland/index.htm 等整理,访问日期2014-11-01。

复习思考题

一、问答题

1. 试归纳金融工程分析方法的特点与分析的思路。
2. 什么是套利？说明无套利分析方法的基本原理。
3. 对比无套利定价方法与风险中性定价方法的联系与区别。
4. 简述状态复制定价法的基本原理。
5. 举例说明金融工程积木分析方法是如何具体运用的。

二、选择题

1. 同时在两个或两个以上市场进行交易，获得无任何风险利润的参与者是（　　）。
   A. 保值者　　　　B. 投机者　　　　C. 套利者　　　　D. 经纪人
2. 签订合约时，把规定的未来买卖标的物的价格叫作（　　）。
   A. 远期价格　　　　　　　　　B. 交割价格
   C. 理论价格　　　　　　　　　D. 实际价格
3. 期权实质上是某项权利的有偿使用，以下对于期权买方与期权卖方的义务和权利的陈述中，正确的为（　　）。
   A. 期权买方和期权卖方都是既有权利，又有义务
   B. 期权买方只有权利没有义务，期权卖方既有权利又有义务
   C. 期权买方只有权利没有义务，期权卖方只有义务没有权利
   D. 期权买方既有权利又有义务，期权卖方只有义务没有权利
4. 看涨期权的卖方认为，该种金融资产的价格在期权有效期内将会（　　）。
   A. 下降　　　　B. 上升　　　　C. 不变　　　　D. 不一定
5. 某公司三个月后有一笔 100 万美元的现金流入，为防范美元汇率风险，该公司可以考虑做一笔三个月期金额为 100 万美元的（　　）。
   A. 远期多头　　B. 远期空头　　C. 期权多头　　D. 互换交易
6. 某机构在期货市场上对某期货合约持看跌态度，准备进行卖空交易。若他打算用期权交易对期货市场的交易进行保值，则需要（　　）。
   A. 买进该期货合约看涨期权　　　　B. 卖出该期货合约看涨期权
   C. 买进该期货合约看跌期权　　　　D. 卖出该期货合约看跌期权

7. 如果某机构卖出了某期货合约的看涨期权,那么下述说法正确的是(   )。
   A. 若到期日期货合约的市价低于协议价格,此机构会蒙受损失
   B. 若到期日期货合约的市价高于协议价格,此机构会蒙受损失
   C. 若到期日期货合约的市价低于协议价格,此机构不会蒙受损失
   D. 若到期日期货合约的市价高于协议价格,此机构不会蒙受损失

三、计算题

1. 假设现在6个月即期利率为10%(半年复利一次,下同),1年期的即期利率是12%。如果有人把今后6个月到1年期的远期利率定为11%,试计算说明这样的市场行情能否产生套利活动?

2. 假设一种不支付红利股票目前的市价为10元,我们知道在3个月后,该股票价格要么是11元,要么是9元。假设现在的无风险年利率等于10%,现在我们要找出一份3个月期协议价格为10.5元的该股票欧式看涨期权的价值。

3. 一只股票现在的价格是40元,该股票一个月后的价格将上涨到42元或者是下降到38元。假如市场无风险利率是8%,运用无套利原理说明,执行价格为39元的一个月欧式看涨期权的价值是多少?

4. 条件同上题,试用风险中性定价法计算看涨期权的价值,并比较两种计算的结果。

第三章
风险及其管理

【学习指导】

通过本章学习,使学生能够了解风险特别是金融风险的基本概念和内涵;把握它们的组成要素、特征、分类、及其影响;知道金融风险管理的基本流程和基本手段;初步掌握风险识别的基本方法、风险衡量的基本工具与基本技能。

在现代经济社会里,风险无处不在、无时不在,微观经济主体面对种种风险如何做出合理的选择与决策,是避免损失、保持平稳发展的关键。

第一节 风险及风险管理概述

一、风险的概念及其发展

1. 风险的基本概念

风险是指人们在生产建设和日常生活中遭遇可能导致人身伤亡、财产受损及其他经济损失的自然灾害、意外事故和其他不测事件的可能性[1],即风险是一种损失的发生具有不确定性的状态。该定义简单而明确,这概念强调风险所具有的三个特性:客观性、损失性和不确定性。风险要素包括不确定性和损失这两个概念,排除了损失不可能存在和损失必然发生的情况,即如果必然损失或者不损失,就不存在不确定性,也就不是风险。

2. "风险"概念的变迁

"风险"这个词来自意大利语的"risque",出现在早期的航海贸易和保险业中。在古

---

[1] 辞海[M]. 上海:上海辞书出版社,1989.

老的用法里,风险被理解为客观的危险,体现为自然灾害现象或者航海遇到礁石、风暴等事件。但是,这个词的现代意思已经不是最初的"遇到危险",而是"遇到破坏或损失的机会或者危险"。经过两个多世纪的不断发展、演变,风险这个概念与人类决策和人类行动的后果联系更加紧密,并被视为对待影响个人和群体事件的特定方式。

从近代保险业产生以来,特别是20世纪60年代以来,风险研究领域出现了大量的文献,涉及自然科学、社会科学中的诸多学科。塞尔顿·科里姆斯基与多米尼克·古尔丁说,对风险的研究一度只局限在学术团体和保险业狭小的领域,但现在已经在公共政策需求的推动下发展起来,迅速成为一个多学科的研究领域。这些学科从各自的角度,对风险进行了定义。其中具有代表性的有:

统计学、精算学、保险学等学科把风险定义为一件事件造成破坏或伤害的可能性或其概率。通用的公式是

$$风险(R) = 伤害的程度(H) \times 发生的可能性(P)$$

这个定义带有明显的经济学色彩,采用的是成本—收益的逻辑,但有意思的是,人们通常只从伤害的可能性角度来了解"风险",而忽视了风险所可能带有的潜在收益。

以玛丽·道格拉斯和维尔达沃斯基为代表的人类学者、文化学者把风险定义为一个群体对危险的认知,它是社会结构本身就具有的功能,作用是辨别群体所处环境的危险性。道格拉斯认为:知识是不断变化着的社会活动的产物,并且总处于建构过程之中。因此,尽管风险在本质上有其客观依据,但最终必然是通过社会过程形成的。"风险总是社会的产物",是"集体建构物"。而由于环境的不同,"每一种社会生活形态都有自身特有的风险列表"。

社会学家卢曼的定义与道格拉斯等人的类似,同样认为风险是一种认知或理解的形式,但是强调风险并非一直伴随着各种文化,而是在具有崭新特征的20世纪晚期,因为全新问题的出现而产生的。更重要的是,风险是具有时间规定性的概念。它是一种非常不同的时间限制形式(a form of time-binding),或者说是一种"意外(偶然)出现的图式"(contingency schema)。这种偶然性是由人的认知决定的,有的人认为是危险,有的则认为是风险。艾瓦尔德认为,"任何事情本身都不是风险,世界上也本无风险。但是在另一方面,任何事情都能成为风险,这依赖于人们如何分析危险、考虑事件。"因此,风险的重要性不在于风险本身,而在于风险的附着对象。

相比较而言,贝克的定义似乎更具有洞察力和学理性,揭示了风险的现代性本质。1986年以来,他发表了包括《风险社会》(1986年)、《风险时代的生态政治》(1988年)、《世界风险社会》(1999年)、《风险社会理论修正》(2000年)等在内的一系列著作和文章,对风险以及风险社会概念进行了深入而全面的论述。他将生态环境与技术的关系作为导入口,把风险首先定义为技术对环境产生的威胁,然后不断扩大该概念的适用范围,使之与

反思的现代性理论联系在一起,从而抽象为一个具有普遍意义的概念,以揭示现代性对人类产生的影响。他认为风险是"一种应对现代化本身诱致及带来的灾难与不安全的系统方法。与以前的危险不同的是,风险是具有威胁性的现代化力量以及现代化造成的怀疑全球化所引发的结果。它们在政治上具有反思性"。在后来的著作中,他更明确地指出,风险是"预测和控制人类行为未来后果的现代方式",而这些后果是"彻底(radicalized)的现代化产生的意料之外的后果"。风险已经"成为政治动员的主要力量",成为一种造成传统政治范畴过时的话语体系。贝克与道格拉斯、卢曼等人一样,也把风险视为一种主观认知,但同时承认其也是客观存在的,是一种主客观辩证的统一。他说,总之,风险是一种"虚拟的现实,现实的虚拟"。

上述定义可以分为两类,一类是把风险看作物质特性,以第一种定义为代表;其他定义属于第二类,既把风险看作一种物质特性,但也视为一种社会建构,并且把重点放在后一种含义上。这两种认识风险的路径各有其优势。把风险看作物质特性,强调了风险的可计算性和可补偿性,并赋予了个人理性发挥的空间。不过这种认识路径带有明显的"经济主义"色彩和"理性至上论"倾向。随着社会发展的日益复杂化,它将无法给人们认识风险提供一个更宏观、更综合的框架。相比较而言,强调风险的社会建构性则深化了我们对风险的认识。一方面并非所有风险都是可以计算的、或可以通过技术手段来解决的;另一方面不同文化和社会背景下,对同样的风险会有不同的理解,因而也会采取不同的行动。

除了用归纳的方法定义"风险"外,有的学者还用列举的方法来定义"风险"。比如汉森归纳了风险的三种用法:(1)通常表示某种不好的事情可能发生也可能不发生、但我们又不能确切预知的情况;(2)表示某种糟糕事情的可能性;(3)在通用的专业风险分析中,指一种有害事情发生几率增长时产生的负面影响程度。雷恩则认为风险定义包含三个因素:不利的结果、发生的可能性以及现实的状态。归纳法定义有助于我们对风险有一个更直观、更生动的认识。

二、风险的组成要素

1. 风险因素

风险因素是指引起或增加风险事故发生的机会,或扩大损失幅度的原因和条件,是风险事故发生的潜在原因。构成风险因素的条件越多,发生损失的可能性就越大,损失就会越严重。风险因素通常可以分以下三类。

(1)实质风险因素。这是指有形的并能直接影响事件的物理功能的风险因素,即某一标的物本身所具有的足以引起或增加损失的机会,或扩大损失幅度的客观原因和条件。比如汽车厂生产的刹车系统功能、建筑物的坐落地址及环境、消防系统的质量等均是实质风险因素。

(2) 道德风险因素。这是指与人的品行修养有关的无形因素,即由于个人不诚实、不正直或不轨企图促成风险事故的发生,以致引起社会财产损失和人身伤亡的原因或条件。例如,诈骗、纵火等恶意行为或不良企图,均属道德风险因素。

(3) 心理风险因素。这是指与人的心理状态有关的无形因素,即由于个人疏忽大意、过失,以至于增加风险事故发生的机会或扩大损失程度的原因和条件。例如,认知疏忽、过失、投保后片面依赖保险等,均属心理风险因素。

2. 风险事故

风险事故(peril)也称风险事件,是指直接造成财产损失和人身伤亡的偶发事件,即损失的直接原因或外在原因,也指风险有可能变为现实以至引起损失的结果。风险因素是损失的间接原因,因为风险因素要通过风险事故的发生才能导致损失。风险事故是损失的媒介物,火灾、爆炸、地震、车祸、疾病等,是风险事故常见的表现形式。

3. 损失

损失是指非故意的、非预期的和非计划的经济价值的减少。其条件包括:不可预料性和经济价值的减少。由于大部分情况是可能会发生的经济损失,因此,损失必须能够以一种便于计量的经济单位,例如用价值符号和数量表示出来。当然,也有许多损失是无法用经济的方法计算或表示的。

4. 风险因素、风险事故与损失三者之间的关系

风险因素、风险事故与损失三者之间存在着因果关系,即风险因素可能引发风险事故,而风险事故可能导致损失发生。如果将这种关系连接起来,便得到对风险的直观解释,如图 3-1 所示。

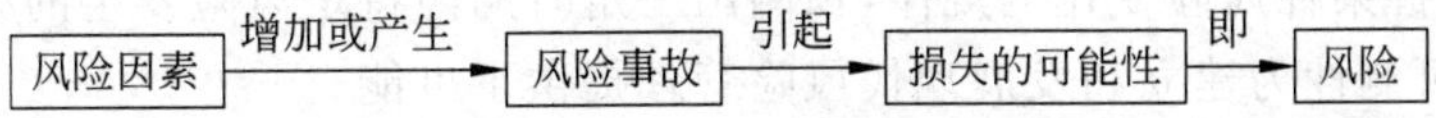

风险因素 —增加或产生→ 风险事故 —引起→ 损失的可能性 —即→ 风险

图 3-1 风险的组成要素

三、风险的特征

为了更具体地认识风险以及达到有效管理风险的目的,还应该充分认识风险所具有的以下特征。

1. 客观性

客观性是指风险是一种客观存在,不是由人的意志所能决定的。比如股票未来价格的起伏涨跌是必然的,不会随投资者的意愿而改变。随着科学技术的进步与经营管理的改进,以及认识、管理和控制风险能力的增强,人们在社会经济活动中所面临的自然灾害、意外事故、决策失误等风险,虽然可以部分地得到有效控制,但是,总的来说风险是不可能完全被排除的。在一定条件下,风险的发生还带有一定的规律性,这种规律性给人们提供了认识风险、估计风险和管理风险,把风险减少到最小程度的可能性。

2. 损失性

提起风险,人们第一个反应就是资产将要蒙受损失,或者收益比原来预想的要减少。如购买股票后股价不涨反跌,或者所购股票的涨幅小于预期的数值等。在广义的投资活动中,特别是在证券市场中,人们所谈论的风险通常是指收益或者损失的不确定性。一项投资活动,可能给投资者带来收益,也可能带来损失。所谓"高风险,高回报,低风险,低回报"就是这个含义。所以,离开了可能将发生的损失,谈论风险就没有任何意义了。

3. 不确定性

不确定性是指损失与否和损失多少都是不确定的。比如购买股票,股价的涨跌是不确定的,涨跌的幅度也是不确定的。风险的不确定性主要表现在三个方面:空间上的不确定性、时间上的不确定性、损失程度的不确定性。

4. 可测性

风险既然是客观的,就可以运用科学方法认识它的规律性,使人类能有效地管理和控制风险。根据概率论和大数法则,运用现代计量手段,可以根据一定时期、一定范围的大量统计资料把握某种风险变化的规律,预测出一定时期内特定风险发生的频率和损失率。所以,风险的可测性为建立和发展现代风险管理提供了可能。

5. 变异性

变异性指在不同的时间和空间条件下,风险所具有的可变性。比如医疗技术的进步、新医药的发明使用,减少了人类所面临的死亡风险。企业由传统的计划经济模式转变为市场经济模式后,既给企业带来自由发展的生机,同时又把企业推向了充满风险的市场环境之中。

四、风险的分类

风险以多种形态存在。为了有效地进行风险管理,对各种风险进行分类是必要的,只有这样才能针对不同的风险采取不同的处置措施,达到风险管理目标的要求。按照不同的分类标准,风险可以进行以下分类。

1. 按照风险的认知不同划分

客观风险,是指实际结果与预测结果之间存在相对差异和变动程度。这种变动程度越大,风险就越大;反之,风险就越小。

主观风险,则是一种由精神和心理状态所引起的不确定性。它是指人们往往对某种偶然的不幸事件造成损害的后果在主观方面存在忧虑。虽然人们可以借助概率论的数学方法将损失的不确定性加以测定,但对于具体的某一风险究竟会产生什么后果,仍然不能确定,充满忧虑,也就是存在主观风险。

2. 按照风险的结果不同划分

纯粹风险,是指只有损失可能而无获利机会的风险,即造成损害可能性的风险。其所致结果有两种,即有损失和无损失。例如,交通事故只有可能给人们的生命财产带来危害,而决不会有利可得。在现实生活中,纯粹风险是普遍存在的,如水灾、火灾、疾病、意外事故等都可能导致巨大损失。但是,这种灾害事故何时会发生,损害后果有多大,往往无法事先确定。

投机风险,是指既可能造成损害,也可能产生收益的风险,其所致结果有 3 种:有损失、无损失和盈利。比如有价证券,证券价格下跌时可以使投资者蒙受损失,证券价格不变时则无损失,而证券价格上涨时可以使投资者获得利益。还如利率风险、汇率风险等,这类风险都带有一定的诱惑性,可以促使某些人为了获利而甘冒这种损失的风险。

收益风险,是指只会产生收益而不会导致损失的风险,例如接受教育可使人终身受益,但教育对受教育的得益程度是无法进行精确计算的,并且这也与不同的个人因素、客观条件和机遇有密切关系。对不同的个人来说,虽然付出的代价是相同的,但其收益可能是大相径庭的,所以也可以看成是一种风险,有人称之为收益风险。

3. 按照风险的对象不同划分

财产风险,指财产发生损毁、灭失或贬值的风险。如房屋、设备、运输工具,以及某些无形资产因自然灾害或意外事故而遭受损失。

人身风险,指人的生老病死,即疾病、伤残、死亡等所带来的风险。虽然这是人生中不可避免的现象,但导致何时何地发生,却并不确定,而一旦发生,则会给经济实体和家庭造成很大的损失。

责任风险,指由于团体或个人违背了法律、合同或道义上的规定,形成侵权行为,造成他人的财产损失或人身伤害,在法律上负有经济赔偿责任的风险。责任风险还可细分为过失责任风险和无过失责任风险。前者指团体或个人因疏忽、过失致使他人财产受到损失或人身受到伤害;后者则指绝对责任风险,如根据法律或合同的规定,对雇员在从事工作范围内的活动造成身体伤害时,雇主即便无过失也必须承担的经济责任。

信用风险,指权利人与义务人在经济交往中由于一方违约或犯罪而给对方造成经济损失的风险。

4. 按照风险产生的原因划分

按风险产生的原因不同可以将风险划分为自然风险、社会风险、经济风险、技术风险、政治风险、法律风险等。需要注意的是,除了自然风险和技术风险具有相对独立性之外,社会风险、政治风险和经济风险之间存在一定的联系,有时表现为交互影响,有时表现为因果关系,难以截然分开。

自然风险,指由于自然力的非规则运动所引起的自然现象或物理现象导致的风险。如地震海啸、洪水风暴、火灾、泥石流等所致的财产损失或人身伤亡的风险。

社会风险,指由于反常的个人行为或不可预测的团体的过失、疏忽、恶意等不当行为所致的损害风险。如盗窃、抢劫、罢工、暴动等。

经济风险,通常指在商品的产销过程中,由于经营管理不力、市场预测失误、消费需求变化等因素导致经济损失的风险,或者因汇率变动、利率变动、价格变动以及通货膨胀而引起的风险。

技术风险,指由于科学技术发展所附带产生的某些不利因素而导致的风险。如核物质泄漏导致损失的风险。

政治风险,一般指由于政治原因,比如政权的更替、政局的变化、政府法令和决定的颁布实施,以及种族或宗教冲突、叛乱、战争等引起社会动荡而造成损害的风险。

法律风险,是指由于颁布新的法律和对原有法律进行修改等原因而导致相应主体遭受损失的风险。

5. 按照对风险的承受能力划分

可接受的风险,指经济主体在对自身承受能力、财务状况进行充分分析研究的基础上,确认能够承受最大损失的程度,凡低于这一限度的风险称为可接受的风险。

不可接受的风险,与可接受的风险相对应,是指风险已经超过经济主体在研究自身承受能力、财务状况的基础上所确认的承受最大损失的限度,这种风险"不可接受"。

五、风险的影响

对于风险的研究,主要是因为风险对人类有很大的负面影响。这些影响涉及经济、社会和心理各个方面。

1. 经济损失

尽管在风险定义中没有直接涉及损失,但在现实中,风险给人们带来的重大影响就是可能会造成某些经济损失。例如,当房屋被火烧毁、钱财被盗或者家庭主要劳动力死亡时,都存在着经济损失。当一些人因为粗心大意而对他人造成人身伤害或财产损失时,也存在着经济损失。这些损失是风险可能导致的结果,也是人们要试图避免风险和减轻风险影响程度的主要原因。

2. 机会损失

除了直接或间接的经济损失以外,风险还给人们带来其他负面的影响。其中之一就是可能造成的机会损失。

风险是否会发生带来的不确定性要求人们谨慎地防备可能发生的风险。在没有保险的情况下,一个可行的方案是积累储备金以弥补风险可能带来的损失。这种储备金的积累带来了机会成本,因为在损失发生时基金要作为流动资产随时提取。如果与其他可选择的用途比较,储备金这种需保持高度流动性的资产,其投资回报要低得多。如果在一个群体中,每个财产所有人都积累自己的基金,这种储备金的金额就要比群体总基金的积累要多。

3. 影响经济增长

风险的存在对经济增长和资本积累也有显著影响。经济增长在很大程度上取决于资本积累率,但是资本投资却面临着令人反感的风险。只有当投资回报充分高,以至于能够弥补动态和静态风险时,投资者才愿意进行投资。在风险很大的情况下,资本成本进一步增高,致使消费者必须支付更高的商品价格或服务价格。

4. 心灵不安

风险的不确定性常使人们产生挫折感,给人们造成精神上忐忑不安的状态,在面临纯粹风险时尤其如此。投资风险对于许多人来说却很有吸引力,因为承担这样的风险有可能得到非常有利的结果。有人购买彩票,有人参加赌博,这些人都是看中了不确定性中的有利结果,即通过承担风险取得获利机会(仅仅是机会而已)。对这些人而言,存在于风险投资中的潜在利益或者获利的可能性是非常有吸引力的。但面对纯粹风险,当承担了风险而没有任何获利机会时,风险是让人避讳的。多数人希望不幸不会降临到自己身上,希望安乐的状态会延续下去。虽然他们希望不幸不要发生,然而人们总是会为可能发生的灾祸担心。人们的担心降低了安乐的感觉,成为风险对生活的一种负面影响。

六、风险管理

1. 风险管理的概念

风险管理(risk management)是经济单位通过对风险的认识、衡量和分析,以最小的成本取得最大安全保障的管理方法。

风险管理的现代发展始自于美国。1929 年大危机后,从单纯的专业风险的保险过渡到以经营管理为中心的全面的风险管理。

2. 风险管理的基本方法

风险管理的基本方法可以分为风险控制对策和风险财务对策两大类,当然也可以采用这两种或更多方法的综合。对于某一特定的风险,人们可以使用以下几种管理方法。

(1) 风险回避

风险回避是指人们设法避免损失发生的可能性。这种通过避免任何损失发生的可能从而避免风险的方法是一种消极的方法,它具有以下特点。

① 回避风险有时是可能的,但是不太可行。在企业的经营过程中,每个经营环节都面临风险,如果要完全避免风险就等于不要从事生产经营活动了,显然这是不可行的。

② 回避某一种风险可能面临另一种风险。采取改变一种状态来避免风险时,新的状态往往会带来新的风险。如为了防范飞机坠毁的风险而改乘汽车,而从汽车的事故发生率来看它的风险其实更大。

③ 回避风险可能造成利益受损。在企业的经营过程中,风险往往伴随着收益,如果严格避免风险也就避免了收益的可能。

(2) 防损与减损

防损即通过对风险的分析,采取预防措施,以防止损失的发生,其目的在于努力减少发生损失的可能性;而减损则是为了尽量减轻损失的程度。

(3) 风险转移

风险转移是通过一定的方式,将风险从一个主体转移到另一个主体。从当今的社会来看,较为常见的有以下几种:

① 公司组织。在公司这种组织形式中，企业是一个独立的法人，股东的个人财产与企业的财产是分离的。企业如果经营失败，股东的损失仅限于他们在该企业的投资部分。

② 合同安排，是指通过买卖合同中的保证条款来转移风险。

③ 委托保管，是指将个人财产交由他人进行保护、服务和处理等。

④ 购买保险，即投保人或被保险人将可能发生的风险转移给保险人来承担。

3. 风险管理的程序

（1）确定风险管理目标

目标是风险管理行动的纲领，是一个组织希望其风险管理做什么并达到什么目标。风险管理目标的确定可分解为两部分：损失发生前的风险管理目标和损失发生后的风险管理目标。

（2）风险的识别

风险的识别是整个风险管理的基础，是在风险事故发生之前，运用各种方法系统地、全面地、连续地认识所面临的各种风险，以及分析风险事故可能发生的潜在原因。风险识别包括感知风险和分析风险两个环节，主要方法有：风险分类列举法、情景分析法、分解分析法、失误树分析法、财务状况分析法等。

（3）风险的衡量

风险的衡量是对特定风险的损失概率和损失程度进行估算，用以评价风险对预定目标的不利影响及其程度，为选择风险处理方法和进行风险管理决策提供依据。对于风险的衡量一般包括三个方面的内容：损失概率、损失程度和损失的变异性。

（4）风险管理方法的选择和方案制定

在对风险进行识别和衡量以后，风险管理者进一步需要做的事情就是选择应对风险的各种方法。这些方法可以分为控制法和财务法两大类。然后按照风险管理目标制定相应的方案。

（5）风险管理方案的实施

风险管理的方案和具体的各种方法只有通过付诸实施才能产生预期的效果，因此，风险管理方案的实施是风险管理得以落实的重要环节。

（6）检查和评估

风险检查和评估是对所采取的风险对策的实用性和效益型及实施情况进行分析、检查、修正和评估。风险管理的过程是动态的，风险是不断变化的。因此需要对风险管理的目标、方法等进行评估、修正。

第二节 风险的识别

识别风险是整个风险管理的基础,是风险管理的最基本要求。风险管理人员在进行实际调查研究之后,运用各种方法对尚未发生的潜在的及存在的各种风险进行系统地分类归并,并总结归纳出我们面临的所有风险。

一、风险识别的概念及内容

风险识别是对尚未发生的、潜在的和客观的各种风险系统地、连续地进行识别和归类,并分析可能产生风险事故的各种原因。也就是说,风险识别就是对人们所面临的和潜在的风险加以判断、归类,并对风险性质进行鉴定的过程,就是要确定人们正在或将要面临哪些风险。存在于我们周围的风险多种多样、错综复杂,有潜在的,也有实际存在的;有系统内部的,也有系统外部的。所有这些风险在一定时期和某一特定条件下是否客观存在,存在的条件是什么,损害发生的可能性等,都是风险识别阶段应予以解决的问题。

处理风险的前提是明确风险的存在。要弄清风险是否存在,就必须对该风险进行系统而全面地考察。通过考察,正确地识别风险。如实估计风险发生损失的程度,为制定和选择处理风险的方案打下基础。识别风险主要包括感知风险和分析风险两个方面的内容。一方面依靠感性认识,依靠经验进行推理判断;另一方面可以利用财务分析法、流程分析法、实地调查法等进行分析和归类整理,从而发现各种风险可能带来的损害情况以及风险的演变规律。在此基础上,鉴定风险的性质,从而为风险衡量做好准备。

认知风险是风险识别的第一个关键环节。所谓认知风险就是对我们所面临的各种风险,采取多种有效的方法进行系统地考察,了解、认识风险的种类、性质以及可能发生的风险后果,使决策者增强对风险的识别和感知能力。由于风险本身处于一种十分不确定的状态,对于我们所面临的全部风险往往难以用一种孤立的方法来考察和测量。一种方法,对这种风险有效,对别种风险可能就难以奏效,因此,必须同时采用多种方法进行综合考察。

风险认知的基本工作完成以后,应当进一步分析各种风险事件存在和可能发生的原因,并考察潜在风险的状况。风险事件的原因和潜在风险分析,主要指对风险种类的分析和对潜在风险威胁的分析。制作风险清单分析风险种类是分析风险事件原因的最基本、最常用的方法。采用类似于备忘录的形式,将企业或单位所面临的各种风险逐一列举,并联系组织的经营活动对这些风险进行综合考察。风险管理人员可在此基础上对风险的性质及其可产生的损失作出合理的判断,并研究对策来防止风险的发生。风险清单的格式必须包括企业所有的全部资产,即有形资产和无形资产,还应当列明企业活动所处的自然、经济、政治和社会环境。其作用在于帮助企业在经营过程中能及时清晰地发现自身所面临的各种风险,并决定对风险采取的处置方案。需要注意的是,清单只能列举和显示各种以往存在的风险,却容易使人忽视对潜在风险的研究。所以在分析风险清单的同时,应当密切注意其他潜在风险的威胁。通过对企业经营活动和所处环境的全面调查,发现潜在威胁企业正常生产经营的各种因素,从而发现潜在风险,完成风险识别过程。

二、风险识别的特点

风险识别有以下几个显著特点。

(1) 个别性。任何风险都有着与其他风险的不同之处,没有两个风险是完全一致的。个别性是人们区分"此"风险与"彼"风险的基本依据之一。

(2) 主观性。无论采用任何技术和手段,风险识别的结果最终都是由人来完成的。由于每个人的专业知识水平(包括风险管理方面的知识)、知识结构、实践经验、阅历和能力等方面都存在着差异,同一风险由不同的人识别的结果就会有较大的差异。

(3) 复杂性。经济领域、金融领域所涉及的风险因素和风险事件往往很多,并且关系复杂、相互影响,相互作用。

(4) 不确定性。这一特点可以看成是主观性和复杂性的综合结果。由风险的定义可知,风险识别本身也存在着不确定性、存在着风险。因而避免和减少风险识别的自身风险亦属于风险管理的涵盖内容。

三、风险识别的原则

风险识别的基本原则有以下几项。

1. 全面周详的原则

实现风险识别的目的,必须全面地了解各种风险事件存在和可能发生的概率以及损失的严重程度,有关风险因素的情况,以及因风险的出现而导致的其他问题。损失发生的概率及其结果将直接影响人们对损失危害的衡量,最终决定风险管理工具的选择和管理效果的优劣。因此,应当全面了解各种风险损失的发生及其后果的详细状况,及时而清晰地为决策者提供比较完备的决策信息。

2. 综合考察的原则

人们所面临的风险常常多种多样、错综复杂,其中包括不同类型、不同性质、损失程度不等的各种风险。复杂风险系统的存在,使独立的分析方法难以对全部风险同时有效,因而需要综合运用多种方法。如采用风险清单法列举的企业风险损失进一步分为三类:一是直接损失,识别直接损失的方法很多,如查阅财务报表法、工艺流程分析法、现场调查法等。二是间接损失,有时间接损失在量上甚至大于直接损失,间接损失的识别可以采用投入产出法、分解分析法等。三是责任损失,识别和衡量责任损失,既需要熟练的业务知识,又需要充分的法律知识。此外,对于一些意外造成的损失,有时要用特殊的检测方法来进行识别和衡量。

3. 量力而行的原则

风险识别的目的在于为风险管理提供决策基础,以保证企业、单位或个人以最小的付出来获取最大的安全保障,减少风险损失。所以,在财力有限的条件下进行风险识别应当根据实际情况和自身经济承受能力,选择效果最佳、成本最低的识别方法。企业和单位在风险识别的同时,须将该项活动所造成的费用列入财务账目进行综合考察,力争以较小的支出换取较大的收益。如果风险识别的成本超出开展风险管理的实际收益,这项工作也就失去了意义。而对个人投资则可以在权衡风险与收益后作出是否投资的决策,一旦作出了投资的决策对风险的识别也就只能量力而行。

4. 科学计算的原则

风险识别的过程主要是对企业和单位的经营状况及其所处的环境进行量化核算的过程。风险的识别以严格的数学理论作为基础,在认真调查的基础上,进行统计和运算,以得出较为客观和合理的分析结果。识别过程中的财务状况分析、投入产出分析、分解分析以及概率分析和损失后果的测量,都有相应的数学方法。因此,风险数量化的识别完全可以运用科学严密的数学方法来进行。

5. 系统化、制度化、经常化的原则

风险的识别是风险管理的必要前提,识别是否准确将直接决定风险管理效果。为保证最初分析的准确度,就必须作周密而系统的调查分析,将风险进行综合归类,揭示风险的各种性质及后果。如果没有科学的、系统化的识别过程,就不可能对风险有一个总体的、正确的认识,难以把握哪种风险才是有可能发生的,难以合理地选择控制和处置风险的方法。不论在风险管理的其他方面做得多么完备,只要在识别方面失去了系统性和准确性,就无法对风险作出正确的判断,不能有效地实现风险管理的目标。并且,由于风险是随时随地存在的,所以风险的识别也必须是一个连续的和动态的过程,应当加以制度化、经常化。

此外,在风险识别过程中还应做到以下几点:

(1) 由粗及细,由细及粗。由粗及细是指对风险因素要进行全面分析,并通过多种途径对风险进行分解,逐渐细化,以获得对风险的广泛认识,从而得到初始风险清单。而由细及粗是指从初始风险清单的众多风险中,确定那些对既定目标实现有较大影响的风险作为主要风险,即作为风险评价以及风险对策决策的主要对象。

(2) 严格界定风险内涵并考虑风险因素之间的相关性。

(3) 先怀疑,后排除。不要轻易否定或排除某些风险,要通过认真的分析进行确认或排除。

(4) 排除与确认并重。对于肯定不能排除但又不能肯定予以确认的风险先按确认考虑。

(5) 必要时,可通过一定实验或实践加以检验和论证。

四、风险识别的基本方法

风险识别的方法很多,随着科学技术的不断发展、认识的深入和经验的积累,辨识的方法和手段将更加完善和合理。目前使用的风险识别方法,大体可以分为宏观领域中的决策型分析技术(如可行性分析、投入产出分析等)和微观领域的操作型分析技术(如资产负债分析、损失清单分析等)。下面介绍几种常用的方法。

1. 风险分类列举法

由风险管理部门或风险专业人员对有关资产或企业本身可能面临的所有风险逐一列出,并根据不同的标准进行分类。常用的分类标准有:直接的或间接的,财务的或非财务的,经济性的或法律性的,政治性的或社会性的等。典型风险的分类与举例如表 3-1 所示。

表 3-1 典型风险的分类与举例

风险性质	典型风险的举例
社会的	公众舆论、道德责任、消费者的压力
政治的	政策限制、政府干预、外国政府的行动
法律的	契约责任、民事责任、法定责任
财务的	对市场行情预测不准、错误的投资、营销决定
直接的	各种灾害,如战争、爆炸、地震、海啸、泥石流
间接的	灾害导致的经济活动中断、利润损失

2. 情景分析法

综合集成有关数据、曲线、图表等描述和模拟某资产或某企业未来的可能状态,以辨识引起有关风险的因素及其后果。分析当这些因素发生变化时，又会引出怎样的风险、后续结果如何。其功能主要在于把握事态发展界定风险范围，并对各种情况作对比研究，以便选择最合适的风险管理方案。

3. 分解分析法

将复杂的风险因素分解为多个比较简单的风险因素，将大系统分解为子系统直至分解为具体的组成要素，从中分析可能存在的风险及潜在损失。如金融风险可以分解为信用风险、市场风险、操作风险、流动性风险、国家风险、声誉风险、法律风险、战略风险等不同要素，然后对每一种风险作进一步的分析。

4. 失误树分析法

运用树图表示的方法来分析识别损失发生前种种失误的情况，或对各种引起失误的因果链进行树形分解，帮助辨识和判断哪些失误最可能导致风险的损失发生。

5. 财务状况分析法

风险管理人员根据公司或企业的资产负债表、损益表、现金流量表以及资产目录等财务资料，通过实际调查、现场调查，对其财务状况进行具体分析，以便找出潜在的风险。

此外，风险的识别还有一些其他方法，诸如对象访谈法、问卷调查法、环境分析法、事故解剖分析法等。风险识别的理论和实践证明，没有任何一种方法是万能的。风险识别时，应当注意将各种方法互相结合、互相融通，综合地加以运用。

第三节　风险的衡量

一、风险衡量的概念及内容

1. 风险衡量的概念

风险衡量就是对风险存在及发生的可能性以及风险损失的范围与程度进行估计和衡量。通常需要运用各种现代化的科学技术手段，采用定性与定量相结合的方式，估计量测风险大小，并计算风险的可能影响和可能造成的损失。

在金融领域、投资领域，一般采用的风险概念属于中性风险，即未来收益的实际值对期望值的偏离就是风险。这种偏离程度越高，风险就越大。因而，可以用未来收益的期望值和方差来描述风险的大小。

2. 风险衡量的内容

现代风险衡量的基本内容是运用概率统计方法对风险的发生及其后果进行估计,以得出一个比较准确的概率水平,为风险管理奠定可靠的数量化基础。

风险衡量的具体内容包括三个方面:首先,需要确定风险事件在一定时间内发生的可能性大小,即具体的概率值为多少,并且估计可能造成损失的严重程度。其次,根据风险事件发生的概率及损失的严重程度估计总体损失的大小。最后,根据以上结果,预测这些风险事件未来发生的次数及后果,为进行决策提供依据。

利用数学方法进行风险衡量时,一般要计算以下内容:可能发生哪几种性质的损失,每种损失发生的概率,相应的损失额以及总损失额。所使用的概率分布主要有二项分布、泊松分布、正态分布几种形式。运用概率分布进行风险估计和衡量,要求统计资料的收集和调查要全面而细致,并且统计资料的整理要科学合理。

二、风险衡量的基本工具

一般来讲,风险衡量就是要准确地计算投资者的未来收益和本金遭受损失的可能性大小。目前风险衡量的理论工具和计算工具以概率论和数理论统计方法为主。通过对一组较小的样本观察值分析、处理,进而对一组较大的未知可能值进估计、外推和预测。具体来讲,主要采用以下几种数学工具对风险加以定量描述和计算。

1. 概率与概率分布

概率是指随机事件发生的可能性。风险是指某一行动的结果具有变动性,因而与概率直接相关。投资活动可能产生的各种收益可以看作不同的随机事件,其发生的可能性,可以用相应的概率来表达。概率分布则是指一项活动可能出现的所有结果的概率集合。

在风险衡量中,采用概率作为工具来描述风险,不仅表现在单纯的概率概念中,而且表现在概率的分布之中。概率分布对于准确计算损失程度及损失后果具有重要的作用。通过概率分布,可以全面获得某一事件发生及其后果的各种概率值,并推断事件结果范围,有助于更好地选择风险管理技术和手段,从而得到最佳的风险控制效果。

比如对某一年度公司利润进行全面预测:市场销售状况良好时利润为30万元、市场销售状况一般时利润为20万元、市场销售状况较差时利润为10万元,而销售状况良好、销售状况一般、销售状况较差等三种市场状况出现的概率分别为30%、50%和20%。因为三种市场状况出现的概率之和为100%,所以符合概率分布的特性要求。

2. 期望值

投资收益的期望值是对所有的可能收益值以各自的概率为权重进行加权平均的结果。离散性概率分布的期望值计算公式如下：

$$E(X) = \sum_{i=1}^{n} P_i X_i$$

式中，X_i 为第 i 种可能出现的事件的结果，P_i 为第 i 种可能的事件结果的相应概率。$E(X)$ 为期望值，n 为可能出现的事件的个数。

期望值反映了同一事件大量发生或多次重复发生所产生的结果的统计平均值。对于前例，公司的年期望收益值为

$$E(X) = 30 \times 0.3 + 20 \times 0.5 + 10 \times 0.2 = 21(万元)$$

需要指出的是，该期望收益值 21 万元是各种可能收益值的加权平均值，它本身并不反映风险程度的大小。

3. 方差和标准差

方差和标准差用来描述各种可能的结果相对于期望值的偏离程度。标准差是方差的平方根。方差一般记为 $D(X)$，σ_X^2，标准差记为 $\sqrt{D(X)}$，σ_X。方差和标准差的大小主要取决于两个因素：第一，每一可能的结果对期望值的绝对偏离程度，偏离越大，其方差和标准差越大；第二，各种可能的结果发生的概率大小，概率越大，其方差和标准差越大。其计算公式为

$$D(X) = \sum_{i=1}^{n} P_i [X_i - E(X)]^2$$

方差和标准差越大，说明各种可能的结果相对其期望值的偏离程度越大，即不确定性越大，风险越大。由于方差和标准差具有这种描述功能，人们通常用它们作为衡量投资风险的指标。对于前例，公司年收益的方差为

$$D(X) = (30-21)^2 \times 0.3 + (20-21)^2 \times 0.5 + (10-21)^2 \times 0.2 = 49$$

而标准差为

$$\sigma_X = [D(X)]^{1/2} = 49^{\frac{1}{2}} = 7(万元)$$

4. 标准离差率

利用标准差的大小来比较不同投资风险的大小，其前提条件是不同投资的期望收益值应当相同。投资决策实践中经常要比较期望收益值不相同的投资项目的风险大小，故而引入了标准离差率的概念。标准离差率是标准差与期望值的比值，即

$$\gamma = \frac{\sigma}{E(X)}$$

式中，γ 为标准离差率，σ 为标准差，$E(X)$ 为期望值。

标准离差率反映了每单位收益所面临的风险大小，可以用来比较不同投资项目或方案之间相对风险的大小。对于前例，公司年收益的标准离差率为

$$\gamma = 7/21 = 1/3 = 33.3\%$$

由以上可以看出，为了确切地反映风险程度的大小，关键在于如何描述随机变量对期望收益值的偏离程度。常用的有方差、标准差、标准离差率三项指标。应当说明的是，方差和标准差都属于绝对额指标，在单一方案的风险衡量时两者的功能是一样的，并且都不适用于多方案的选择；而标准离差率则属于相对数指标，常用于多方案的选择决策。

三、用在险价值(VaR)衡量风险

VaR(value at risk)通常被称为"风险价值"或"在险价值"，指在一定的置信水平下，某一金融工具(或金融资产组合)在未来特定的一段时间内的最大可能损失。比如 JP 摩根公司在 2008 年置信水平为 95% 的日 VaR 值为 960 万美元，其含义指该公司可以以 95% 的把握保证，2006 年某一特定时点上的金融资产在未来 24 小时内，由于市场价格变动带来的损失不会超过 960 万美元，或超过 960 万美元损失的可能性只有 5%。与传统风险度量手段不同，VaR 完全是建立在统计分析基础上的风险度量技术，它的产生是 JP 摩根公司用来计算市场风险的产物。

当前在风险管理的各种方法中，在险价值法(VaR 方法)最为引人注目。尤其是近些年来，许多银行和监管当局纷纷趋向把这种方法当作全行业衡量风险的一种标准来看待。

1. 在险价值(VaR)的计算

在险价值法之所以很具吸引力，是因为它把银行的全部资产组合的风险概括为一个简单的数字，并以美元计量单位来表示风险管理的关键点——潜在亏损值。它的一般化模型可以表示为

$$\text{VaR} = E(S) - S^*$$

式中，S 为资产组合的期末价值，$E(S)$ 为资产组合的期末预期价值，S^* 为在给定置信水平下资产组合的期末最低价值。

VaR 实际上是要回答在概率给定的情况下，投资组合价值在下一阶段最多可能损失多少。对于概率为正态分布的情况下，由计量经济学的知识可以得出

$$\text{VaR} = -S_0 \Phi^{-1}(\alpha) \sigma T^{\frac{1}{2}}$$

式中，S_0 为初期投资额，$\Phi(\ )$ 为标准正态分布的累计函数；$\Phi(\ )^{-1}$ 为 $\Phi(\ )$ 的逆函数，α 为显

著性水平，$1-\alpha$ 为置信度，σ 为资产回报率 R 的标准差即波动率，T 为持有该项资产的持续时间。

该公式的含义是：在特定资产回报率 R 服从正态分布的情况下，初始投资额 S_0 在置信度 $1-\alpha$ 的范围内，在持有时间 T 可能内发生的最大损失。假设要求的置信度为 95% 或 99%，即 $\alpha=5\%$ 或 1%，经过反查相对应的正态分布表，相应公式可变为

$$\text{VaR} = 1.645 S_0 \sigma T^{\frac{1}{2}} \quad \text{或者} \quad \text{VaR} = 2.33 S_0 \sigma T^{\frac{1}{2}}$$

由此可见，为了计算 VaR 的数值，首先需要估算出资产回报率的均值和标准差，目前一般是通过对观测值进行加权计算出来的。比如当前持有 3 年期 100 万元国债，假定过去 10 年此类债券价格的平均波动率为 1.23%，若该笔国债半年后出售，价格波动服从正态分布，并要求 95% 的置信度，则可得到

$$\text{VaR} = 100 \times 1.645 \times 1.23\% \times 0.5^{1/2} = 1.44 (万元)$$

计算结果表明，依据历史统计资料，至少有 95% 的把握可以保证 3 年期国债在以后 6 个月出售时，最大损失不超过 1.44 万元。因为用的是单侧概率，即对应于跌价情况，亦对应于涨价情况。所以还可得出结论，依据历史统计资料，至少有 95% 的把握可以保证 3 年期国债在以后 6 个月出售，最大盈利不会超过 1.44 万元。

2. 在险价值法的特点

(1) 可以用来简单明了地表示市场价格风险的大小，单位是美元或其他货币，没有任何技术色彩、没有任何专业背景的投资者和管理者都可以通过 VaR 值对金融风险进行评判。

(2) 可以事前就计算出风险值，不像以往风险管理的方法基本都是在事后去衡量风险大小。

(3) 不仅能计算单个金融资产的风险，还能计算由多种金融资产组成的投资组合的风险，这是传统金融风险管理所不能做到的。

3. 在险价值法的应用

方法目前主要应用于风险控制和业绩评估，并正在向其他领域扩展。

在于风险控制方面，目前已有数千家的银行、投资基金、养老基金、保险公司及非金融公司，采用 VaR 方法作为金融交易风险管理的手段。利用 VaR 方法进行风险控制，可以使每个交易员或交易单位都能确切地明了他们在进行有多大风险的金融交易，并且可以为每个交易员或交易单位设置 VaR 限额，以防止过度投机行为的出现。如果能够执行严格的 VaR 管理，一些金融交易的重大亏损也许就完全可以避免。

在业绩评估方面，由于金融投资中的高收益总是伴随着高风险，交易员往往可能不惜冒巨大的风险去追逐巨额盈利。公司或企业出于稳健经营的需要，一方面需要对交易员

可能的过度投机行为进行硬性设限;另一方面也可以引入考虑风险因素的业绩评价指标体系,进行软约束,VaR 就可以作为一种简明易行的评判因子。

4. 在险价值法的局限

VaR 方法在应用中也有其局限性。首先,VaR 方法衡量的主要是市场价格风险,如果单纯依靠 VaR 方法就会忽视其他种类的风险,如信用风险、操作风险等。另外,从技术角度讲,VaR 值表明的是在一定置信度下的最大损失,但并不能绝对排除高于 VaR 值的损失发生的可能性。比如若假设一天的 99% 置信度下的 VaR 为 1 000 万美元,但仍然有 1% 的可能性会使损失超过 1 000 万美元。而这种情况一旦发生,给经营单位带来的后果将是灾难性的。因此在金融风险管理中,VaR 方法并不能涵盖一切,仍然需要综合运用各种其他的定性、定量分析方法。亚洲金融危机还从反面提醒风险管理者,在险价值法并不能预测到投资组合的确切损失程度,也无法捕捉到市场风险与信用风险间的相互关系。

四、组合投资风险的衡量

组合投资中的关键问题是如何降低组合后的总风险,以增加总收益,因此在进行风险衡量时应注意以下几点。

1. 组合投资的风险特征

非系统风险又称可分散风险或公司特有风险,是指某些因素只对单一投资造成经济损失的可能性。一般来说随着投资的多样化,这种风险是可以被分散的。从理论上讲,随着证券投资种类的增加,非系统风险会逐渐减少并最终降为零,此时风险只剩下不可分散风险了。但是要注意的是,只有负相关的证券进行组合才能有效降低可分散风险,而正相关的证券进行组合是不能有效降低可分散风险的。

系统性风险又称不可分散风险或市场价格风险,是指某些因素能对市场上所有投资造成经济损失的可能性。这种风险与组合投资中证券种类的多少没有关系,因而无法通过多种投资的组合加以分散。系统性风险一般采用系数表示法,用来说明某种证券(或某一组合投资)的系统性风险相当于整个证券市场系统性风险的倍数。但应当指出的是,系统性风险虽然无法分散,但仍然可以用转移、对冲、补偿等方法加以处理,并不是毫无办法进行应对。

2. 组合投资风险与收益的关系

(1) 风险与收益的表达

风险与收益往往具有对应性,低风险则低收益,高收益也意味着高风险。由于多样化投资可以把绝大多数非系统风险分散掉,因而组合投资的风险主要只是系统风险。从这一点上讲,组合投资的收益只反映系统风险(暂不考虑时间价值和通货膨胀因素)的影响程度,组合投资的风险收益或风险溢价是投资者因承担不可分散风险而要求的、超过时间价值的那部分额外收益。组合投资风险和收益的关系可以用资本资产定价模型来表示,其实质是在不考虑通货膨胀情况下无风险收益率与风险收益率之和。用公式可表示为

$$R_p = \beta_p(R_m - R_f) \quad R = R_f + R_p$$

式中,R_p 表示组合投资的风险收益,R 为组合投资的收益率,R_m 为市场组合的收益率,R_f 为无风险报酬率,β_p 为贝塔系数,表示组合投资风险收益对市场组合变化的敏感程度。

(2) 风险和收益的决定因素

决定组合投资风险和收益高低的关键因素是组合投资中各种证券的比重,因为个别证券的贝塔系数 β_i 是客观存在的,是无法改变的。但是,人们通过改变组合投资中的证券种类及其比重即可改变组合投资的贝塔系数 β_p,从而改变其风险和收益。用公式可以表示为

$$\beta_p = \sum_{i=1}^{n} w_i \beta_i \quad \sum_{i=1}^{n} w_i = 1$$

式中,β_p 为组合投资的贝塔系数,β_i 为第 i 种资产的贝塔系数,w_i 为第 i 种资产在总资产所占的比重。

(3) 风险和收益的计算

假设某公司持有甲、乙、丙三种股票构成的证券组合,其 β 系数分别为 1.2、1.6 和 0.8,各自在证券组合中所占的比重分别是 40%、35% 和 25%,此时证券市场的平均收益率为 10%,无风险收益率为 6%。问:

(a) 上述组合投资的风险溢价和收益率分别是多少?

(b) 如果该企业要求组合投资的收益率为 13%,应当采取何种措施来满足投资的要求?

解 (a) $\beta_p = 1.2 \times 40\% + 1.6 \times 35\% + 0.8 \times 25\% = 1.24$

$R_p = 1.24 \times (10\% - 6\%) = 4.96\%$

$R = 6\% + 4.96\% = 10.96\%$

(b) 由于该组合的收益率(10.96%)低于企业要求的收益率(13%),因此可以通过加大贝塔系数高的甲种或乙种股票的比重、降低丙种股票的比重可以实现这一目的。

第四节 金融风险及其管理

金融风险不断加剧是当今社会每个投资者和消费者都必须面对的严重问题,也事关各个微观经济主体,尤其是金融机构的生存与发展。它直接影响着经济生活中的各种活

动,也影响着一个国家或地区的宏观决策和经济发展。因此,如何减少和回避金融风险已成为现代金融业的首要话题。为了更好地、有针对性地防范金融风险,加强金融风险管理,有必要首先对金融风险的含义、种类及影响有一个全面清晰的了解。

一、金融风险与金融风险管理

1. 金融风险的概念及其内涵

金融风险一般是指包括金融机构在内的各个经济主体在金融活动或投融资活动中,因外部各种因素的不确定性变动而遭受损失的可能性。从金融风险的这一简明定义可以看出,它包括了以下几层内涵。

(1) 金融风险不等于经济损失。按照中性风险的概念,金融风险有两种可能,既有蒙受经济损失的可能,又有获得超额收益的可能。因此,不仅要注意它的消极方面,也要注意它的积极方面。如东南亚金融危机在使东南亚各国经济遭受破坏、产生巨大损失的同时,也使东南亚各国政府更加重视对金融体系的建设和对经济结构的调整,使各国的经济发展更加注重稳定,有助于今后健康的发展。

(2) 金融风险指的是存在和发生于资金的借贷和经营过程中的风险。只要一进入资金借贷和经营这个领域,也就是说只要一进行资金的借贷和经营活动,金融风险就会随之形成并可能产生实际的损失。

(3) 带有不确定性的经济活动是产生金融风险的必要条件,对预期行为目标的偏离是产生金融风险的充分条件。

(4) 金融风险的结果一般直接表现为货币资本的损失或者收益。

(5) 金融风险中包括金融机构在内的各个经济主体主要指从事资金筹集和经营活动的经济实体,包括个人或居民户、企业与事业单位、银行和非银行金融机构,甚至政府等。

由以上分析可以看出,金融风险是一个比较宽泛的概念,它既包括了可以计量的风险,也包括不能计量的风险,只要一进行货币、资金的借贷与经营活动,金融风险就随之形成并有可能成为实际损失。

2. 金融风险的种类

金融风险的种类很多,其中主要的有市场风险、信用风险、操作风险、流动性风险、国家风险、信誉风险、法律风险以及战略风险等。其中市场风险又可分为利率风险、汇率风险、股票价格风险和商品价格风险,操作风险又可分为由人员、系统、流程和外部事件引发的四类风险。

3. 金融风险管理及其目标

金融风险管理是指各类经济主体在筹集和经营资金的过程中,通过对各种金融风险的认识、衡量和分析,以最低成本即最经济合理的方法来实现最大安全保障、获得最大收益的一种金融管理活动。风险管理是一种管理职能,是投资者在了解金融工具的功能和波动性的基础上,对投资组合进行动态管理的过程。

金融风险管理的总体目标是处置和控制风险,防止和减少损失,保障资金筹集和经营活动的顺利进行。金融风险管理的具体目标一般有两个:一是安全性,它是金融风险管理的首要目标。对金融机构而言,其业务活动是建立在负债经营基础之上的,只有保证资金的安全性,只有在资金安全的条件下,通过经营、运作,才能实现收益,才能实现企业的生存和发展。二是收益性,它是金融风险管理的最终目标。金融机构作为一个企业,追求利润最大化是它的天然属性。营利性是它追求的主要目标,安全性必须服从于并服务于这个目标。安全目标是收益目标的前提,没有安全性,收益便无从谈起;收益目标是安全目标的归宿。若没有收益,安全目标也就失去了意义。

二、金融风险对经济活动的影响

1. 金融风险对微观经济的影响

(1) 金融风险的直接后果是可能给经济主体带来直接的经济损失

金融风险可能造成的损失之巨大,往往始料不及、触目惊心。事实上,在现实生活中,因受金融风险的影响而造成重大损失,甚至因此而最终破产的事例不胜枚举。

(2) 金融风险会给经济主体带来潜在的损失

比如企业可能因交易对象不能及时支付债务而影响生产的正常进行;利率风险不仅会导致实际收益率下降,而且会影响人们持有的货币余额的未来购买力;银行若存在严重的信用风险会使消费者忧心存款安全,从而导致银行资金来源减少业务萎缩。

(3) 金融风险影响着投资者的预期收益

这是因为如果金融风险不断加大,则投资者所要求的风险溢价也相应不断加大,结果使得调整后的收益折扣率也越来越大。

(4) 金融风险降低了资金利用率

鉴于金融风险的广泛性及其后果的严重性,许多单位和个人不得不持有一定的风险准备金来应付金融风险。而流动性变化的不确定性使得银行等金融机构难以准确安排备付金的数额,往往导致大量资金闲置。此外,对金融风险的担忧让许多消费者与投资者经常持币观望,也造成社会上大量资金闲置。这些都增大了机会成本,降低了资金的利用率。

（5）金融风险增大了交易成本

由于资金融通中的不确定性，使得许多资产难以正确估价，不利于交易顺利成交，并会因此产生一些纠纷，影响交易的正常进行，使市场缺乏效率。而且存在着的信用风险、利率风险等，往往给企业筹资带来困难，给银行负债业务和中间业务带来影响，阻碍着市场的扩展。

（6）金融风险增大了经营管理成本

不确定性的存在既增添了经济主体收集、整理信息的工作量，也增大了收集、整理信息的难度。既增大了预测的成本，又增大了计划的难度，更增大了经济主体的决策风险。同时，在实施计划和决策过程中，因为金融风险导致的情况变化，需要适时调整行动方案，一些方案必须修改，一些计划必须放弃，这些都会增大管理成本。甚至由于对金融风险的估计不足还将导致一些不应有的损失。比如，企业在生产过程中，因实际通货膨胀率超过预期通货膨胀率，会导致生产资金预算不足，从而不得不削减原方案。

2. 金融风险对宏观经济的影响

（1）金融风险会引起经济停滞、效益下降

金融风险会引起实际收益率、产出率、消费和投资普遍下降，风险越大，下降的幅度越大。这是由于金融风险导致的后果可能是十分严重的。比如业主为降低投资风险不得不选择风险较低的技术组合，从而引起产出率和实际收益率下降。同样，由于未来收入的不确定性，个人未来财富可能会出现较大波动，境况会相对变坏，而不得不改变其消费和投资决策。

（2）金融风险会造成产业结构畸形发展

金融风险会造成产业结构畸形发展，使整个社会生产力水平下降。因为金融风险的存在，使大量资源流向安全性较高的部门，既导致边际生产力的下降，又导致资源配置不当，一些经济中的关键部门因此发展较慢，形成经济结构中的"瓶颈"。同样的原因，一些经济主体往往选择风险较低的、传统的技术方法，而一些进行技术革新的经济主体又难以筹集到开发资金或从银行获得贷款。

（3）金融风险会引起金融市场秩序混乱

严重的金融风险还会引起金融市场秩序混乱，破坏社会正常的生产和生活秩序，甚至使社会陷入恐慌，极大地破坏生产力。比如银行因经营不善而倒闭会增大存款人对信用风险的警戒，可能触发银行信誉危机，引起存款人大规模挤提，严重者甚至会导致金融制度崩溃。在1929年至1933年的经济大危机中，美国平均每年有2 000家大银行停业，其中1933年一年停业银行达4 000家，导致信用关系中断，不仅使全社会损失了巨额的金融资产,而且导致了严重的经济衰退。

（4）金融风险干扰宏观经济政策的制定和实施

从一定角度上讲,政府对宏观经济的调节也是对市场风险的调控。如中央银行在市场上吞吐外汇,其主要目的就是减小汇率的波动。中央银行调解货币的供求,使资金供求平衡,也降低市场的不确定性。金融风险反过来又影响着宏观政策,它既增加了宏观政策制定的难度,又削减了宏观政策的效果。从宏观政策的制定来看,由于金融风险导致市场供求的经常性变动,使政府难以及时、准确地掌握社会总供给和总需求状况以作出决策,而且金融风险常导致决策滞后。

（5）金融风险影响着一个国家的国际收支

金融风险直接影响着国际经贸活动和金融活动的进行和发展。首先,汇率的上升或下降影响着商品的进出口总额,关系着一个国家的贸易收支。第二,汇率的波动将会引起官方储备价值的增加或减少。第三,利率风险大、通货膨胀严重、国家风险大等原因造成融资环境差,会使外国减少对本国的投资和其他交往,导致各种劳务收入的减少。最后,金融风险也影响着资本的流入和流出。利率风险和汇率风险的大小,会影响国内资本的流出或者国外资本的流入；企业信用风险、国家风险等都会影响甚至决定国际金融组织贷款、政府借贷、短期资金的拆放、直接投资等经济行为和决策,从而直接影响一国的资本项目。1994年墨西哥金融危机的主要原因,就是由于外国投资者对墨西哥经济的信心动摇,纷纷撤出资金,引起墨西哥比索大幅度贬值。

三、金融风险管理的流程

金融风险管理的流程是对金融风险进行管理的基本步骤,是实施金融风险管理的主要内容和中心环节。它包括金融风险识别、金融风险计量、金融风险监测、金融风险控制四大步骤。通常,金融机构的风险管理部门承担风险识别、风险计量、风险监测的重要职责,而各级风险管理委员会承担风险控制和决策的责任。

1. 金融风险识别

金融风险识别是指对尚未发生的、潜在的或存在的各种金融风险进行系统地归类和全面的分析研究。金融风险识别所要解决的主要问题是：哪些潜在风险应予考虑,引起金融风险的原因,其类型、性质及其后果。金融风险识别包括感知风险和分析风险两个环节：感知风险是通过系统化的方法发现组织或机构所面临的金融风险种类、性质；分析风险是深入理解各种金融风险内在的风险因素。

2. 金融风险计量

金融风险计量就是对金融风险发生的可能性或损失的范围与程度进行估计和测算。它所要解决的主要问题是：金融风险究竟有多大，会带来何种程度的损失。它要求运用概率论和数理统计等科学方法，并借助于电子计算机等数据处理工具，对大量已发生的损失频率和损失严重程度的资料进行定量分析，准确地度量风险，以便选择有效的工具来处置风险，实现用最小的费用支出获得最佳风险管理效果的目的。

3. 金融风险的监测

金融风险监测包含两个层面的内容：一是监测各种可量化的关键风险指标，以及不可量化的风险因素的变化和发展趋势，确保可以将金融风险在进一步加大之前甄别出来并提交相关部门，以使其及时警备和加以恰当防范；二是报告组织或机构所面临的所有金融风险的定性、定量评估结果，并随时关注所采取的金融风险管理和控制措施的质量与效果。

4. 金融风险的控制

金融风险控制是对经过识别和计量的金融风险针锋相对地分别采取对冲、转移、分散、规避和补偿等措施，进行有效管理和控制的过程。参照国际实践经验，在日常金融风险管理的操作中，具体的金融风险管理/控制体系可以采取从基层业务单位开始、到业务领域风险管理委员会、最终到达高级管理层的三级管理方式加以建构。

四、金融风险管理的手段

1. 外部管理控制手段

外部管理控制是指通过建立和完善金融制度（由金融法规、金融体制、金融行业、金融组织所构成），以建立起一个健全的、成熟的、规范的金融市场体系，来控制和降低全社会的金融风险，使金融活动能够适应并促进经济发展和社会进步。外部控制的手段很多，主要包括以下几种。

（1）采取正确的金融发展战略，保持金融与经济的同步协调发展

首先，要实行灵活的货币政策，避免经济的大起大落。其次，减少政府的行政干预，避免把金融产品作为公共物品加以安排。最后，采用符合市场经济要求的所有制结构，提高金融资产的配置效率。

（2）加快金融法律法规体系的建设与完善

我国自1995年以来相继颁布实行了中国人民银行法、商业银行法、证券法、保险法、

信托法、证券投资基金法、票据法、担保法等一系列重要的金融法律法规,制定实施了对有关银行业、证券业、保险业、信托业的一系列监督管理办法,对防范和化解金融风险起到了十分重要的作用。

(3) 强化金融监管体制并落实金融监管过程

① 明确金融监管主体。在我国,《中华人民共和国中国人民银行法》规定了中国人民银行作为金融主管机关和金融监管执行机关的地位,依法执行全面的金融监管职能。同时,《中华人民共和国审计法》又授权国家审计署和地方各级审计机关对相应的国有金融机构实施金融审计监督。

② 明确金融监管对象。随着金融自由化和金融工具的不断创新,金融监管的范围也发生了较大的变化,这就要求金融监管当局将过去不受官方监督的准金融机构纳入自己的监督网络,做到"疏而不漏"。同时,由于金融日趋国际化,要客观地评价银行或非银行金融机构的风险程度,就必须对其全部业务活动进行有效监控。

③ 明确金融监管内容。这应包括市场准入的控制和评估,流动性指标即清偿力的监测,资本充足性、风险损失准备金和盈利能力的分析、监测,了解和熟悉金融机构的内部控制制度,加强各国监管当局之间的相互联系与合作。

④ 建立金融风险监测的指标体系,并在此基础上设计能够模拟和仿真的金融数学模型,增强准确计算和正确度量金融风险的实际能力与手段,构造有效的金融风险预警体系。

⑤ 金融监管过程的落实与现代化。一是将金融监管建立在具体、完备的法律基础上;二是中央银行对金融机构的稽核采取合规性稽核与风险性稽核、现场稽核与非现场稽核并举的方式;三是中央银行可委托专门机构,如会计师事务所、审计师事务所,对金融机构实施检查,以从中央银行和外部审计及会计两个方面的角度来监管金融机构;四是利用计算机等高新技术对金融机构向监管当局提供的统计资料、报表进行分析处理,为在新的经济环境下更有效地进行金融监管提供保证。

2. 内部管理控制手段

内部管理控制是金融机构为了保证其内部按规定的经营目标和工作程序,对各部门、人员及其业务活动进行组织、协调和制约,以降低和控制潜在风险损失的一种管理制度。内部控制制度的主要内容是:确立各部门、人员的工作职责;确定各项业务的控制程序来强化企业的经营管理;通过政策控制、计划控制、比例控制、利率和汇率控制来保证本企业的正常运作和发展。我国于1997年5月由中国人民银行颁发了关于《加强金融机构内部控制的指导原则》,对金融机构内部控制的内容、原则、要求、管理和监督都作了具体的规定。各国有商业银行也设立和加强了内部控制体系,在防范和化解金融风险方面发挥了重要作用。内部风险控制手段可分为金融风险管理控制和金融风险会计控制两部分。

（1）金融风险的管理控制法

管理控制法是在损失发生前力图控制风险与消除损失的工具。它包括回避风险和损失控制两种手段。

回避风险的做法是终止或暂停某类活动或改变活动的性质和方式，因此，它是各种金融风险管理方法中最简单、也是最为消极的一种，企图设法回避损失发生的可能。因而，在金融风险管理的过程中一般较少采用回避风险这一方法来处置金融风险问题。

损失控制是指对于经济主体不愿意放弃也不愿意转移的金融风险，压低其损失频率、缩小其损失幅度的各种控制方法。损失控制是金融风险控制手段中最积极主动的一种，也是经济主体最适用、最常用的一种。它的做法是通过某种金融工具或方法来改善金融风险的特征，使经济主体能够接受或掌握其运动规律。

（2）金融风险的财务控制法

财务控制法是指用各种筹集资金支付风险损失的方法，是在损失发生后的财务处理和经济补偿手段。它包括自留风险和风险转移两种方法。

自留风险是金融风险管理中的财务处理方法，是一种常用的方法。当某项金融风险无法回避或由于可以获利而需要冒险时，就必须承担和保留这种风险，由经济主体自行设立或筹集资金来进行补偿。比如，银行为了防范信用风险，就按贷款总额提取一定比例的坏账准备金，以此来弥补因呆滞或呆账贷款给银行带来的损失。

风险转移是指经济主体将其面临的金融风险所可能导致的损失有意识地转移给另一经济主体的一种金融风险管理方法。由于金融风险既可能带来损失也可能带来收益，是一种动态的投机性风险，不属于保险理赔的范围，因此，非保险型金融风险转移是金融风险转移的主要方式。

本章小结

1. 风险是指人们在生产建设和日常生活中遭遇可能导致人身伤亡、财产受损及其他经济损失的自然灾害、意外事故和其他不测事件的可能性，即风险是一种损失的发生具有不确定性的状态。风险由风险因素、风险事故和损失三要素构成；风险具有客观性、损失性、不确定性、可测性和变异性等特征。

2. 风险管理(risk management)是经济单位通过对风险的认识、衡量和分析，以最小的成本取得最大安全保障的管理方法。风险管理的基本方法有风险回避、防损与减损、风险转移等。

3. 风险识别是对尚未发生的、潜在的和客观的各种风险系统地、连续地进行识别和归类,并分析可能产生风险事故的各种原因。常用的风险识别方法包括风险分类列举法、情景分析法、分解分析法、失误树分析法、财务状况分析法等。

4. 风险衡量就是对风险存在及发生的可能性、以及风险损失的范围与程度进行估计和衡量。风险衡量的具体内容包括三个方面:首先,需要确定风险事件在一定时间内发生的可能性大小,即具体的概率值为多少,并且估计可能造成损失的严重程度。其次,根据风险事件发生的概率及损失的严重程度估计总体损失的大小。最后,根据以上结果,预测这些风险事件未来发生的次数及后果,为进行决策提供依据。

5. VaR(value at risk)通常被称为"风险价值"或"在险价值",指在一定的置信水平下,某一金融工具(或金融资产组合)在未来特定的一段时间内的最大可能损失。VaR方法目前主要应用于风险控制和业绩评估,并正在向其他领域扩展。

6. 金融风险一般是指包括金融机构在内的各个经济主体在金融活动或投融资活动中,因外部各种因素的不确定性变动而遭受损失的可能性。金融风险管理是指各类经济主体在筹集和经营资金的过程中,通过对各种金融风险的认识、衡量和分析,以最低成本即最经济合理的方法来实现最大安全保障、获得最大收益的一种金融管理活动。

 阅读资料

AIG 危机

美国次贷危机犹如一根导火索,引发了国际金融市场的剧烈动荡,同时也给国际保险业带来了严重的损失。全球保险巨头——美国国际集团(AIG)正是深陷次贷危机而出现巨额资金缺口,走到破产边缘,最终被美国政府变相接管。AIG危机引发各方关注,其背后显现出来的金融风险问题,值得人们深思。

在将近一年的时间里,AIG在信用违约互换上遭受的损失不断加重,2008年8月6日,AIG公布第二季财报,因房贷相关部位减记价值及减损金额超过110亿美元,净损53.6亿美元,该公司连续第三季出现亏损。9月12日,AIG股价暴跌了31%,标准普尔评级服务公司向AIG发出警告,称由于该公司股价大幅下挫,债券息差上升,标准普尔可能会将该公司信用评级下调一至三档。此时,时任AIG首席执行长的维尔伦斯坦德认为只要筹措到200亿美元就能使公司避免灾难发生。但13日早晨,却发现它的证券借款业务也需要200亿美元资金,所需资金数额已增至400亿美元。此时,AIG筹集到的资金只有从其下属保险子公司抽取的200亿美元。

14日晚间,亚洲市场开盘,AIG资产价值受到更大的压力,该公司需要逾600亿美元的资金注入。于是,维尔伦斯坦德决定另辟蹊径,转向美国联邦储备系统(Fed)寻求400

亿美元贷款资金援助。9月15日,Fed要求高盛和摩根大通帮助AIG获得700亿～750亿美元贷款。两家公司一起评估了AIG的流动性需求和私营领域解决方法的可行性,认为AIG需要大约800亿美元的资金,并拒绝政府建议。此外,在该日晚些时候,美国穆迪投资服务、标准普尔和惠誉三大信用评级机构一致下调了AIG的债务信用级别,迫使AIG向其交易对手再提供至少100亿美元的抵押品,从而使得抵押品总额达到200亿～250亿美元,公司财务状况进一步恶化。

9月16日,AIG做了最后一搏,即用尽自己的循环信贷额度。但是大多数银行都拒绝了AIG的贷款申请,他们表示在AIG债券评级遭到下调的情况下不会为其提供贷款。同时,AIG股价再跌31%,在连续三个交易日中跌幅达79%。该天下午4点,政府将拯救方案交给AIG管理层。经过长达3个小时的痛苦权衡,AIG董事会接受了政府提出的苛刻条件。紧接着,美国联邦储备委员会理事会于16日晚间宣布:"遵照《联邦储备法》第13条第3款,授权纽约联邦储备银行向AIG发放850亿美元紧急贷款。贷款窗口的有效期为24个月,利率为3月期LIBOR利率再加850个基点。为保障纳税人的利益不受损害,贷款将以AIG的全部资产为抵押。作为提供贷款的条件,美国政府将持AIG 79.9%的股份,并有权否决普通和优先股股东的派息收益。"这也意味着美国政府仿照接管"两房"模式接管了该集团。但美联储的"援助"并没有缓解保险市场愈发恐慌的局面。不只是在中国香港,在中国台北、新加坡等东南亚国家和地区,美国友邦的分支机构都出现了客户退保潮。退保潮出现使得AIG雪上加霜,危机再次升级。10月8日,美联邦政府由于担心这家保险巨头可能再度出现现金短缺,决定对AIG再增378亿美元的援助,这比当初承诺向该公司提供的资金数额高出近50%。

资料来源:根据http://blog.sina.com.cn/s/blog_5412504901017mqd.html等整理。

巴林银行倒闭案

里森于1989年7月10日正式到巴林银行工作。进入巴林银行后,他很快争取了到印尼分部工作的机会。由于他富有耐心和毅力,善于逻辑推理,能很快地解决以前未能解决的许多问题,使工作有了起色。因此,他被视为期货与期权结算方面的专家,伦敦总部对里森在印尼的工作相当满意。1992年,巴林总部决定派他到新加坡分行成立期货与期权交易部门,并出任总经理。

里森于1992年在新加坡任期货交易员时,巴林银行原本有一个账号为99905的错误账号,专门处理交易过程中因疏忽造成的错误。这原是一个金融体系运作过程中正常的错误账户。1992年夏天,伦敦总部全面负责清算工作的哥顿·鲍塞给里森打了一个电话,要求里森另设立一个错误账号,记录较小的错误,由于账号必须是五位数,这样账号为

88888 的错误账户便诞生了。

几周后,伦敦总部又打来了电话,总部配置了新的电脑,要求新加坡分行还是按老规矩行事,所有的错误记录仍通过 99905 账户直接向伦敦报告。88888 错误账户刚刚建立就被搁置不用了,但它却成为一个真正的错误账户存在于电脑之中。而且总部这时已经注意到新加坡分行出现的错误很多,但里森巧妙地搪塞而过。

1995 年 1 月 18 日,日本神户大地震,其后数日东京日经指数大幅度下跌。里森一方面遭受更大的损失;另一方面购买更庞大数量的日经指数期货合约,希望日经指数涨到理想的价格范围。1 月 30 日,里森以每天 1000 万英镑的速度从伦敦获得资金,已买进了 3 万份日经指数期货,并卖空日本政府债券。2 月 10 日,里森以新加坡期货交易所交易史上创纪录的数量,已握有 55 000 份日经期货及 2 万份日本政府债券合约。交易数量愈大,损失愈大。2 月中旬,巴林银行全部的股份资金只有 47 000 万英镑。

1995 年 2 月 23 日,在巴林期货的最后一天,里森对影响市场走向的努力彻底失败。日经指数收盘降至 17 885 点,而里森的日经期货多头风险部位已达 6 万余份合约。在巴林的高级主管仍做着次日分红的美梦时,里森为巴林所带来的损失终于达到了 86 000 万英镑的高点,造成了世界上最老牌的巴林银行终结的命运。

1995 年 2 月 26 日,英国中央银行英格兰银行宣布了一条震惊世界的消息:巴林银行不得继续从事交易活动并将申请资产清理。10 天后,这家拥有 233 年历史的银行以 1 英镑的象征性价格被荷兰国际集团收购。

资料来源:根据 http://baike.baidu.com/view/1210907.htm?fr=aladdin 等整理。

复习思考题

一、问答题

1. 对风险应当如何理解?风险对人们会造成什么样的影响?
2. 列举风险的五种主要分类方式,并说明每种的主要特点。
3. 风险管理的基本方法有哪些?管理风险时应遵循什么样的程序?
4. 什么是风险识别?应该如何进行风险识别?
5. 衡量风险有哪些基本工具?简述在险价值(VaR)分析方法。
6. 什么是金融风险?如何理解金融风险的内涵?
7. 金融风险对经济有什么影响?对金融风险应该如何管理?

二、选择题

1. 风险的组成要素不包括（   ）。
   A. 伤害的程度   B. 风险因素   C. 风险事故   D. 损失

2. 哪项不属于金融风险的特征？（   ）
   A. 客观性   B. 不确定性   C. 变异性   D. 集聚性

3. 下列陈述中，哪项最接近"风险"的含义？（   ）
   A. 预期损失   B. 不确定性的范围
   C. 资本损失的规模   D. 损失发生的可能性

4. 在下述指标中，哪个指标常用于多方案的选择决策？（   ）
   A. 方差   B. 标准差   C. 标准离差率   D. 概率分布

5. 下面哪种说法是正确的？（   ）
   A. 金融风险等于经济损失
   B. 金融风险只存在和发生于资金的借贷过程
   C. 带有不确定性的经济活动是产生金融风险的必要条件
   D. 对预期行为目标的偏离是产生金融风险的充要条件

6. 金融风险管理流程的第一步是（   ）。
   A. 金融风险控制   B. 金融风险计量
   C. 金融风险识别   D. 金融风险监测

三、计算题

1. 某项资产的年波动率为 35%，该资产目前的市场价值为 40 万元。计算该资产置信度为 99% 时，一星期时间的在险价值（VaR）为多少？

2. 假设某公司持有甲、乙、丙三种股票构成的证券组合，其 β 系数分别是 1.5、1.3 和 0.9，各自在证券组合中所占的比重分别是 35%、35% 和 30%，此时证券市场的平均收益率为 12%，无风险收益率为 5%。请问，上述组合投资的风险溢价和收益率分别是多少？

3. 有 A、B 两只股票，当前价格分别为 30 元每股和 25 元每股，若股票市场出现牛市的概率为 35%，A、B 股票价格分别上涨 10 元和 5 元；股票市场出现熊市的概率为 45%，A、B 股票价格分别下跌 10 元和 5 元；股票市场维持现状的概率为 20%。你作为投资者，在 A、B 股票中会如何选择？

第四章
金融工程理论基础

【学习指导】

  金融工程的理论基础主要有现代资产组合理论、资本资产定价模型、套利定价理论和有效市场假说(为了难点分散,有关期权的定价理论在第十一章中介绍)。通过本章学习,对这些现代金融理论能够从工程应用的视角有一个系统的了解;对它们产生的背景、基本假设、主要内容和适用范围有一个清晰的知识脉络,以利于在后续章节中加以具体运用。

  金融资产定价原理是金融学的核心问题之一。自有金融市场以来,各国的学者就开始考虑和研究金融资产定价问题,随着金融领域的拓深与拓广,资产定价原理也不断深入,至今已形成了一套相对独立的金融理论体系。

第一节 投资组合理论

  马柯维茨提出的投资组合理论是现代金融理论的发端。该理论在一定假设的前提下,以方差、协方差作为风险量化的代表,通过对每种证券的期望收益率、收益率的方差和每种证券与其他证券之间收益率的协方差,用一个线性规划模型来说明投资组合的目标是在达到任何一个收益率期望值的同时,使组合证券的风险最小,从而产生有效边界的概念,并说明投资组合可以消除非系统风险。

一、传统的资产组合理论和现代资产组合理论

1. 资产组合理论产生的背景

  从资本市场发展的历史来看,其证券投资行为经历了三个阶段。

  (1) 投机阶段

  在此阶段,证券市场极不规范,缺少监管。市场中,投资者只能凭借自身的敏锐感觉、

依靠巨额的资金和内幕消息来牟取暴利。此时,没有对证券投资的理论阐述,也不存在任何资产管理。

(2) 职业化阶段

1929年美国股市崩盘以后,人们开始认识到对证券市场进行规范的必要性。美国政府于1933年和1934年颁布了《证券法》和《证券交易法》,证券交易所也开始加强交易资格的管理,证券行业自律机构也相继建立。美国证券市场开始走向规范。一些职业投资者开始研究证券投资理论,主要集中在两个方面:证券选择和组合管理,在证券选择方面的研究分成了两大流派:基本面分析和技术分析。此时,在资产组合管理方面,人们的观念还是朴素的资产管理思想,多数观点都带有一定的经验性,这些抽象的投资原则使投资者很难进行实际的操作。因此,在这一时期投资者强调的是证券选择问题,主要对股票进行仔细分析,挑选最好的股票。

(3) 科学化阶段

随着数理统计方法引入经济研究领域,对证券投资的研究越来越定量化。人们往往认为从职业化到科学化阶段是以马柯维茨在1952年发表的博士论文《资产选择》(*Portfolio Selection*)为标志。以此为基础,现代资产组合理论和资本定价理论开始发展起来。

2. 传统的资产组合管理

传统的资产组合管理主要以描述性研究和定性分析为主,在选择证券构建资产组合时所运用的方法主要是基本面分析和技术面分析。基本面分析主要是分析证券的内在价值,寻找价值被低估的证券进行投资;技术分析则是认为证券价格的波动具有一定的规律性,据此通过分析证券价格的历史变化,来预测其未来的走势,寻找那些未来价格有可能上涨的证券进行投资。

传统的资产组合管理,其过程主要包括以下几个步骤。

(1) 确定所要建立的投资组合的目标

不同的投资者会根据其对风险和收益的承受程度选择具有不同风险和收益特征的投资目标。目标的选择对投资组合中证券的选择和比例的确定有很大的影响。目标的确立也为后续的绩效评价提供了参考的标准。

(2) 选择证券、构建资产组合

在确定投资组合的目标以后,根据目标的特征选择合适的证券构建资产组合。如,以保值为目的投资者往往选择债券等低风险的投资工具,而以资本增值为目的的投资者往往选择高风险和高收益的股票。

在投资组合的构建中,传统的组合管理和现代组合管理不同。传统的组合管理在确立目标以后首先对证券进行分析,然后是选择证券,从而自发的形成一种组合。现代投资组合管理是在目标确立以后,还要确立一个具体的风险收益目标,然后在此基础上进行组合构建,并量化每种证券的投资比例,而不是仅凭主观判断确定投资比例。

(3) 对组合进行监视和调整

组合的目标确定以后,那么在整个的组合中应是稳定的,然而单一证券的收益和风险的特征是不断变化的。随着时间的推移和市场条件的变化,组合中有些证券已经不再符合投资的目标要求。因此,需要不断地调整组合中的证券的种类和投资比例,保持组合的稳定收益和风险特征。

(4) 对组合的业绩进行评估

在组合存续一定时期后,根据组合确立的目标,对组合的业绩进行评价是对组合管理的考核,也是为下个阶段确立管理目标的必要步骤。在业绩评估中往往能够发现组合管理的经验和教训,从而能够使下个阶段的管理更加有效。在业绩评估重要注意收益和风险以及组合收益和市场收益的相互匹配。

3. 现代资产组合理论

现代资产组合理论有狭义和广义之分。

狭义的现代资产组合理论是指 20 世纪 50 年代由马柯维茨提出的资产组合理论,主要研究投资者应该如何从一些备选证券中选择若干证券,以及每种证券的投资比例。在一般情况下收益和风险是成正比的,因此,该理论主要解决:在一定的风险水平下,投资者所能够实现的最高收益;或者在一定收益的水平下,投资者承担的最小风险是多少。马柯维茨主要贡献在于应用数学的线性规划理论解决资产选择的问题,并阐述了组合如何有效抵消非系统风险的原因。

由于马柯维茨模型的计算比较复杂,后来一些学者对其进行了一些改进,其中,主要的是威廉·夏普(William F. Sharpe)提出的单指数模型。

广义的资产组合理论是建立在狭义的资产组合理论基础上,并包括一些与狭义的资产组合理论密切相关的理论。其中主要包括以下理论。

(1) 资本资产的定价理论

主要包括资本资产定价模型(capital assets pricing model,CAPM),套利定价理论(arbitrage pricing theory,APT)。资本资产定价模型主要研究在投资者都按照马柯维茨模型持有有效的证券组合,那么在市场上存在无风险债券的情况下,投资者如何选择证券组合,其投资的期望收益如何确定以及期望收益与风险之间的关系如何确定,最后还要解决资产的定价问题。

由于资本资产定价模型包括许多严格的假设,同时许多检验结果表明存在一个以上的因素影响资产的价格,于是产生了套利定价理论。套利定价理论从更加一般的角度阐述风险资产的价格除了和风险因素有关以外,还受到其他多个因素的影响,从而简化了资本资产定价模型的假设,成为更一般的、更现实的资本市场定价理论。

(2) 有效市场理论

有效市场理论(efficient market hypothesis,EMH)是狭义的现代资产组合理论和资本资产定价模型成立的前提。在市场效率低下、资产信息得不到充分反映的条件下,投资者完全可以利用基础分析和技术分析挖掘未被反映的信息,并采取相应的措施,以获得高于风险调整收益的报酬。即此时,没有必要按照马柯维茨模型建立投资组合。如果市场上的投资者不是按照马柯维茨模型进行投资的话,资本资产定价模型的有效性也将大打折扣。现代投资组合理论的框架体系如图 4-1 所示。

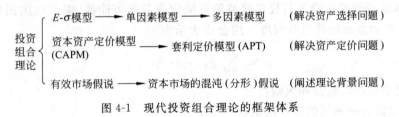

图 4-1　现代投资组合理论的框架体系

二、马柯维茨的资产组合理论

1. 马柯维茨资产组合理论的基本假设

(1) 投资者在投资决策中只关注投资收益这个随机变量的两个数字特征:投资的期望收益和方差。

(2) 投资者是理性的,也是风险厌恶的。

(3) 投资者的目标是使其期望效用最大化,其中 $E(r)$ 和 σ^2 分别为投资的期望收益和方差。

$$E(U) = f[E(r), \sigma^2]$$

(4) 资本市场是有效的。

(5) 资本市场上的证券是有风险的。

(6) 资本市场上的每种证券都是无限可分的,这就意味着只要投资者愿意,他可以购买少于一股的股票。

(7) 资本市场的供给具有无限弹性。

(8) 市场允许卖空。

2. 资产的收益和特征

(1) 单个资产的收益与风险

单个风险资产未来的收益是一个随机变量,在不同的经济情况下,这个随机变量有不同的取值,而每种经济情况又有不同的出现概率。因此单个资产的期望收益为其未来不同收益和对应的经济情况出现的概率的成绩之和。用公式表示为

$$E(r) = \sum_{i=1}^{n} p_i r_i \tag{4-1}$$

式中,r_i 是该资产收益的第 i 状态的取值;p_i 为资产收益取值的概率;$E(r)$ 为该资产的期望收益。

单个风险资产的风险为其投资收益偏离期望收益的可能性,即可以用预期收益的方差(或标准差 σ)来反映其风险程度。用公式表示为

$$\sigma^2 = \sum_{i=1}^{n} p_i [r_i - E(r)]^2 \tag{4-2}$$

(2) 两个资产的收益和风险特征

① 无风险资产与风险资产的组合

风险资产为 R,投资比例为 w,收益率为 r_R,期望收益率为 $E(r_R)$,标准差为 σ_R;无风险资产收益率为 r_f,投资比例为 $1-w$,整个资产组合记为 P。则组合的收益、期望收益和标准差分别为

$$r_P = w r_R + (1-w) r_f \tag{4-3}$$

$$E(r_P) = w E(r_R) + (1-w) r_f \tag{4-4}$$

$$\sigma_P = w \sigma_R \tag{4-5}$$

例 4-1 某投资者计划在资本市场上投资,现有两个选择,5%的债券(无风险资产)和收益率为 10%,标准差 20%的股票(风险资产),在不同的投资比例下,组合的期望收益和方差见表 4-1。

表 4-1 无风险资产与风险资产的组合结果

组合	w(%)	$1-w$(%)	$E(r_P)$	σ_P
A	0	100	0.05	0
B	25	75	0.062 5	0.05
C	50	50	0.075	0.10
D	75	25	0.087 5	0.15
E	100	0	0.10	0.20

组合的期望收益和标准差用公式表示为
$$E(r_p) = r_f + w[E(r_R) - r_f]$$
$$= 0.05 + w(0.10 - 0.05)$$
$$\sigma_P = w\sigma_R = 0.2w$$

在期望收益和标准差的坐标图上表示出来,如图 4-2 所示。

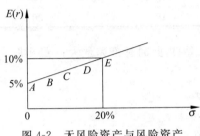

图 4-2　无风险资产与风险资产组合的资本配置线

组合的期望收益如果用其标准差来表示,有
$$\sigma_P = w\sigma_R \Rightarrow w = \frac{\sigma_P}{\sigma_R}$$
$$E(r_p) = wE(r_R) + (1-w)r_f$$
$$= r_f + \frac{E(r_R) - r_f}{\sigma_R}\sigma_P \quad (4-6)$$

式(4-6)为资本配置线方程(CAL),即投资组合的期望收益率是标准差的线性函数,截距为 r_f,斜率为 $\dfrac{E(r_R) - r_f}{\sigma_R}$,它表示市场投资者愿意承担的每一单位额外风险所要求的额外的预期收益。

② 两种风险资产的投资组合

风险资产 1,投资比例为 w,收益率为 r_1,期望收益率为 $E(r_1)$,标准差为 σ_1;风险资产 2,投资比例为 $1-w$,收益率为 r_2,期望收益率为 $E(r_2)$,标准差为 σ_2,整个资产组合记为 P。则组合的期望收益和标准差为
$$E(r_p) = wE(r_1) + (1-w)E(r_2) \quad (4-7)$$
$$\sigma_P^2 = w^2\sigma_1^2 + (1-w)^2\sigma_2^2 + 2w(1-w)\rho\sigma_1\sigma_2 \quad (4-8)$$
其中,
$$\rho\sigma_1\sigma_2 = \text{cov}(r_1, r_2)$$

例 4-2　某投资者计划在资本市场上投资,现有两个资产可供选择:收益率为 7.5%、标准差 15% 的风险资产 1 和收益率为 10%、标准差 20% 的风险资产 2,二者的相关系数为 0。求在组合中哪一点的标准差最小?

解　建立以下线性规划,并求解得
$$\min \sigma_P^2 = w_1^2\sigma_1^2 + w_2^2\sigma_1^2 + 2w_1w_2\rho\sigma_1\sigma_2$$
$$\text{s.t. } 1 = w_1 + w_2$$
$$w_{1\min} = \frac{\sigma_2^2 - \rho\sigma_1\sigma_2}{\sigma_1^2 + \sigma_2^2 - 2\rho\sigma_1\sigma_2}$$

其结果在表 4-2 中列出。

表 4-2 相关系数为 0 的两种风险资产组合的收益—风险关系

组合	资产 1 的比例	资产 2 的比例	组合的期望收益率	组合的标准差
A	100	0	7.5	15
B	75	25	8.125	12.31
C(最小方差点)	64	36	8.4	12
D	50	50	8.75	12.5
E	0	100	10	20

若两个风险资产的相关系数不为 0 时,由于 ρ 最大取 1,此时标准差最大;ρ 最小取 -1,此时标准差最小。

$$\sigma_{\max} = w\sigma_1 + (1-w)\sigma_2$$
$$\sigma_{\min} = |w\sigma_1 - (1-w)\sigma_2|$$

两种风险资产组合的收益—风险的关系可以在图 4-3 中表示出来。

(3) 多种风险资产组合的收益和风险特征

收益的数学期望和方差分别为

$$E(r_p) = \sum_{i=1}^{n} w_i E(r_i) \quad (4\text{-}9)$$

其中,$\sum_{i=1}^{n} w_i = 1$。

$$\sigma_p = \sqrt{\sum_{i=1}^{n}\sum_{j=1}^{n} w_i w_j \rho_{ij} \sigma_i \sigma_j} \quad (4\text{-}10)$$

当 $i=j$ 时,$\sigma_{ij} = \text{cov}(r_1, r_2) = \rho_{ij}\sigma_i\sigma_j = \sigma_i^2$。

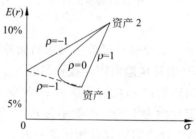

图 4-3 两种风险资产组合的收益与风险关系

3. 分散投资和非系统风险消除

由式(4-10)知组合的方差为

$$\sigma_p^2 = \sum_{i=1}^{n}\sum_{j=1}^{n} w_i w_j \sigma_{ij} \quad (4\text{-}11)$$

当投资者对每种资产进行等比例投资,即 $w_i = 1/n$ 时,将其代入式(4-11)得

$$\sigma_p^2 = \sum_{i=1}^{n}\sum_{j=1}^{n} \frac{1}{n^2}\sigma_{ij} = \frac{1}{n^2}\sum_{i=1}^{n}\sigma_{ij} + \frac{1}{n^2}\sum_{i=1}^{n}\sum_{\substack{j=1\\j\neq i}}^{n}\sigma_{ij} \quad (4\text{-}12)$$

如果令协方差的均值为

$$\bar{\sigma} = \frac{1}{n^2 - n}\sum_{i=1}^{n}\sum_{\substack{j=1\\j\neq i}}^{n}\sigma_{ij}$$

则式(4-12)可表示为

$$\sigma_p^2 = \frac{1}{n^2}\sum_{i=1}^{n}\sigma_{ij} + \frac{n^2-n}{n^2}\bar{\sigma} \tag{4-13}$$

当资产组合充分多元化,即 $n\to+\infty$ 时,对式(4-13)求极限可得(此时假设各风险资产收益的方差为有限值):

$$\lim_{n\to+\infty}\sigma_p^2 = \lim_{n\to+\infty}\left(\frac{1}{n^2}\sum_{i=1}^{n}\sigma_{ij} + \frac{n^2-n}{n^2}\bar{\sigma}\right) = \bar{\sigma}$$

4. 有效投资组合的定义与求解

有效投资组合是指如果一个投资组合对确定的方差具有最大的期望收益,或者对确定的期望收益有最小的方差,这样的投资组合为有效的投资组合。

最小方差的投资组合是指一个投资组合对确定的期望收益有最小的方差。显然,最小方差的投资组合是有效的投资组合,在某一确定的期望收益情况下,最小方差的投资组合的求解可以利用线性规划来完成。

两基金分离定理:在所有有风险资产组合的有效组合边界上,任意两个分离的点都代表两个分离的有效投资组合,而有效组合边界上任意其他的点所代表的有效投资组合,都可以由这两个分离的点所代表的有效投资组合的线性组合生成。

三、单指数模型

1. 单指数模型的基本假设

假设某项资产的价格和某一市场指数之间具有近似的线性关系,即某项资产收益的变动与整个市场变动有关,该资产和其他资产收益的相关性也来源于受共同的市场指数的影响。数学表达式如下:

$$\hat{r}_c = \hat{a} + \hat{b}r_m \tag{4-14}$$

式中,$\hat{r}_c$ 是该资产收益率的估计值,$\hat{a}$、$\hat{b}$ 是回归系数的估计值,r_m 是市场收益率。

由于 $\hat{r}_c$ 只是资产收益的估计值,它与实际收益率存在一定的偏差。为了反映资产收益率的实际变动,同时保留单指数模型的基本思想,引入随机误差项 ε_c,得到理论线性回归模型

$$r_c = a + br_m + \varepsilon_c \tag{4-15}$$

进一步考虑任意一种证券组合收益的线性回归模型为

$$r_{it} = a_i + b_i r_{mt} + \varepsilon_{it} \tag{4-16}$$

式中,r_{it} 为资产 i 在 t 时刻的收益率;a_i、b_i 是资产 i 的回归系数;r_{mt} 为 t 时刻的市场收益率;

ε_{it} 为资产 i 在 t 时刻的随机误差项。由式(4-16)可知影响证券收益率的因素有两类,一类是宏观因素 r_m,影响所有证券的收益率;一类是微观因素 ε_i,只影响某个资产的收益率。

2. 随机误差项的假设

(1) 随机误差项的期望为零

从线性回归模型可知,随机误差项实际是随机变量的实际值与期望值之间的差。一个拟合性较强的回归模型,其最基本的要求就是实际值均匀地分布在回归方程的两边,所有的偏差基本上能够相互抵消,即有

$$\sum \varepsilon_i = 0$$

(2) 随机误差项和市场收益率无关

由于市场收益率是宏观因素,而随机误差是某一个资产价格确定因素的随机干扰项,因此可以定义这两个变量不相关,即有

$$\text{cov}(\varepsilon_i, r_m) = 0$$

(3) 不同资产的随机误差项之间相互独立

由于随机误差项是单个资产价格或者收益率估计的随机干扰项,因此可以认为任何两个独立的资产的随机误差项不相关,即有

$$\text{cov}(\varepsilon_i, \varepsilon_j) = 0 \quad (i \neq j)$$

3. 单个资产、资产组合的收益和风险特征

(1) 单个资产的收益和风险特征

对于单个资产 r_i,其期望收益为

$$\begin{aligned} E(r_i) &= E(a_i + b_i r_m + \varepsilon_i) \\ &= a_i + b_i E(r_m) \end{aligned} \tag{4-17}$$

方差为

$$\sigma_i^2 = b_i^2 r_m^2 + \sigma_{\varepsilon_i}^2 \tag{4-18}$$

(2) 资产组合的收益和风险特征

对于资产组合 r_p,其期望收益为

$$E(r_p) = a_p + b_p E(r_m)$$

其中,

$$a_p = \sum_{i=1}^n w_i a_i, \quad b_p = \sum_{i=1}^n w_i b_i \tag{4-19}$$

方差为

$$\sigma_p^2 = b_p^2 r_m^2 + \sigma_{\varepsilon_p}^2 \tag{4-20}$$

4. 最优投资组合的确定

与马柯维茨投资组合模型一样,单指数模型假设投资者的组合选择必须满足以下两个条件之一:预期收益水平确定的情况下,方差最小;方差确定的情况下,预期收益最大。用数学公式表示为

$$\min\left(\sigma_p^2 = b_p^2 r_m^2 + \sigma_{\varepsilon_p}^2\right)$$

$$\begin{cases} \sum_{i=1}^n w_i = 1 \\ E(r_p) = \sum_{i=1}^n w_i E(r_i) = a \end{cases}$$

或

$$\max E(r_p) = \sum_{i=1}^n w_i E(r_i)$$

$$\begin{cases} \sum_{i=1}^n w_i = 1 \\ \sigma_p^2 = b_p^2 \sigma_m^2 + \sigma_{\varepsilon_p}^2 = b \end{cases}$$

单指数模型和马柯维茨投资组合理论的分析思路是一样的,只是单指数模型简化了证券组合方差的计算过程。在马柯维茨投资组合理论中,如果一个证券组合包括 n 种证券,一共需要计算 n 次方差和 $n(n-1)/2$ 次协方差,而在指数模型中只需要计算 n 个 b_i、1 个 σ_m^2 以及 n 个 $\sigma_{\varepsilon_i}^2$ 的值,计算过程大大简化了。

第二节 资本资产定价模型(CAPM)

资产定价理论主要是从资产定价需要合理的折现率出发,通过风险匹配,寻找适合该项资产的折现率,该理论主要包括资本资产定价模型和套利定价模型。资本资产定价模型(capital asset pricing model,CAPM)是在 1952 年马柯维茨投资组合理论的基础上,由夏普和林特纳(Linter)分别在 1964 年和 1965 年市场存在无风险资产的条件下推导出来的,1972 年 Black 又推广到不存在无风险资产条件下的一般 CAPM。资本资产定价模型属于实证经济学的领域,是基于风险资产的预期收益均衡基础上的预测模型,是投资组合理论的发展。

在马柯维茨投资组合理论中,假设所有的资产都是有风险的,如果引入无风险资产进入资产组合,并且假定所有投资者都是按照一个特定的市场组合进行投资,则新构建的资产组合包括无风险资产和特定的资产组合。无风险资产在实践中基本上只有一类,如政

府债券；特定的资产组合实际限定在市场上流通的风险资产，如股票。股票的价格变动反映发行人的风险以及发行人所处的行业、所在社会的风险，股票市场由于汇集了各种行业的股票，因此，股票市场所有资产组合反映了经济社会所有风险资产的组合，这样的资产组合成为市场组合。

一、资本资产定价模型的假设条件

1. 资本资产定价模型的基本假设

（1）所有投资行为仅仅发生在一个时点上，即在0时刻决策，在1时刻收获。

（2）投资者为风险厌恶的，并总是根据均值—方差效率原则进行决策。在期望收益相同的条件下，选择风险（方差）较小的资产组合。在风险（方差）相同的条件下，选择期望收益较大的组合。

（3）无摩擦的市场（frictionless market），不存在交易费用和税收，资产没有红利分配。

（4）无操纵的市场（no manipulation），任何单独的投资者行为，都不足以影响资产的市场价格，他们都是价格的接受者（price taker）。

（5）无制度限制（institutional restriction），允许卖空，并且可以自由支配卖空所得。

（6）没有通货膨胀和利率变化。

（7）所有证券无限可分，而投资者可以以任意金额投资于各种资产，市场上的证券数量是固定的。

（8）存在一种无风险证券，所有投资者可以按照统一的无风险利率r_f进行任意数额的借贷。

（9）信息是完全的，所有投资者都可以看到资本市场上所有资产完整的方差、协方差和期望收益数据。并且最重要的是：根据条件（2）可以得到，投资者有着完全相同的信息结构，所有的投资者都运用均值方差分析方法进行投资决策筛选，因而他们会得到一模一样的效率曲线。这样，投资者关于有价证券收益率的概率分布预期是一致的。也就是说，无论证券价格如何，所有的投资者的投资顺序均相同，这符合马柯维茨模型。依据马柯维茨模型，给定一系列证券的价格和无风险利率，所有投资者的证券收益的期望收益率与协方差矩阵相等，从而产生了有效率边界和一个独一无二的最优风险资产组合。这一假定也被称为同质期望。

以上两个是关键假设，它们使得我们可以考虑一位代表性投资者，而把市场看成就是由无数个这种投资者的汇总。这样在存在一种无风险资产的情况下，任何一位投资者都会持有相同的风险证券组合。换句话说，对于风险资产组合的选择，完全独立于不同投资者的个人偏好（无差异曲线），这就是著名的夏普分离定理。

2. 市场组合

(1) 市场组合概念

市场组合是这样的投资组合,它包含所有市场上存在的资产种类,各种资产所占的比例和每种资产的总市值占市场所有资产的总市值的比例相同。

举例来说,一个很小的市场只有三种资产:股票 A、股票 B 和无风险证券。股票 A 的总市值是 660 亿元,股票 B 的总市值是 220 亿元,无风险证券的总市值是 120 亿元。市场所有资产的总市值是 1000 亿元。于是,一个市场组合包括所有这三种证券,股票 A 的价值在其中占 66%,股票 B 的价值占 22%,无风险证券占 12%。因此,市场组合是个缩小了的市场。

有风险资产的市场组合就是指从市场组合中拿掉无风险证券后的组合。这样,在上面的例子里,有风险资产的市场组合里,股票 A 和股票 B 的比例是 3:1(66%/22%),即股票 A 占 75%,股票 B 占 25%。

市场资产组合必然包含市场上每一种风险资产,它对每种风险资产的投资比例,就是该种资产的相对市场价值,即这种证券的总市场价值与所有风险证券的总市场价值之比。例如,公司 A 的股票市值占所有股票总市值的 3%、B 公司占 6%、C 占 7%……则任何一个按照 3%、6%、7%……持有市面上所有的相应种类股票的资产组合就是市场组合。

(2) 数学表达式

设市场上由 n 种风险资产 $X_1, X_2, \cdots, X_N$,其中风险资产 X_i 的市场价格为 P_i,交易数量为 $N_i (i=1,2,\cdots,n)$。则市场组合 P_M 由这 n 种风险资产组成,其投资比例分别为

$$w_i = \frac{N_i P_i}{\sum_{i=1}^{n} N_i P_i} \tag{4-21}$$

(3) 市场组合是有效的组合

资本资产定价模型认为每个投资者均有优化其资产组合的倾向,最终所有个人的资产组合会趋于一致,每种资产的权重等于它们在市场资产组合中所占的比例。

现在假定最优资产组合中不包括某些公司的股票,如不包括 A 公司股票。当所有投资者对 A 公司股票的需求为零时,A 公司的股价将相应下跌,当这一股价变得异乎寻常的低廉时,它对于投资者的吸引力就会超过任意其他一只股票的吸引力。最终,A 公司的股价会回升到这样一个水平,在这一水平上,A 公司完全可以被接受进入最优股票的资产组合之中。这样的价格调整过程保证了所有股票都被包括在最优资产组合之中,这也说明了所有的资产都必须包括在市场资产组合之中,区别仅仅在于,投资者在一个什么样的价位上才愿意将一只股票纳入其最优风险资产组合。

因此，可以得到这样的结论，如果所有的投资者均持有同样的风险资产组合，那么这一资产组合一定就是市场资产组合（P_M）。

二、CAPM 概述

1. 分离定理

分离定理是一个投资者的最佳风险资产组合，可以在并不知晓投资者对风险和收益率的偏好时就可以确定。这里的分离是指风险组合的选择与风险偏好的分离。

2. 资本市场线（capital market line，CML）

用 F 和 M 分别代表一种无风险资产和市场组合，则新的资产组合等于 $F+M$。这个新的资产组合的收益和风险可根据式(4-4)和式(4-5)展开为

$$E(r_p) = w_f r_f + w_m E(r_m) \tag{4-22}$$

$$\sigma_p = w_m \sigma_m \quad \text{或} \quad \sigma_p^2 = w_m^2 \sigma_m^2 \tag{4-23}$$

式中，r_f 与 r_m 分别代表无风险资产和市场组合的收益率；w_f 与 w_m 分别代表两类资产的投资比例；σ_m 表示市场组合的标准差。

根据新资产组合的期望收益与风险，可以在坐标图上画出一条向上倾斜的、与马柯维茨资产组合曲线相切的直线，即资本市场线，如图 4-4 所示。

在图 4-4 中，CML 的斜率是 $[E(r_m) - r_f]/\sigma_m$；直线的截距是无风险的收益率，表示资产组合中所有的资金全部投资于无风险资产，即 $w_f = 100\%$、$w_m = 0$ 时，该资产组合对应的风险和收益率。资本市场线上的点 M 同时位于马柯维茨效率边界上，表示当所有的资金投资于市场组合时，资产组合风险和收益率与市场组合的风险和收益率相对应的点。

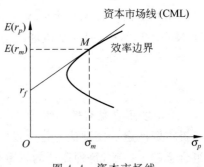

图 4-4 资本市场线

在资本市场线上，任一点表示一种无风险资产 F 和市场组合 M 的构成的新组合的收益率和风险的特征。在 M 点上方表示卖空无风险资产，将全部自有资金和卖空无风险资产所获资金全部投资于市场组合，此时无风险资产投资比例为负，市场组合的投资比例大于1。在 r_f 点下方，表示卖空市场组合，将所有资金投向无风险资产。

任何在资本市场线上资产组合，都是具有均方效率的资产组合，而单一证券和无效率的证券组合必然位于该线的下方。处在均衡状态下的证券市场有两个特征：(1)资本市场线

的截距被视为等待(时间)的报酬;(2)资本市场线的斜率就是承受每一单位风险的报酬。

3. 证券市场线(security market line, SML)与资本资产定价模型

(1) 证券市场线

表示证券特定风险与预期收益率的关系的方程为证券市场线。即

$$\bar{r}_i = r_f + \left[\frac{\bar{r}_M - r_f}{\sigma_M^2}\right]\sigma_{iM} \tag{4-24}$$

$$\bar{r}_i = r_f + (\bar{r}_M - r_f)\beta_{iM} \tag{4-25}$$

其中,

$$\beta_{iM} = \frac{\sigma_{iM}}{\sigma_M^2}。$$

威廉·夏普将$(\bar{r}_M - r_f)$看作投资者承担的风险,市场给予的报酬。β_{iM}表示风险资产X_i的相对风险大小,从而$(\bar{r}_M - r_f)\beta_{iM}$可以看作是风险资产$X_i$的风险溢价。值得注意的是,衡量风险的标准并不是风险资产的方差,而是β_{iM}。

证券市场线即资本资产定价模型的基本公式,其中β表示风险资产的风险大小。通过资本资产定价模型,对于风险资产或是风险资产组合,只要估计出该资产或资产组合的β值以及无风险收益率和市场组合收益率,就可以估计出该资产或资产组合的收益率。

(2) 资本市场线与证券市场线

资本市场线刻画的是有效率资产组合的风险溢价(有效率资产组合是指由市场资产组合与无风险资产构成的资产组合)是资产组合标准差的函数。标准差可以用来测度有效分散化的资产组合(投资者总的资产组合)的风险。相比较,证券市场线刻画的是作为资产风险函数的单个资产的风险溢价。测度单个资产风险的工具不再是资产的方差或标准差,而是资产对于资产组合方差的贡献度,我们用β值来表示这一贡献度。显然,证券市场线对于有效率资产组合与单个资产均适用。

(3) β值的性质

① 当$\beta_i > 1$时,我们称风险资产X_i为进攻性的。即市场价格上涨时,它的价格上涨得更快。

② 当$\beta_i < 1$时,我们称风险资产X_i为防御性的。即当市场价格下跌时,它的价格下跌得更慢。

③ 当$\beta_i = 1$时,我们称风险资产X_i为中性的。即它的价格与市场价格同步变化,而且变化幅度一致。

资产组合的β值可以线性相加,如A企业股票的β值为1.5,B企业股票的β值为1.8,由75%的A企业股票和25%的B企业股票构成的资产组合的β值为

$$\beta_P = 1.5 \times 0.75 + 1.8 \times 0.25 = 1.575$$

三、CAPM 模型的扩展

通过一系列假设，CAPM 模型得出的结论是：由于非系统风险可以通过充分的多元化投资予以抵消，因此市场要补偿的只是投资者无法分散的系统风险，即投资者持有的资产或资产组合与市场风险相关的风险，其大小用该资产或者资产组合的贝塔系数来表示。CAPM 模型系统解释了资本市场中风险资产的定价机理，但是由于其是建立在一系列严格的假设之上的，并且这些假设条件在现实的经济生活中是不会实现的，因此其适用性存在一定的问题，后来的一些学者试图放松这些假设条件，并取得了一定的成就，以下就是其扩展形式。

1. 非同质预期 CAPM 模型

在 20 世纪 70 年代，威廉·夏普和法玛等人先后对非一致预期的 CAPM 模型进行了研究，并取得了一些成果，证明了风险资产价格一般均衡解的存在性。但是，他们发现无法找到可以在一般均衡条件下对风险资产进行定价的显函数。

解决这一问题的途径是对投资者的效用函数加以一定的约束，使得风险和收益之间的边际替代率不再是财富的函数，从而避免了循环关系。在这种情况下，对非同质预期 CAPM 模型进行研究后得出的结论是：尽管投资者的预期各不相同，但是他们面临的有效前提仍然是一样的，传统 CAPM 模型依然有效。

2. 零贝塔值的 CAPM 模型

零贝塔值的 CAPM 模型释放的假设条件是：存在无风险资产，投资者可以以无风险利率无限制地借入或者贷出资金。在这里，无风险资产被零贝塔值的资产组合所代替。因为贝塔值为零，所以零贝塔值资产组合的收益与市场组合的收益无关。零贝塔值资产组合 R_Z 替代了无风险资产。证券市场线方程为

$$\bar{r}_i = R_Z + (\bar{r}_M - R_Z)\beta_{iM}$$

3. 存在个人所得税的 CAPM

由于税收会影响到投资者的实际收益率，从而使不同投资者持有的税后风险资产组合不同，但是由于市场最终是出清的，因此均衡关系仍然存在。现实的资本市场上一共有三种税收：印花税、股利所得税和资本利得税。由于印花税的税率较低，而且有下调的趋势，因此可以不予考虑。进一步假定税率只与投资者的收入有关，税收调整后的 CAPM 模型可以表示为

$$\mu_i = R_0(1-T) + \beta_{Mi}[R_M - R_0 - T(D_M - R_0)] + TD_i$$

式中，$T = \dfrac{T_d - T_g}{1 - T_g}$ 为税收调整因子；T_d 和 T_g 分别为资本利得税和股利所得税；D_M 和 D_i 分别为市场组合和风险资产的红利收益率，R_0 为无风险利率。

4. 实际 CAPM

现实经济生活中，投资者往往根据自身不同时期经济状况随时调整其投资组合，而不是像 CAPM 假设的那样考虑单期效用最大化。因此实际 CAPM 所引入的假设有：投资者可以连续不断地进行资产交易；投资者根据经济状态变量（如通货膨胀率、利率等）随时调整消费和投资组合决策，投资目标是使其终身消费期望效用最大化；资本市场处于瞬时出清的状况。另外，投资者在其生命期内的消费效用函数可以分解为当前消费效用函数以及以后各期的衍生效用函数，其中衍生效用函数定义在财富水平和用于描述未来投资和消费机会的状态变量集上。实际 CAPM 可表示为

$$a_i = a_0 + \beta_{Mi}(a_M - a_0) + \beta_{ni}(a_n - a_0)$$

式中，a_i, a_0, a_M, a_n 分别表示第 i 种资产、无风险资产、市场组合和第 n 种风险资产的瞬时期望收益率。

当存在着 s 个经济状态变量，并且其风险可以由第 $n-s+1, n-s+2, \cdots, n$ 种资产完全冲抵时，我们可以得到多状态变量的 CAPM 模型，表示如下：

$$a_i = a_0 + \beta_{Mi}(a_M - a_0) + \beta_{n-s+1,i}(a_{n-s+1} - a_0) + \cdots + \beta_{ni}(a_n - a_0)$$

式中存在多个贝塔值，因此实际 CAPM 又称为多贝塔值 CAPM。

5. 消费导向的 CAPM

当最优消费流遵从扩散过程时，根据伊藤引理，可以将多贝塔的 CAPM 简化为单贝塔的消费导向 CAPM，表示为

$$a_i = a_0 + \beta_{Ci}(a_C - a_0)$$

$$\beta_{Ci} = \frac{\text{cov}(dC/C, a_i)}{\text{var}(dC/C)}$$

式中，a_C 表示消费的瞬时期望增长率。

第三节 套利定价理论（APT）

资本资产定价模型的成立需要一系列严格的假设条件，而现实的市场环境往往无法满足这些条件，因此，资本资产定价模型是一种理想化的定价模型，套利定价模型是建立在无套利分析基础之上的，这就使套利定价模型的假设条件和适用性优于资本资产定价

模型。套利定价模型是在因素模型的基础上结合无套利分析方法建立的一种在金融产品定价领域比较实用的一种模型。

一、因素模型

1. 因素模型概述

(1) 因素模型的定义

因素模型(又称指数模型、指标模型)是一种假设证券的回报率只与不同的因素或者指标的变动有关的经济模型。因素模型是一种简单的回归模拟模型,是一种实证较强而理论性较差的经济模型。

(2) 因素模型的特点

第一,因素模型中的因素应该是系统影响所有证券价格的经济因素。

第二,在构造的因素模型中,假设两个证券的回报率相关(一起运动)仅仅是因为它们对因素变动的共同反应导致的。

第三,证券回报率中不能由因素模型解释的部分是该证券所独有的、从而与别的证券回报率的特有部分无关。

为得到证券组合前沿,为了避免计算量的难题,进行必要的抽象和简化是解决问题的关键。而因素模型所具有的特点说明,这种模型正好满足此要求。它们为投资者提供了一种框架,用来辨别经济中的重要因素,以及不同的证券和证券组合对这些因素变化的敏感程度。

如果假设证券回报率满足因素模型,那么证券分析的基本目标就是辨别这些因素以及证券回报率对这些因素的敏感度。

2. 单因素模型

一些投资者认为,证券的回报率生成过程只包括唯一的因素或只受一个因素的影响,如许多投资者认为国内生产总值 GDP 的预期增长率是影响证券回报率的主要因素,见表 4-3。

表 4-3 股票 A 的回报率与 GDP、通货膨胀率的关系

年 份	GDP 增长率/%	通货膨胀率/%	A 股票收益率/%
1	5.7	1.1	14.3
2	6.4	4.4	19.2
3	7.9	4.4	23.4
4	7.0	4.6	15.6
5	5.1	6.1	9.2
6	2.9	3.1	13.0

为了更直观地描述 GDP 和股票 A 收益率 r_t 的关系,现建立一个简单的坐标系,将二者的对应关系描述在图 4-5 中,横轴表示 GDP 的预期增长率,纵轴表示股票 A 的收益率。通过线性回归分析,得到一条符合这些点的直线。

写成方程式的形式,A 的收益率 r_t 与 GDP 的预期增长率之间的关系可以表示为
$$r_t = a + b\text{GDP}_t + e_t$$
式中,r_t 为股票 A 在 t 时的收益率;GDP_t 为 GDP 在 t 时的预期增长率;e_t 为 A 在 t 时的收益率的特有部分(非系统风险,随机项);b 为 A 对 GDP 预期增长率的敏感度;a 为有关 GDP 的零因素。

在图 4-5 中,零因素的股票 A 的收益率是 4%,其含义是当 GDP 的预期增长率为零时,A 的收益率。A 的收益率对 GDP 增长率的敏感度 b 为 2,这是图 4-5 中直线的斜率,这个值表明,高的 GDP 的预期增长率一定伴随着高的股票 A 的收益率。如果 GDP 的预期增长率是 5%,则 A 的收益率为 14%=4%+(2×5%)。如果 GDP 的预期增长率为 6% 时,则 A 的收益率为 16%。

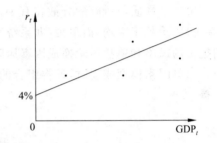

图 4-5 GDP 和股票 A 收益率的关系图

在这个例子里,第六年的 GDP 的预期增长率为 2.9%,A 的实际收益率是 13%。因此,A 的回报率的特有部分(由 e_t 给出)为 3.2%。给定 GDP 的预期增长率为 2.9%,从 A 的实际回报率 13% 中减去 A 的期望收益率 9.8%=4%+(2×2.9%),就得到 A 的收益率的特有部分 3.2%。

从这个例子可以看出,A 在任何一期的收益率包含了三种成分:第一,在任何一期都相同的部分 a;第二,依赖于 GDP 的预期增长率 $b\text{GDP}_t$;第三,属于特定某一期的特有部分 e_t。

通过分析可以得出因素模型的一般形式。对于 t 时刻的证券的回报率有
$$r_i = a_i + b_i F + e_i \tag{4-26}$$
对于上式作出假设:假设 1,任意证券 i 的随机项 e_i 与因子不相关;假设 2,任意证券 i 与证券 j 的随机项 e_i 与 e_j 不相关。假设 1 说明,因素具体取什么值对随机项没有影响。而假设 2 说明,一种证券的随机项对其余任何证券的随机项没有影响,即两种证券之所以相关,是因为因素对它们的共同影响导致的。

根据单因子模型,可以估计任意证券回报率的均值、方差以及不同证券之间的协方差。对于证券 i 而言,其回报率的均值和方差分别为
$$\bar{r}_i = a_i + b_i \bar{F} \tag{4-27}$$
$$\sigma_i^2 = b_i^2 \sigma_F^2 + \sigma_{ei}^2 \tag{4-28}$$

式中，$\bar{F}$ 为因素的均值；$b_i^2\sigma_F^2$ 为因素风险；σ_{ei}^2 为非因素风险。对于证券 i 和 j 而言，它们之间的协方差为

$$\sigma_{ij} = b_i b_j \sigma_F^2 \tag{4-29}$$

通过分析，可以得到单因子模型的两个重要性质：

第一个性质，单因子模型能够大大简化均值—方差分析中的计算量。为了得到证券组合前沿，我们需要计算证券的均值、方差及协方差。如果证券回报率满足单因素模型，则只需要估计 N 个风险证券的 a_i、b_i、σ_i 以及因素的均值 $\bar{F}$ 和标准差 σ_F。这种计算量只是 N 的线性函数。

第二个性质与风险的分散化有关。在投资组合理论里已经证明了，分散化导致市场（系统）风险趋于平均，而单独（非系统）风险缩小。这个性质在这儿也成立，只不过需要我们把市场风险和单独风险换成因素风险和非因子风险。

当单因素模型成立时，证券组合的收益和方差为

$$r_p = \sum_{i=1}^{n} w_i r_i \tag{4-30}$$

$$\sigma_p^2 = b_p^2 \sigma_F^2 + \sigma_{ep}^2 \tag{4-31}$$

式(4-31)说明，任何证券组合的总风险都包括两部分：因素风险和非因素风险。其中，

$$b_p = \sum_{i=1}^{n} w_i b_i$$

$$\sigma_{ep}^2 = \sum_{i=1}^{n} w_i^2 \sigma_{ei}^2$$

由于经济系统是一个复杂的多维复合系统，影响证券收益率的因素应该不止一个，因此，一些投资者认为影响证券收益率的因素可能有多个，这就引出了多因素模型。

3. 多因素模型

宏观经济影响着多数公司的前景，从而影响着这些公司股票的收益率，由于经济环境的复杂性决定了单一指标不能够充分说明宏观经济的前景，因此用单一因素来刻画宏观经济是不全面的。一般来说几个指标就可以大致来描述宏观经济，如 GDP 增长率、利率水平、通货膨胀率。

正是由于描述宏观经济的指标不止一个，因此，影响股票收益率的因素就有多个了，用多因素来描述股票收益率的变动相对单一因素就更加科学。下面以两因素模型来说明多因素模型。如果影响证券收益率的因素有 F_1 和 F_2，则对单一证券有

$$\bar{r}_i = a_i + b_i \bar{F}_i + b_2 \bar{F}_2$$

$$\sigma_i^2 = b_{i1}^2 \sigma_{F1}^2 + b_{i2}^2 \sigma_{F2}^2 + 2b_{i1}b_{i2}\text{cov}(F_1, F_2) + \sigma_{ei}^2$$

证券 i 和 j 的回报率之间的协方差为

$$\sigma_{ij} = b_{i1}b_{j1}\sigma_{F1}^2 + b_{i2}b_{j2}\sigma_{F2}^2 + (b_{i1}b_{j2} + b_{i2}b_{j1})\text{cov}(F_1, F_2)$$

对于证券组合有

$$r_p = \sum_{i=1}^n w_i r_i$$

$$r_p = \sum_{i=1}^n w_i a_i + \sum_{i=1}^n w_i b_{i1} F_1 + \sum_{i=1}^n w_i b_{i2} F_2 + \sum_{i=1}^n w_i e_i$$

$$= a_p + b_{p1} F_1 + b_{p2} F_2 + e_p$$

多因素模型具有和单因素模型同样的重要性质：第一，有关证券组合前沿的计算量大大减少；第二，分散化导致因素风险的平均化；第三，分散化可缩小非因素风险。

二、套利机会

利用证券定价之间的不一致进行资金转移，从中赚取无风险利润的行为称为套利（arbitrage）。套利机会就是投资者可以构造一个能产生安全利润的零投资证券组合。第二章中已经论述了套利机会的存在条件为市场是不均衡的，在现实经济社会中由于经济或金融市场的暂时不均衡，可能存在两种类型的套利机会：

如果一种投资能够立即产生正的收益而在将来不需要有任何支付（不管是正的还是负的），我们称这种投资为第一类的套利机会。即如果投资在第一类的套利机会上，马上有一笔正的收入，但在将来，不需要有任何正的支出。如果一种投资期初有非正的成本，但在将来，获得正的收益的概率为正，而获得负的收益（或者说正的支出）的概率为零，我们称这种投资为第二类的套利机会。第二类的套利机会让投资者不花任何成本就能有机会获得正的收入。简单概括就是，第一类的套利机会让投资者在期初获得无风险的收益，期末不需要任何支付；第二类的套利机会让投资者在期末获得无风险的收益，在期初不需要任何支付。

任何一个均衡的市场，都不会存在这两种套利机会。因为如果存在这样的套利机会，人人都会去利用这种套利机会进行套利活动，从而引起对证券供求的变化，这与市场均衡矛盾。所以假设均衡的市场上不存在任何套利机会。或者我们假设市场起初是不均衡的，存在这两类套利机会，在没有制度限制的条件下，只要有一个投资者发现了这种套利机会，就会通过构造资产组合获得无风险的利润，并且由于投资者要获取最大的收益，因此，其构造的套利组合足以改变证券市场的供求关系。当证券的供求关系改变后，证券的价格就会随之改变，直至这种套利机会消失。国际金融中的套汇其实就是一种套利行为，并且套汇机会瞬间即逝的原因就是上述分析结果。

假设均衡的市场上存在证券1、证券2、……、证券 K，那么有如下的结论：

结论 1　证券的定价满足线性性质。如果一份证券1的价格为 P_1，一份证券2的价格为 P_2，则由 N_1 份证券1和 N_2 份证券2形成的证券组合3的价格 P 为 $N_1P_1+N_2P_2$。采用反证法证明如下。

假如 $P>N_1P_1+N_2P_2$，投资者可以构造如下策略：卖空由 N_1 份证券1和 N_2 份证券2形成的证券组合，再分别买入 N_1 份证券1与 N_2 份证券2。这个策略的初始成本为 $P-(N_1P_1+N_2P_2)>0$，说明期初可以获得正的收入。并且期末该投资组合刚好可以平仓，支付为零。显然这是第一类的套利机会，与均衡市场假设矛盾。同样，P 也不可能比 $N_1P_1+N_2P_2$ 小。因而，有 $P=N_1P_1+N_2P_2$。

结论 2　有零的终端支付的证券组合，其价格一定为零。

假设证券 i 的价格为 P_i，终端的支付为 X_i，$i=1,\cdots,K$。考虑由 N_1 份证券1, N_2 份证券2, $\cdots$, N_K 份证券 K 构成的证券组合。如果这个证券组合的终端支付 $\sum_{i=1}^{K}N_ix_i=0$，而这个证券组合的价格 $\sum_{i=1}^{K}N_ip_i$ 严格大于零，则在期初卖空这个证券组合，获得正的收入 $\sum_{i=1}^{K}N_ip_i$。到期末时，由于终端支付 $\sum_{i=1}^{K}N_ix_i$ 为零，所以不需要任何支付。这是第一类套利机会，与假设矛盾。同样地，这个证券组合的价格不可能严格小于零。因此 $\sum_{i=1}^{K}N_ip_i=0$。

下面我们通过一个例子来具体解释套利机会和套利定价的基本原理。

例 4-3　假设未来经济环境有3个状态，资本市场有两种证券（证券1和证券2）构成，证券组合 P 由11份证券1构成。证券在未来各种经济状态下的价格如表4-4所示。

表 4-4　证券在各种经济状态下的价格

经济状态	证券1	证券2	证券组合 P
1	5	3	55
2	5	6	55
3	10	3	110

假设这些经济状态发生的概率为 $P(1)=0.2,P(2)=0.3,P(3)=0.5$。两种证券的初始价格为 $P_1=4,P_2=2$，证券组合 P 的价格为 $P_P=40$。显然其中存在套利机会。

第一，$P_p=40\neq 11\times P_1=44$，这属于第一类套利机会。

第二，我们把证券组合 P 当作证券3。构造新的证券组合 Q：卖空11份证券1、买入1份证券3。则证券组合 Q 的价格为 $-11\times 4+1\times 40\neq 0$，如表4-5所示。

表 4-5 第一类套利机会

经济状态	证券组合	概率
1	$-11\times 5+1\times 55=0$	0.2
2	$-11\times 5+1\times 55=0$	0.3
3	$-11\times 10+1\times 110=0$	0.5

证券组合 Q 在期末的支付为 0(第一类套利机会)。

第三,定义证券组合 M:卖空 10 份证券 1,买入一份证券 3。则证券组合 M 的价格为 $-10\times 4+1\times 40=0$。证券组合 M 在期末的支付如表 4-6 所示(第二类套利机会)。

表 4-6 第二类套利机会

经济状态	证券组合	概率
1	$-10\times 5+1\times 55=5$	0.2
2	$-10\times 5+1\times 55=5$	0.3
3	$-10\times 10+1\times 110=10$	0.5

三、套利定价理论

由罗斯(Ross)在 1976 年创立的套利定价理论(arbitrage pricing theory, APT)提供了另外一种资产定价模型。CAPM 预测所有证券的回报率都与唯一的公共因素即市场证券组合的回报率存在着线性关系。APT 拓展了这一结果,如果把市场的回报率作为因素,则 CAPM 可视为 APT 的特例。

1. APT 的假设基础

(1)市场是完全竞争的、无摩擦的。

(2)投资者是非满足的,当投资者具有套利机会时,他们会构造套利证券组合来增加自己的财富。

(3)所有投资者有相同的预期,任何证券 i 的回报率满足如下 k 因子模型($n>k$):

$$R_i = E(R_i) + b_{i1}F_1 + b_{i2}F_2 + \cdots + b_{ik}F_k + \varepsilon_i$$

$$E(\varepsilon_i) = 0; i = 1, 2, \cdots, n$$

$$\text{cov}(\varepsilon_i, \varepsilon_j) = 0; i, j = 1, 2, \cdots, n (i \neq j)$$

因素模型说明,所有具有等因素敏感度的证券或者证券组合,除去非因素风险外,其行为是一致的。因此,所有具有等因素敏感度的证券或者证券组合的期望回报率(或者说价格)是一样的。否则,就存在套利机会,投资者就会利用它们,直到消除这些套利机会为止。这就是 APT 的实质。

2. 套利证券组合的定义

如果一个证券组合满足下列条件：
(1) 初始价格为零。
(2) 对因素的敏感度为零。
(3) 期望回报率为正。

则称这种证券组合为套利证券组合。严格地说，套利证券组合应该具有零的非因素风险。但是，APT 假设这种风险非常小，以至于可以忽略。

例 4-4 假如市场上存在三种股票，每个投资者都认为它们满足因素模型，且具有以下的期望回报率和敏感度，如表 4-7 所示。

表 4-7 三种股票的回报率和敏感度

股 票	回报率/%	敏感度
股票 1	15	0.9
股票 2	21	3.0
股票 3	12	1.8

首先，考查该证券市场是否存在套利证券组合。显然套利证券组合 (w_1, w_2, w_3) 是以下三个方程的解：

$$w_1 + w_2 + w_3 = 0$$
$$0.9w_1 + 3.0w_2 + 1.8w_3 = 0$$
$$0.15w_1 + 0.21w_2 + 0.12w_3 > 0$$

满足这三个条件的解有无穷多个。例如，$(w_1, w_2, w_3) = (0.1, 0.075, -0.175)$ 就是一个套利证券组合。总之，对于任何只关心更高回报率而忽略非因素风险的投资者而言，这种套利证券组合是相当具有吸引力的。它不需要成本，没有因素风险，却具有正的期望回报率。

如果，证券市场处于一个均衡状态。在这时的证券市场里，不需要成本、没有因素风险的证券组合，其期望回报率必为零。也就是说，这时，三种证券的期望回报率和因素敏感度应满足：对于任何证券组合 (w_1, w_2, w_3)，如果有

$$w_1 + w_2 + w_3 = 0$$
$$b_1 w_1 + b_2 w_2 + b_3 w_3 = 0$$

则必有

$$\bar{r}_1 w_1 + \bar{r}_2 w_2 + \bar{r}_3 w_3 = 0$$

根据 Farkas 引理，则必存在常数 λ_0 和 λ_1，使得下面的式子成立：

$$\bar{r}_i = \lambda_0 + \lambda_1 b_i; i = 1, 2, 3$$

这就是由无套利得出的定价关系。对于任意的风险资产 i 而言,有
$$\bar{r}_i = \lambda_0 + \lambda_1 b_{i1} + \lambda_2 b_{i2} + \cdots + \lambda_k b_{ik}$$

上例中描述均衡状态的常数 λ_0 和 λ_1 的一组可能值为 $\lambda_0 = 8\%$,$\lambda_1 = 4\%$。这将导致证券 1、2、3 的均衡回报率为
$$\bar{r}_1 = 0.08 + (0.04 \times 0.9) = 11.6\%$$
$$\bar{r}_2 = 0.08 + (0.04 \times 3.0) = 20.0\%$$
$$\bar{r}_3 = 0.08 + (0.04 \times 1.8) = 15.2\%$$

从这些可以看出,证券 1、2 的期望回报率分别从 15%、21% 降到 11.6%、20%,而证券 3 的期望回报率从 12% 上升到 15.2%。最重要的是,在均衡时,证券的期望回报率是它的因素敏感度的线性函数。常数 λ_1 的一个自然解释是,它表示均衡时因子的风险酬金,而 λ_0 表示无风险利率。

若存在无风险资产,令 δ_j 表示某一资产对其他所有风险因子的敏感度均为零,而对第 j 个风险因子的敏感度为 1 时的期望收益率,则
$$\lambda_j = \delta_j - R_0$$
$$ER_i = R_0 + (\delta_1 - R_0)b_{i1} + (\delta_2 - R_0)b_{i2} + \cdots + (\delta_k - R_0)b_{ik}$$
$$b_{ij} = \frac{\text{cov}(R_i, \delta_j)}{\text{var}(\delta_j)}$$

四、套利定价模型和资本资产定价模型的比较

1. APT 与 CAPM 最本质的区别

(1) CAPM 是一种均衡资产定价模型,而 APT 不是均衡定价模型。

(2) APT 模型采用的是无套利的分析方法,而 CAPM 模型采用的是风险/收益分析方法。

(3) APT 模型是在更弱的假设条件下推导出的更为一般的资本市场定价模型。

(4) 在 CAPM 中,证券的价格依赖于市场证券组合的回报率,为了进行资产定价,首先必须给出市场证券组合回报率的估计。在 APT 中,证券的价格依赖于因素的回报率,为了进行资产定价。首先必须给出因素回报率的估计。

2. APT 模型的局限性

(1) APT 模型没有说明决定资产定价的风险因子的数目和类型,也没有说明各个因子风险溢价的符号和大小,这就使得模型在实际应用中有着一定的困难。

(2) 由于 APT 模型中包含了残差风险,而残差风险只有在组合中存在大量的分散化资产时才能被忽略,因此 APT 模型实际上是一种极限意义上的资产定价理论,对于实际

生活中资产数目有限的资产组合而言,其指导意义受到一定的限制。

第四节 有效市场假说

有效市场是一个由理性投资者构成的信息分布均匀、资产价格均衡、价格变动独立、无超额收益的市场。经典资本市场理论的完整体系(包括 CAPM、APT、期权定价模型等一系列刻画资本市场的完整理论体系)都是建立在有效市场成立的假设前提之上的。

一、有效市场假说概述

1. 有效市场假说的提出与演变

有效市场假说(efficient market hypothesis,EMH)最初是公司理财学中的著名假说,第一篇关于有效市场假说的理论文章可追溯到 1900 年,法国数学家巴切列尔(Bachelier)的《投机理论》一文。他在其中写道:"过去的、现在的,甚至是将来的事情都反映在市场价格中,但是与未来的价格变化没有明显的联系。"他认为股票期货价格是不能够预测,买卖双方的盈亏机会均等,在任何一个时刻价格升降的可能性同时存在,因此投机者的预测收益是零,但是却没有什么经验证明来支持他的假设。可惜巴切列尔的观点在当时并没有引起人们的重视,直到 20 世纪 50 年代,保罗·萨缪尔森才第一个认识到他的贡献。

1933 年,经济学家考尔斯(Cowles)发表论文《股市预测者能预测吗》,再次通过大量的数据统计显示大市走势不能准确预测。考尔斯发现:找不出任何证据来猜出市场价格变化。1944 年,考尔斯在《计量经济学报》第 12 卷第 3 期及第 4 期合刊上发表了论文《股市预测》,他通过分析 1929 年至 1944 年 15 年内专家们所做的 6 904 次预测,统计出看好与看淡的比率为 4∶1,可是期内股市跌掉一半。虽然这篇文章只是从投资专家的角度分析了他们测试的准确度,但也间接说明市场是不可预测的。

1934 年,斯坦福大学统计学教授沃金·霍尔布鲁德(Working Holbrood)在 3 月号《美国统计学会学报》发表《供时间序列分析用的随机差序列》论文。

20 世纪 50 年代,人们开始运用计算机来研究长时间的价格数据系列。经济学家们的假设是人们能够"理性地追求自身利益最大化"。1953 年伦敦经济学院(LSE)统计学教授肯杜尔在《皇家统计学会学报》第 96 卷第 1 期发表的《时间序列分析》论文。他得出结论:"在相隔较短的时间内不断观察价格的变化,随机性的变化非常大,相比之下能观测到的系统效应是非常小的,价格数据非常像随机游走序列。"

1959 年,美国学者哈里·罗伯茨(Harry V. Roberts)和奥斯伯恩(M. F. M. Osborne)在研究中也得出了类似的结论(布朗运动)。

当代文献则始于萨缪尔森(1965年)题为《论准确预测价格的随机性》的文章。

1970年美国芝加哥大学著名教授法玛发表了《有效资本市场：理论与实证研究回顾》一文,文中为市场有效性提出了一个全面的被普遍接受的定义：如果有用的信息能够立即地、无偏见地在证券价格中得到反映,那么认为市场是有效的。他又进一步解释并提出了有效市场的三种形式：在弱式有效市场,任何投资者都不能依靠对历史价格数据的分析获得超额利润；在半强式有效市场,任何投资者都不能依靠对公开信息的分析获得超额利润；在强式有效市场,任何投资者都不能依靠对任何渠道、任何形式的信息的分析获得超额利润。简森(1978)把有效市场定义为：如果根据一组信息进行交易而无法赚取超额回报,那么资本市场就是有效的。此后,对股票市场有效性的研究便越来越多。

2. 有效市场假说的含义

在有效的市场里,在信息产生和公布以前,下一时刻股票价格的变化是随机的、不可预测的。股票价格的随机性,表明市场的高效率运行。在证券市场上,理性的投资者都尽可能地掌握尽可能多的信息,并据此作出合理的判断,以作出最有效的决策进行证券的买卖,获取最大利润。每个投资者的这种相互竞争的行为,提高了市场的效率,导致股价的不可预测,也使股价能够充分反映各种信息。

在有效的市场里股价的变动是随机的,在信息产生和公布之前,股价没有变动的趋势。如图4-6所示,当利好的消息公布之前有效市场上的股价没有任何迹象,在公布那一刻才作出瞬时的反应,并且很快在另一个价位上恢复均衡,而非有效的市场则有不同的反应。图中虚线表示的就是非有效市场的反应。

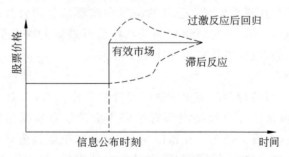

图4-6 有效市场和非有效市场对信息公布的反应

3. 有效市场假说的前提条件

(1) 证券市场是完全竞争的市场。

(2) 市场无摩擦,即不存在交易成本和信息成本。

(3) 信息公开的有效性，信息从公开到接受也是有效的，并且投资者对信息做出的判断是有效的。

(4) 投资者都能有效地根据自身的判断进行投资，每个投资者都能做出及时准确的投资行为。

这些假设条件在现实经济社会中基本上是不成立的，使得有效市场假说的实用性受到了挑战。法玛在1991年提出有效市场应该考虑成本效益原则，认为股价只能反映市场上那些边际成本不大于其边际效益的信息。现代有效市场假说充分考虑了包括存货成本、交易成本和信息成本在内的所有成本，在一定程度上克服了早期有效市场假说成立条件过分严格的弊端，更符合且贴近于资本市场的实际状况，为金融实证研究的可行性、结果的可信性奠定了坚实的基础。

4. 有效市场理论的三种形式及其相互之间的联系

(1) 强式有效市场

强式有效市场是信息反映能力最强的证券市场。在这种市场上，证券的价格能够及时充分地反映所有关于公司营运的信息，这些信息包括已公开的或内部未公开的信息。任何投资者都不可能通过未公开的信息和公开的信息获得超额利润。信息的产生、公开、处理和反应是瞬间完成的。任何一个投资者都掌握了关于证券的所有信息，并且这些信息都是一样的，根据相应的效用曲线，每个投资者都会作出相同的判断。

(2) 半强式有效市场

半强式有效市场假说认为价格已充分反映出所有已公开的有关公司营运前景的信息。在这样的市场里存在两类信息：公开的信息和内幕信息。公开的信息有成交价、成交量、盈利资料、盈利预测值，公司管理状况及其他公开披露的财务信息等。假如投资者能迅速获得即将公开的信息，股价应迅速作出反应。

(3) 弱式有效市场

弱式有效市场上，市场行为的历史资料已经充分发挥作用，不能再继续影响证券市场的价格走势，即市场价格已充分反映出所有过去历史的证券价格信息，包括股票的成交价、成交量、卖空金额、融资金融等。在该市场上，信息从产生到公开都是效率低下的（即存在内幕信息），投资者对信息的价值判断也是没有效率的，每一位投资者对公开的信息作出的理解、判断都可能存在差别。只有哪些经过专业训练、掌握专门分析技术的投资者才能够对这些公开的信息作出全面的、正确的、及时的和理性的判断。而一般公众投资者对于历史信息的分析和判断基本上是正确的，因此弱式有效市场可以反映历史信息。

三种形式的有效市场之间的关系可以借助于图4-7加以说明。

若某个市场上的证券价格反映了所有的信息，即包括公开信息和内幕信息，则这个市

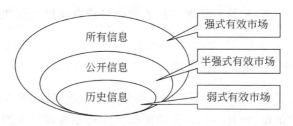

图 4-7　有效市场的三种形式之间的关系

场是强式有效市场;若证券价格只反映了全部的公开信息,则这种市场是半强式有效市场;若证券价格仅反映了全部的历史信息,则这种市场是弱式有效市场。

5. 市场有效的特点

由于每个证券的交易量和交易特点,每个证券都形成了一个相对独立的市场,并且由于投资者掌握的信息不同,则每一个投资者对市场的有效性的认识也是不同的,因此,市场有效的特点主要有:

(1) 有效性并不一定同时在每一个市场都存在。

(2) 对于不同的投资者而言,市场有效性的程度不同。

(3) 不同股票表现出来的市场有效性有所不同,如受到关注小的股票,其有效性要弱一些。

二、有效市场假设下的投资分析与组合管理

1. 有效市场假设下的技术分析与基本面分析

如果弱式有效市场假说成立,则股票价格的技术分析失去作用,基本分析还可能帮助投资者获得超额利润。在弱式有效市场里,证券的价格已经充分反映了历史信息,而技术分析主要是根据证券价格的历史资料对未来价格走势作出预测的,则技术分析在此时失去作用。而基础分析利用公司的盈利状况和发展前景、未来的经济形势以及公司所承担的风险等因素来分析股票的价格,可以使投资者有动力发现一些不被其他投资者注意到的信息,找到那些价值被低估的股票,从而获得超额利润。

如果半强式有效假说成立,则在市场中利用技术分析和基本分析都失去作用,内幕消息可能获得超额利润。由于证券价格已经反映了所有的公开的信息,因此,基础分析和技术分析不能够使投资者获得超额利润,而由于存在内幕信息,则内幕交易可以使投资者尽早把握证券的价格走势,从而作出正确的投资决策,获得超额利润。

在强式有效市场中,由于证券价格里已经反映了所有的信息,每一个投资者都能够通

过证券的价格掌握其信息,则没有任何方法能帮助投资者获得超额利润,即使基金和有内幕消息者也一样。

2. 有效市场假设下的投资组合管理

理性的投资组合管理的首要意义在于它能分散非系统风险,在有效的市场里,虽然证券价格反映了所有的信息,但是单只证券的随机风险还是客观存在的,投资组合管理还是可以通过分散系统风险增加投资者的效用。因此,在有效的市场里,组合管理仍然是有意义的。

三、有效市场假设的检验

1. 事件检验

事件(新信息)一般指新股票的上市、财务报表的公布、市盈率的高低、股票的分割及巨额交易等。事件研究(检验)就是分析事件对公司股价的影响。

(1) 弱式有效假说的检验

根据弱式有效市场的特点,技术分析不能够使投资者获得超额利润,因此检验弱式有效市场可以判断技术分析是否能用于价格(收益)预测,若有用,则弱式有效不能成立。

(2) 半强式有效假说的检验

半强式有效假说主要是检验和公司基本面有关的事件发生时,股价变化有无快速反应。若能快速反应,则投资者不能通过新信息获得超额利润,基本分析失灵,半强式有效成立。

(3) 强式有效假说的检验

检验基金或有可能获得内幕消息人士的投资绩效评价,若被评估者的投资绩效确实优于市场平均,则强式有效不能成立。

强式有效假说成立时,半强式有效必须成立;半强式有效成立时,弱式有效亦必须成立。所以,先检验弱式有效是否成立;若成立,再检验半强式有效;再成立,最后检验强式有效是否成立。

2. 游程检验

游程检验的思想是:在研究的时间区间内,收盘价格高于或等于前一日收盘价格时,用"＋"号表示,价格低于前一时,用"－"表示。连续在一起的"＋"或者"－"表示同一个游程,例如,在连续20天内,如果股市收盘价格的变化标记依次为

则总游程的个数为7个。

以 N 表示考察时段内交易日的个数,即样本总容量;以 N_1 表示股价上升或者不变的天数,N_2 表示股价下降的天数,则以 m 表示实际游程个数。

游程的期望值和标准差分别为

$$E(m) = \frac{2N_1N_2}{N} + 1$$

$$\sigma_m = \left[\frac{2N_1N_2(2N_1N_2 - N)}{N^2(N-1)}\right]^{\frac{1}{2}}$$

在样本足够大的情况下,构造统计量

$$Z = \frac{m - E(m)}{\sigma_m}$$

建立假设:Z 服从 $N(0,1)$ 分布。在一定的显著性水平下,如果 $|Z|$ 不大于临界值,则接受原假设,表明股价序列通过游程检验,波动没有明显的趋势,弱势有效市场假设成立。否则,则拒绝原假设,游程检验不能通过,表明股价变化存在着明显的趋势,弱势有效市场假设不能成立。

四、分形市场理论的提出

1. 有效市场理论的局限性

资本市场作为一个复杂系统并不像有效市场假说所描述的那样和谐、有序、有层次。比如,EMH 并未考虑市场的流通性问题,而是假设不论有无足够的流通性,价格总能保持公平。故 EMH 不能解释市场恐慌、股市崩盘,因为这些情况下,以任何代价完成交易比追求公平价格重要得多。

有效市场理论采用了一种线性的范式来拟合市场,而未考虑投资者行为的复杂性、多样性,以及市场对于信息的反馈机制等非线性特性。EMH 一直存在缺陷,主要体现在三个关键的假设基础上,一是投资者的理性预期,投资者能够利用期望收益率的概率加权方法估计潜在收益率,以收益率的标准差度量风险,从而追求收益与风险的最佳组合。二是市场的有效性,价格完全反映所有信息,价格变化是独立变动过程。投资者立即对价格作出反应,所以未来与过去或现在都不相关。三是收益率服从随机游走,概率分布呈正态分布或对数正态分布,这意味着有有限的均值和方差。

同时,大量研究发现了有效市场理论所无法解释的"异象"。诸如,"小公司效应"、"BTM 效应"、"P/E 效应"、"元月效应"和"周末效应"等异象的存在,表明投资者足以利用这些异象赚取超常收益,这些"理论谜题"使有效市场理论处于一个比较尴尬的境地。

这三个假设与现实有很大差距,因而这一理论有很大的局限性,它已不能客观地解释现实中金融波动的持续性和复杂性。而分形市场理论则解决了有效市场理论的这些不足，可以更加准确地刻画市场的真实特性。分形市场理论认为：收益率并不服从随机游走，而概率分布也很少是正态分布或对数正态分布。正态分布只是分形分布的一种不经常出现的特例。认为收益率的时间序列具有相关性和长记忆性。收益不是正态分布，且方差可能无限大或不存在。分形市场理论是有效市场理论的扩展，它在非线性系统理论的框架中讨论金融市场的有效性和波动特性。同时，分形市场涵盖了有效市场，它将有效市场看作分形市场在线性情况下的一种特例。

2. 分形市场假说梗概

彼得斯（Peters，1994）首次提出了分形市场假说（fractal market hypothesis，FMH），它强调信息和投资起点对投资者行为的影响，并认为所有稳定的市场都存在分形结构。相对与有效市场假说，分形市场认为资本市场是一种反馈系统，昨天的事件会影响到今天，市场有着某种"记忆"，具有长期的相关性和趋势。由于对初始条件敏感依赖，系统输入与输出的内容不断迭代，任何初始条件的差别都会按指数放大，或者由于系统通过混合过程生成了随机性，丢失了以前的记忆。因此，市场难以预测，或者说，预测的时间越长就越不可靠。

分形市场的主要假说认为：

（1）市场由众多的投资者组成，这些投资者处于不同的投资起点，投资者的投资起点对其行为会产生重大的影响。信息对于处于不同投资起点上的投资者所产生的影响是不相同：日交易者的主要投资行为是频繁的交易，因此，他们会对技术分析信息更为敏感，而对基础分析信息不敏感，长期投资者更倾向认为技术分析对他们一无益处，只有对证券进行价值评估才可获取长期真实的投资收益。所以，在 FMH 的这个框架中，技术分析和基础分析对于它们特定的投资起点都是正确的。

（2）FMH 认为市场的稳定（供给和需求的平衡）很大程度是个市场流动性的问题。在由处于不同投资起点上的众多投资者组成的市场上，流动性才能够得以实现。因为这样，当某一信息由于不利于短期投资起点上的投资者而引起证券价格的下跌，则长期投资者会基于长期的考虑而乘机购买证券，从而使市场保持稳定。而当市场丧失了这种结构时，投资者处于相近的投资起点上，市场会因为缺乏流动性而持续剧烈波动。例如，当投资者对市场长期前景不抱信心的时候，投资起点会集中于短期。长期投资者的缺乏会导致整个市场基于相同的信息集进行交易，这种信息集主要是短期的技术分析信息或是羊群行为现象。这可以解释崩盘和混乱。

（3）价格不仅反映了市场中投资者基于技术分析所做的短期交易，而且反映了基于基本分析对市场所做的长期估价；一般而言，短期的价格变化比长期交易更具易变性。市场发展的内在趋势反映了投资者期望收益的变化,并受整个经济环境的影响;而短期交易则可能是投资者从众行为的结果。因此,市场的短期趋势与经济长期发展趋势之间并无内在一致性。

(4) 如果证券市场与整体经济循环无关,则市场本身并无长期趋势可言,交易、流动性和短期信息将在市场中起决定作用。如果市场与经济长期增长有关,则随着经济周期循环的确定,风险将逐步的降低、市场交易活动比经济循环具有更大的不确定性。从短期来看,资本市场存在分形统计结构,这一结构建立于长期经济循环的基础之上。同时,作为交易市场,市场流通也仅仅具有分形的统计结构。

3. 分形市场理论与有效市场理论的比较

在分形市场理论 FMH 这一新的分析框架下,可以更好地分析市场的价格运动和投资者行为。当市场是稳定时,有效市场理论 EMH 可以很好地解释现实。但是,EMH 不能对市场出现剧烈的波动作出很好的解释。对此 FMH 则比 EMH 更具解释力。分形市场假说更符合客观实际的描述,因而它必然取代有效市场假说。但由于分形市场假说建模的困难,建立在有效市场假说之上的标准金融理论对我们仍具有参考和指导价值。关于分形市场理论与有效市场理论两者关系的分项对比如表 4-8 所示。

表 4-8 分形市场理论与有效市场理论的对比

比较项目	有效市场理论 EMH	分形市场理论 FMH
市场特性	线性、孤立的系统	非线性、开放、耗散系统
均衡状态	均衡	允许非均衡
系统复杂性	简单系统	具有分形、混沌等特性的复杂系统
反馈机制	无反馈	正反馈
对信息的反应	线性因果关系	非线性因果关系
收益序列	白噪声,不相关	分数噪声,长记忆,对于初始值敏感
价格序列	布朗运动($H=0.5$)	分数布朗运动($0.5<H<1$)
风险度量指标	有限方差	Hurst 指数
可预测性	不可预测	提供了一种预测的新方法
波动有序性	无序	有序
二者之间的关系	有效市场是分形市场的一个特例,分形市场拓展了有效市场的含义,FMH 可以更广泛、准确地描述市场	

本章小结

1. 建立在一系列假设之上的资产组合理论得出了两个重要的结论:一是适当的分散投资可以有效的消除组合的系统性风险;二是投资者的期望效用曲线和有效前沿的切点是理性投资者所能选择的唯一最佳组合,即关注了投资组合的收益和风险的最优化。

2. 资本资产定价模型是在投资组合理论和资本市场理论基础上形成发展起来的,主要研究证券市场中资产的预期收益率与风险资产之间的关系,以及均衡价格的形成。推导出了资本市场线方程和证券市场线方程。

3. 套利定价定理导出了与资本资产定价模型相似的一种市场关系。套利定价理论以收益率形成过程的多因子模型为基础,认为证券收益率与一组因子线性相关,这组因子代表证券收益率的一些基本因素。其基本机制是:在给定资产收益率计算公式的条件下,根据套利原理推导出资产的价格和均衡关系式。

4. 有效市场假说主要含义为:如果有用的信息能够立即地、无偏见地在证券价格中得到反映,那么认为市场是有效的。有效市场的三种形式是弱式有效市场、半强式有效市场和强式有效市场。在有效的市场里,在信息产生和公布以前,下一时刻股票价格的变化是随机的、不可预测的。

 ## 阅读资料

雷曼兄弟破产

2008年9月14日,美国第四大投资银行雷曼兄弟按照美国公司破产法案的相关规定提交了破产申请,成为了美国有史以来倒闭的最大金融公司。

拥有158年历史的雷曼兄弟公司是华尔街第四大投资银行。2007年,雷曼在世界500强排名第132位,2007年年报显示净利润高达42亿美元,总资产近7 000亿美元。2008年3月中旬,就在贝尔斯登倾覆的前一天,雷曼兄弟公布其一季度财务报告,尚实现4.89亿美元的利润。尽管投资者一直质疑数据的准确性,怀疑利润来源于未兑现的一次性收益,但还是让市场为之一振。

此后的一切便犹如一场梦魇,将雷曼兄弟深深吞噬。由于错误地判断了次贷危机的形势,雷曼兄弟并未及时处理所持巨额商业和住宅抵押贷款,导致二季报公布时宣称仍有约300亿美元的住宅抵押资产和约350亿美元的商业房地产资产。这让雷曼兄弟付出惨痛代价,第二季度遭遇14年来首次季度亏损,亏损额高达28亿美元。尽管立即通过增发新股方式筹集60亿美元资金，但即使加上2008年早些时候分两次筹得的60亿美元、120亿美元，此时已难填雷曼兄弟资产减记所留的巨大窟窿。

面对岌岌可危的形势，雷曼兄弟开始大刀阔斧进行人事调整。2008年6月，雷曼兄弟闪电撤换首席财务官卡兰与首席运营官格里高利，分别由洛维特和迈克戴德接替；同月，前高管格班德和科尔克重返雷曼兄弟，分别担任全球资本市场主管和全球股本投资主管。自次贷危机以来，雷曼兄弟进行了四轮裁员，解雇员工超过7 000人。

但无论是换将还是裁员，都没能改变雷曼兄弟股价一路下挫、亏损持续扩大的现实。雷曼兄弟靠增发新股募集资金的难度越来越大，此时变卖资产似乎成为筹钱的最后手段。事实上，雷曼兄弟的高层一直在全球范围内寻找合适的买家，包括加拿大皇家银行、日本东京三菱银行、日本野村控股和多家美国私募基金公司都曾有意入股雷曼兄弟，但均无结果。第一个季度中，雷曼卖掉了1/5的杠杆贷款，同时又用公司的资产作抵押，大量借贷现金为客户交易其他固定收益产品。第二个季度变卖了1 470亿美元的资产，然而雷曼的自救并没有把自己带出困境。从2008年9月9日，雷曼公司股票一周内股价暴跌77%，公司市值从112亿美元大幅缩水至25亿美元。

2008年9月12日晚间开始，美国政府官员和银行业众巨头召开紧急会议，讨论雷曼兄弟公司的前途问题，并试图恢复市场信心。由于美国政府拒绝提供融资保障，原本呼声很高的英国第三大银行巴克莱银行和美国第一大零售银行美国银行退出了保尔森等精心苦求的收购拯救雷曼兄弟计划。美国银行很快"变脸"，旋即转向美林证券。当日，美国银行与美林签约，将以股票形式收购美林近500亿美元的资产。美联储官员对此迅即作出"强烈支持"的表示，因为再也不用担心美林会步雷曼兄弟的后尘。

稍后，美联储宣布监管机构和银行业管理人士上周五召开的会议未能为陷入困境的雷曼兄弟找到买家。美联储理事会出台一项临时性规定，以支撑华尔街和美国经济。该规定包括美联储放宽向证券公司贷款时接受的抵押品种类，放宽后的抵押品包括股票在内。在眼见所有复活希望均告覆灭后，雷曼兄弟无奈宣布申请破产保护，计划根据《美国破产法》第11章规定，向纽约南区美国破产法庭申请破产保护。至此，158岁高龄的雷曼兄弟宣布破产。

资料来源：根据 http://stock.hexun.com/2012-03-11/139189831.html 等整理。

诺贝尔经济学奖得主法玛：投资者为何无法打败市场

北京时间2013年10月14日晚间消息，芝加哥大学教授尤金·法玛是2013年诺贝尔经济学奖得主之一，今年该奖的主题是"掌握资本市场的发展趋势"，而法玛在"有效市场假说"方面所取得的开拓性进步令诺贝尔评审委员会刮目相看。

1939年2月14日，尤金·法玛出生在美国马萨诸塞州波士顿，是这个移民家族的第三代。法玛成长于波士顿的一个工人阶层社区，在一所天主教教会学校上高中。

进入芝加哥大学的第二年，法玛就开始在米勒的指导下做博士论文研究，主题是关于股票市场价格行为的研究。1965年，博士论文的成果分别发表在《商业杂志》和《金融分析家杂志》上，与萨缪尔森等人一同开启了有效市场理论的研究。

在法玛的框架中，追求自身利益最大化的理性投资者相互竞争，都试图预测单只股票未来的市场价格，所以竞争导致单只股票的市场价格反映了已经发生和尚未发生、但市场预期会发生的事情。在一个有效的证券市场，由于信息对每个投资者都是均等的，因此任何投资者都不可能通过信息处理获取超额收益，即信息不能被用来在市场上获利，这就是著名的有效市场假说。法玛1966年又在《商业杂志》发表文章，以1957—1962年道琼斯工业指数的30只股票的样本对先前的研究进行修正，新的研究结果仍然支持他们原来的论点，即各期股价不存在相关性。

法玛的研究将竞争均衡引入资本市场研究，为后期资本资产定价模型等研究奠定了基础。风险和收益的交换一直是投资理论的主要内容，但真正指明二者关系还在于有效市场假说的提出，二者之间均衡关系确立的过程就是资本资产定价形成的过程。

有效市场理论在理论研究和业界掀起了较大轰动，大批学者沿着市场的有效性和是否可预测发表了很多优秀论文。"我相信，经济学中没有其他命题能够像有效市场假说一样得到如此之多而坚实的经济证据支持。"这是经济学家迈克尔·詹森（Michael C. Jensen）在1978年的著名论断。在业界，也有很多专业投资人和基金经理信奉有效市场理论，造就了资产达数兆亿美元的指数基金。

包括法玛在内的早期研究，因为没有可用的美国股票数据，所以市场有效性的检验并不理想。经过费希尔（Larry Fisher）多年的艰辛工作，美国股票数据库终于能够为学术研究提供方便了，但美国芝加哥大学证券价格研究中心（CRSP）创始人吉姆·劳丽（Jim Lorie）担心如果没有人去用该数据库的话，可能断送掉CRSP的资金来源。在吉姆·劳丽的鼓动下，法玛和他的合作者做了一篇分割式研究的文章。

这是第一例股票价格对特殊市场信息做出调整问题的研究。这种事件研究很快变成了行业惯例，直到今天还充满活力，仍然是检验市场有效性的主要方式。事件研究还发现了一个实际应用：计算法律案件中的损害赔偿。这次分割式研究值得赞赏的地方还在于，它用新的方法证实了有效市场假说。然而这都无法改变有效市场假说成为理论和实践中最富争议的话题，比如巴菲特就曾讥讽说，"如果市场是有效的，我早就回家挤牛奶了"。

资料来源：根据http://mp.weixin.qq.com/s?__biz=MzA5MTAxOTEyOA等整理。

复习思考题

一、问答题

1. 简述马柯维茨理论的主要内容和资本资产定价模型(CAPM)模型的要点。
2. 什么是有效投资组合？投资者在进行投资组合选择时受哪些因素的制约？
3. 什么是资产组合的系统风险和非系统风险？为什么非系统风险随着组合中资产种类的增加而下降,而系统风险却随之上升？
4. 什么是资本市场线和证券市场线？两者有何异同？
5. 请阐述套利机会与市场均衡的关系。
6. 套利定价模型与资本资产定价模型有何区别？其各自的局限性在哪里？
7. 依据有效市场假设,有效市场有哪几种形式？各自有何特征？

二、选择题

1. 已知证券 A 和 B 的期望收益率分别为 9% 和 5%，β 系数分别为 0.9 和 1.5，无风险证券 F 的收益率为 2%，那么(　　)。

   A. 用 F 与 A 组合优于用 F 与 B 组合

   B. 用 F 与 B 组合优于用 F 与 A 组合

   C. A 与 B 的系统风险相同

   D. A 的单位系统风险小于 B 的单位系统风险

2. 有效边界是(　　)的曲线。

   A. 向右方突出　　B. 向上方突出　　C. 向左方突出　　D. 向下方突出

3. 资本资产定价模型主要用于(　　)。

   A. 寻找证券之间的均衡价格　　B. 寻找证券之间收益率与风险的关系

   C. 寻找最优的组合　　D. 寻找市场中价格被误定的证券

4. 从理论上说,金融期货交易的双方潜在的盈亏是(　　)。

   A. 数量有限的　　B. 可测定的　　C. 可预见的　　D. 数量无限的

三、计算题

1. 假设两种证券构成一市场投资组合,它们的期望收益、标准差和投资比例如下表所示。若两种证券的相关系数为 0.4，市场无风险利率为 6%。请写出其资本线方程。

证　券	期望收益	标准差	投资比例
A	0.12	0.15	0.3
B	0.18	0.25	0.7

2. 假设市场投资组合由 4 种证券组成，它们的投资比例、市场的协方差如下表所示。请计算该市场投资组合的标准差。

证　券	与市场的协方差	投资比例
A	242	0.2
B	360	0.3
C	155	0.2
D	210	0.3

3. 假定市场资产组合的风险溢价的期望值为 8%，标准差为 22%，如果一资产组合由 25% 的通用公司股票（$\beta=1.10$）和 75% 的福特公司股票（$\beta=1.25$）组成，那么这一资产组合的风险溢价是多少？

B&E 第二篇
基础性金融工具的特性、定价及其应用

第五章　固定收益证券及其定价
第六章　非固定收益证券及其定价
第七章　资产证券化

第五章

固定收益证券及其定价

【学习指导】

通过本章学习,深入了解固定收益证券的基本概念、基本特点和主要种类,明白固定收益证券在金融工程中的重要作用;初步掌握应用各种定价原理与定价方法对固定收益证券进行内在价值分析、条款特性分析以及不确定性分析的能力;初步具备利用久期和凸性分析技术制定对冲策略、免疫策略,进行债券投资选择、"凸性"估值与交易决策的技能。

第一节 固定收益证券概述

一、固定收益证券的概念及基本类型

所谓固定收益证券,顾名思义就是在未来期能够给持有者带来稳定的现金收益的证券,它是对带有债券性质的证券的统称。固定收益证券是最基本的金融工具之一,在金融工程中占有举足轻重的地位。广义地说,符合以下三个准则之一的公有部门或私有部门的证券都属于固定收益证券:

（1）定期支付固定金额的证券。

（2）定期根据某一公式支付一定金额的证券。

（3）到期支付某一固定金额或由某一公式决定的金额的证券。

上述第一个准则关系到传统的固定利率债券和优先股,第二个准则关系到浮动利率债券和指数债券,第三个准则关系到零息债券和票据类证券。

一提起证券就需要区分初级市场（一级市场）和二级市场。资金需求者将证券首次出售给公众时所形成的交易市场称为初级市场,也称作发行市场或一级市场,发行者得到的是减去了发行成本的证券销售收入。证券发行后,各种证券在不同的投资者之间买卖流通所形成的市场则称为二级市场,又称作流通市场或次级市场。现有持券人将证券转让

给其他投资者时,只是改变了证券的所有权,并未给发行者带来任何额外的收入。

具有固定收益性质的金融工具有许多种类,理论上说,各种有息存款账户均在其涵盖范围之列。但在金融工程中所涉及的,主要是那些在二级市场中可以交易的证券。这些证券也有很多类型,包括各种债券、商业票据、银行承兑汇票等。

在所有的固定收益证券之中,由于债券流通数量大、品种多、二级市场发达,因而具有特别重要的意义,所以下面将以债券作为代表对固定收益证券展开分析。

二、固定收益证券的基本特点

以债券为例,固定收益证券具有以下五个基本特点。

1. 需要偿还本金

发行债券必须规定到期期限,由债务人按期向债权人支付利息并偿还本金。当然,历史上也曾有过例外,如永续债券或无期债券。这类债券不规定到期时间,债权人也不能要求清偿,只能按期支取利息。以前只有英国、法国等少数几个国家在战争期间曾经为筹措军费而采用过。

2. 流动性较强

一般债券的发行对象是社会公众,或者是某一特定区域的社会公众,这样就使得债券具备了在投资者之间进行相互流通的基础。而随着债券的大量发行、不断发行,债券的交易市场也相应地建立起来并逐步趋于完善,这些都为增强债券的流动性提供了便利条件。

3. 风险性较低

由于债券的持有者对发行主体破产清算的索偿权排列在股权之前,因而债券的风险性要低于股票;而对于具有抵押性质的债券来说,其到期还本付息的风险则会进一步降低。

4. 收益较稳定

投资者可以在持有债券期限内根据债券的规定,取得稳定的利息收入,也可以通过在二级市场上买卖债券,获得资本收益。虽然近年来出现了浮动利率债券,即债券的利率可参照某种市场利率经常调整,但发行这类债券时都预先规定了利率波动的下限,其目的主要是通过保证投资者获得最低固定收益的同时,还有获得更高收益的机会,以增强债券的吸引力。

5. 持续期限比较长

债券最终的偿还期限一般都在1年以上,有些债券的期限甚至长达几十年,如美国政府债券有的可长达30年。从这个意义上说,一般1年以内的、期限较短的证券,习惯上往往称为票据,而不称为债券。

三、固定收益证券在金融工程中的作用

以债券为代表的固定收益证券所具有的特点决定了它在金融工程中占有十分重要的地位,这主要体现在以下几个方面。

第一,固定收益证券因为具有相对稳定的现金流、并且便于组合等特点,因而使其成为公司理财和管理风险的首选金融工具。海外资产管理公司、全球各主要基金大多把固定收益证券作为其投资的重要组成部分。

第二,固定收益证券的市场价格与市场利率密切相关且呈反向联系,这就使其成为金融产品间跨品种套利、跨国界套利的有力工具。运用杠杆放大作用,操作者可以通过捕捉不同品种间很小的利差就能够套取可观的利润。因此,看似收益固定不变的证券也可以用于快速时变投资过程。

第三,固定收益证券品种设计的灵活便捷和多样化,使其成为金融创新的佼佼者。后面将要介绍的"对倒浮息券"(inverse floaters),就是一种应用固定收益证券发行浮息债券的创新方式。当市场普遍认为市场利率将要发生变动,但是又对变动的方向存在较大分歧时,固定利率债券很难推销出去。券商可以通过把原债券设计成一对"对倒浮息券",从而顺利地把债券推销出去。

四、固定收益证券的主要种类

固定收益证券种类繁多,其中债券最基本的分类方法上根据按发行主体及地域不同划分为政府债券、公司债券、金融债券和国际债券四大类,而各类债券根据其要素组合的不同又可细分为不同的种类。除此以外,还有一些其他的固定收益证券。

1. 政府债券

政府证券是指中央政府、政府结构和地方政府发行的债券,它以政府的信誉作保证,因而通常无须抵押品,其风险在各种投资工具中是最小的。

(1) 中央政府债券

中央政府债券是财政部发行的以国家财政收入为偿还保证的债券,也称国家公债(简称国债)。其特点突出表现在:一般不存在违约风险,所以又称为"金边债券";可享受税

收优惠,其利息收入可豁免所得税。

① 按发行目的和用途,可分为赤字国债、建设国债和替换国债

赤字国债是为弥补消费性财政赤字而发行,本息偿付主要依赖于新增的财政收入;建设国债是为筹集基础设施和重大项目的建设资金所发行的国债,本息偿付主要依赖于建设项目的未来收入;替换国债是当中央政府无力偿还旧债时,以新偿旧所发行的一种国债。

② 按发行形式可分为无记名(实物)国债、凭证式国债和记账式国债

实物国债是具有标准格式实物券面的债券,一般印制面额、利率、期限、发行人全称、还本付息方式等各种债券票面要素,不记名、不挂失,可上市流通;凭证式国债是一种国家储蓄债,可记名、挂失,以"凭证式国债收还凭证"记录债券,可提前兑付,不能上市流通;记账式国债是没有实物形态的债券,以计算机记账形式记录债券,通过无纸化方式发行和交易,可以记名、挂失。

③ 按国债偿还期限长短,可分为短期、中期、长期国债,及永久国债。

短期、中期、长期的划分标准是相对而言的,目前常见的划分标准是:偿还期限在1年以内(含1年)的国债称为短期国债;偿还期限在1~10年的国债称为中期国债;偿还期限在10年以上的国债称为长期国债。永久国债不规定还本日期,仅按期支付利息,常在财政较为宽裕时,逐步兑回冲销。这里永久实际上指归还时间不确定,可以很长。

④ 按是否与物价挂钩可分为固定利率国债和保值国债

规定利率国债在发行时就确定名义利率,投资者得到的真实利率取决于投资期间的通货膨胀;保值国债的本金随通货膨胀的指数作调整,利息是根据调整后的本金支付的,因而可以维持债券的价值。

⑤ 按还本付息方式可分为附息票国债、一次还本付息国债和贴现国债

附息票国债通常每6个月支付一次利息,到期时偿还本金,是世界各国发行中长期国债的习惯做法;一次还本付息国债是政府平时不支付利息,而在债券到期时一次性清偿本息;贴现国债是贴现发行不附息票的国债,到期时按面值清偿,面值与发行价之间的差额就是投资者的收益。因其不含息票,所以由称为"零息国债"。

(2) 政府机构债券

在美国、日本等发达国家,除了财政部外,一些政府机构也可以以自己的名义,而不是以政府或国家的名义发行债券;或者发行债券的机构虽然不是政府机构,甚至可能是私营机构,但是得到了发债的政府特许,出于宏观考虑,政府为债券提供不同程度的信用担保,或进行某种方式的监管。这些债券的收支偿付均列入政府预算,而且由发行单位自行负责。主要分为以下两类。

① 政府资助结构债券(government-sponsored enterprises)是经美国国会批准建立的

特殊实体,共有八家。这些机构虽然均为私有的,但其经营管理方式却类似于公众机构。政府建立种类机构的目的是为了资助某些经济部门,减少其借款成本,如农业部门、家庭部门以及向学生提供信贷的部门。政府资助机构发行的债券有两类:一是折扣债券,属于短期债券,期限最短为隔夜拆借,最长为 360 天;二是普通债券,属于长期债券,期限一般不短于 2 年。

② 联邦有关机构债券

联邦有关机构(federally related institutions)是联邦政府的分支部门,但并不直接在市场上发行证券,因为每一家的资金需求规模都比较小,若单独融资,则成本较高。一般它们通过联邦银行(Federal Finance Bank)统一发行债券,并免予在证券交易委员会登记,绝大部分都得到了联邦政府的全部信用支持。

(3) 地方政府债券

在多数国家,地方政府都可以发行债券。这些债券也是由政府担保,其信用风险仅次于国家及政府机构债券,同时也具有税收豁免特征。主要有以下几类。

① 一般责任债券

一般责任债券由各级地方政府或其附属机构发行,主要目的是为修建高速公路、桥梁、住宅等设施或特定用途募集资金。这些设施最终会产生收入,可以用来偿付债券的本息;教育、防灾、治安等特定用途的偿还则列入地方政府的预算。

一般责任债券以各级地方政府所拥有的不受限制的征税权作为担保。当工程延期不能还款,或过程本身不能产生足够的收益还款时,各级政府有权用一部分税收收入作为还本付息的来源。所以此类债券信用较高,常被看作完全信用担保债券。

② 收入债券

发行收入债券融资的目的通常是为了建造公用设施或特定项目,使用这些项目产品或服务的人需要付费。因而用于该类债券本息偿还的资金不是来自于一般税收,而是从建设项目的收入中予以支付。第一类为公用事业收入债券,如电厂、水厂、煤气厂、公路桥隧、公共交通运输等,其收入来自公用事业供应的产品或对提供服务收取的费用;第二类为半公用事业收入债券,如机场、港口、医院、大学公共市场等,此类项目不是普遍地向公众收费,而是只对使用者收费;第三类为非公用事业收入债券,如汽油税、卷烟税、啤酒税、执照税等,以及公共建筑出租的租金。

③ 专门估价征税债券

这是地方政府为改进城市部分设施而发行的特种债券。如为改善路面、铺设人行道、各级或延长地下给排水系统而发行的债券。由于完工或沿线两旁地段房地产的价值肯定会升高,政府据此向房地产所有者连续若干年征税,征税的额度按照房地产前面积的大小而定。债券的还本付息均从每期纳税收入中分别予以偿还。其利息可以免交所得税。

④ 混合债券

这是上述三类债券的混合或结合,包括市或行政区所发行的以一般信用担保、另外也用某种专门公用事业收入或某种税收保证的债券。债券的偿付只指定某种税收作为保证,并不做出无条件的承诺;同时,债券由项目的净收入支持并由地方政府担保。主要种类有保险债券、银行担保市政债券、道义责任债券、再筹集债券、赤字市政救助债券等。

⑤ 税前票据或凭单

这是地方政府在税款应收而尚未收到时,为应付各种费用,所发行的短期债券,待实际收到税款后再予以偿还。这类债券一般首先以所得税收入作为还债保证,其质量决定于发行者(地方政府)的信用和税款收取的状况。有时,这种债券并不规定还本时间,何时偿付取决于税款交纳情况。

2. 公司债券

公司债券是公司为筹措长期运营资本而发行的一种债权债务凭证,承诺在未来的特定日期偿还本金并按照事先规定的利率政府利息。公司常会由于需要筹措大量资金,如筹建新项目、扩大业务规模、购并其他企业或者弥补亏损等。公司自有资本金满足不了需求时,便需要向外部筹资。公司对外筹资的途径有三条:发行股票、对外借款和发行债券。站在企业自身的角度权衡,发行股票对公司要求条件高,发行成本手续复杂。对二级市场的状况也有一定的要求;银行等金融机构借款,往往较短,资金使用常受到债权人的干预,有时还有一定附加条件;采用发行债券形式成本较低,对市场要求也低,同时筹集的资金期限长、数量大,资金使用自由,弥补了用股票和借款方式筹资的不足。因此发行债券是许多公司乐意选择的一种筹资方式。

(1) 按公司债券发行目的分类

① 普通债券

这是公司债券的主要形式,即以规定利率、固定期限为特征的公司债券,目的在于为公司扩大生产规模提供资金来源。

② 调整债券

这是一种面临债务信用危机的公司经债权人同意而发行的较低利率的新债券,用于还回原来发行的较高利率债券,因而也叫利息债券。

③ 改组债券

这是为清理公司债务而发行的债券,也称作"新换旧债券"。

④ 延期债券

这是一种在已发行的债券到期而无力支付,但由不能发新债还旧债时,在征得债权人同意后可以延长偿还期限的公司债券。

(2) 按债券的信用担保状况分类

① 信用债券(debenture bonds)

信用债券是指发行债券的公司不以任何资产为担保或抵押，全凭公司的信用发行的债券。因而只有经营状况良好、信誉显著的大公司才能成功发行。债券持有者为公司的一般债权人，求偿权排名于一切有抵押债权人对抵押物的求偿之后，为保护信用债券持有者的利益，一般设有限制性条款，如公司债券不得随意增加、债券未清偿前要限制股东分红派息等。

② 次级信用债券(subordinated debenture)

次级信用债券又称附属信用债券。当公司发行信用债券超过一种以上时，会出现偿还的先后次序问题。比如，次级信用债券被排在非次级信用债券之后，公司清算时，只有当非次级信用债券求偿权完全得到满足后，才会考虑次级信用债券的求偿权。

③ 担保债券(guaranteed bonds)

担保债券是由发行者之外的其他法人实体提供担保而发行的债券。当发行者无力还本付息时，担保人必须承担相应的责任。担保人一般为母公司、银行等金融机构或其他有良好资信的大公司。

④ 垃圾债券(junk bonds)

这种债券没有相应的担保与抵押，资信较低，一般以大折扣发行，向购买者允诺较高的兑现余额，所以也叫高收益债券。20世纪80年代中期由梅尔肯创造，大都用于兼并或杠杆收购，因而亦称为杠杆债券。90年代后转向成长性资本投资和借新还旧。

(3) 按债券的抵押标的物分类

① (不动产)抵押债券(mortgage bonds)

这是以土地、房屋等不动产为抵押品而发行的债券，也称固定抵押公司债。如果发行者违约，债权人有权处理抵押品以资抵偿。当用同一不动产抵押多次发行债券时，按发行先后分为第一抵押债券、第二抵押债券等。前者对抵押品拥有第一置留权，首先获得清偿，后者只能在前者清偿后，用抵押品剩余款加以偿还。

② 质押(信托)债券(collateral trust bonds)

这是用公司特有的其他有价证券及各种动产为抵押品而发行的债券，也称流动抵押公司债。作为抵押品的证券必须保存在受托人处，但公司仍保留这些证券所具有的表决权及接受股息的权利等。如母公司将子公司的证券作为抵押品。

③ 设备抵押债券(equipment obligations)

设备抵押债券又称设备信托凭证(equipment trust certificates)，是指公司以融资租赁模式，用所购大型设备为抵押品发行债券。购买设备后，公司把设备所有权转交给受托人，由受托人以出租人身份将设备租赁给发债公司，公司以承租人身份支付租金，交由受托人保管并还本付息,待债券全部本金还清后,设备所有权才正式转交给发债公司。

(4) 按债券持有人对公司的参与情况分类

① 参与债券(participating bonds)

这种债券类似于可参与的优先股,持有人除了按较低的票面利率得到稳定的利息收入外,当公司经营业绩较好时,还可得到与股东一样的分红。但持有人仍不具有企业所得者的地位,仅仅是债权人的关系。该债券参与利益分配的特点有助于缓和公司股东与债权人之间的矛盾。

② 收益债券(earning bonds)

这种债券和参与债券近似,只是风险程度更大,没有固定的票面利率,所得利息数额完全取决于公司经营业绩的好坏。除了没有经营管理参与权以及到期可以兑现本金之外,几乎等同于股票。

③ 投票权债券(voting bonds)

一般债券不具有与参与公司经营管理的权利,而投票权债券与一般的债券不同,它给予债券持有人某些管理参与权。

(5) 按债券的内涵选择权分类

① 可赎回债券(redemption bonds)

这种债券附加早赎或以新偿旧条款,允许发债公司在到期日之前购回全部或部分债券。但当市场利率降至债券利率以下时,这样做会对债券持有人不利,因而一般规定债券发行后至少5年内不许赎回,或发行时以较高利率吸引投资者购买。

② 偿还基金债券(sinking fund bonds)

这种债券要求发债公司每年从盈利中提取一定比例存入信托基金,用于定期偿还本金,即从债券持有人手中购回一定量的债券。这种债券与可赎回债券相反,其选择权在债券持有人一方。

③ 可转换债券(convertible bonds)

债券中附加可转换条款,赋予债券持有人按事先确定的比例转换为该公司普通股的选择权。大部分可转换债券属于没有抵押的低等级债券,并且由风险较大的小型公司发行。这些公司筹措债务资本的能力较低,采用可转换债券方式能增强对投资者的吸引力;另外,可转换债券可以被发行公司提前赎回。

④ 带新股认购权债券

这是一种把债权和新股认购权结合起来的债券,只有取得这种债券,才能同时取得公司增发新股的认购权。这种债券不同于可转换债券,可转换债券经转换后旧债券不再存在;带新股认购权债券在投资者行使新股认购权后,债券本身依然存在,所以它是一种双重权利。

（6）按债券支付利息的方式分类

① 固定利率债券及附息票债券

这类债券每年应计的利息额等于该债券面值事先不确定的利息的乘积，一年或每半年付息一次，或到期一次还本付息。当应付的利息以息票的形式附于券面时，也称为附息票债券。

② 贴现债券或零息债券

这种债券的出售价格低于债券面值，到期之前不支付利息，因而又称为零息债券或贴水债券，到期时按债券面值支付金额，面值和债券买入价格之间的差额即为投资者的利息收入。所以没有利息再投资的麻烦，但债券价格对利率变动十分敏感。

③ 指数债券（indexed bonds）

这种债券的利率确定考虑了通货膨胀因素，以减少物价上涨给债权人带来的损失。常见计算方法为：债券利率＝通货膨胀率＋固定利率(1＋通货膨胀率)。也有的与某种重要的商品价格（如金价、油价）挂钩，此时又称为商品关联债券（commodity-linked bonds）。

④ 累计计息债券

这种债券为了使投资者自愿延长持券时间，事先约定指随着发行后的时间推移，债券利率按既定累进利率的档次计息。时间越长，适用的利率就越高。

⑤ 浮动利率债券

该种债券的利率不固定，随着市场利率的变化而改变，无论对投资者还是筹资者都能避免利率风险。一般方法是在某一基础利率（如期限相同的政府债券利率、优惠利率、LIBOR 等）之上增加一个固定溢价，如 1%。

（7）按债券券面是否记名分类

① 记名债券

这种债券不仅在券面上注明债权人姓名，同时还在发行公司登记注册；领取本息要凭债权人的印鉴；转让债券时必须在债券上背书，并且需要到发行公司变更登记。

② 不记名债券

这类债券不需要登记，券面上也不需要载明债权人姓名，还本付息及流通转让仅以债券本息为凭。附有息票的，持有人取息时剪下息票即可；到期时，发行者可以向任何持券人偿还本金。

3. 金融债券

（1）金融债券的含义及范围

金融债券是由银行及其分支机构以及非银行金融机构依照法定程序并约定在一定期

限内还本付息的债权债务凭证。金融债券从本质上讲也是公司债券,唯一的区别就是其发行者是特殊性质的公司——金融机构。

在美、英等国家,由于金融机构基本为股份公司组织形式,所以金融机构发行的债券归类于公司债券;在我国及日本等国家,金融机构发行的债券称为金融债券。

(2) 金融债券的作用

① 增加筹措资金的渠道

金融机构的资金来源主要有:吸收各种存款、同业拆借、向中央银行再贷款、发行金融债券等。各种存款是银行重要资金来源,但是资金稳定性较差,在经济波动时,容易发生挤兑风险。同业拆借和向中央银行再贷款,只能形成短期的资金来源。无法满足长期的资金需求。比较而言,发行金融债券,期限灵活,并且资金稳定性较好。所以,根据具体的资金需求,发行各种不同期限的金融债券,是金融机构筹措资金的重要途径,有助于扩大长期信贷业务。

② 改善资产负债管理的手段

发行金融债券,表面上看起来同银行吸收存款差异不大,但因为债券有明显的期限规定,不能提前兑付,所以筹集资金的现金流要比存款稳定的多。金融结构可以根据自身的经营管理的需要,主动选择适当时机发行必要数量的债券,以吸引低利率、定时段资金。所以金融债券的发行也可以被用作金融结构改善资产负债管理的重要手段之一。

③ 重要的政策性金融工具

金融债券也是重要的政策性金融工具之一。政策性金融债券构成了我国金融债券的主体,在规模上仅次于国债。政策性金融债券是我国政策性银行(国家开发银行、中国农业发展银行、中国进出口银行)为筹集信贷资金,经国务院批准,向国有商业银行、区域性商业银行、城市商业银行、农村信用社、邮政储蓄局等金融结构发行的金融债券。目前在中国资本金融市场上,股票、国债与金融债券三足鼎立,特别是政策性金融债券的规模和作用不容忽视。

(3) 金融债券的特点

金融债券作为由银行和非银行金融机构发行的债券,具有以下特点。

① 与银行存款相比营利性较高

由于金融债券在到期之前,其持有人无权要求银行提前兑现,只能在流通市场上出售转让,因此金融债券的利率一般定的要高于同期银行存款利率,以便吸引人们去购买金融债券,而不是去存款,从而具有较高的营利性。

② 与公司债券相比风险性较低

因为金融机构在经济运行中有较大的影响力和较特殊的地位,在各国政府对金融结构的运营都有严格的规定,并制定了严格的金融稽核制度。所以一般金融机构的资信要高于非金融类公司,金融债券的信用高于其他公司债券,违约风险较小,具有较高的安全性。

③ 与其他来源资金相比流动性平稳且期限易控制

对金融机构而言,存款资金虽然成本低,但为保护存款人权益,相关制度安排使其支付、期限难以控制;同业拆借和向中央银行借款不但期限短、无主导控制权,而且代价很高。相比之下,更显示出金融债券融资的优越性。

4. 国际债券

国际债券是一国政府、金融机构、工商企业或国际组织为筹措和融通资金,在国外金融市场上发行的以外国货币为面值的债券。国际债券的首要特征是其投资者与发行者分别属于不同的国家,筹措的资金来源于国外金融市场。国际清算银行(BIS)是国际债务债券(international debt securities)的大概念来界定国际债务的,其中既包括一般的中长期债务融资工具——狭义的国际债券(international bonds and notes),也包括短期的(3个月以内的)国际货币市场债务融资工具(international money market instruments)。国际债券通常按照发行国、发行地所在国、发行面值货币之间的关系来分类,按这种方法,国际债券(狭义的)可以分为以下三类。

(1) 外国债券(foreign bonds)

外国债券比较著名的有外国筹资者在美国发行的以美元为面值的扬基债券(Yankee Bonds),在日本发行的以日元为面值的武士债券(Samurai Bonds)等。近年来随着亚洲经济的快速发展,又出现了一种龙债券(Dragon Bonds),它是由非日元的亚洲国家货币为面值发行的外国债券。这种债券的特点是发行者属于一个国家,而债券面值货币和债券发行地点同属于另一个国家。

(2) 欧洲债券(euro bonds)

欧洲债券产生于20世纪60年代,最初出现的是欧洲美元债券。20世纪70年代以来,以日元、德国马克、瑞士法郎以及后来的欧元为面值的欧洲债券所占比重逐步增加。目前欧洲债券在国际债券市场已占主导地位。这种债券的特点是发行者属于一个国家,发行地是另一个国家,债券面值则是第三地区货币。

(3) 全球债券(global bonds)

全球债券是20世纪80年代末产生的新型金融工具,是指在世界各地的金融中心同步发行,具有高度流动性的国际债券。与欧洲债券类似,全球债券也同时在许多国家进行销售。但与欧洲债券不同的是,全球债券是记名债券,经常在美国注册,有时也在其他国家注册。全球债券被存放在共同的存托中心(如票据交易中心、欧洲银行票据交换中心或者美国的存款信托公司),这些存托中心加强了当地市场及不同地区在投资者之间的二级市场交易。

5. 其他固定收益证券

固定收益证券(fixed income securities)是一个笼统、宽泛而又不太严格的定义。一般而言,固定收益证券代表拥有对未来发生的一系列具有某种确定数额收入流的要求权。除了以上介绍的不同的债券以外,其他有代表性的固定收益证券还有以下几种。

(1) 商业票据(commercial paper)

商业票据是大公司为了筹措资金,以贴现方式出售给投资者一种无担保承诺凭证。商业票据是一种短期本票,由规模大、信誉好的大公司发行,以解决短期资金要求。近年来,由于大量商业银行以提供信贷限额担保的方式参与其发行,大大增加了商业票据的信用程度。

商业票据一般以贴现方式发行,到期按面额支付。其贴现率一般比短期国库券的贴现率高,这是由风险、流通和税收等因素决定的。商业票据由可分为直接发行票据和经纪发行票据。商业票据的期限一般不长于270天,平均到期日在45天左右,故而对一些大公司而言,这是一个重要的、灵活的短期融资渠道,且融资成本低于向银行借款。目前,商业票据在许多国家已经成为仅次于短期国库券的重要的货币市场工具。

(2) 银行承兑汇票(banker's acceptances)

银行承兑汇票是在商品交易过程中由债权人向债务人开出并经银行承兑,保证在将来某一特定日期进行偿付的一种远期汇票。银行承兑汇票是商业信用与银行信用的结合,本质上是银行对外信用担保的一种形式。银行在汇票上注明承兑字样并签字后,就确认了对汇票的付款责任,如果在汇票到期时申请人的存款账户余额达不到汇票金额,各银行作为承兑人就负有无条件支付的责任,所以银行承兑汇票风险相对较小。

银行承兑汇票的期限一般为90天,短的有30天、60天,长的有180天、270天。与其他货币市场工具相比,银行承兑汇票对投资者极具吸引力,投资的安全性、流动性和收益性是投资者最为关心的,而银行承兑汇票在这几方面都较好。

(3) 大额可转让存单(negotiable certificates of deposits,CD_s)

大额可转让存单是商业银行发行的规定面额、固定期限、可以流通转让的大额存款凭证。实质上是银行定期存款的变形,其特征为:不记名,可以在金融市场上自由转让和流通;存单面额固定且较大,一般在美国最低为10万美元,二级市场上交易单位为100万美元;利率既有固定的,也有浮动的,即使利率固定,转让时仍要按照当时的市场利率计算转让价格;不能提前向银行提取本息,但可以在二级市场上流通转让;存单通常为短期,大额可转让定期存单发行手续简便,要求书面文字资料简单,费用也低,而且吸收的资金数额较大,期限稳定,是一种很有效的投、融资手段。对投资者来说,银行信用较安全还可以获得较高的市场利率,需要变现又可在二级市场出售,集安全性、收益性和流动性于一身;对银行来说,可以绕过法规的限制,成为商业银行吸收短期资金,进行负债管理的主要工具。

第二节 固定收益证券的内在价值与价格

固定收益证券的价格决定其内在价值。常用的分析方法有贴现现金流法(discounted cash flow method, DCF)、市场法(market approach)、资产基准法(asset-based approach)等。以下主要采用贴现现金流法,即收入资本化法(capitalization of income method of valuation)对固定收益证券的内在价值进行分类分析。

一、固定收益证券的内在价值

固定收益证券的内在价值(intrinsic value)也称作固定收益证券的理论价格,是指将证券未来收益按一定条件贴现到现在的价值,也就是持有者为了得到未来的收益而在当前愿意付出的代价。因而规定收益证券的内在价值取决于持有者对该证券预期的未来收益现金流的贴现值,它的计算需要知道证券未来能够带来的收益大小和持有者要求的收益率水平。

固定证券的未来收益是其本金和利息之和。一般情况下债券的面值、期限和票面利率在发行时就已经确定下来,所以,普通债券的未来收益是一个确定的量。

对于持有者要求的收益率水平,一般采用相对应的市场利率作为计算的基准。因为在利率已经市场化的情况下,这是交易双方均可接受的、最具有可现实性的理性选择。

下面按照现金流贴现法推导出有代表性的债券理论定价公式。

1. 一次性还本付息债券的价值

这种债券在存续期内不发生债息,其预期货币收入是期末一次性支付的利息和本金。如果按单利方式计算,其价值公式为

$$V = \frac{M(1+i \cdot n)}{1+r \cdot n}$$

式中,V 表示债券价值;M 表示债券面值;i 表示债券票面利率;r 表示市场利率;n 表示债券到期时间。

如果按复利方式计算,则一次性还本付息债券的价值公式为

$$V = \frac{M(1+i)^n}{(1+r)^n} = M\left(\frac{1+i}{1+r}\right)^n$$

如果按单利计息按复利贴现方式计算,公式则为

$$V = \frac{M(1+i \cdot n)}{(1+r)^n}$$

式中,各符号含义与上面相同。

2. 定期付息债券的价值

这种债券每年或每半年支付一次利息,按照票面金额乘票面利率计算每期利息额。有时票面上还附有作为定期支付利息凭证的息票。因而亦叫作附息票债券、直接债券,是最常见的一类债券。它的现金流是存续期内定期发生的利息和期末偿还的本金。

如果按单利方式计算,其价值公式为

$$V = \sum_{t=1}^{n} \frac{C}{1+t \cdot r} + \frac{M}{1+n \cdot r}$$

如果按复利方式计算,其价值公式为

$$V = \sum_{t=1}^{n} \frac{C}{(1+r)^t} + \frac{M}{(1+r)^n}$$

$$= \frac{C}{r} \cdot \frac{(1+r)^n - 1}{(1+r)^n} + \frac{M}{(1+r)^n}$$

式中,$C = M \cdot i$,表示每年支付的利息额;t 为时间变量,表示第 t 次发放利息。

例如,某企业发行一年付息一次的债券面值为 1 000 元,票面利率为 5%,期限为 5 年,当市场利率为 8%,则其理论市场价格为

按单利方式计算

$$V = \frac{1\,000 \times 5\%}{1+8\%} + \cdots + \frac{1\,000 \times 5\%}{1+5 \times 8\%} + \frac{1\,000}{1+5 \times 8\%} = 917.60(元)$$

按复利方式计算

$$V = \frac{1\,000 \times 5\%}{8\%} \times \frac{(1+8\%)^5 - 1}{(1+8\%)^5} + \frac{1\,000}{(1+8\%)^5} = 880.22(元)$$

可以看出,采用单利法计算的债券价格要比采用复利法计算的债券价格高。也就是说投资者能以复利法计算的价格购进债券,则可以获得较高的投资收益。

3. 永续债券的价值

永续债券也称统一公债,是一种没有到期日的特殊的定息债券,发行者承诺永久性的定期支付固定的利息。作为对照由于优先股的股东也可以永久性地定期的获得固定的股息,所以除了在税收待遇上有所不同之外,优先股实际上也相当于一种永续债券。永续债券内在的价值的计算公式为

$$V = \sum_{t=1}^{\infty} \frac{C}{(1+r)^t} = \frac{C}{r}$$

例如,某种永续债券的每年的固定利息是 60 元,假定该债券的预期收益率为 7.5%,则该债券的内在价值为 800 元,因为

$$V = \frac{60}{7.5\%} = 800(元)$$

4. 贴现债券的价值

这是一种以低于债券面值的贴现方式发行的,不支付利息,到期按票面面值偿还的债券,所以也叫作零息债券,或贴息债券。债券发行价格和面值之间的差额就是持有人的利息收入。因为面值是持有人未来唯一可以得到的现金流,因而按单利方式计算的贴现债券的价值公式为

$$V = M - C = M\left(1 - \frac{r \cdot n_1}{360}\right)$$

式中,n_1 表示距到期天数;r 表示贴现率(年利率);$C = M \cdot r \cdot n_1 / 360$ 表示贴现金额;其他符号含义同前。

按复利方式计算的贴现债券的价值公式为

$$V = \frac{M}{(1+r)^n}$$

式中,$n = n_1 / 360$ 为债券到期的剩余年限。

例如,面额为 1 000 元的短期国库券,期限为 4 月 1 日至 10 月 1 日,贴现率为 5%,某人如 4 月 1 日购入,7 月 1 日卖出。则该债券市场价格分别为

按单利方式计算

$$V = 1\,000 \times \left[1 - 5\% \times \frac{(183 - 91)}{360}\right] = 987.22(元)$$

按复利方式计算

$$n = \frac{183 - 91}{365} = 0.252(年)$$

$$V = \frac{1\,000}{(1 + 5\%)^{0.252}} = 987.78(元)$$

二、债券定价原理

影响债券价格的因素有很多,宏观经济方面的因素包括:经济周期、财政政策、货币政策、通货膨胀、资金市场的供求状况以及国别间的利率差别和汇率变化等;微观经济方

面的因素包括：发行人的经营情况、财务状况、资金状况、信用等级，以及债券发行时的各种限制性条款等。这里所讨论的债券价格估定，是在忽略了其他影响因素的前提下，只分析债券的理论价格与市场利率间的关系。

1. 债券定价方法

债券的价格是由它在未来期能够带来的现金流入量的现值所决定的，计算现值的贴现率一般采用市场上可比债券的收益率。债券未来收入现金流由各期利息收入和到期时债券本金的变现价值两部分组成。因此，债券定价(P)的计算公式为

$$P = \frac{C}{(1+r)} + \frac{C}{(1+r)^2} + \cdots + \frac{C+M}{(1+r)^n} = \sum_{t=1}^{n} \frac{C}{(1+r)^t} + \frac{M}{(1+r)^n}$$

式中，C 为各期利息收入，M 为债券到期时的变现价值（如果债券投资者一直将债券持有至到期日，则 M 即为债券的面值；如果债券投资者在债券到期前将债券转让，则 M 为债券的转让价格），n 为债券的付息期数，r 为市场利率或必要报酬率。

由此可以看出，决定债券价格的关键在于确定收入现金流和恰当的贴现率。

（1）债券未来收入现金流的确定

确定债券价格的第一步就是全面测算其未来能够带来的现金流，这包括：

① 每期按照约定的息票率进行的票息支付。

② 债券到期时债券的票面金额所具有的价值。

各期票息支付的时间间隔有多种不同的选择方式，如每星期、每月、每季度、每半年或每年等。国家、地区不同，支付习惯也不尽相同。

（2）合理地确定未来收益的贴现率

公式中的未来收益的贴现率是投资者在投资一种债券时，希望得到的回报率，因而也称为"必要报酬率"，其本质实际上是债券的内在到期收益率。该贴现率一般由同期市场利率水平所决定，可以通过对市场中的同一到期日、同一信用等级债券利率的具体考察来确定。市场利率或必要报酬率一般用年利率的形式表示；而贴现率则表示每一个期间的利率值。比如，债券每半年付息一次，则现金流每半年发生一次，若年利率为 8%，则期间利率为 4%（即 8%/2）。

现在通过例子说明债券价格的具体计算：

某公司于 2006 年 8 月 1 日购买一张票面额为 1 000 元的债券，票面利息为 8%，每年 8 月 1 日支付一次利息，并于 5 年后 7 月 31 日到期。若购买时的市场利率为 10%，该债券价格应为

$$P = \sum_{t=1}^{5} \frac{80}{(1+10\%)^t} + \frac{1\,000}{(1+10\%)^5} = 924.28(元)$$

若购买时的市场利率为 8%,该债券价格变为

$$P = \sum_{t=1}^{5} \frac{80}{(1+8\%)^t} + \frac{1\,000}{(1+8\%)^5} = 1\,000(元)$$

这说明,如果贴现率等于息票率。那么债券的价格就是面值。也可以反过来说,如果债券平价销售,那么债券的票面利率等于市场贴现率。

2. 债券价格变动规律

通过债券定价的计算公式,可以发现债券的必要报酬率或市场利率与债券价格之间呈反向变化关系。因为债券价格是未来现金流的贴现值,当债券的必要报酬率或市场利率增加时,未来现金流的贴现值下降。反之亦然,当债券的必要报酬率或市场利率下降时,未来现金流的贴现值上升,因此债券价格上升(见表 5-1)。

表 5-1　20 年期、票息率为 9%的债券的价格与市场利率之间的关系

市场利率/%	40 笔票息支付的现值/美元	1 000 元票面价值的现值/美元	债券价格/美元
5	1 129.62	372.43	1 502.05
6	1 040.16	306.56	1 346.72
7	960.98	252.57	1 213.55
8	890.69	208.29	1 098.96
9	828.07	171.93	1 000.00
10	772.16	142.05	914.21
11	722.08	117.46	839.54
12	677.08	97.22	774.30
13	636.55	80.54	717.09
14	599.53	66.78	666.31

资料来源:Frank J Fabozzi. CFA,Fixed Income Mathematics[M]. IRWIN Professional Publishing.

如果画出债券价格与市场利率或必要报酬率的关系曲线,可以得到图 5-1 表示的债券价格与市场利率或必要报酬率的关系图。

3. 马基尔利率定理

马基尔(B. G. Malkiel)最早系统提出了债券定价的 5 个原理。至今,这 5 个原理仍然被视为债券定价的理论经典。

马基尔第 1 定理　债券的价格和债券的收益率变化方向相反。如果整体利率水平上升,现有债券价格下降。相反,如果整体利率水平下降,现有债券价格上升。原因在于整体利率水平的变化影响债券收益流的货币时间价值效果。

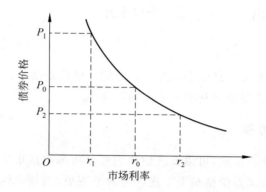

图 5-1　债券理论价格—市场利率特性图

从图 5-1 可以看出,债券的价格与市场利率呈反向变化的关系。也就是说,对于某种特定的债券,市场利率越高,投资者所要求的收益率就越高,从而导致债券价格将越低;反之亦然。

马基尔第 2 定理　由利率下降导致的债券价格上升的幅度大于同等幅度的利率上升导致的债券价格下降的幅度;换句话说,对同等幅度的贴现率变动,贴现率下降给投资者带来的资本利得大于贴现率上升给投资者带来的损失。

从图 5-1 可以看出,当市场利率从 r_0 上升到 r_2 时,债券价格的下降幅度为 (P_0-P_2);当市场利率从 r_0 下降到 r_1 时,债券价格的上升幅度为 (P_1-P_0)。显然,虽然市场利率发生同样幅度的变化 $(r_2-r_0)=(r_0-r_1)$,但它导致的价格上升的幅度 (P_1-P_0) 却大于价格下降的幅度 (P_0-P_2)。也就是说,当市场利率下降时,债券价格将以更快的速度上升;反之,当市场利率上升时,债券价格将以缓慢的速度下降。

马基尔其他 3 个定理将在下一节中予以介绍。

三、固定收益证券的价值分析

在现实的市场交易中,债券的实际价格受种种因素干扰,并不一定等于按其内在价值计算出的理论价格。这种偏离的方向和偏离的程度,将直接影响交易者的具体决策和市场行为。因而应当通过数量化的分析,以正确把握这种偏离。下面就以直接债券为例,说明如何根据债券的内在价值与其市场价格存在的差异,判断当前债券的价格是属于被低估了还是被高估了。

1. 内部收益率(IRR)分析法

前述公式中的贴现率 r 是该债券的必要收益率或市场利率,即根据债券风险大小所确定的"合理的"到期收益率。而对应于该债券即时的市场价格 P，其"实际的"到期收益率为内部收益率 IRR。

如果债券的市场价格为 P，每期支付的利息为 C，到期偿还本金（面值），那么债券市场价格与债券内部收益率之间存在下列关系式：

$$P = \sum_{t=1}^{n} \frac{C}{(1+\text{IRR})^t} + \frac{M}{(1+\text{IRR})^n}$$

如果 $r>$IRR，表明该债券的价格被高估应当卖出，如果 $r<$IRR，则表明该债券的价格被低估，应当买进；当 $r=$IRR 时，说明债券的价格恰好等于债券的价值，市场处于均衡状态。故而在本章各节中若未加以特别说明，则认为该债券的必要收益率或市场率 r 与债券的内部收益率 IRR 是相等的，债券价格与债券价值也是相等的。

2. 净现值（NPV）分析法

如果设债券的理论价格或内在价值为 V，债券的市场价值为 P，定义两者的差额 $V-P$ 为债券投资者的净现值 NPV。其计算公式为

$$\text{NPV} = V - P = \sum_{t=1}^{n} \frac{C}{(1+r)^t} + \frac{M}{(1+r)^n} - P$$

当净现值大于零时，意味着债券的内在价值大于债券价格，该债券被低估应当买进；反之，当净现值小于零时，该债券被高估了，应当卖出套利。

例如，现有面额 1 000 元的 3 年期证券每年利息 60 元，根据对市场上的各种投资工具分析比较之后，甲投资者认为该证券必要的收益率应为 9%，而乙投资者认为必要收益率应是 11%。当市场上该证券的价格为 900 元时，这两个投资者计算出的净现值分别为

$$\text{NPV} = \frac{60}{1+9\%} + \frac{60}{(1+9\%)^2} + \frac{1\,060}{(1+9\%)^3} - 900 = 24.06$$

$$\text{NPV} = \frac{60}{1+11\%} + \frac{60}{(1+11\%)^2} + \frac{1\,060}{(1+11\%)^3} - 900 = -22.19$$

结果，甲投资者认为该证券被市场低估，应当买进该证券，而乙投资者即认为该证券被高估，应当卖出该证券。

由此可见，如何确定必要收益率 r 是上述方法的关键所在，而这往往是投资者根据自己了解的市场情况并结合自己的认识和经验判定的，具有很大的主观性。

3. 总收益分析法

金融资产的投资收益通常包括两个部分：资本利得及现金分配。资本利得是买入和卖出该资产的价格差额。现金分配对于债券型投资来说就是所得利息，对于股票或者基

金型投资来说则是所得红利。

债券利息一般仅指债券面值与息票率的乘积,但是投资者在债券持有期内还可以把利息收入进行再投资,获取利息的利息。因此,债券的总收益除利息收入外,还包括利息再投资所产生的利息和买卖债券的差价,即资本利得。当期收益率只考虑了利息的支付,没有考虑利息的利息和资本利得。到期收益率考虑了利息和资本利得,也考虑了利息的利息,但是它暗含了债券利息可以按与到期收益率相等的利率进行再投资的假设。赎回收益率同样考虑了债券收益的三种潜在来源,但也暗含了利息可以以赎回收益率进行再投资的假设。

由此可以计算出债券的持有期总收益率为

持有期总收益率 = (卖出价格 − 买入价格 + 总的现金分配)/ 买入价格
= (买卖差价 + 利息 + 利息的利息)/ 买入价格

计算债券的总收益应分别计算三部分收益的大小。使用年金终值公式可以得到利息自身与利息再投资所获得的利息之和:

$$利息 + 利息的利息 = C\frac{(1+r)^n - 1}{r}$$

式中,C 为利息;r 为每期再投资利率;n 为距到期日的期数。由于总的利息为 nC,因而有

$$利息的利息 = C\frac{(1+r)^n - 1}{r} - nC$$

其他条件一定时,债券的持有期时间越长,利息产生的利息则越多,占债券总收益的比重就越大;同样,票面利率越高,利息产生的利息就越多,债券总收益将更大程度上依赖于利息再投资所获取的利息。

例如,投资者用 1 108.38 元购买 8 年后到期的某种债券,面值 1 000 元,票面利率 12%,每半年付息一次,下次付息在半年后。如果债券持有至到期日,再投资利率等于到期收益率,则该债券的利息、利息的利息、资本利得分别计算如下:

先求出该债券的到期收益率为 10%,用年金终值公式可以得

利息 + 利息的利息 = 60 × [(1 + 5%)^{16} − 1]/5% = 1 419.45(元)

从而计算出:

总的利息 = (8 × 2) × (1 000 × 12%/2) = 960(元)

利息的利息 = 1 419.45 − 960 = 459.45(元)

资本利得 = 1 000 − 1 108.38 = − 108.38(元)

该债券的总收益 = 1 419.45 − 108.38 = 1 311.07(元)

作为对比,如果投资者有 1 108.38 元本金,以 10% 年利率投资 8 年,每半年一次复利。则 8 年后该投资的收益为

$$1\,108.38 \times (1+5\%)^{16} - 1\,108.38 = 1\,311.07(元)$$

结果与上述债券的总收益完全等同。因此,该债券的总收益率(以年利率表示)就等于到期收益率10%。

4. 动态趋势分析法

对于以上各种债券定价的方法,无论是采用市场利率还是采用必要报酬率,不管是复利现值贴现法还是年金现值贴现法,所选择的贴现率均为贴现计算时的现时贴现率,并未考虑若干年后市场利率或人们预期的必要报酬率的变化趋势。所以,以上债券定价方法从本质上来说均为静态方法,研究的是在其他因素不变的情况下,债券价格与市场利率或必要报酬率之间的静态关系。

但是实证研究却表明,上市交易的许多债券的价格走势其实是一个动态过程,它们变动的方向和变动的幅度,更多地取决于人们对未来市场利率走势的预期,或者人们对未来必要报酬率孰大孰小的估计。实践中,当人们预期市场利率将要提高时,债券价格总是倾向于下跌;反之,当人们预期市场利率将要下降时,债券价格则倾向于上升。在这里,起作用的主要是市场收益率的变化。也就是说,在一个有效的资金市场里,债券市场平均收益率一旦发生变化,作为贴现率的市场利率或必要报酬率也跟着发生变化,并进而引起债券价格的相应变化。

第三节 债券条款及其价格特性分析

债券是一种有价证券,是社会各经济主体为筹措资金而向债券投资者出具的用来证明双方债权债务关系的一种契约。因而其条款不仅明确约定了双方的权利和义务,而且直接影响到债券的定价。这些条款主要有:债券面值、票面利率、到期期限、税收待遇、赎回条款、违约(防范)条款等。详细了解这些条款与债券价格之间的关系,有助于分析债券是否存在被高估或被低估的情况,同时也有利于判断债券未来的价格走势,以便做出正确的投资决策。

债券的内在价值或债券的理论价格基本上依赖于以下4个变量。

(1) 票面价值(face value)。债券到期时债券发行人向债券持有人所支付的金额,又称作债券面值。其性质为投资于债券的本金(principal),或货币资本(money capital),以下用字母 M 表示。

(2) 票面利率(coupon rate)。债券发行人向债券持有人支付的利息占票面金额的比率,又称作息票率,或利息率(interest rate),以下用字母 i 表示。

(3) 到期期限(time to maturity)。从债券的发行日起,至清偿本息的到期日止的这段时间,因而也称为到期时间,往往标记为相应的年数,或期数,以下用字母 n 表示。

(4) 约定收益率(promised return)。也称为债券的必要收益率,是指在确定债券的现值时,对现金流进行贴现时所使用的贴现率,一般取值为相应的即期市场利率,以下用字母 r 表示。

对于以上 4 个变量,其中 r 取决于市场的动态变化,与债券的具体条款无关。r 与债券内在价值 V 之间的关系,已在上节中做了对应的 V-r 分析,这里不再重复。而债券面值 M、票面利率 i、到期期限 N 是影响债券内在的价值的另外三个重要的参数,并且在债券正式发行之前就必须事先予以确定,成为债券条款中最基本的内容组成成分。所以,下面将逐一分析它们与债券内在价值 V 之间的关系。

一、债券面值与 V-M 特性分析

1. 推导 V-M 表达式

为了简化问题,以一年付息一次的定期付息债券为基准,考虑复利的债券定价公式可改写为

$$V_{定} = \sum_{t=1}^{n} \frac{i \cdot M}{(1+r)^t} + \frac{M}{(1+r)^n} = \left[\frac{i}{r} \cdot \frac{(1+r)^n - 1}{(1+r)^n} + \frac{1}{(1+r)^n}\right] M \\ = \left[\frac{i}{r} - \frac{i}{r} \cdot \frac{1}{(1+r)^n} + \frac{1}{(1+r)^n}\right] M = \frac{i}{r} M + \left(1 - \frac{i}{r}\right) \frac{M}{(1+r)^n} \tag{5-1}$$

当取 $n = \infty$ 时,由上式可以推出永续债券定价公式为

$$V_{永} = \frac{i}{r} M + \left(1 - \frac{i}{r}\right) \frac{M}{(1+r)^\infty} = \frac{i}{r} M$$

当取 $i = 0$ 时,代入式(5-1)可以推出零息债券定价公式为

$$V_{零} = 0 \cdot M + (1-0) \frac{M}{(1+r)^n} = \frac{M}{(1+r)^n}$$

当取所有 $t = n$ 时,代入式(5-1)可以推出复利计算的一次性还本付息债券定价公式为

$$V_{本} = \frac{(1+i)^n}{(1+r)^n} M = \left(\frac{1+i}{1+r}\right)^n M$$

2. 当 $i = r$ 时,V-M 特性分析

当票面利率等于市场利率,即 $i = r$ 时,由上述各种债券的定价公式可以得到

$$V_{定} = \frac{i}{r} M + \left(1 - \frac{i}{r}\right) \frac{M}{(1+r)^n} = M$$

$$V_{永} = \frac{i}{r}M = M$$

$$V_{本} = \left(\frac{1+i}{1+r}\right)^n M = M$$

$$V_{零} = \frac{M}{(1+r)^n} \leqslant M$$

由此可以看出，除了零息债券以外，其他各种有息债券在票面利率等于市场利率时，债券价格等于债券面值。即当 $i=r$ 时，有 $V=M$，说明此时债券应当平价出售或平价购入才是合理的。

3. 当 $i<r$ 时，V-M 特性分析

当票面利率小于市场利率，即 $i<r$ 时，将 $i/r<1$ 代入各债券定价公式：

由 $i/r+(1-i/r)/(1+r)^n<1$， 有 $V_{定}<M$
由 $i/r<1$， 有 $V_{永}<M$
由 $(1+i)^n/(1+r)^n<1$， 有 $V_{本}<M$
由 $1/(1+r)^n<1$， 有 $V_{零}<M$

由此可以看出，在票面利率低于市场利率时，各种债券的价格均低于债券面值。即当 $i<r$ 时，有 $V<M$，说明此时债券应当折价出售或折价购入才是合理的。

4. 当 $i>r$ 时，V-M 特性分析

当票面利率大于市场利率即 $i>r$ 时，将 $i/r>1$ 代入各债券定价公式：

由 $i/r+(1-i/r)/(1+r)^n>1$， 有 $V_{定}>M$
由 $i/r>1$， 有 $V_{永}>M$
由 $(1+i)^n/(1+r)^n>1$， 有 $V_{本}>M$
由 $1/(1+r)^n<1$， 有 $V_{零}<M$

由此可以看出，除了零息债券以外，其他各种有息债券在票面利率高于市场利率时，债券价格高于债券面值。即除了零息债券以外，当 $i>r$ 时，有 $V>M$，说明此时债券应当溢价出售或溢价购入才是合理的。

5. V-M 特性综合分析与 V-M 特性图

综合以上各部分 V-M 特性分析的结果可以知道，除了零息债券以外，对于各种有息债券来说，它们的合理定价与债券面值之间的关系为

当票面利率＜市场利率时,债券内在价值＜债券面值,应当折价交易;

当票面利率＝市场利率时,债券内在价值＝债券面值,应当平价交易;

当票面利率＞市场利率时,债券内在价值＞债券面值,应当溢价交易。

对于贴息债券,由于其利息为零,在持有期内债券的内在价值始终低于面值,因而只能是折价交易。

债券面值与其价格之间的关联特性也可以用 $V\text{-}M$ 曲线图加以形象地表达(见图 5-2)。其中 $i=r$ 的 $45°$ 粗斜线代表着 $V=M$ 的平价情况;其右下方为 $i<r$,构成折价区($V<M$);其左上方为 $i>r$,构成溢价区($V>M$)。两条细斜线分别表明在 $i/r=1/2$ 和 $i/r=2$ 时,永续债券($n=\infty$)的 $V-M$ 特性;两条虚斜线分别表明在 $i/r=0.05/0.1$ 和 $i/r=0.2/0.1$ 时,定息债券($n=10$)的 $V-M$ 特性。

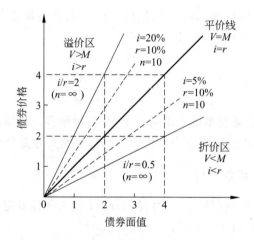

图 5-2 债券价格—面值特性图

二、票面利率与 $V\text{-}i$ 特性分析

1. 推导 $V\text{-}i$ 表达式与 $V\text{-}i$ 曲线

当取 M、r、n 为常量时,根据各债券定价公式可推出相应的 $V\text{-}i$ 表达式与 $V\text{-}i$ 曲线,如表 5-2 和图 5-3 所示。其中 E 为平价点,在该例中横坐标取为 $i=r=6\%$,纵坐标取为 $V=M=100$;当实际数值在相应界限范围内改变时,各公式代表的特性、各曲线原有的形状并不改变,因而具有代表性。

第五章 固定收益证券及其定价

表 5-2 债券价格—票面利率之间的关系及举例

债券种类	$V\text{-}i$ 表达式（$0<i<\infty$）	$V\text{-}i$ 曲线	主 要 参 数
定期付息债券	$V_{\text{定}}=\dfrac{M}{(1+r)^n}+\left[1-\dfrac{1}{(1+r)^n}\right]\dfrac{M}{r}\cdot i$	定息直线：DEF	$n=10$，$M=100$ $r=6\%$
一次还本付息债券	$V_{\text{本}}=\dfrac{M}{(1+r)^n}(1+i)^n$	定息线：DEF′	$n=10$，$M=100$ $r=6\%$
永续债券	$V_{\text{永}}=\dfrac{M}{r}\cdot i$	正比线：OEC	$n=\infty$，$M=100$ $r=6\%$
零息债券	$V_{\text{零}}=\dfrac{M}{(1+r)^n}$ （$i=0$）	零息线：ADO	$0<n<\infty$，$M=100$ $0<r<\infty$
到期债券	$V=M$	平价线：AEB	$n=0$，$M=100$ $0<r<\infty$

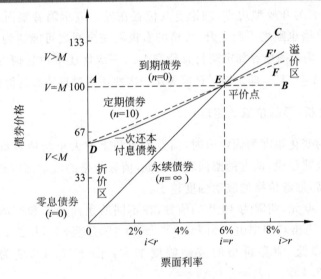

图 5-3 债券价格—票面利率特性图

2. 折价区 $V\text{-}i$ 特性分析

根据前面的分析结果已知，当票面利率 $i<$ 市场利率时，由于债券内在价值 $V<$ 债券面值 M，因此债券应当折价交易（如图 5-2 所示）。而 i 在 $0\leqslant i\leqslant r$ 范围内变化时，折价区域为封闭三角形 $\triangle OEA$（如图 5-3 所示）。

OE 边界：由永续债券 $V\text{-}i$ 特性线的一部分构成，代表着普通债券的价格下限。

AE 边界：由到期债券 $V\text{-}i$ 特性线的一部分构成，代表着普通债券的价格上限（平价线）。

AO 边界：由零息债券 V-i 特性线的一部分构成,表示当 $i=0$ 时,债券只能折价出售,这实质上是用折价差额作为利息的补偿,是折价债券的一种极端情况。

△OEA 内部：为普通债券如定期付息债券 $V_定$、一次性还本付息债券 $V_本$ 的折价范围。当 $i<r$ 时,一般有 $V_定>V_本$,即定期付息债券比一次性还本付债券的价格要高一些。

3. 溢价区 V-i 特性分析

同样根据前面的分析结果已知,当票面利率 $i>$市场利率时,由于债券内在价值 $V>$债券面值,因此债券应当溢价交易(如图 5-2 所示)而 i 在 $r\leqslant i<\infty$ 范围内变化时,溢价区域为开放三角形△CEB(如图 5-3 所示),该三角形各边分别为

CE 边界：由永续债券特性线的一部分构成,代表着普通溢价债券的价格上限。

EB 边界：由到期债券特性线的一部分构成,代表着普通溢价债券的价格下限(平价线)。

CB 边界：此端为开放型边界,理论上其位置在处。表示随着票面利率的不断增大,普通溢价债券的价格也随之不断上升,价格的右极限完全视之可能达到的程度而定。

△CEB 内部：为普通债券如定期付息债券 $V_定$、一次性还本付息债券 $V_本$ 的价格范围。当 $i>r$ 时,一般有 $V_定<V_本$,即定期付息债券比一次性还本付息债券的价格要低一些。

4. V-i 动态分析（马基尔第 3 定理）

当市场利率的变化幅度为固定值时,债券票面利率的大小与债券价格的波动幅度之间成反比关系。也就是说,债券的票面利率越低,债券价格的波动幅度越大；反之亦然,债券的票面利率越高,债券价格的波动幅度越小。

例如面值为 100 元,期限为 10 年的债券,在不同的票面利率和市场利率下的价格变化如表 5-3 所示。当市场利率由 6% 降到 4%、或由 6% 升至 8%,作 2% 的等幅变动时,随着票面利率 i 的降低,债券价格的波动幅度加大：由 +15.4% 变为 +16.2%,或由 -12.8% 变为 -13.4%。

表 5-3 票面利率对债券价格波动幅度的影响

票面利率	相应市场利率下的债券价格			债券价格波动幅度	
	$r=4\%$	$r=6\%$	$r=8\%$	(6%→4%)	(6%→8%)
$i=6\%$	116.2	100.0	86.6	16.2/100.0=+16.2%	-13.4/100.0=-13.4%
$i=7\%$	124.3	107.4	93.3	16.9/107.4=+15.9%	-14.1/107.4=-13.1%
$i=8\%$	132.4	114.7	100.0	17.7/114.7=+15.4%	-14.7/114.7=-12.8%

应当指出的是,对于以上债券价格的波动幅度,是由变动前后的价格差与此时的价位相除而得到的相对比例。其实,票面利率越低,债券价格变动前后的"绝对"差值即变动幅

度的绝对数值也越小,只是价格差减小的速度,(如 17.7→16.2 或由－14.7→－13.4)跟不上相应价位的降低速度(如 114.7→100.0)所以两者相除后得到的相对波动幅度才会变大,属于那种差价变动幅度的"相对"趋大。

三、到期期限与 V-n 特性分析

1. 简化 V-n 计算公式并绘制 V-n 曲线

对本节一开始推得的 4 种债券定价公式,利用其中相同的若干因子之间的关系可将其简化为以下便于计算的形式:

因为
$$V_零 = \frac{M}{(1+r)^n}$$

所以
$$V_本 = \left(\frac{1+i}{1+r}\right)^n M = (1+i)^n V_零$$

又因为
$$V_零 = \frac{i}{r}M$$

所以
$$V_定 = \frac{i}{r}M + \left(1-\frac{i}{r}\right)\frac{M}{(1+r)^n} = \frac{M}{(1+r)^n} + \left[1-\frac{1}{(1+r)^n}\right]\frac{i}{r}M$$
$$= V_永 + \left(1-\frac{i}{r}\right)V_零 = V_零 + \left[1-(1+r)^{-n}\right]V_永$$

现若取债券面值 $M=100$,票面利率 $i=8\%$,而市场利率 r 分别取 6%、8% 和 10%,则可算出当 n 为 1、5、10、15、20 年时对应的债券价格 V 的具体数值,汇总列于表 5-4;并绘出相应的 V-n 曲线图如图 5-4 所示。当在相应界限范围内改变实际数值时,各公式代表的特性、各曲线原有的形状并不改变,因而具有代表性。

表 5-4 债券价格—到期期限之间的关系及举例

债券种类	V-n 计算公式 ($M=100$、$i=8\%$)	市场利率 r	距到期日年数 n				
			1	5	10	15	20
零息债券	$V_零 = \dfrac{M}{(1+r)^n}$ ($i=0$)	6%	94.3	75	56	42	31
		8%	92.6	68	46	32	21
		10%	90.9	62	39	24	15
永续债券	$V_永 = \dfrac{i}{r}M$	6%	133	133	133	133	133
		8%	100	100	100	100	100
		10%	80	80	80	80	80
定期付息债券	$V_定 = V_永 + \left(1-\dfrac{i}{r}\right)V_零$	6%	102	108	115	119	123
		8%	100	100	100	100	100
		10%	98	92	88	85	83

续表

债券种类	V-n 计算公式 ($M=100$, $i=8\%$)	市场利率 r	距到期日年数 n				
			1	5	10	15	20
一次还本付息债券	$V_{本}=(1+i)^n V_{零}$	6%	102	110	121	132	145
		8%	100	100	100	100	100
		10%	98	91	83	76	69

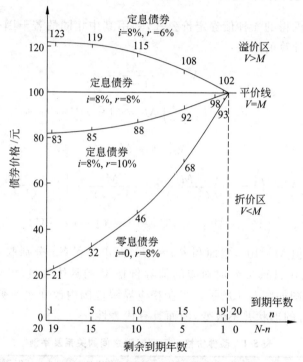

图 5-4 债券价格—到期期限特性图

2. 债券价格与到期期限的 V-n 特性分析

在图 5-4 可以看出,平价线 $V=M$ 满足的主要条件为票面利率 $i=$ 市场利率 r,此时定期付息债券、一次还本付息债券、永续债券的价格等于面值,均与到期期限 n 的大小及其变化无关。而零息债券只有在到期日时债券价格才会等于面值,在整个持续期内其价格均低于面值。

当票面利率 $i>$ 市场利率 r 时,定期付息债券、一次还本付息债券、处于溢价区,债券价格 $V>$ 面值,并且溢价差值均与到期期限 n 的大小有关:当 n 大时,溢价差值大;当 n

小时溢价差值小；当 n 趋于零时，溢价差值也趋于零。永续债券此时亦处于溢价区，但溢价差值仅与比例 i/r 大小有关，与 n 的大小无关。而零息债券则不存在溢价区。

当票面利率 $i<$ 市场利率 r 时，定期付息债券、一次还本付息债券、处于折价区，债券价格 $V<$ 面值，并且折价差值均与到期期限 n 的大小有关：当 n 大时，折价差值大；当 n 小时折价差值小；当 n 趋于零时，折价差值也趋于零。永续债券此时亦处于折价区，但折价差值仅与比例 i/r 大小有关，与 n 的大小无关。而零息债券不但存在折价区，折价差值随 n 变化的规律与定期付息债券、一次还本付息债券相同，且折价差值的幅度为最大，构成折价价格的下限。

3. V-n 动态分析之一（马基尔第 4 定理）

当其他条件不变时，债券的到期时间越长，其价格波动幅度越大；反之，债券的到期时间越短，其价格波动幅度越小。也就是说债券的到期时间与债券价格的波动幅度之间成正比关系。

该定理不但适用于不同债券之间价格波动时的比较，亦可解释同一债券距期满时间长短不同时与其价格波动之间的关系。例如，设存在 5 种期限分别是 1 年、5 年、10 年、15 年、20 年的债券，它们的票面利率均为 8%，面值都是 100 元，其余特性也完全一样。若购买这些债券时的市场利率都为 8%，根据前述公式可算出这 5 种债券的合理价格均是 100 元。如果相应的市场利率上升到 12% 或下降到 4%，这种债券价格的变化幅度则如表 5-5 所示。

表 5-5 到期期限对债券价格波动幅度的影响

距到期日年数	相应市场利率下的债券价格 V			溢价区：8%→4%		折价区：8%→12%	
	$r=4\%$	$r=8\%$	$r=12\%$	差价幅度	上升速度	差价幅度	下降速度
$n=1$	103	100	96	+3	}15	−4	}11
$n=5$	118	100	85	+18	}14	−15	}8
$n=10$	132	100	77	+32	}12	−23	}5
$n=15$	144	100	72	+44	}10	−28	}2
$n=20$	154	100	70	+54		−30	

4. V-n 动态分析之二(马基尔第 5 定理)

债券距到期时间越远,债券价格波动的幅度上升,而且是以递减的速度上升;反之,债券距到期时间越临近债券价格波动的幅度下降,而且是以递增的速度下降。

该定理同样不仅适用于不同债券之间价格波动时的比较,亦可用于分析同一债券的价格波动与其到期时间的关系。例如表 5-5 中,当市场利率由初始的 8% 上升到 12% 时,1 年与 5 年期债券幅度下降 11 元,5 年与 10 年期债券幅度下降 8 元,10 年与 15 年期债券幅度下降 5 元,15 年与 20 年期债券幅度下降仅 2 元。明显表现出由单位时间期限变动引起的边际价格变动率递减。

四、赎回条款及其对债券价格的影响

为了便利债券的销售、增加应对未来不确定性事件的灵活性和保护某些特定方面的利益,许多债券在发行时都会附加一些选择性条款。每一条款实际上都是赋予了发行人或投资人某种期权,使之具有在未来改变债券现金流的一定权利。因此,含有选择性条款的债券价值不同于普通债券的价值。常见的选择性条款有(发行人)赎回条款、(投资人)回售条款、回收延期条款、持有延期条款,以及偿债基金条款、可转换条款等。下面以可赎回条款为例,分析其作用和对债券价格的影响。

很多公司在债券发行时含有可赎回条款,即发行人有权在债券到期日之前将其按约定价格买回。例如,光明公司发行面值 $M=100$ 元,票面利率 $i=8\%$ 的 10 年期债券,在契约条款中说明,本公司有权在 5 年后的任何时间内以 106 元的价格赎回债券。这种选择权的存在,使得该类债券具有下述特点。

1. 价格压制与反向凸性

由前述 V-r 分析知道,普通债券的价格收益曲线是凸向原点的,图 5-5 中的实曲线 AEC 反映了这种特性;而 BEC 曲线则表示在具有可赎回条款时特性改变的情景。当可赎回债券的票面利率 i 远小于市场收益率 $r_{高}$ 时,由于发行人赎回债券的可能性很小,发行人的赎回权对债券的影响不大,此时可赎回债券与普通债券十分类似,其价格收益曲线与普通债券基本重合(实线 EC 段)。随着市场收益率的不断下降,发行人提前赎回债券的可能性越来越大,此时要吸引投资者继续购买这种债券,就必须降低售价以提高投资回报。因而,市场利率水平较低时,赎回条款的存在限制了债券价格原有的上涨幅度,赎回条款的这种作用称为价格压制。价格压制使得不含权债券的正向凸性转变为含权债券的反向凸性(虚线 BE 段),它意味着此时市场利率增加和减少相同幅度时,债券价格减少的幅度变为债券价格增加的幅度,这与普通债券的特性正好相反(见马基尔第 2 定理)。

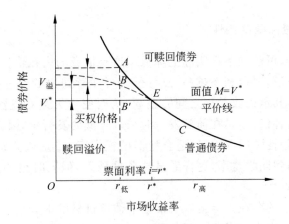

图 5-5　赎回条款对债券价格的影响

2. 买权价格或（看涨）期权费

利用对金融工具的分解组合方法，可以将一笔带赎回条款的债券交易分解为由两笔相互独立的交易组成：首先，发行人以不含权价格将普通债券（不可赎回债券）出售给投资人；然后，发行人向投资人购买该债券可以提前赎回的期权。为此，他须向投资人交纳一笔（看涨）期权费，即"买权"价格的费用金额。这样，站在发行人的角度，可赎回债券的价格将由其收到的不可赎回债券的价格和支出的买权价格两部分组成，三者之间的关系为

可赎回债券价格＝不可赎回债券价格－买权价格

上述三种价格的关系可以在图 5-5 中直观地看出：线段 $Ar_{低}$ 代表不可赎回债券价格，线段 $Br_{低}$ 代表可赎回债券价格，两线段之差 AB 值则代表了两价格之间的差价即买权价格。

3. 持有者利益和赎回溢价

"可赎回"条款是有利于发行人的条款，将选择权给予了发行人，使其在未来决策中具有主动权和灵活性：当公司提前具备了还款能力时，发行人可提前偿还债券，以降低和减少长期债务成本；当市场利率远降到票面利率以下时，公司可利用赎回权放弃高息债券，改为发行低息债券重新融资；当市场利率高居于票面利率之上时，发行人也可不行使赎回权，继续享受由低成本融资带来的好处。但是，这些便利相对于债券持有人来说均是不利的，作为对其损失的回报，一般赎回的债券价格要高于其面值，高出的部分称为"赎回溢价"，如图 5-5 中的线段 BB' 所示。初始赎回价格大多设定为债券面值加上年利息，并且随着到期时间的临近而降低，逐渐接近于面值。

4. 投资补偿及赎回限制条件

对于投资人而言,可赎回条款实际上降低了这类债券的内在价值,进而危及投资者的实际收益率。总的来说,票面利率越高,发行公司行使赎回权的概率越大,这将进一步加大债券投资收益率与其承诺收益率之间的差额,从而使之失去对投资者的吸引力。作为对可能被赎回的风险补偿,一是在债券发行时采取较低的发行价,因为折价债券不但价格诱人,而且还提供了隐性赎回保护,这适合稳健的投资者;二是债券发行时采取较高的票面利率和较高的承诺到期收益率,这样做虽然条件诱人,但同时也加大了风险,因而适合吸引冒险的投资者。

另外,可赎回条款的存在不但压制了市场上债券价格的上升空间,而且增加了双方的交易成本,因而也影响到投资者的实际收益率。为此,该类债券在发行时大多规定了赎回保护期,即发行人不得在保护期内行使赎回权,称为"有限制的"可赎回债券。

五、税收待遇及其对债券价格的影响

由于债券利息的收入纳税与否会直接影响投资者的实际收益率,因而税收待遇也是影响债券市场价格的重要因素之一。在同一国家或地区之内,种类不同的债券可能享受着不同的税收待遇;即便是同种的债券也可能面临不同的税收待遇。

1. 发行主体不同带来的影响

当债券的发行主体不同时,债券所处的纳税地位一般是不相同的,政府机构为便利自己债券的发行,大多对其发行的债券的利息免除收入所得税。而公司债券难以获得这种免税优惠。例如,我国法律规定国债利息不用交纳所得税。美国法律规定,地方政府债券的利息收入可以免缴联邦收入所得税。在其他条件相同时,若债券发行时的价格亦相同,则免税债券持有人的利息收入将高于其他债券持有人,造成其他债券持有人的实际收益小于免税债券持有人的收益。普通债券发行时确定的票面利率通常高于免税债券的票面利率,这相当于提高了其债券的内在价值,降低了发行价格(相对于面值)。

2. 发行价位不同带来的影响

当债券以折价、平价、溢价不同价位发行时,也将面临不同的税收待遇。零息是折价发行的代表,一般认为初始折价发行的债券其价格升值对持有者是一种隐性的利息收入,即使没有发生债券交易或仍未到期,也应归入该年度的税基。对于折价差额应作为普通所得征收所得税。通常用不变利率法计算折价差额中每年必须作为应税利息所得申报的部分,根据着重计算方法,总折价中的一部分将被确定为每年持有该债券的所得,投资人

应就该部分利息所得缴纳所得税。以 20 年期零息债券为例，若面值 1 000 元，市场收益率为 8%，则发行价为 $1\,000/(1+8\%)^{20}=214.55$（元），一年后当市场利率不变时，债券价格成为 $1\,000/(1+8\%)^{19}=231.71$（元），应将差价 17.16 元作为利息收入来纳税。另外，有的国家或地区规定，折价发行的债券其资本的收益的征税在出售或到期时才须缴纳，这样它就具有了推迟利息税收支付的优势，因而在其他条件相同的情况下，该种债券的税前收益率可定得略低于平价或溢价发行的债券。与初始折价发行的债券相反，初始溢价发行的债券则应由发行人缴纳相应所得税。

3. 转让价格变异带来的影响

在债券发行后的持续期内，如果发生了转让交易，则由市场利率变动引起的额外损失或收益被视为资本利得(capital gains)。该收益是资本价值的增加或购入成本与出售价格之间的差额，也称为资本收益。资本利得税，简称 CGT，是指对于出售资产所获收益而课征的税赋。对于上例 20 年期零息债券，若一年后市场收益率为 7.9%，债券价格变为 $1\,000/(1+7.9\%)^{19}=235.83$（元），如果债券被转让，价差 $235.83-231.71=4.12$（元）作为资本收益应以相应税率纳税；若债券没有转让，则 4.12 元的差价作为未实现的资本利得可不纳税。

对于最初以平价发行，但后来在市场上折价转让的普通付息债券，投资人一般需要分折价和正常利息所得两个部分缴纳所得税，通常用不变利率法或直接法将折价部分按债券的剩余期限进行平摊，每年以折价差额的一部分作为额外利息所得缴纳所得税。

4. 负债和股本差异带来的影响

从公司筹措资金的角度分析，负债和股本虽然同是资金的来源，但有着本质的不同，因而各国在税收政策上也都表现出来明显的差别。股息属于公司自身所得的利益分配，所以应当发生在缴纳所得税之后，即所谓"税后分红"；而股息的偿付则被看成是企业的费用支出，应当发生在缴纳所得税之前，即所谓"税前还债"，因此可以从税基中扣除。另外，两者所具有的法律地位也完全不同。对于债券来说，还本付息是一种法律义务，若到期不能足额地偿还本金和利息，发债公司必将面临严重的法律纠纷。

六、违约风险、信用评级和债券估价

1. 违约风险对债券估价的影响

债券的违约风险也称信用风险，是指发行人不能按债券契约的规定按期支付本金和利息，而给投资者带来损失的可能性。除了政府债券以外，一般债券或多或少都会有信用风险，只不过风险的大小程度不同而已。作为对投资者的补偿，如果存在着较高的违约风险,那么就要求较高的风险溢价。因此债券的违约风险越高,对其预期的必要收益率、贴现率也相应越高,即在其他条件相同的情况下,债券的交易价格越低;反之亦然。

2. 信用评级对债券估价的影响

债券的信用评级是指由专门从事信用评级的机构依据一定的标准对债券的等级进行客观公正的评定。

债券评定的信用级别是反映债券违约风险程度的重要指标。在各国实践中,一般并不强制债券的发行者必须取得债券的信用评级,但是在发达的证券市场上,没有经过信用评级的债券往往不会被广大投资者所接受而难以销售。所以债券的发行者大多都自愿向债券评级机构申请评级。债券通过信用评级一方面可以向厉害相关者(交易者、持有者、监督着、合作者)提供有价值的信息,降低信息搜集成本、保护投资者利益、规避风险。另一方面,它对发行者减少融资成本也具有重要意义。一般认为,信用级别越高的债券,到期还本付息面临的风险越低,所以,对其要求的风险溢价也可以削减,从而降低了必要收益率(贴现率),即在其他条件相同的情况下,债券的发行价格趋于升高;反之亦然。

3. 债券评级主要考虑的因素

评级机构在评价债券级别时,主要从以下几个方面进行分析。

(1) 行业分析,公司发展前景及经营稳定性。例如发行人所处行业的状况,"朝阳行业"还是"夕阳行业",发行人在行业中所处的地位、发展前景、竞争能力、经营管理情况、资源供应的可靠性等。

(2) 财务分析,例如公司当前和以往的财务状况、资本构成的安全性、内部审计体制、偿债能力、盈利能力、周转能力和财务弹性等,及其未来持续的稳定性和承受市场非预期变动的能力。

(3) 契约分析,债券发行的约定条件。例如发行债券有无担保及其他限制条件、债券的期限、还本付息方式、债券索赔权的次序或优先级。

(4) 对外国或国际性证券市场上发行债券,还要进行国际风险分析,主要是进行政治风险的和社会经济风险的分析,作出定性判断。

(5) 发行人在国家政治经济中的重要性、国家和发行人的关系、发行人随时间演化的信用度、遵守承诺的历史记录等。

4. 债券评级机构与等级划分

当前,国际上著名的评级机构有美国的标准普尔公司、穆迪投资服务公司,英国的国际银行业和信贷分析公司和日本公司债研究所等。我国的信用评级机构主要有中诚信国际信用评级公司、大公国际资信评估有限公司、上海远东、深圳鹏远等信用评估机构。其中标准普尔公司和穆迪公司是国际上公认的最具权威性的信用评级机构,其评级的债券非常广泛,包括地方政府债券、公司债券、外国债券等。由于拥有详尽的资料,采用先进的科学分析技术,又有丰富的实践经验和大量专门人才,因此他们所做出的信用评级具有很高的权威性。表5-6列出了两家公司所使用的债券评级类别。

表 5-6 常见债券信用等级及其含义

标准普尔 (S&P)	穆迪公司 (Moody)	性质	债券级别 (等级含义)	债券评级标准 (信用风险大小说明)
AAA	Aaa	投资性	最高级	安全性最高,还本付息能力极强
AA+ AA AA−	Aa1 Aa2 Aa3	投资性	高级	安全性很高,还本付息能力很强, 长期风险略大于最高级
A+ A A−	A1 A2 A3	投资性	中高级	安全性较高,还本付息能力较强, 但当经济形势逆转时,较为敏感
BBB+ BBB BBB−	Baa1 Baa2 Baa3	投资性	中级	安全性一般,还本付息能力中等,当经济形势逆转时,更易受影响,支付能力将下降,有一定投资风险
BB+ BB BB−	Ba1 Ba2 Ba3	投机性	中低级	有投机因素,但投机程度较低,尚能还本付息,投资风险较大
B+ B B−	B1 B2 B3	投机性	投机级 (半投机性)	还本付息能力低,投资风险大,一般不值得正式投资
CCC+ CCC	Caa	高投机性	完全投机级 (投机性)	还本付息能力很低,可能违约,投资风险很大
CC	Ca	高投机性	最大投机级 (极高投机性)	经常违约,投资风险极大
C	C	高投机性		还本付息能力极低,投资风险最大
CI		高投机性		专门用于不支付利息的收益债券
DDD DD D		高投机性	(极端投机性)	已经发生了支付违约的债券,或已提出了破产申请,履约无望

债券评级结果用一定编码规则的字母组合表示,两家机构等级划分大同小异。其中

AAA(Aaa)级债券具有最高质量和最低违约风险,D级是最低级别债券,它表明发行公司无法履行还本付息的义务。

前四个级别债券信誉高,违约风险低,被称为投资性债券(investment grade);第五级开始的债券信誉低,违约风险高,被称为投机债券(speculative grade)或称为垃圾债券(junk bonds)。

需要特别注意的是,债券评级的对象是信用风险,不包括其他类型风险。债券评级是针对公司发行的某种特定的债券进行的,而不是对发行债券的公司进行评级。例如,某家公司的整体财务状况不佳,但是如果它发行的债券是足额的资产作为抵押或者有实力雄厚的机构作为担保人,则该公司发行的债券仍是高等级的。

第四节 固定收益证券的不确定性分析

在固定收益证券的发行、流通过程中,通常伴随着诸多的风险和不确定性,其中利率变化最终导致的价格波动,给交易各方带来的影响往往是最大的。本节所讨论的固定收益证券的不确定性,就是指由于利率改变造成债券收益率变化从而引起的债券价格的波动情况。这类不确定性的分析指标目前主要有两种:久期(duration)和凸性(convexity)。

一、久期和债券价格的利率弹性

1. 平均到期期限与久期

债券的到期期限越长,其现金流基于利率的贴现程度就会越明显,债券的利率风险也将越大。相比较支付金额不同、支付次数不同的各种债券时,可以推想到,对于那些未来现金流的平均支付时间较长的债券,其相应的利率风险也将较大。关于平均支付时间的变量方法之一可选用"到期期限",它是把未来的现金流支付额作为权重,对支付时间进行加权平均而计算出的时间长度。设 $c_1, c_2, \cdots, c_n$ 是对应于时刻 $1, 2, \cdots, n$ 的支付额,则平均到期期限 $\bar{t}$ 的计算公式为

$$\bar{t} = \frac{\sum_{t=1}^{n} t \cdot c_t}{\sum_{t=1}^{n} c_t} \tag{5-2}$$

平均到期期限的缺点是没有考虑不同时期现金流的时间价值。计入时间价值的利率敏感性度量指标之一是久期,最早由 F. R. Macaulay 提出,所以又称为 Macaulay 久期,记为 D。它以支付额的贴现值为权重对未来一系列支付时间计算其加权平均值,相应的公式为

$$D = \frac{\sum_{t=1}^{n} t \cdot c_t (1+r)^{-t}}{\sum_{t=1}^{n} c_t (1+r)^{-t}} \qquad (5-3)$$

式中,$(1+r)^{-t}$ 为贴现因子;r 为给定的利率或收益率;t 为第 t 次支付。

从式(5-3)可以看出:

(1) 当 $r=0$ 时,$D=\bar{t}$,所以平均到期期限是久期的特例。

(2) 零息债券的到期期限就是它的久期,因为零息债券只在到期日发生唯一一次支付,因而其加权平均期限即为其到期期限,如表 5-7 和图 5-6 所示。

表 5-7 债券的久期、利率弹性诸计算公式

债券种类	久期 $D=-ME_r$(债券价格的修正利率弹性)	修正久期 $MD=\dfrac{D}{1+r}$	债券价格的利率弹性 $E_r=-\dfrac{r}{1+r}D=\dfrac{r}{1+r}ME_r$
定期付息债券	$\dfrac{1+r}{r}-\dfrac{(1+r)+n(i-r)}{i[(1+r)^n-1]+r}$	$\dfrac{1}{r}-\dfrac{1+n(i-r)/(1+r)}{i[(1+r)^n-1]+r}$	$\dfrac{1+n(i-r)/(1+r)}{i[(1+r)^n-1]/r+1}-1$
固定期限年金	$\dfrac{1+r}{r}-\dfrac{n}{(1+r)^n-1}$	$\dfrac{1}{r}-\dfrac{n/(1+r)}{(1+r)^n-1}$	$\dfrac{n\cdot r/(1+r)}{(1+r)^n-1}-1$
平价债券	$\dfrac{1+r}{r}\left[1-\dfrac{1}{(1+r)^n}\right]$	$\dfrac{1}{r}\left[1-\dfrac{1}{(1+r)^n}\right]$	$\dfrac{1}{(1+r)^n}-1$
永续债券	$\dfrac{1+r}{r}=\dfrac{1}{r}+1$	$\dfrac{1}{r}$	-1
零息债券	n	$\dfrac{n}{1+r}$	$-r\dfrac{n}{1+r}$

(3) 其他典型债券的久期计算公式列于表 5-7,不再加以推导。相应曲线如图 5-6 所示。

(4) 如果现金流不随利率变动而变动,则久期 D 是利率 r 的减函数(证明从略)。

2. 修正久期及有效久期

债券的合理价格为其未来产生的现金流 $(c_1,c_2,\cdots,c_n)$ 的价值之和,一般表达式可写为

$$P=\sum_{t=1}^{n} c_t (1+r)^{-t} \qquad (5-4)$$

债券价格 P 随利率 r 变动的变化率即为其一级导数 $\mathrm{d}P/\mathrm{d}r$,并可推得

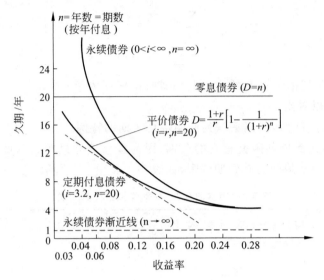

图 5-6 债券久期—收益率曲线图

$$\frac{\mathrm{d}P}{\mathrm{d}r} = -\sum_{t=1}^{n} t \cdot c_t (1+r)^{-t-1} = -\frac{\sum_{t=1}^{n} t \cdot c_t (1+r)^{-t}}{P} \cdot \frac{P}{(1+r)} = -\frac{D \cdot P}{1+r}$$

两边同除以 P,变为

$$\frac{\mathrm{d}P/P}{\mathrm{d}r} = -\frac{D}{1+r} = -MD \tag{5-5}$$

现定义修正久期为 $D/(1+r)$,并记为 MD。则式(5-5)表明了修正久期就是单位收益率 $\mathrm{d}r$ 变动下债券价格变动的百分比 $\mathrm{d}P/P$,负号则指出了两边的变化方向相反。修正久期越大,债券价格波动就越大。修正久期反映了利率变动对债券价格的影响强度,是一个利率敏感性度量。它有以下性质:

(1) 当 $r=0$ 时,$MD=D=\bar{t}$。

(2) 几种典型债券的修正久期计算公式列于表 5-7,不再加以推导。相应曲线如图 5-6 所示。

(3) 修正久期是利率的减函数(证明从略)。

在实际应用中,用差分 ΔP、Δr 近似代替式(5-5)中的 $\mathrm{d}P$、$\mathrm{d}r$,则有

$$\frac{\Delta P}{P} = -\frac{D}{1+r}\Delta r = -MD \cdot \Delta r \tag{5-6}$$

如果已知某债券的久期 D 或修正久期 MD,即可由式(5-6)算出在利率变动 Δr 时,所导致的债券价格变动的百分比 $\Delta P/P$。

若进一步考虑到利率增加或减少相同幅度时,债券价格的变化幅度并不相同,可以取价格变化和利率变化的平均值: $\Delta P = P^+ - P^-$, $\Delta r = r^+ - r^-$ 此时的久期称之为有效久期或实际久期,记为 ED。

$$ED = -\frac{\Delta P/P}{\Delta r} = -\frac{(P^+ - P^-)/P_0}{r^+ - r^-} = \frac{P^- - P^+}{P_0(r^+ - r^-)} \tag{5-7}$$

式中: P_0 为债券的初始价格; P^+ 为收益率增加一半基点时的债券价格; P^- 为收益率减少一半基点时的债券价格; r^+ 为初始收益率加上一半基点; r^- 为初始收益率减去一半基点。

最后需要说明的是,用式(5-6)和式(5-7)计算的结果只是近似值,是用斜率不变的直线替代局部的曲线。当利率变化较大时,误差增加,久期趋于失效。

3. 债券价格的利率弹性和修正利率弹性

所谓弹性,一般是指反应程度,即在两个具有函数关系的变量之间,其因变量对自变量变化的反应敏感度。或者说因变量的变动幅度(变动的百分比)与自变量变动幅度之间的比例关系。

债券的利率风险亦可用债券价格的利率弹性加以度量,如果将其记为 E_r,则有

$$E_r = \frac{\mathrm{d}P/P}{\mathrm{d}r/r} \tag{5-8}$$

式中,分子和分母分别表示债券价格和债券收益率的变动百分比。由式(5-5)和式(5-8)可以推出

$$E_r = \frac{\mathrm{d}P/P}{\mathrm{d}r/r} = -\frac{r}{1+r}D \tag{5-9}$$

从而得到

$$\frac{\mathrm{d}P}{P} = E_r \cdot \frac{\mathrm{d}r}{r} = -D \cdot \frac{r}{(1+r)} \cdot \frac{\mathrm{d}r}{r} = -D \cdot \frac{\mathrm{d}r}{(1+r)} \tag{5-10}$$

式(5-10)表明,对于给定的利率变动幅度,久期越大,债券价格的相对波动幅度将越大。这与前述的马基尔第 4 定理是一致的。

由式(5-9)还可以直接推得

$$D = -\frac{1+r}{r}E_r = -\frac{\mathrm{d}P/P}{\mathrm{d}r/(1+r)} = -\frac{\mathrm{d}P/P}{\mathrm{d}(1+r)/(1+r)}$$

其中,取 $\mathrm{d}r = \mathrm{d}(1+r)$。根据 $\frac{\mathrm{d}P/P}{\mathrm{d}(1+r)/(1+r)}$ 与 $\frac{\mathrm{d}P/P}{\mathrm{d}r/(1+r)}$ 的对应性,可将前者定义为债券价格的修正利率弹性,记为 ME_r。它与利率弹性和 Macaulay 久期的关系为

$$ME_r = \frac{\mathrm{d}P/P}{\mathrm{d}(1+r)/(1+r)} = \frac{1+r}{r}E_r = -D$$

这说明 Macaulay 久期其实就是负的修正利率弹性,负号恰好表明了债券价格 P 与 $(1+r)$ 的变化方向相反。从而明确揭示了 Macaulay 久期本质上就是一种衡量债券价格利率敏感性的指标,而不仅仅是一种期限。修正利率弹性 ME_r 与一般利率弹性 E_r 的区别在于,E_r 只涉及利率本身变化幅度 Δr 带来的相对改变比例 $\Delta r/r$;而 ME_r 则进一步考虑到了本金所占的比例,采用的是本息总变化幅度 $\Delta(1+r)$ 带来的相对改变比例 $\Delta(1+r)/(1+r)$。所以,ME_r 与 E_r 之间的比例因子为 $(1+r)/r$。各种典型债券的 ME_r、E_r 计算公式列于表(5-7)。

二、久期的变化规律及应用

表(5-7)中的诸公式所含的基本因子有 r,i,n 三项,分别表示的是到期收益率、票面利率和到期期限。它们是影响债券价格利率敏感性的三大重要因素,使久期呈现以下的变化规律。

1. 久期的变化规律

(1) 当其他因素不变时,到期收益率越低,各种付息债券的久期越长。这是因为到期收益率越低时,后期现金流的现值将越大,在整个债券价格中所占的比重也越高,加大了时间的加权平均值。使久期越长。但是零息债券的久期始终等于到期期限,不受到期收益率变化的影响。

(2) 当其他因素不变时,票面利率越低,各种的付息债券的久期越长。这是由于票面利率越低时,相当于减少了早期支付、使后期现金流占债券价格的比重加大,提高了时间的加权平均值。造成久期加长。因此,零息债券的久期比起其他条件相同的付息债券来说都要长。

(3) 当其他原因不变时,一般到期期限越长,债券的久期越长。但是,久期并不一定总是随着到期期限的增加而增加。对于折价幅度很大或收益率很高的一类债券,久期有可能随着到期期限的增加而缩短。并且,除了零息债券的久期与到期期限同增同减之外,一般付息债券的久期增长速度要慢于到期期限的增长速度。亦即到期期限增长一年时,久期的增长不到一年。

2. 久期的应用

在证券投资和风险管理等领域,久期经常被用于债券估值、价格波动分析以及对冲策略、免疫策略等方面。

(1) 对冲策略(hedging strategles)

所谓对冲策略是指投资者持有某种债券头寸时,可以通过持有其他债券的相反头寸来抵补前者存在的风险暴露。这就要求投资者在进行组合时,必须使得两者的价格波动大小相等,方向相反。

持有债券头寸会面临利率风险,这时投资者可以借助另一种债券的反向头寸来对冲利率风险。久期既然反映了债券的波动性,因而可以借助于久期来计算对冲策略中的对冲比率 h。

$$h = \frac{MD_A P_A \Delta r_A}{MD_B P_B \Delta r_B}$$

式中,MD_A,MD_B 为两种债券的修正久期;P_A,P_B 为两种债券的价格;Δr_A,Δr_B 为两种债券的收益率的改变量。

(2) 免疫策略(immunization strategies)

前面已经分析过,债券的收益来自于利息收入、利息的再投资收益和资本利得(或损失)三个部分;如果利率上升,利息的再投资收益会增加;但若投资期短于债券的持续期,则转让债券时因其价格下降,会带来资本损失。反之,如果利率下降,利息的再投资收益会减少;但同时由于债券的价格的升高,又会带来资本利得。这明确显示出,因利率变动造成的利率风险和再投资风险,对于投资者的收益形成的效应是可以相互抵消的。这说明我们有可能找到某种债券或债券组合,使得投资者在购买债券之时就能够锁定未来的收益率,而无论利率将发生何种变化。我们把这种策略叫防范利率变化的免疫策略。免疫方法的关键点就是使所选择的债券的组合的 Macaulay 久期等于投资期限。

三、凸性及其应用

1. 债券凸性的概念

债券价格是收益率(利率)非线性函数。通过前期的各种久期的数学推导式可以看出,用久期估算债券价格的波动性,实质上是在用其价格收益率曲线的切线作为价格收益率曲线本身的近似,如图 5-7 所示。由于价格收益率曲线是凸向坐标原点的,这样替代的方法在收益率变动很小的时候误差不大,但是如果收益率较大的时候误差就会很大。从图 5-7 可以明显看到,在收益率下降时会低估价格的上升,在收益率上升时则会高估价格的下降,误差等于曲线和直线间的垂直距离(ΔP)并且收益率越大($r_1 - r_0 > r_1' - r_0$)直线和曲线间的距离也就越大,即误差越大($\Delta P_2 > \Delta P_1$),对应的久期称为货币久期。

所以,当收益率变化较大时,为了更准确地计算债券价格的变化,必须考虑价格收益率曲线的凸性性质。为此,对债券价格进行二阶泰勒展开可以看到

$$dP = \frac{dP}{dr} dr + \frac{1}{2} \frac{d^2 P}{dr^2} (dr)^2 + \varepsilon$$

式中,ε 为误差项。

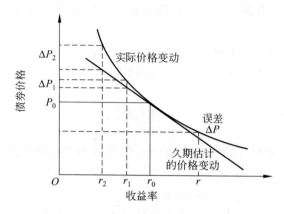

图 5-7 债券凸性造成的估价误差图

将等式两边同除以 P，可以看到价格变化百分比的表达式：

$$\frac{dP}{P} = \frac{dP}{dr}\frac{1}{P}dr + \frac{1}{2}\frac{d^2P}{dr^2}\frac{1}{P}(dr)^2 + \frac{\varepsilon}{P} \tag{5-11}$$

式中,右边第一项是用修正久期来估计价格的百分比变动,第二项就是用来表示价格收益率曲线的凸性特征的项,一般称 $\frac{d^2P}{dr^2}\frac{1}{P}$ 为债券的凸度。

用式(5-11)求债券价格的二阶导数,并除以 P 可得凸度的计算公式：

$$\frac{1}{P}\frac{d^2P}{dr^2} = \frac{1}{P(1+r)^2}\sum_{t=1}^{n}\frac{t(t+1)c_t}{(1+r)^t}$$

式中,P 为债券价格;r 为到期收益率;n 为距到期日的期数;t 为现金流发生的期次;c_t 为第 t 期现金流。

要注意,该式计算出的是以期数为单位的凸度。如果一年内付息次数为 m,则凸度的年度值为：原凸度值$/m^2$。

2. 凸性的变化规律

根据债券凸性、久期、导数的有关表达式可以推出凸性在变化时遵循以下规则：

(1) 收益率增加,债券的货币久期减小;收益率减小,债券的货币久期增加。这一点我们可以从前面凸度和货币久期的关系中看出(见图 5-7)。

(2) 给定收益率和持续期,债券票面利率越低,其凸度将越大。

(3) 久期增加时,凸度将以加速度增加。

(4) 在收益率和持续期一定的时候,票面利率越大,债券的凸度越小;票面利率越小,债券的凸度越大。

(5) 给定收益率和修正久期,债券的票面利率越低,其凸度将越小,并且以同等情况下的零息债券的凸度为最小。

3. 凸性的应用

在债券估值、价格波动等方面,应用凸性或将久期与凸性分析加以结合,可以得到更准确的结果。除此之外,凸性还经常用于债券组合的绩效评估、风险免疫等过程。

(1) 债券投资选择

当市场利率波动较大时,债券的凸性不同,债券价格的变化幅度和方向也很不相同。如图 5-8 所示的 A、B 两种债券,对应于初始价格 P_0 和收益率 r_0,它们的久期是相同的(切线重合斜率相同)。但由于两者的凸度不同,债券 A 的凸度明显大于债券 B 的凸度,因此当利率下降时($r_0 \to r'$),债券 A 的价格增值大于 B 的增值($P'_A - P_0 > P'_B - P_0$);而当利率上升时($r_0 \to r''$),债券 A 的价格贬值小于 B 的贬值($P_0 - P''_A < P_0 - P''_B$)。所以在任何情况下,债券 A 都优于债券 B。这说明,对应于一般债券的"正凸性",如果其他条件不变,债券的凸度越大,对投资者就越有利(对于特殊债券的"负凸性"区域,结论刚好相反)。这可以作为债券投资选择的准则之一。

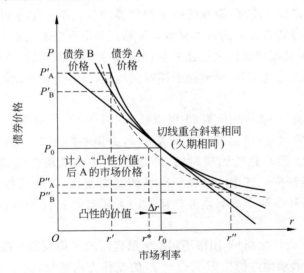

图 5-8 凸性对债券的影响及其估值图

(2) "凸性"估值与交易决策

在上例中,债券所具有的"正凸性"造成了债券 A 在任何情况下均优于债券 B,使之在交易时对投资者更富有吸引力。因而,市场在对这两种债券定价时,必然会考虑到由于凸性不同所带来的价值优劣差别,亦即市场会对凸性本身进行估值或定价。在有效的市场里,一般来说投资者要为凸性较高的债券 A 付出代价,大多数情况下是降低债券本身的收益率。如图 5-8 所示,在市场价格相同时,债券 A 的预期收益率 r^* 将小于债券 B 的预期收益率 r_0,这种收益率之间的差值就是所谓的"凸性成本",或"凸性价值"。

当然,凸性的这种价值具有相对性,若投资者预计市场收益率变动很小,相对于债券 B 来说,债券 A 的吸引力并不大,凸性的价值就会很小;若投资者预计市场收益率变动很大时,凸性的价值则将很大,债券 A 可以在更低的收益率水平上交易。市场如果对于凸性的定价过高,即债券 A 比债券 B 的收益率小得多,则会造成预计未来仅发生低收益率波动的投资者"出售凸性",即卖出 A 债券,买入 B 债券。

本章小结

1. 固定收益证券可提供固定数额或按固定公式计算的现金流。它在金融工程中占有重要地位,一是因其具有相对稳定的现金流、并且便于组合,成为公司理财和管理风险的首选工具;二是它的市场价格与市场利率密切相关且呈反向联系,成为跨品种套利、跨国界套利的有力工具;三是其品种设计灵活便捷多样化,成为金融创新主要手段。

2. 马基尔债券定价 5 原理:债券的价格和债券的收益率变化方向相反;同等幅度变动时,贴现率下降给投资者带来的资本利得大于贴现率上升带来的损失;债券票面利率的大小与债券价格的波动幅度之间成反比关系;债券距到期时间越远,债券价格波动的幅度上升,而且是以递减的速度上升;债券距到期时间越近,债券价格波动的幅度下降,而且是以递增的速度下降。

3. 债券的内在价值(或理论价格)主要依赖于 4 个变量:债券面值或票面金额 M,其性质为投资于债券的本金;票面利率或利息率 i,为债券的单位面值利息额;到期期限 n,从债券发行日至清偿本息的到期时间;约定收益率 r,求现金流现值时采用的贴现率,一般取即期市场利率。其中 r 取决于市场的动态变化,为非可控参数;M,i,n 由发行人事先确定,为可控参数。影响债券价格的因素还有选择性条款、税收待遇、信用评级等。

4. 债券的久期(或持续期)是用市场利率 r 贴现时的平均到期期限,其数值等于负的修正利率弹性,负号表明债券价格 P 与 $(1+r)$ 的变化方向相反,揭示了久期本质上是一种衡量债券价格利率敏感性的指标。久期常用于债券估值、价格波动分析以及对冲策略、免疫策略。凸性是债券价格/利率关系的二阶描述,应用凸性或将久期与凸性分析结合,可以得到更准确的结果。凸性常用于债券投资选择、"凸性"估值与交易决策。

第五章 固定收益证券及其定价

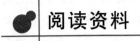

国开债中标利率稍高于预期

3月18日,国家开发银行就该行2014年第1~5期固息金融债进行了新一轮增发招标。受流动性谨慎预期影响,5期国开债中标收益率均稍高于市场预期均值。

国开行2014年第1~5期金融债分别为3年、5年、7年、1年和10年期固息品种。来自中债网和交易员的信息显示,上述1~10年期品种的中标参考收益率分别为4.5519%、5.1232%、5.2986%、5.4806%、5.5304%,较此前机构给出的预测中值分别高出2BP、1BP、2BP、5BP、3BP;全场认购倍数分别为2.17、2.80、2.33、2.27、2.09。从发行结果来看,中短端品种定位与市场预期水平偏差不大,7年和10年等中长端则相对高出预期较多,整体投标氛围比周一农发债谨慎。

分析人士指出,近期债券一、二级行情相继出现降温势头,症结仍在于流动性谨慎预期。数据显示,2月金融机构新增外汇占款由1月的4374亿元骤降至1282亿元。鉴于人民币汇率波幅放宽,央行或不再坚守相对稳定的升值模式,市场预期未来外汇增长形势不乐观。同时,央行周二继续开展1000亿元正回购,在本周到期量减少情况下,回笼力度不减令机构愈发相信资金面最宽松阶段已经过去。此外,近几周利率债供给持续高企,正逐渐消磨掉机构配置热情。

另据公告,国开行将于3月21日继续增发2014年第1期3年期和第3期7年期固息金融债各不超过50亿元。

资料来源:http://www.zhonghua-pe.com/2014/0319/76759.html。

摩根大通:美国短期固定收益市场投资策略

核心观点:利率在今年会随着美联储继续收缩QE而上升,但短期固定收益市场的需求仍会保持强劲。不过考虑到很多交易产品的息差在过去几年中收窄,2014年很难出现高水平的投资回报。建议继续寻找不同品种间的相对价值变化,或者进入高风险领域寻找信用能力良好的品种。

交易策略:增持国债对国库券

13个月内的国债供给量预计在2014年达到顶峰,但其余额增速仍然高于国库券。目前即使已经支付了倒数第2期利息的国债仍然在以低于国库券的价格交易。

增持抵押商业票据对银行无担保商业票据和资产支持的商业票据

抵押商业票据有银行担保,因此能够通过直接的银行风险敞口得到3~10个基点的收益。另外,由于银行要继续努力满足巴塞尔Ⅲ的流动性覆盖率要求,抵押商业票据的供给会逐渐增加,给投资者带来更多获得银行风险敞口的机会,而无担保商业票据和资产支持的商业票据都无法满足这个需求。

增持1~3年AAA级消费资产支持证券(ABS)对机构债券

两者的评级都是AAA,但是ABS目前的息差远高于机构债券,提供了一个更高收益的替代品。可以考虑处于资产结构中间部位、较低评级的ABS。目前ABS市场上的买方存在意见分歧:一些在寻找国债的替代品;另一些在寻找更大的利差。结果是位于中间位置(如A评级)的ABS无人理睬,利差过大。

高评级固定利率公司债:增持BBB级对其他评级

由于在高评级债券中,评级最高的债券今年以来已经上涨不少,建议投资者在BBB级固定利率公司债中寻找机会,因为BBB级与A级的对LIBOR零波动利差达到50个基点。

增持欧洲银行对其他国家银行债券

到今年为止,1~3年核心欧洲银行固定利率债券对LIBOR零波动利差已经收窄到45个基点,他们仍比其他银行扬基债券的高出15~50个基点。

高评级浮动利率公司债:增持3年期美国银行债、券商债券对非金融企业债

浮动利率债券的折价水平已经达到危机后的最窄水平,我们继续看好金融机构对非金融企业的长期浮动利率债券,特别是美国银行和券商。比如3年期美国银行和券商的收益率就高于非金融企业25~40个基点。不考虑银行类的浮动利率扬基债券,是因为这些浮动利率债券主要以加拿大和澳大利亚银行为主,折价太少。如果欧洲核心银行增加浮动利率债券的发行量,我们会建议投资者考虑这些债券。

资料来源:http://www.yicai.com/news/2014/03/3603903.html。

 复习思考题

一、问答题

1. 简述债券的基本特点和主要类型。
2. 比较市场利率、贴现率、必要收益率和内在收益率的含义关联与区别。
3. 结合 V-r 分析,说明债券价格变动规律和债券定价的基本原理。
4. 简述债券的 V-i、V-n、V-M 特征分析及应用。
5. 赎回条款、税收待遇、信用评级如何影响债券价格?

6. 什么是债券的久期、修正久期和凸性？它们有何关联与区别？

二、选择题

1. 债券价格受市场利率的影响,若市场利率上升,则( )。
   A. 债券价格下降　　　　　　　　　B. 不变
   C. 债券价格上升　　　　　　　　　D. 难以确定

2. 债券到期收益率计算的原理是( )。
   A. 到期收益率是能使债券每年利息收入的现值等于债券买入价格的贴现率
   B. 到期收益率是购买债券后一直持有到期的内部收益率
   C. 到期收益率是债券利息收益率与资本利得收益率之和
   D. 到期收益率的计算要以债券每年年末计算并支付利息、到期一次还本为前提

3. 如果债券不是分期付息,而是到期时一次还本付息,那么平价发行债券,其到期收益率( )。
   A. 高于票面利率　　　　　　　　　B. 低于票面利率
   C. 与票面利率相同　　　　　　　　D. 与票面利率有可能不同

4. 当市场利率上升时,长期固定利率债券价格的下降幅度( )短期债券的下降幅度。
   A. 不确定　　　B. 小于　　　C. 等于　　　D. 大于

5. 在下列数据范围内,债券( )的修正久期最大。
   A. 5年期,票面利率9%　　　　　　　B. 8年期,票面利率9%
   C. 5年期,票面利率6%　　　　　　　D. 8年期,票面利率6%

6. 贴现债券的麦考莱久期等于该债券的( )。
   A. 到期期限　　　　　　　　　　　B. 到期期限的一半
   C. 无法计算　　　　　　　　　　　D. 到期期限除以到期收益率

7. 久期可以用来衡量以下哪类风险？( )
   A. 利率风险　　　B. 外汇风险　　　C. 商品风险　　　D. 操作风险

三、计算题

1. 我国发行的3年期国债面值1 000元,票面利率5%,若市场利率为4%,该债券到期一次还本付息,其理论价格应是多少？如果该债券改为每年支付一次利息,其理论价格又应是多少？

2. 某公司2014年1月1日发行面值为100元的零息债券20万份,到期日为2016年12月31日,债券的发行价为85元。若目前金融市场利率稳定在5%的水平上,则该债券

是否值得购买？

3. 某 30 年期债券的息票利率是 8%，每半年支付一次利息。该债券要以在 5 年后以 110 元的价格水平赎回，债券目前的年折现率为 7%（半年为 3.5%）。

(1) 该债券的赎回收益率是多少？

(2) 如果债券的赎回价格是 105 元，则赎回收益率是多少？

(3) 如果债券不是半年付息，而是每年付息一次，在赎回价格仍为 110 元的情况下，赎回收益率是多少？

4. A、B 两家公司同时于 2011 年 1 月 1 日发行面值为 1 000 元、票面利率为 10% 的 5 年期债券，A 公司债券规定利随本清，不计复利，B 公司债券规定每年 6 月底和 12 月底付息，到期还本。要求：

(1) 若 2013 年 1 月 1 日的 A 债券市场利率为 12%（复利按年计息），A 债券市价为 1 050 元，问 A 债券是否被市场高估？

(2) 若 2013 年 1 月 1 日的 B 债券等风险市场利率为 12%，B 债券市价为 1 050 元，问该资本市场是否完全有效？

(3) 若 2014 年 1 月 1 日能以 1 020 元购入 A 公司债券，计算复利有效年到期收益率。

(4) 若 2014 年 1 月 1 日能以 1 020 元购入 B 公司债券，计算复利有效年到期收益率。

(5) 若 2014 年 4 月 1 日购入 B 公司债券，若必要报酬率为 12%，则 B 债券价值为多少？

5. 给定 A、B 两个债券。债券 A 的息票利率为 7%，债券 B 的息票利率为 9%；两债券都具有 5 年的生命期和 7% 的收益率，且面值都为 1 000 元。求解：

(1) 两债券的价格。

(2) 如果两债券的收益都提高到 8%，其各自的价格。

第六章
非固定收益证券及其定价

【学习指导】

通过本章学习,全面了解非固定收益证券的性质、特点、种类及其各种价格形式;知道各种估价方法的长处、短处、适用范围;初步掌握应用贴现现金流估价法、相关比率估价法、或有索取估价法对非固定收益证券进行内在价值分析、净现值分析、内部收益率分析、不确定性分析的能力;初步具备对影响其定价的要素进行因子分解、建立层次结构的技能。

第一节 非固定收益证券概述

非固定收益证券作为与固定收益证券对应的分类概念,其包含的范围实际上非常宽泛。这类证券最基本的特征就是不对未来的收益做出任何承诺,证券的收益将取决于证券发行者的经营业绩、标的资产的未来价值以及所采取的分配方式与分配政策等。

在各类非固定收益证券中,普通股股票是最具代表性的形态之一。在以下的阐述中,当不加指明时,均是以普通股股票为例展开分析。

一、股票的性质

股票是由股份有限公司发行的、用以证明投资者的股东身份和权益,并据此以获取相应股息和红利的凭证。股票有三个基本要素,即发行主体、股份和持有人。股票有固定的格式和内容,其具体表现形式是股票证书。它的基本性质如下。

1. 股票是所有权凭证

这是股票最基本的性质。股票体现的作为投资者的股东与作为融资者的股份公司之间的关系是所有权的关系,股东即股票的持有者是股份有限公司的最终所有者。股东所有权的大小视其所持有的股份而定,股东依据其拥有的所有权而具有相应的经营管理参与权、红利股息分享权、新股优先认购权、剩余财产分配权等权利,以及股票流通、转让、抵押、继承、馈赠权利。

2. 股票是资本证券

股份公司发行股票是筹措公司资本金的主要手段之一,对于购买并持有股票的人来说,这种购买并持有股票就是一种投资行为。所以,股票其实是投入股份公司的资本份额的证券化,属于资本证券。当然,股票并不是现实的财富,股份公司发行股票筹措到的资金本身,是用于运营的真实资本;股票独立于真实资本之外,只是凭借它所代表的资本额度和股东权益在股票市场上进行着独立的价值运动,因而只是一种虚拟资本。

3. 股票是有价证券

有价证券代表的权利是一种具有财产价值的权利,行使这种权利必须以持有证券作为必要条件,由此而言股票是一种有价证券。首先,股票本身虽然没有价值,但它包含着股东要求股份公司按规定分红派息和请求权,所以,股票也反映和代表着一定的价值。价值量的大小取决于持有股票的数量,以及由股份公司的价值创造能力和价值增值能力所代表的公司品质。其次,股票与其代表的股东权利具有不可分离的关系,这两者是合为一体的。也就是说当股东权利转让时要与股票占有的转移同时进行,不能只转让股东权利而不转移股票,也不能只转移股票而保持原有的股东权利。

4. 股票是证权证券

证权证券与设权证券有着本质的不同。设权证券是指证券所代表的权利本来并不存在,权利的发生以证券的制作和存在为条件。而证权证券是指证券所代表的权利的一种物化外在形式,只是权利的载体,权利本身是现实存在的。因为股票代表的是股东权利,它的发行以股份存在为条件,股票仅仅是把已存在的股东权利表现为证券的形式,它只是证明股东权利并不创造股东权利,而股东权利不会由于股票损毁、遗失就消失了,股东依照法定程序可以要求公司补发新股票。所以,股票是证权证券。

5. 股票是要式证券

一般,标准化券面格式的股票必须载明以下事项:发行股票公司的名称、住所,发行审批机构,公司股份总数及每股金额(我国统一为每股 1 元人民币),标明是普通股还是优先股;公司设立日期或变更登记日期,股票发行日期,股票编码,公司及董事长签章等,股票记载的事项必须全面、真实、可信。如果缺少以这些事项为内容的规定要件,股票便无法律效力。并且股票的制作和发行要经有关主管部门审核、批准,任何团体和个人,不得擅自印制、发行股票。

二、股票的特点

作为一种典型的有价证券,股票同样具有有价证券基本的一些性质。但与其他有价证券特别是与债券相比,股票又具有以下若干属于自身的以区别于其他有价证券的显著特征。

1. 无返还性

无返还性是指股票没有明确的到期日,在公司的整个持续期间,股票是一种无期限的法律凭证。股票不能够退股,股票与股份有限公司并存。首先,股票的无返还性是由股票的基本性质所决定的,既然股东是公司的所有者,只要公司存在,股东就不能撤回投资,股票就一直存在。其次,股票的无返还性也是公司持续经营的重要保证,只有公司能永久使用所筹资金,公司才能稳定运行,不断发展。再次,投资者虽然永远不能向公司退股,但可以通过二级市场转让股份从而转让股东身份、收回投资。最后,一旦由于各种原因公司不存在时,股票也相应消亡。

2. 收益性

收益性是指股票能给持有者带来一定的收益。首先,投资者凭其持有的股票,有权按公司章程领取股息和分享公司的经营红利。这是股票持有者向公司投资的目的,也是公司发行股票的必要条件。当然,股票的盈利大小取决于公司的经营状况和盈余水平。平均而言,股票的盈利要高于存款利息和债券利息。其次,股票的盈利还表现在投资者利用股票可以获取二级市场的资本利得和货币资产的保值增值。前者是指投资者当降价时买进股票,涨价时卖出股票,采取低进高出赚取差价收入;后者指的是在通货膨胀、货币贬值的时候,股票却会随着公司资产的升值而增值,有时也会以低于市场的特价或无偿获配公司新股而使原股票得到保值。

3. 风险性

风险性是指预期收益的不确定性。认购和投资了股票就必须承担一定的风险,这是因为股票的盈利并不是确定的数值,一是它会随着公司的经营状况和盈余水平而浮动;二是它会受到股票交易市场的行情影响。一般公司经营得越好,股票持有者获取的股息和红利就越多;若公司经营得不好,股票持有者就会少得盈利或无利可分。并且股票的市场价格也会相应下跌,给股票持有者带来金融资金贬值的损失。一旦公司破产,股票持有者连本金都难以保住。由此可见,股票的风险性与其收益性是相对应的,股票收益的高低与风险性的大小成正比,投资者的收益在很大程度上是对其所承担的风险的补偿。

4. 流动性

股票的流动性是指股票可以作为买卖对象或抵押品在市场上随时转让变现。从本源上讲,股票是不能退股变现的,持有人只能获得公司的分红派息。但为增强股票的吸引力,股票的可转让性一般得到法律确认,使其具有迅速转让变现的能力。这种有组织的交易和转让意味着股票售出方将其出资金额以股价的形式收回,而将股票所代表的股东身份及其各种权益让渡给购入方。因此,股票的转让流通是商品交换的特殊形式,股票是流动性很高的证券,持有股票与持有货币差不多,随时可以在股票市场交易兑现。所以会计上视股票为流动资产。

5. 参与性

根据公司法、证券法等有关法律规定,合法持有公司的股票即为公司的股东,有权自己或委托他人代为出席股东大会,选举公司董事,参与公司的经营决策。股票持有者的意志和享有的权益,可以通过行使股东经营决策权而得到实现。股东参与经营决策的权利大小取决于其持有股票份额的多少。在实践中,股东持有的股票数额只要达到了决策所需的相对多数时,就会成为公司的实际决策者。股票所具有的参与性,可以调动股东的积极性、发挥其创造性,使公司的运行机制和决策过程建立在制衡性的、科学管理的基础之上。

6. 价格的波动性

波动性是指股票交易价格变化频繁,敏感性强,具有大起大落的特征。股票和其他商品一样,有着自己的市场行情和变化特点。股票交易价格不但直接联系到公司的经营状况和盈利水平,并且与股票收益和市场利率的对比程度密切关联。其他,诸如国内外经济、政治、社会、心理以及突发性重大事件等多种因素也会影响到股票价格走势。因此,股票的市场价格是不断波动的、时而小幅升降,时而大幅涨跌,极具事物敏感性。这既是吸引社会公众和各种机构积极进行股票投资的重要原因,也给公司改善经营管理、增强竞争能力提供了随时可供参考的重要信息。

三、股票的种类

各种股票类别的设置,一是要考虑到股份公司资本结构的实际需要;二是要考虑到不同投资者的风险收益偏好和个性心理需要。发行的股票种类很多,名称各异,它们所代表的股东地位和股权内容也不尽相同。按照不同的准则，股票可以分为以下基本类别。

1. 按股东的权利和义务分类

这是最常见的一种分类方法，据此，可将股票划分为普通股、优先股、混合股、后配股等类型。

（1）普通股（common stock）

普通股是指不对股东加以特别限制，股东享有平等权利，并随着公司经营业绩的大小而取得相应收益的股票。其特点为：普通股是公司发行的最基本、最重要、最常见的股票，股份公司最初都是通过发行普通股来筹集资金；普通股是公司发行的最标准的股票，其有效性与公司的存续期相一致，其持有者为公司的基本股东，权利平等，无附加条件；普通股是风险最大的股票，其分红派息的多少不确定，每股净资产也会随公司经营业绩波动而变动，并且，只有在公司偿付了债务及优先股的股息之后，才能获得对公司盈利和剩余资产的索取权。

由于普通股股东持有的股票在各种类股票中风险最大，权利配置上就特别照顾了普通股股东对公司经营管理最为关切这一特点，通常其享有的权利主要有：经营决策投票权、新股优先认购权、公司盈利分配权、剩余资产分配权等。

普通股有时也可划分为不同等级，如 A 级和 B 级。A 级普通股对公众发行，可参与分红，但是只有部分投票权或没有投票权；B 级普通股由公司创办人持有，具有完全投票权。这是发行另一等级普通股的方法，可以使原有股东，既扩大了权益资本，但又不会过多地丧失对公司的控制权。比如，原股东的 B 级股每股含 1 个投票权，发行 A 级的新股则规定每股只含 1/3 投票权。

（2）优先股（preferred stock）

优先股是指在剩余索取权方面较普通股优先的股票，即优先股股东领取股息优先于普通股，并且股息率一般事先预设或固定，不随公司经营状况波动；优先股股东在公司破产清算时分配剩余财产也优先于普通股，但排在债权人之后。这些优先权的取得是要付出一定代价的：一般优先股的表决权被加以限制甚至被取消，对公司经营决策不起作用；优先股的股利固定后，当公司经营业绩上升时不会再因此而提高；优先股通常不具有新股优先认购权。

优先股作为对普通股的创新，对股份公司和投资者都有实际意义。对公司来说发行优先股既可以筹集到长期稳定的权益资本，又可以避免公司经营决策权的稀释和改变，这对控股股东具有吸引力。对投资者来说，优先股股息稳定可靠，且在财产清偿时优先于普通股，因而风险相对较小，这对厌恶风险的投资者具有吸引力。当然，持有优先股并不是总是有利的，尤其在公司利润大幅度增长时，优先股的收益可能会大大低于普通股。

优先股的股息预设与固定和债券类似,其不同点表现在债券利息的支付顺序先于优先股并且作为财务费用可以列支成本而在税前支付。这意味着即使公司亏损,只要账面流动性允许,债权人的利息就必须支付,无非进一步加大成本和亏损而已;但当公司亏损时,尽管优先股股息预设并固定,鉴于公司没有净利润,优先股股东也得不到任何股息回报。

公司为吸引资金,发行优先股时经常附加一定的优惠条件,使优先股也具有了不同的种类:参与优先股和非参与优先股,累积优先股和非累积优先股,可转换优先股和不可转换优先股,可赎回优先股和不可赎回优先股,股息率可调整优先股和股息率不可调整优先股。

(3) 混合股(composited share)

混合股是指具有在分红派息方面优先和在剩余财产分配方面次后这样两种权利混合的股票。混合股在分红派息顺序上优先于普通股,但次后于优先股;在剩余财产分配顺序上则次后于普通股,处于最末位。

(4) 后配股(reserved stock)

后配股是指股利分配顺序和剩余财产分配顺序都比较靠后的股票。后配股主要是在政府对某些特定产业或企业实施扶植政策时采用。当公司因实募资本不足而面临发起设立失败时,政府出资帮助公司设立成功,并与公司可能达成在收益不好时可以免付股息的协议。当然在企业收益好转时,后配股股东能够获取剩余的全部红利,因而又可以得到很高的利润。一般后配股不享有管理经营参与权、优先认股权等。此外在英国,后配股主要由股票发行人自己持有,因而后配股也有发行股的说法。

2. 按股票风险特征和收益水平分类

(1) 蓝筹股(bluechip stocks)

蓝筹股是指一些规模庞大、信誉卓著、实力雄厚的大公司发行的股票。这些公司在行业中占据重要地位,甚至是支配性地位,具有稳定盈利记录,能定期分派股利,因而股价波动不大,被公认为具有很高的投资价值,是市场上的热门股票。

(2) 成长股(growth stocks)

成长股是指那些前景看好的中小型公司发行的股票。这类公司为满足发展的需要,将大部分收益用于再投资而不是股利分配,其销售额和利润额都在迅速扩张,且速度大于整个国民经济以及所在行业的速度。有潜力带动股价的大幅上涨,而实现资本的增值,从而使投资者获益。

(3) 收入股(income stocks)

收入股是指股利发放远超过一般百分比的股票。这类公司一般处于成熟阶段,无须新的投资项目,且具有较好的盈利能力。收入股留存较少,大量利润被用于股利分配。由于其收益稳定且无须专业投资知识,受到老人、妇女的欢迎,称之为"老弱妇孺"股票。

(4) 周期股(cyclical stocks)

周期股也称循环股,是指那些价值与国民经济整体状况密切相关的股票。经济繁荣时,表现良好;经济衰退时,表现较差。周期一词与该类股票的股市走势图无关,也不表明该类股票市盈率更易预测。其周期性是从市盈率随经济周期的波动而波动的意义上讲的。周期股的风险经常高于市场风险。

(5) 防守股(defensive stocks)

防守股基本上不受宏观经济的影响。不管整个市场是牛市还是熊市,防守股都能维持正常的收益,具有相对的稳定性。它们的 β 值较低,其风险一般低于市场平均风险。公用事业、烟酒、食品连锁多归于这一类。

(6) 概念股(concept stock)

概念股是指能够迎合某一具体时期热点的普通股,其股价起伏较大。概念股在热点时期往往会有较突出的市场表现,但也极易被炒作、曲解,具有很强的两面性。

(7) 投机股(speculative stock)

投机股是那种具有迅速地为持有者赚取超额盈利的潜力的股票。它的风险远高于一般股票,其股价极不稳定或公司前景难以确定,即投机损失的可能性要比巨额盈利的可能性大得多。但潜在的巨额获利机会正是其魅力所在,某些高科技、生物制药、新兴企业是其典型代表。

3. 按持有人性质及股票交易范围分类

中国股票市场建立的时间尚短,还处在新兴市场发展的初级阶段。除了上述与发达国家股市类似的股票分类以外,独特的国情使中国股票分类还与发行、交易范围和持有人的性质相关。根据出资主体的不同,中国上市公司股票被分成国家股、法人股、个人股和人民币特种股股票,而按照上市地点和交易范围的不同又可分为 A 股、B 股、H 股、N 股、S 股等。

(1) 国家股

国家股又称国有股,是指代表国家政府部门以国有资产投入股份公司而形成的股份。国家股多数是在原国有企业改制为股份有限公司时,将原企业中的国有资产折股而来,在许多上市公司的股本结构中位列第一大股东,处于绝对或相对控股地位。

(2) 法人股

法人股是指企业以其依法可支配的自有资产投入股份公司形成的股份,或具有法人资格的事业单位及社会团体将国家允许用于经营的自有资产向股份公司投资所形成的股份。若法人股东为国有企事业单位,其持有的股份称为国有法人股,而其他法人股东持有的股份称为一般法人股。

(3) 社会公众股：A 股

A 股即个人股，也称社会公众股，它是社会公众将私有财产投入股份公司所持有的股份，是直接在境内法定证券交易场所挂牌交易的股票。以人民币标明价值，以人民币计价、认购、转让、结算。

(4) 人民币特种股：B 股

B 股即人民币特种股，也称境内上市外资股，它是直接在境内法定交易场所挂牌交易的外资股。以人民币标明面值，以外币计价、认购、转让、结算。其中，在上海证券交易所上市的 B 股，以美元交易、结算；在深圳证券交易所上市的 B 股，以港元交易、结算。

(5) 境外上市外资股：H 股、N 股、S 股

H 股是在中国香港联交所上市的中国内地公司股票，只允许在联交所开户的投资者买卖，以港币交易、结算。N 股是在美国纽约上市的中国内地公司股票，以美元交易、结算。S 股是在新加坡上市的中国内地公司股票，以新加坡元交易、结算。H 股、N 股、S 股一般统称为境外上市外资股。

4. 其他有关分类方法

(1) 记名股票和不记名股票

股票按有无记载股东姓名，可分为记名股票和不记名股票。记名股票是早期资本市场的产物，股东的姓名要记载在股票票面和公司股东名册上。转让时采取背书方式记录受让人姓名，并且要到公司办理过户手续。由于转让手续烦琐，记名股票已很少发行。目前市场上流通的基本为不记名股票。但在公司即将派发股息和红利时，一般也要求一定的登记期限，以确定此次股息和红利的发放对象。

(2) 有面额股票和无面额股票

按照股票是否具有面值可将其划分为有面额股票和无面额股票。有面额股票在股票票面上标明固定的金额；无面额股票则只在股票上标有股数而未注明票面金额。无面额股票并不是没有价值，在公司账目上，每股股票所代表的股份即为每股股票的初始账面价值。无面额股票的优点是在发行转让时价格灵活，而且便于股票的拆细与合并。

(3) 流通股票和非流通股票

按照股票是否允许上市交易、转让，可以将其划分为流通股票和非流通股票。

(4) 公开发行股票和私募股票

按照股票的发行方式可以分为公开发行股票和私募股票。公开发行股票以非特定的社会公众投资者为发行对象；而私募股票则以特定范围或与发行者有特定关系的投资群体作为发行对象。

四、股票的价格形式

股票的价格是指股票与货币之间的对比关系,是与股票等值的一定货币量。广义的股票价格是股票的面值、净值、内在价值、发行价、清算价和市价的统称;狭义的股票价格则主要是指股票的市价。

1. 股票的面值

面值是指股份公司在所发行的股票票面上标明的每股票面金额。它代表每股股票对公司总资本所占的比例,以及该股票持有者在股利分配时所应占有的份额,其计算公式为

$$股票面值 = \frac{发行的资本总额}{发行的股数} \qquad (6-1)$$

2. 股票的净值

股票的净值即股票的账面价值,也叫作每股净资产。它是用会计统计的方法计算出来的每股股票所包含的公司资产净值,其基本计算公式为

$$普通股每股账面净值 = \frac{公司总资产 - 总负债 - 优先股总额}{普通股股数} \qquad (6-2)$$

3. 股票的内在价值

内在价值也称为理论价格,是股票未来收益的现值,取决于股票投资收入和市场收益率。股票内在价值是决定股票市场价格的重要因素,但又不完全等于其市场价格。由供求关系而产生并受多种因素影响的市场价格围绕着股票的内在价值波动。股票内在价值的计算公式为

$$股票内在价值 = \frac{股息红利收益}{利息率} \qquad (6-3)$$

4. 股票的发行价

发行价是指股份公司在发行股票时从自身利益及确保上市成功等角度考虑所确定的出售价格。可分为按面额发行、折价发行、溢价发行、按设定的价格发行四种情况:

(1) 按面额发行,是按照股票票面上注明的每股金额发行,一般需委托证券承销商销售。

(2) 折价发行,是按照股票面额打一定折扣作为发行的价格。

(3) 溢价发行,是按照超过股票面额一定数量的金额对外发行。

(4) 按设定价发行,是对无面值股票而言,发行时不标明股票的面值,而是根据董事

会决议或公司章程规定一个价格发行。

5. 股票的清算价

清算价是指公司清算时每股股票所代表的真实价值。从理论上讲,股票的清算价应当与股票的净面值相一致,但是实际上由于清算费用、资产出售价格等原因,股票的清算价大多数情况下低于其账面净值。

6. 股票的市价

市价是指在证券市场上交易双方买卖股票时所达成的成交价,它直接反映着股票市场的行情。股票市价与面值不同,面值是固定的,而市价则是经常波动的,是各种决定股票供求关系和价格变化的因素共同作用的结果。其常用的计算公式为

$$股票市价 = \frac{预期股息收益率}{市场利率} \tag{6-4}$$

五、影响股票定价的因素

股票价格由其内在价值所决定。尽管有时候因为供求关系和市场条件的变化会出现股票价格波动,甚至有时会出现与其价格严重背离的情况,但最终决定股票价格的最基本的因素还是那些能够影响股票内在价值的各种相关因素。根据作用方式的不同,可以将它们分为内在影响因素和外在影响因素。

1. 影响股票价值的内在因素

由于股票价值取决于股票未来各期预期的现金流量,所以从企业内部状况分析,下列因素将影响现金流量,从而影响股票价值。

(1) 公司的经营状况和盈利水平。上市公司的盈利水平是决定股票价值的基本因素之一。盈利越高,预期的现金流量越大,则股票的价值越大;反之则越小。

(2) 市场利率水平及财务成本。市场利率的变化既影响贴现率又影响公司的盈利水平。

(3) 税赋。当政府通过财政收支实行扩张政策或紧缩政策时,会增加或减少上市公司的利润,进而影响股票价值。

(4) 非系统风险。指股票自身所固有的风险,通常与公司所处的行业以及行业地位有关。

2. 影响股票价值的外在因素

(1) 供求关系。与任何其他商品一样,股票市场的供求关系影响着人们对股票价格的判断,股票供过于求,价格会下跌;股票供不应求,价格会上涨。

（2）投资者信心及心理因素。信心的形成主要受三个方面因素的影响：宏观经济景气状况和经济政策、政治因素、社会心理因素。行为金融学已经发现，投资者的心理偏差会对价格波动造成很大的影响。

（3）会计信息。上市公司会计信息披露真实与否，直接关系到公司的社会公众形象；会计信息的失真，会掩盖上市公司生产经营中的某些矛盾，当然，也会间接影响到股票的价值。

3. 股票定价与公司价值的关系

一般认为公司的目标就是价值或者财富的最大化，但是在公司的目标是使公司价值最大化还是使股东价值最大化上则存在分歧。由于公司除了普通股股东之外还包括其他相关利益者，如债权人、优先股股东等，所以公司价值最大化并不完全等同于普通股股东价值最大化。通常情况下，公司的价值应由股权价值（包括普通股和优先股股权价值）和债权价值构成。如果仅仅考虑普通股股东价值，对公开上市公司而言，股东价值最大化就转变为股票价格最大化问题。在实践中，股东或公司的价值很难测度，使得人们难以建立评价公司价值的明确标准；相对而言，股票价格则是所有评价指标中最明确、清晰的观测指标，所以股票价格定价成为公司价值研究中的重点。

第二节 贴现现金流估价方法

一、股票价值的测度指标

1. 股票的内在价值（V）

在无限持股条件下，股利是普通股投资者所能获取的唯一现金流。按照收益资本化定价方法，将股票所能带来的未来现金流贴现，其现值即为该股票的内在价值（intrinsic value）。这样得到的模型称为股利贴现模型（dividend discount models，DDM），其公式为

$$V = \sum_{t=1}^{\infty} \frac{D_t}{(1+r)^t} \tag{6-5}$$

式中，V 为内在价值；D_t 为普通股在时刻 t 能为投资者带来的预期现金流；r 为特定风险程度下的贴现率，或者股票投资者所预期的必要收益率。

2. 股票的净现值（NPV）

设当前时刻为零时刻，股票的净现值（net present value，NPV）定义为股票的内在价值与股票的价格之差：

$$NPV = V - P = \sum_{t=1}^{\infty} \frac{D_t}{(1+r)^t} - P \tag{6-6}$$

式中，P 为在 $t=0$ 时购买股票的价格，即投资成本。

如果 $NPV>0$，则 $V>P$，说明股票的内在价值大于投资成本，股票被低估了，投资者应该买入这种股票；如果 $NPV<0$，则 $V<P$，说明股票的内在价值小于投资成本，股票被高估了，投资者不应买入这种股票，或应卖出这种股票。

3. 股票的内部收益率（IRR）

使净现值为零的贴现率称为"内部收益率"（internal rate of return，IRR）。现令 $NPV=0$，则有

$$V = P = \sum_{t=1}^{\infty} \frac{D_t}{(1+r^*)^t} \tag{6-7}$$

能使上式成立的 r^* 即为股票的内部收益率。

投资者也可以将内部收益率 r^* 与必要收益率 r 进行比较。如果 $r^*>r$，说明股票被低估了，投资者应当买入这种股票；如果 $r^*<r$，说明股票被高估了，投资者不应买入这种股票，或应卖出这种股票。

二、股利贴现模型（DDM）

如果用式（6-5）计算股票的内在价值，就必须预测所有的未来股利。但这是难以做到的，因为普通股没有到期期限，未来时期支付的股利是不确定的。如果加以简化，对股利的预期增长率作出某些假设，该方法还是可以运用的。由于假设的不同，可以得出不同的股价模型。

1. 股利零增长模型（zero growth model）

在任意 t 时刻，每股股利 D_t 可以看作是 $t-1$ 时刻的股利乘上一个股利增长率 g_t：

$$D_t = D_{t-1}(1+g_t) \tag{6-8}$$

如果假设 $g_t=0$，即未来各时刻的股利固定不变，$D_0=D_1=D_2=\cdots=D_t$，并利用等比数列的级数求和公式，股票的内在价值为

$$V = \sum_{t=1}^{\infty} \frac{D_0}{(1+r)^t} = D_0 \sum_{t=1}^{\infty} \frac{1}{(1+r)^t} = \frac{D_0}{r} \tag{6-9}$$

例如，某股票的市价为 40 元，未来公司支付的股利是固定的 5 元，该类股票的必要收益率为 10%，则该股票的内在价值为 5/10%＝50（元），被低估了 10 元，投资者应当购入这种股票。

如果令净现值为零,即 $V=P, r=r^*$,可得

$$P = \frac{D_0}{r^*} \tag{6-10}$$

由此反算出的 r^* 即为该股票的内部收益率。

在上例中,$r^*=5/40=12.5\%$,大于必要收益率 $r=10\%$,正好说明股价被低估了。

零增长模型中关于固定股利的假设过于严格,这使得它的应用受到了很大限制。但是零增长模型仍然适合于优先股,因为优先股的股利是固定的,并且可以长期支付。

2. 股利恒增长模型(constant growth model)

如果假设股利按照一个恒定的增长率 g 持续增长,即

$$D_t = D_{t-1}(1+g) = D_0(1+g)^t \tag{6-11}$$

则股票的内在价值为

$$V = \sum_{t=1}^{\infty} \frac{D_0(1+g)^t}{(1+r)^t} = D_0 \sum_{t=1}^{\infty} \frac{(1+g)^t}{(1+r)^t} \tag{6-12}$$

一般情况下 $r>g$,利用等比数列的无穷级数求和公式,可将上式简化为

$$V = D_0 \frac{1+g}{r-g} = \frac{D_1}{r-g} \tag{6-13}$$

该模型最早由戈登提出,所以又称作戈登模型。

如果令净现值为零,可得

$$P = \frac{D_1}{r^* - g} \tag{6-14}$$

由此反算出内部收益率 r^* 为

$$r^* = \frac{D_1}{P} + g \tag{6-15}$$

例如,某公司股票市价为 50 元,每股股利为 3 元,未来股利恒定增长率为 5%,必要收益率为 10%,代入式(6-13)得

$$V = \frac{3(1+5\%)}{10\% - 5\%} = 63(元)$$

说明这种股票的内在价值被低估了 13 元,投资者应当立即买入。

反之,由式(6-15)可算出该股票的内部收益率为

$$r^* = \frac{3(1+5\%)}{50} + 5\% = 11.3\%$$

大于必要收益率 10%,也说明股价被低估了。

如果令 $g=0$,恒增长模型就简化为零增长模型。故而零增长模型实际上是恒增长模

型的一个特例。

3. 股利多态增长模型（multiple growth model）

要使股利增长长期保持恒定不变是不可能的，但是如果时间段划分得较短，那么在一段时间里基本保持一种增长态势却是可能的。在实际活动中，大多数公司往往先有一个高速成长过程，然后增长率趋于大体稳定。也有一些公司先是在一定年限内不付股利而后才会进入正常发展时期。所以需要引入多态增长模型才能使之更接近现实。

假设股利支付可以分为两个阶段，在时刻 T 以前，股利预期变动没有确定的模式；在时刻 T 以后，股利呈恒定增长态势。这样，在时刻 T 之前的股利 $D_1, D_2, \cdots, D_T$ 需要逐个预测，其现值之和为

$$V_{T-} = \sum_{t=1}^{T} \frac{D_t}{(1+r)^t} \tag{6-16}$$

从时刻 T 开始，该股票的内在价值遵从恒增长模型，由式(6-13)有

$$V_T = \frac{D_{T+1}}{r-g} \tag{6-17}$$

将 V_T 贴现为 $t=0$ 时的现值，并用 V_{T+} 表示，则

$$V_{T+} = \frac{V_T}{(1+r)^T} = \frac{D_{T+1}}{(r-g)(1+r)^T} \tag{6-18}$$

因此，在 $t=0$ 时，股票的全部预期未来股利的现值为

$$V = V_{T-} + V_{T+} = \sum_{t=1}^{T} \frac{D_t}{(1+r)^t} + \frac{D_{T+1}}{(r-g)(1+r)^T} \tag{6-19}$$

如果令净现值为零，即 $V=P, r=r^*$，可得

$$P = \sum_{t=1}^{T} \frac{D_t}{(1+r^*)^t} + \frac{D_{T+1}}{(r^*-g)(1+r^*)^T} \tag{6-20}$$

由此反算出的 r^* 即为该股票的内部收益率。

通过比较 V 与 P 或者 r 与 r^*，便可以判断股价是否被高估或者被低估，从而作出买卖决策。

4. 对于短期持有股票的定价

在实际活动中，投资者可能并不愿意永久性持有股票，大多是在持有一段时间后便将股票出售。这样，投资者持有股票的预期现金流应为持有期内的股利收入并加上股票出售时的价格收入。假设投资者持有期为 1 年，则股票的内在价值为

$$V = \frac{D_1}{1+r} + \frac{P_1}{1+r} \tag{6-21}$$

式中，D_1 为 $t=1$ 时的预期股利收入；P_1 为 $t=1$ 时的预期股票出售价格。

在 $t=1$ 时，股票的出售价格应由股票当时的内在价值决定，即

$$P_1 = \frac{D_2}{1+r} + \frac{D_3}{(1+r)^2} + \cdots \tag{6-22}$$

代入式(6-21)，从而有

$$V = \frac{D_1}{1+r} + \left(\frac{D_2}{1+r} + \frac{D_3}{(1+r)^2} + \cdots\right) \times \frac{1}{1+r} = \sum_{t=1}^{\infty} \frac{D_t}{(1+r)^t} \tag{6-23}$$

这说明不论投资者的持有期长短如何，股票的内在价值都应由未来无限时段内的股利总和所决定。所以，股票的内在价值与投资者的持有期无关。

三、股权自由现金流(FCFE)贴现模型

股权自由现金流(free cash flow of equity，FCFE)是扣除各项费用、本金及息税后的现金流量。其计算公式为

$$\begin{aligned} \text{FCFE} = {} & 净收益 + 折旧 - 资本性支出 - 营运资本追加额 \\ & - 债务本金偿还 + 新发行债务 \end{aligned} \tag{6-24}$$

广义的股权自由现金流是公司在履行了各种财务上的义务(如偿还债务、弥补资本性支出、增加营运资本)后留下的那部分现金流量。狭义上，股权自由现金流就是指可以作为股利的现金流量。但是，只有极少数公司采用将其 FCFE 均作为股利支付给股东的政策，而绝大多数公司不会这样做，他们或多或少地要保留部分股权自由现金流量。

FCFE 之所以不同于股利，其原因主要有：第一，未来投资的需要，公司经常保留一些多余的现金作为满足未来投资所需资金的来源。第二，税收因素。通常对股利征收的所得税率要高于资本收益的税率，因此公司会发放相对较少的股利现金，而把多余的现金保留在企业内部。第三，股利具有信号作用。如果股利增加则人们看好公司前景，如果股利下降则公司前景暗淡。所以，企业大多都不愿意随便改变股利支付额，因而股利的波动性远小于 FCFE 的波动性。

1. 公司股权价值(V_E)

公司股权价值一般通过使用股权资本成本对预期股权自由现金流进行贴现而得到

$$V_E = \sum_{t=1}^{\infty} \frac{\text{FCFE}_t}{(1+r)^t} \tag{6-25}$$

式中，V_E 为公司股权价值；FCFE_t 为在 t 时刻的股权自由现金流；r 为股权资本成本，即股票的投资者所预期的必要收益率。

2. FCFE 恒增长模型

$$V_E = \frac{\text{FCFE}_t}{r-g} \tag{6-26}$$

式中,FCFE_1 为下一期的股权自由现金流量;g 为 FCFE 恒定不变的增长率。该模型类同于戈登模型[式(6-13)],因而对戈登模型适用的限制性条件也适用于该模型。模型中使用的恒定增长率必须合理,一般与预期的 GDP 的长期增长率相关。公司处于恒定增长状态的假设要求公司必须具备维持其恒定增长的条件,如不允许公司的资本性支出远大于其折旧额等。

3. FCFE 多态增长模型

以两阶段的增长模型为例,一般假设:公司具有持续 T 年的超常发展时期和随后的长期稳定增长时期,恒定增长率为 g。可以确定公司股权价值为

$$V_E = \sum_{t=1}^{T} \frac{\text{FCFE}_t}{(1+r)^t} + \frac{\text{FCFE}_{T+1}}{(r-g)(1+r)^T} \tag{6-27}$$

企业在超常发展阶段内的资本性支出可能会远远大于折旧,但是在公司进入恒定增长阶段后,两者之间的差距应当缩小。和股利多态增长模型类似,该模型适用于起初以较高速度增长,然后进入平稳增长期的企业。对于当前支付的股利并不能长期维持的公司(股利高于 FCFE)以及股利支付小于其承受能力的企业,该模型比起股利贴现模型能够更准确地估算企业的价值。

采用 FCFE 贴现模型与采用股利贴现模型将会给出不同的估价结果。因为股利不同于 FCFE。当 FCFE 大于股利、并且多余的现金只得到了低于市场利率的利息时,依据 FCFE 模型算得的价值就会比采用股利贴现模型算得的价值高。而若股利大于 FCFE 时,依据 FCFE 模型算得的价值就会比采用股利贴现模型算得的价值低,并且被看作是公司能否在今后顺利支付预期股利的信号。实践中,依据 FCFE 模型算得的企业价值往往比使用股利贴现模型算得的价值高。两者的差值代表了掌握公司控制权之后所获得的价值的一个组成部分,正是它衡量了股利政策控制权所应具有的价值。一般认为,当公司存在被收购或其管理层变动的可能性很大时,市场价格将反映这种可能性,此时采用 FCFE 模型得到的价值相对比较准确。反之,倘若公司控制权的变化很难发生,则通过股利贴现模型算得的结果将是判断公司股票价格是否合理的更好标准。

四、公司自由现金流(FCFF)贴现模型

公司自由现金流(free cash flow of firm,FCFF)是企业所有的权利要求者,包括普通

股东、优先股东和债权人的现金流的总和。其计算方法有两种。第一种方法是把公司所有的权利要求者的现金流予以加总：

$$\text{FCFF} = 股权现金流 + 利息费用 \times (1 - 税率) + 本金归还 - 发行的新债 + 优先股红利 \tag{6-28}$$

第二种方法是以息税前净收益(EBIT)为出发点进行计算：

$$\text{FCFF} = \text{EBIT} \times (1 - 税率) + 折旧 - 资本性支出 - 追加的营运资本 \tag{6-29}$$

FCFF 和 FCFE 的差别基本来自于和债务有关的现金流量，包括支出利息、偿还本金、发行新债以及其他非普通股权益现金流(如优先股股利)。存在财务杠杆(financial leverage)是导致 FCFF 增长率和 FCFE 增长率不同的主要原因，财务杠杆一般造成 FCFF 的增长率大于 FCFE 的增长率。

1. 公司整体价值(V_F)

公司整体价值一般通过公司资本加权平均成本(WACC)对预期公司自由现金流贴现而得到

$$V_F = \sum_{t=1}^{\infty} \frac{\text{FCFF}_t}{(1 + \text{WACC})^t} \tag{6-30}$$

式中，FCFF_t 为在 t 时刻的公司自由现金流，是扣除营业费用及息前纳税额后的现金流；WACC 为公司资本的加权平均成本，是将不同融资方法的成本根据其市场价值加权平均后得到的。如果公司以借债、发行普通股和优先股的方式融资，则加权平均成本为

$$\text{WACC} = w_d k_d (1 - t) + w_e k_e + w_{pe} k_{pe} \tag{6-31}$$

式中，w_d, w_e, w_{pe} 分别为债务、普通股、优先股的市值在公司市值中的比例；k_d 为债务利息成本；k_e 为普通股成本；k_{pe} 为优先股成本；t 为公司税率。

2. FCFF 恒增长模型

当企业的现金流以恒定不变的增长率 g 增长时，可以用以下公式对企业的整体价值进行估价：

$$V_F = \frac{\text{FCFF}_1}{\text{WACC} - g} \tag{6-32}$$

式中，V_F 为公司整体价值；FCFF_1 为公司下一期的自由现金流；WACC 为公司资本的加权平均成本；g 为恒定不变的增长率。

采用该模型应当满足两个条件。第一，相对于经济的名义增长率而言，企业的增长率必须是合理的。第二，资本支出和折旧关系必须满足恒定增长的假设。因为没有额外的增长，也无须追加资本投资，故而恒定增长企业的资本性支出不应该明显大于折旧。

3. FCFF 多态增长模型

假设公司一开始为超长发展时期,在 t 年后进入恒定增长状态,恒定增长率为 g。则公司的整体价值可以表示为

$$V_F = \sum_{t=1}^{T} \frac{\text{FCFF}_t}{(1+\text{WACC})^t} + \frac{\text{FCFF}_{T+1}}{(\text{WACC}-g)(1+\text{WACC})^T} \qquad (6-33)$$

与股利贴现模型或 FCFF 模型不同,FCFE 是对整个企业而不是仅仅对股权部分进行估价,因而也被称为公司估价法。股权的价值可以用企业的整体价值减去某债券价值而得到。

因为 FCFF 是债务偿还前的现金流,所以使用该估价法的长处在于不需要考虑现金流是否与债务相关,而在使用股权自由现金流 FCFE 时必须判明现金流是否与债务相关。在预期财务杠杆将随时间发生重大改变的情况下,这对简化计算、节约时间很有帮助。但是,FCFF 估价法也需要有关债务率和利息率等方面的信息来计算资本加权平均成本。在对债务估价准确、并且两种方法对公司未来增长情况假设一致时,用 FCFF 估价法和 FCFE 估价法计算出的股权价值应当相等。财务杠杆比率很高或者该比率正在发生变化的公司尤其适于采用 FCFF 估价法,因为在偿还债务时造成的波动性影响下,要准确计算公司的股权现金流(FCFE)将是非常困难的。另外,在杠杆收购中 FCFF 模型能够提供最为准确的估价。因为被杠杆收购的公司一般在开始时有很高的财务杠杆比率,但随后几年则预期会大幅改变原有负债比率。此外,采用 FCFE 模型时存在股权现金流可能会出现负值的棘手问题。而 FCFF 因为是债务偿还前的现金流量,故而它出现负值的情况极为少见。

第三节 相关比率估价方法

相关估价法(relative valuation)经常也被称作相关比率估价法、市场比较法,性质上属于横向类比的方法。它是以公司的盈利为基础,采取与相同或类似企业进行价值比较的方法来确定公司的价值。相关比率估价法的两个关键要素是:第一,为了能在相比较的基础上估价资产,必须对价格指标实行标准化,经常借助于采用净收益、账面价值、销售额、现金流量或者重置成本等对价格进行转换。第二,要找出具有可比性的公司,即一个在现金流量、增长潜力和风险构成诸方面与被估价公司相同或相似的公司,因为任何一种资产的价值都能够从可比资产的定价中推导得出。相关比率估价法按所选比率指标的不同,可以分为价格/收益比率法(P/E)、价格/账面价值比率法(P/BV)、价格/销售额比率法(P/S)、价格/现金流量比率法(P/CF)、价格/重置成本比率法(P/RC)等。

第六章 非固定收益证券及其定价

一、价格/收益比率法(P/E)

价格收益比(price-earning ratio),又称为市盈率,是每股股票价格与每股股票收益之间的比率。其计算公式为

$$\text{市盈率} = \frac{\text{每股价格}}{\text{每股收益}} = \frac{P}{E} \tag{6-34}$$

在式(6-34)包含的三个变量中,如果能够确定某一股票的市盈率和每股收益,就可以估算出该股票的价格:

$$\text{每股价格} = \text{市盈率} \times \text{每股收益} \tag{6-35}$$

价格收益比模型产生的历史要早于股利贴现模型,它的应用范围也要广于股利贴现模型。这是由于股票在一段时间内没有股利支付的情况是经常碰到的,但是只要每股收益是正的,我们就可以应用价格收益比模型估值,而此时却很难应用股利贴现模型估值。

价格收益比模型的分析过程,可以借鉴上一节股利贴现模型的分析方法。

某一股票在 t 时刻的派息率 b_t 可以由相应的每股收益 E_t 除每股股利 D_t 得到

$$b_t = \frac{D_t}{E_t} \tag{6-36}$$

代入股利贴现模型变为

$$V = \sum_{t=1}^{\infty} \frac{b_t E_t}{(1+r)^t} \tag{6-37}$$

设 g_{et} 代表 t 时刻的每股收益增长率,则有

$$E_t = E_{t-1}(1 + g_{et}) \tag{6-38}$$

从而股票的内在价值表达式变为

$$\begin{aligned}
V &= \frac{b_1 E_0 (1 + g_{e1})}{1 + r} + \frac{b_2 E_0 (1 + g_{e1})(1 + g_{e2})}{(1+r)^2} \\
&\quad + \frac{b_3 E_0 (1 + g_{e1})(1 + g_{e2})(1 + g_{e3})}{(1+r)^3} + \cdots \\
&= E_0 \sum_{t=1}^{\infty} \frac{b_t \prod_{i=1}^{t}(1 + g_{ei})}{(1+r)^t}
\end{aligned} \tag{6-39}$$

可得"正常"或"合理"的价格收益比为

$$\frac{V}{E_0} = \sum_{t=1}^{\infty} \frac{b_t \prod_{i=1}^{t}(1 + g_{ei})}{(1+r)^t} \tag{6-40}$$

如果正常的价格收益比大于实际的价格收益比,即 $V/E_0 > P/E_0$ 时,说明股票的价格

被低估了;如果正常的价格收益比小于实际的价格收益比,即 $V/E_0 < P/E_0$ 时,说明股票的价格被高估了。

上面推导出的价格收益比模型过于复杂,难以具体应用。因此需要通过一些假设,以便能够进行比较简练的分析。

1. 零增长模型

零增长模型假设未来时刻的股利支付是固定不变的,如设派息率 b 为 100%。这样,每股收益也就是固定不变的,有

$$E_0 = D_0 = E_1 = D_1 = E_2 = D_2 = \cdots \tag{6-41}$$

从而对照式(6-9),价格收益比模型可以简化为

$$\frac{V}{E_0} = \sum_{t=1}^{\infty} \frac{1}{(1+r)^t} = \frac{1}{r} \tag{6-42}$$

比如,设某公司股票市价为 78 元,必要收益率为 8%,预期固定股利为 6 元,则

$$\frac{V}{E_0} = \frac{1}{8\%} = 12.5 \leqslant \frac{P}{E_0} = \frac{78}{6} = 13$$

说明股价被高估了,不应当买进,应当卖出。

2. 恒增长模型

假设派息率 b 为常数,如果每股收益的增长率 g_e 保持恒定,这样 t 时刻的每股收益可以表示为

$$E_t = E_0(1+g_e)^t \tag{6-43}$$

结合式(6-12)和式(6-13),正常的价格收益比就可以写成

$$\frac{V}{E_0} = b\sum_{t=1}^{\infty} \frac{(1+g_e)^t}{(1+r)^t} = b \cdot \frac{1+g_e}{r-g_e} \tag{6-44}$$

并且,因为此时有

$$E_t = E_{t-1}(1+g_e) \tag{6-45}$$

两边均乘以固定的派息率 b,得

$$bE_t = bE_{t-1}(1+g_e) \tag{6-46}$$

从而得到

$$D_t = D_{t-1}(1+g_e) \tag{6-47}$$

对照式(6-11)可以看出,如果每股收益的增长率 g_e 保持恒定不变,股利增长率 g 也将保持恒定不变,并且等于每股收益增长率,即有 $g = g_e$。

3. 多态增长模型

假设股票的每股收益变化可以分为两个时期,在时刻 T 以前,公司的发展无规则可循,预期增长率为 $g_{ei}(t=1,2,\cdots,T)$,派息率为 $b_t(t=1,2,\cdots,T)$;在时刻 T 以后,呈恒定增长模式,每股收益增长率为常数 g_e,派息率为常数 b。这样,正常的价格收益比为

$$\frac{V}{E_0} = \sum_{t=1}^{T} \frac{b_t \prod_{i=1}^{t}(1+g_{ei})}{(1+r)^t} + \sum_{t=T+1}^{\infty} \frac{b(1+g_e)^t}{(1+r)^t}$$

$$= \sum_{t=1}^{T} \frac{b_t \prod_{i=1}^{t}(1+g_{ei})}{(1+r)^t} + \frac{b(1+g_e)}{r-g_e} \cdot \frac{\prod_{i=1}^{T}(1+g_{ei})}{(1+r)^T} \tag{6-48}$$

通过比较 V/E_0 与 P/E_0,就可以确定股价是否被高估或低估,以便进行买入或卖出决策。

二、市盈率的影响因素分析

以市盈率的恒定增长模型为例,因为此时 $g_e=g$,$E_1=E_0(1+g_e)$,代入式(6-44),可得

$$\frac{V}{E_1} = \frac{b}{r-g}$$

省略有关变量下标,并取 $V=P$,市盈率恒增长模型的一般表达式简化为

$$\frac{P}{E} = \frac{b}{r-g} \tag{6-49}$$

由此可以看出,影响市盈率的三个关键因素为:派息率 b、贴现率 r 和股利增长率 g。市盈率与派息率 b 成正比,与股利增长率 g 正相关,与贴现率 r 负相关。这是市盈率第一个层次的影响因素。下面进一步讨论股利增长率和贴现率的影响因素,即更深层次上的市盈率的决定因素有哪些。

1. 股利增长率的影响因素分析

为简化起见假设:派息率 b 等于常数;股东权益收益率(return on equity,ROE)固定不变,即 $ROE_0 = ROE_1 = ROE$;没有外部融资。

股东权益收益率定义为每股税后收益 E 除以每股股东权益的账面价值 BV,即

$$ROE_1 = \frac{E_1}{BV_1} \quad ROE_0 = \frac{E_0}{BV_0} \tag{6-50}$$

当 $g=g_e$ 时,可推得

$$g = \frac{E_1 - E_0}{E_0} = \frac{\text{ROE}(BV_1 - BV_0)}{\text{ROE} \cdot BV_0} = \frac{BV_1 - BV_0}{BV_0} \quad (6-51)$$

因为没有外部融资，账面价值的变动($BV_1 - BV_0$)应等于每股收益扣除支付股利后的余额，即 $E_0 - D_0 = E_0(1-b)$，代入上式得到

$$g = \frac{BV_1 - BV_0}{BV_0} = \frac{E_0(1-b)}{BV_0} = \text{ROE}(1-b) \quad (6-52)$$

该式说明股利增长率 g 与股东权益收益率 ROE 成正比，与派息率 b 成反比。那么 ROE 又由哪些因素决定呢？将 ROE 改写为加总计算方式：

$$\text{ROE} = \frac{E}{BV} = \frac{NI}{EQ} \quad (6-53)$$

式中，NI 为公司总的净利润(net income)；EQ 为公司总的股东权益账面价值(equity)，这两种计算方式的结果应当是一致的。现将公式略作调整，变化为以下形式：

$$\text{ROE} = \frac{NI}{TA} \cdot \frac{TA}{EQ} \quad (6-54)$$

式中，TA 为公司的总资产(total asset)。上式等号右侧的第一项(NI/TA)是公司净利润与公司的总资产的比率，即资产收益率(return on assets, ROA)；第二项(TA/EQ)是公司总资产与公司总的股东权益账面价值的比率，即杠杆比率或股权乘数 EM(eguity multiplier)。因而，股东权益收益率取决于资产收益率和股权乘数两者之积：

$$\text{ROE} = \frac{NI}{TA} \cdot \frac{TA}{EQ} = \text{ROA} \cdot \text{EM} \quad (6-55)$$

上式也称为杜邦公式(DuPont Formula)。同样，可以将资产收益率 ROA 进一步分解为收入利润率 PM(profit margin)与资产利用率 AU(asset utilizatiom)的乘积，即

$$\text{ROA} = \frac{NI}{TA} = \frac{NI}{S} \cdot \frac{S}{TA} = \text{PM} \cdot \text{AU} \quad (6-56)$$

式中，S 为公司的销售额(sales)。最终可推得经过分解后的股利增长率的计算公式为

$$g = \text{ROE}(1-b) = \text{ROA} \cdot \text{EM} \cdot (1-b) = \text{PM} \cdot \text{AU} \cdot \text{EM} \cdot (1-b) \quad (6-57)$$

式(6-57)说明了股利增长率与公司的收入利润率、资产利用率和股权乘数成正比，与派息率成反比。

2. 贴现率的影响因素分析

在资本资产定价模型中，证券市场线 SML 的函数表达式为

$$E(r_i) = r_f + (r_m - r_f)\beta_i \quad (6-58)$$

式中，$E(r_i)$ 是投资第 i 种证券的期望收益率，即贴现率 r；r_f 和 r_m 分别是无风险资产收益率和市场组合收益率，并设定在正常市场条件下 $r_m > r_f$；β_i 是第 i 种证券的贝塔系数，反

映了该种证券的系统性风险的大小。

由此可以看出,影响贴现率的三个关键因素为:无风险资产收益率 r_f,市场组合收益率 r_m 和证券的贝塔系数 β_i。贴现率和无风险资产收益率的关系取决于 β_i 是否大于 1,而与市场组合收益率及证券自身的贝塔系数则成正比。再进一步,贝塔系数又是由什么因素决定的呢?哈马达(R. Hamada)从理论上证明了贝塔系数是证券所属公司的杠杆比率或股权乘数的增函数,并在之后的实证检验中得到了验证。哈马达认为,在其他条件不变的情况下,公司的负债率与其证券的贝塔系数成正比;而公司增发股票,将降低其股权乘数,从而降低贝塔系数。如果把股权乘数之外影响贝塔系数的其他因素均用变量 δ 代表,可以将证券市场线 SML 的表达式改写为

$$r = (1-\beta_i)r_f + \beta_i r_m \tag{6-59}$$

式中,$\beta_i = f(\text{EM}, \delta)$,并且有 $df/d(\text{EM}) > 0$。

3. 市盈率影响因素的层次结构

影响市盈率的各种主要因素及其相互关系汇总于图 6-1。图 6-1 的最右边列出了各主要因素与市盈率之间的关系是正相关、负相关或者不确定。在图中的第一层次上,市盈率大小取决于派息率 b、贴现率 r 和股息增长率 g 三个变量。在图中的第二层次上,市盈率大小取决于派息率 b、股权收益率 ROE、贝塔系数 β_i、无风险资产收益率 r_f 和市场组合收益率 r_m 五个变量。在图中的第三层次上,市盈率大小取决于派息率 b、收入利润率 PM、资产利用率 AU、股权乘数 EM、影响贝塔系数的其他因素 δ、无风险资产收益率 r_f 和市场组合收益率 r_m 七个变量。在影响市盈率的上述变量中,除了派息率 b、股权乘数 EM、无风险资产收益率 r_f 之外,其他变量对市盈率的影响都是单向的,即:贴现率 r、市场组合收益率 r_m、贝塔系数 β_i、影响贝塔系数的其他因素 δ 等与市盈率之间都是负相关的;而股息增长率 g、股权收益率 ROE、资产收益率 ROA、收入利润率 PM、资产利用率 AU 等与市盈率之间都是正相关的。下面分别分析派息率 b、股权乘数 EM、无风险资产收益率 r_f 与市盈率之间的关系。

(1) 派息率 b 与市盈率之间的关系不确定

将式(6-57)代入式(6-49)后可得

$$\frac{P}{E} = \frac{b}{r-g} = \frac{b}{r-\text{ROE}(1-b)} = \frac{b}{r-\text{ROA} \cdot \text{EM} \cdot (1-b)} \tag{6-60}$$

或表述为

$$\frac{P}{E} = \frac{1}{\text{ROE} + (r-\text{ROE})/b} \tag{6-61}$$

由式(6-60)可以看出,派息率同时出现在该式的分子和分母中。在分子中,派息率加

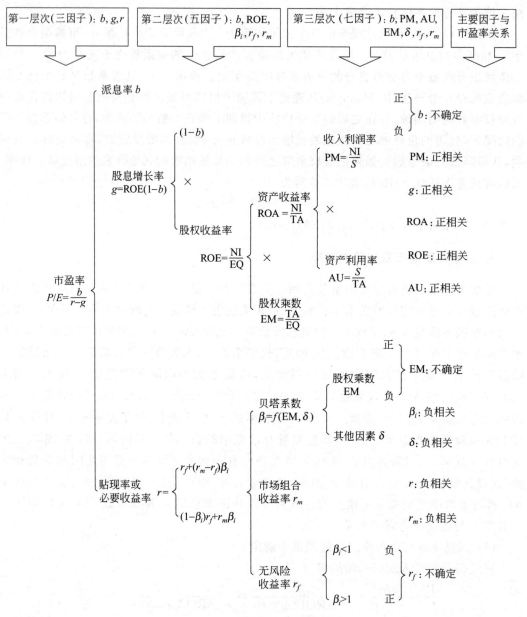

图 6-1 市盈率的影响因素分解

大，市盈率相应加大；而在分母中，派息率加大的结果是使分母整体变大，从而使市盈率变小。由式(6-61)可以判定，若 $r>\text{ROE}$，派息率与市盈率正相关；若 $r<\text{ROE}$，派息率与市

盈率负相关;若 $r=\text{ROE}$,则派息率的变化不影响市盈率。

(2) 股权乘数 EM 与市盈率之间的关系不确定

在式(6-60)的分母中,减数和被减数都受股权乘数 EM 的影响:在被减数即贴现率 r 中,当股权乘数 EM 上升时,股票的贝塔系数 β_i 随之上升,使得贴现率 r 也上升,分母变大,从而导致市盈率下降;在减数中,股权乘数 EM 和资产收益率 ROA 均为正比因子,故而当股权乘数 EM 上升时,减数加大,分母变小,从而导致市盈率上升。

(3) 无风险资产收益率 r_f 与市盈率之间的关系不确定

由式(6-59)可以看出,无风险资产收益率 r_f 与市盈率之间的关系取决于贝塔系数是否大于 1,因为此时 r_f 的系数为 $(1-\beta_i)$。如果 $\beta_i>1$,则使得贴现率 r 变小,市盈率加大;如果 $\beta_i<1$,则使得贴现率 r 加大,市盈率变小;如果 $\beta_i=1$,则 r_f 的系数为零,对市盈率将不产生直接影响。

三、价格/账面价值比率法(P/BV)

价格/账面价值(P/BV)比率法是另一种经常使用的相关估价法。投资者总是十分关注上市公司股票价格和账面价值之间的关系常常吸引着投资者的注意力。如果股票的市场价格低于股权的账面价值,人们就会认为该公司的价值被低估了;反之,那些市场价格远远高于股权账面价值的股票则被认为是价值被高估了。

股权的账面价值是资产账面价值与负债账面价值之间的差额。股权资本的账面价值反映的是普通股东投入的资本与累计的留存盈利。从某种意义上讲,实现企业价值最大化的目标,等同于最大化的股价对账面价值比率。这一比率越高,表明既定的投入资本可以带来更多的收益,从而增加股东的收益。资产的市场价值反映了该资产的盈利能力及未来可预期的现金流,而账面价值反映的是它的初始成本。所以,如果获得一项资产后,其盈利能力显著增加或降低了,那么其市场价值就会与账面价值出现显著的差异。

比率 P/BV 可以通过企业的基本因素加以估计。现在以进入稳定发展时期的企业为例,运用恒增长模型,该企业的股票价格应为

$$P = \frac{D}{r-g} = \frac{E \cdot b \cdot (1+g)}{r-g} \tag{6-62}$$

定义净资产收益率 ROE 为

$$\text{ROE} = \frac{E}{\text{BV}} \tag{6-63}$$

式中,E 为每股税后收益,BV 为每股股权的账面价值。

将式(6-63)代入式(6-62),有

$$P = \frac{\text{BV} \cdot \text{ROE} \cdot b \cdot (1+g)}{r-g} \tag{6-64}$$

得到价格账面价值比率的表达式

$$\frac{P}{BV} = \frac{ROE \cdot b \cdot (1+g)}{r-g} \tag{6-65}$$

如果将 ROE 和增长率 g 加以联系,把 $g=ROE \cdot (1-b)$ 及 $ROE_{i+1}=ROE_i(1+g)$ 代入式(6-65)加以化简,且省略有关变量的下标,则公式可以写成

$$\frac{P}{BV} = \frac{ROE-g}{r-g} \tag{6-66}$$

由该式可以看出,对于恒增长型企业的 P/BV 比率是由净资产收益率 ROE 和股权资本要求的收益率 r 的相对大小所决定的。如果净资产收益率高于股权资本要求的收益率,那么股票的市场价格就会高于公司权益的账面价值;如果净资产收益率低于股权资本要求的收益率,那么股票的市场价格就会低于公司权益的账面价值。P/BV 比率在很大程度上受净资产收益率 ROE 的影响。从以上公式可以看出,较低的净资产收益率不仅直接影响 P/BV 比率的数值,并且还通过降低了预期增长率和派息率而间接影响 P/BV。

应用价格/账面价值比率法对企业估价的过程与市盈率估价法大体相同。首先找出若干可比企业,然后计算可比企业的平均价格与账面价值的比率,最后用该比率乘以被估企业的账面价值对其进行估价。

与市盈率估价法相比,采用 P/BV 比率进行估价的长处为:

(1) 股权资本的账面价值是对股东投入资本价值的较为稳定和精确可靠的度量,投资者用它可以作为与市场价格相比较的可靠基准;

(2) 在采用的会计方法一致的情况下,该比率在类似企业之间、同一企业不同时期之间,甚至于不同国家企业之间的可比较性较强;

(3) 在企业出现亏损、盈利为负值时,负债应用市盈率方法难以进行正确估价,而此时仍可用 P/BV 比率进行估价。

但是,应用 P/BV 比率进行估价也有一定的欠缺之处:

(1) 账面价值和盈利一样会受到折旧方法和其他会计政策的影响。当公司之间采用不同的会计制度时,就难以运用 P/BV 比率进行比较;

(2) 账面价值对于固定资产不多的服务行业来说意义不大,难以反映其真实价值;

(3) 如果公司盈利持续多年为负,则公司权益的账面价值也可能成为负值,致使 P/BV 比率也会变成负值。

四、价格/重置成本比率法(P/RC)

企业价值和重置成本的比率是由托宾提出的 Q 值,因而该方法也称为托宾 Q 值估价法。公司的重置成本(replacement costs,RC)是指重新设立该企业所需要付出的成本,即

包括重新设立该企业有形资产所需付出的成本,如购买机器、雇佣人员等;也包括重新设立该企业无形资产所需付出的成本,如购买技术专利、培植品牌等。重置成本属于经济学概念,它不同于企业建立时的历史成本,后者往往被用作会计成本。重置成本中其实也包含了由于企业的良好经营而带来的资产升值。当存在通货膨胀时,原有资产的重置成本会迅速上升,P/RC 值将比相应的未加调整的 P/BV 值低。反之,如果重置成本的下降速度比账面价值的下降速度快,则 P/RC 值就比未调整的 P/BV 值高。使用价格/重置比率法对企业进行估价的基本过程与市盈率估价法类同。首先找出若干可比企业,然后计算可比企业的平均企业价值与重置成本的比率,最后用该比率乘以被估企业的重置成本对其进行估价。

采用企业价值与重置成本的比率对企业进行估价所具有的优点是:当存在通货膨胀导致资产价格上升,或因为技术进步导致资产价格下降时,P/RC 值能够提供对资产价格估值的更为准确的判断依据。

然而,价格/重置比率法也存在着不足之处:

(1) 重置成本属于经济学概念而非会计概念,确定它时带有明显的主观性并且计算较为复杂。比如某些资产具有很强的企业独特性,所以很难估计它们的重置成本。

(2) P/RC 值即 Q 值是一个推动经济周期的变量,具有不稳定性。托宾提出 Q 值的初衷是为了研究企业的投资决策:当 Q 值大于 1 时,其他企业会投资于该行业。这是由于资产的市场价值大于重置成本,因而能够从中获利。随着行业产能的不断扩大,供过于求导致盈利下滑,最终使企业价值降低,Q 值减小。该过程会一直持续到 Q 值下降到 1 为止。反之,如果 Q 值小于 1,将出现相反的变化过程,使 Q 值一直上升到 1 为止。所以,只有当 Q 值等于 1 时,经济才会处于长期均衡状态。如果"可比"企业的平均 Q 值不为 1,采用 Q 值即 P/RC 值对企业进行估价就显得不很合理,因为得到的只是短期均衡状态下的企业价值。

第四节 或有索取估价法

一、基本概念及其含义

所谓或有索取权(contingent claims)也叫或有要求权、相机索取权,是指未来可能发生的权利,即只有在某些特定的偶然事件发生的情况下才会获得报酬的一种要求权。现实中存在着许多这样的事实:在某些情形中,如果某一资产的现金流相机取决于某一事件是否发生的话,它的价值就能够超过其预期现金流的现值。

期权是典型的或有索取权。它是一种在未来时期的选择权,即期权持有人在规定时间内按约定价格购买或出售约定数量的某种资产或物品的选择权利。合约持有人可以选择行使该权利,也可以选择放弃该权利。而当和约持有人行使该权利时,和约出售人必须履行相应的义务。

期权按和约持有人所拥有的权利性质不同,可以分为看涨期权(call option)和看跌期权(put option)。看涨期权也称买方期权,持有人在规定的时间或之前有权按事先约定的价格向和约出售人购买一定数量的标的资产,而和约出售人承担相应卖出标的资产的义务。看跌期权也称卖方期权,持有人在规定的时间或之前有权按事先约定的价格向和约出售人卖出一定数量的标的资产,而和约出售人承担相应购买标的资产的义务。

期权按和约持有人行使权利的时间不同,可以分为欧式期权(European option)和美式期权(American option)。欧式期权的持有人只能在规定的和约到期日才能行使权利,美式期权的持有人可以在规定的和约到期日之前任何时间行使权利。

在每份期权和约中,都规定了期权的执行价格(exercise price)和到期日。执行价格又称敲定价格(striking price),是指期权和约中所规定的标的资产的交易价格。当持有人在期权有效期内行使权利时,标的资产的市场价格无论如何波动,和约出售人都必须以此价格购买或出售约定数量的标的资产。到期日则是期权持有人行使权利的最后时间,是期权和约的终点。依照期权的不同类型,持有人可以选择在到期日或到期日之前行使权利。如果持有人过了到期日还不履行权利,便视为自愿放弃权利,此后再不能要求和约出售人履行相关义务。

二、或有索取权的价值

期权是其价值相机性地随着标的资产价值的变化而变化的一种资产,是或有索取权的一类典型代表。下面就以期权为例,分析或有索取权的价值问题。

1. 到期日的期权价值

对于看涨期权,如果到期日标的资产价格 S 低于或等于执行价格 X,则看涨期权持有人不会行使该买权,此时看涨期权价值为 0;如果到期日标的资产价格 S 高于执行价格 X,则看涨期权持有人将执行该买权,此时看涨期权价值为 $S-X$。因而到期日的看涨期权价值 C 为

$$C = \max[0, S-X] \tag{6-67}$$

对于看跌期权,如果到期日标的资产价格 S 高于或等于执行价格 X,则看跌期权持有人不会行使该卖权,此时看跌期权价值为 0;如果到期日标的资产价格 S 低于执行价格 X,则看跌期权持有人将行使该卖权,此时看跌期权价值为 $X-S$。因而到期日的看跌期权价值 P 为

$$P = \max[0, X-S] \qquad (6\text{-}68)$$

2. 买权—卖权平价关系

对于欧式期权，看涨期权和看跌期权之间存在着平价关系。分析下述两个资产组合，它们的看涨期权、看跌期权、债券的执行价格和到期日等均相同。

A 组合：一个欧式股票看涨期权和一个面值为 X 的零息债券；

B 组合：一个欧式股票看跌期权和一股股票。

这两个资产组合的到期损益如图 6-2 所示。明显可以看出，这两个资产组合的损益在到期日都是 $\max[S,X]$，即两者存在如下的平价关系：

$$C + Xe^{-rT} = P + S \qquad (6\text{-}69)$$

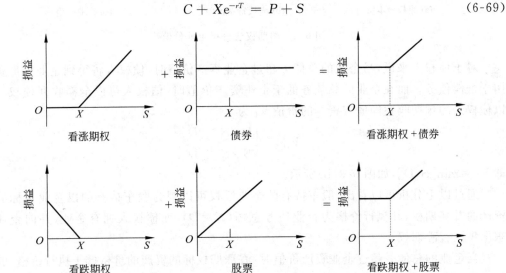

图 6-2 买权—卖权平价关系示意图

这说明，如果已知具有确定执行价格和到期日的某一看涨期权的价值，就可以推出具有相同执行价格和到期日的看跌期权的价值；反之亦然。

三、或有索取估价法原理

根据上述或有索取权和期权的有关概念，从期权的角度看企业，可以把企业看成是债权人出售期权、股东持有期权的组合。有限责任公司的股东以出资额为限承担有限责任。当企业的总债务超过企业资产价值时，企业的资产将全部用于偿还债务，股东则一无所得，但其最大损失将以他对企业的股本投资为限。当企业的总债务低于企业资产价值时，股东可以得到企业资产偿还债务后的剩余部分。若用 S 表示企业资产的价值，D 表示企

业债务的价值,则企业股东的预期收益即股权资本的价值 V_E 为

$$V_E = \begin{cases} S-D & S>D \\ 0 & S \leqslant D \end{cases}$$

即 $V_E = \max[0, S-D]$,如图 6-3(a)所示。

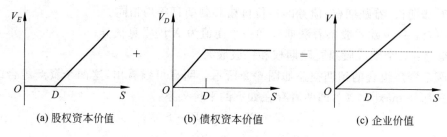

(a) 股权资本价值　　(b) 债权资本价值　　(c) 企业价值

图 6-3　用期权法分析企业价值

对于债权人来说,当企业的总债务超过企业资产价值时,债权人将得到企业全部资产用于抵偿债务。而在企业的总债务低于企业资产价值时,债权人可以全额收回债权。所以债权人的预期收益即债权资本的价值 V_D 为

$$V_D = \begin{cases} D & S>D \\ S & S \leqslant D \end{cases}$$

即 $V_D = \min[S, D]$,如图 6-3(b)所示。

通过以上分析可以看出,股东持有的企业股权可以视为股东持有的以企业为标的的资产的看涨期权,其执行价格为企业债务总额($X=D$),而债权人拥有企业,并向企业股东出售该看涨期权。

当企业的总债务超过企业资产价值时,看涨期权标的资产的价格低于执行价格,股东作为期权合约的持有者将放弃行使以约定价格购买企业的权利,其收益为 0;债权人作为期权合约的出售人仍然拥有作为标的资产的企业,收益为企业资产价值 S。当企业的总债务低于企业资产价值时,看涨期权标的资产价格高于执行价格,股东将行使购买权利,以债务总额为约定价格向债权人购买企业,其收益为 $S-D$;而债权人售出企业,收到相当于债务总额的资金,收益为 D。所以,

$$\text{股权资本价值 } V_E = \text{看涨期权价值 } C \tag{6-70}$$

又由

$$\text{企业资产价值 } S = \text{股权资本价值 } V_E + \text{债权资本价值 } V_D \tag{6-71}$$

从而得

$$\text{债权资本价值 } V_D = \text{企业资产价值 } S - \text{看涨期权价值 } C \tag{6-72}$$

反之,也可以从看跌期权的角度看待企业,根据买权—卖权平价关系有

看涨期权价值 C ＋执行价格现值 D
＝看跌期权价值 P ＋标的资产价值 S （6-73）

将式(6-73)代入式(6-70)得

股权资本价值 V_E ＝看涨期权价值 C
＝看跌期权价值 P ＋标的资产价值 S
－执行价格现值 D （6-74）

结合式(6-72)和式(6-73)可推出

债权资本价值 V_D ＝标的资产价值 S －看涨期权价值 C
＝执行价格现值 D －看跌期权价值 P （6-75）

以上对企业从期权角度进行的分析可以汇总如表6-1所示。有关期权估价公式的数学推导详见第11章。

表 6-1 从期权的角度分析企业价值

利益相关者	企业股东	债权人
从看涨期权角度分析	● 持有以企业为标的资产、以债务总额为执行价格的看涨期权 C	● 拥有企业资产 S ● 出售以企业为标的资产、以债务总额为执行价格的看涨期权 C
从看跌期权角度分析	● 拥有企业资产 S ● 持有以企业为标的资产、以债务总额为执行价格的看跌期权 P ● 向债权人借款(必须归还)，借款额为企业债务总额的现值 D	● 出售以企业为标的资产、以债务总额为执行价格的看跌期权 P ● 借款给股东(必须归还)，借款额为企业债务总额的现值 D

以下用实例说明如何运用期权估价模型评估股权资本价值和债权资本价值。

设某公司资产价值为5 000万元，对外发行10年期贴现债券6 000万元，若公司收益的年标准差为0.18，10年期国库券利率为8%。

则有基本参数：

标的资产的价值 S ＝5 000 万元

执行价格 X ＝6 000 万元

标的资产收益率的年标准差 σ ＝0.18

无风险利率 r ＝8%

距到期日的时间 T ＝10 年

应用 B-S 模型[见第11章式(11-35)]，并代入相应数值可得

$$d_1 = \frac{\ln(S/X) + (r + \sigma^2/2)T}{\sigma\sqrt{T}} = 1.369\ 8$$

$$d_2 = d_1 - \sigma\sqrt{T} = 0.8005$$

查标准正态分布表有 $N(d_1) = N(1.3698) = 0.9147$，$N(d_2) = N(0.8005) = 0.7882$。

于是可以算出该看涨期权的价值，即股权资本的价值为

$$V_E = C = SN(d_1) - Xe^{-rT}N(d_2) = 2449(万元)$$

债权资本的价值为

$$V_D = S - V_E = 2551(万元)$$

如果从传统的企业价值评估角度来看，此时企业债务总额 6 000 万元大于企业资产价值 5 000 万元，该企业股权资本的价值应当为 0。但是采用期权估价法得到的企业股权资本价值却为 2 449 万元，两个估价结果存在很大的差异。

在用传统方法评估企业股权价值时，只是单纯地从企业资产价值中扣除企业债务价值得出企业股权价值，或者当企业资产价值小于等于企业债务价值时直接得出企业股权价值为零的结论，均未考虑企业债务清偿中存在的时间因素和其他可能影响股权价值的因素。而采用或有索取估价法评估企业股权价值时，把股权看作期权，期权距离到期日的时间等于企业债务距离到期日的时间，在这段时间内，可能会因为各种因素使企业取得较好的经营业绩，提高企业资产的未来价值，增加了期权的价值，从而使企业股权价值得以增加。

四、或有索取估价法的特点

或有索取估价法是一种价值评估的新方法，有别于贴现现金流估价法和相关比率估价法。或有索取权作为一种在未来时期的选择权、决策权，它自身的价值应当如何评估和计算，曾经使人们困惑了相当长的时间。期权定价方法论的形成，B-S 定价模型、二叉树定价模型的建立，为或有索取估价法提供了理论基础和可操作性实用手段。它的详细介绍将在第 11 章中展开，本章仅结合非固定收益证券的定价问题作了应用性的介绍，由此我们也可以看出它们具有的若干明显特点。

(1) 或有索取估价法主要通过比较同时存在于同一金融市场的其他资产的价值波动进行估价，因而无套利均衡关系体现得更为直接，可以通过套利行为迅速建立均衡。所以，通过这种分析方法也就可能更为直接地获取市场对具体资产的估值。而贴现现金流估价法是用含有风险补偿的预期收益率作为贴现率来贴现未来的现金流。经过资本市场的竞争，预期收益率即为资本的成本，因而用贴现后的现值来估价确实是反映了市场的评价。但是，这种评价合理性的前提是关于市场环境的假设。只有当市场是完全的、信息对称等条件成立时，市场价格才能吸收所有有关的信息，进而做到充分反映市场主体对未来的预期。所以，这种估价的可靠性完全依赖于金融市场的有效性，要求整个市场都必须是完全自由竞争的。虽然这种估价法也体现了无套利均衡关系，但并未做到通过市场中的

套利者建立套利头寸来直接和迅速地建立均衡。

（2）或有索取估价法并不将风险（更确切地说应当是中性风险/不确定性）仅仅看作是一种消极的因素，相反地，认为它能够增加企业的价值。因为企业资产作为一种期权，其股东收益是有底线的（即为 0），所以标准差即波动率较大的企业往往能够为股东带来更多的收益。对于未来经营风险较大、相机决策模式变得非常重要的企业，期权估价模型能够发挥独到的作用。例如在对高科技企业、高风险项目进行投资时，使用贴现现金流模型将会严重地低估它们的真实价值。

（3）当采用 B-S 定价模型估算企业股权价值时，只需要知道企业资产价值 S、企业债务总额 D、企业损益的年标准差 σ、无风险利率 r 和企业债务的剩余年限 T 五个变量即可。并且这些变量均可以通过适当方法加以客观合理的确定，从而避免了估价过程中的主观臆断和预测未来时的种种不确定性，使得评估结果能够更加客观地反映企业股权的真实价值。

现有的期权定价模型虽然为或有索取定价法提供了可操作性手段，但也存在着一定缺陷。首先，将企业股权视为买权其实隐含着一个假设，即投资者能自由地在股票市场上融资，否则企业股权就不能被买权组合自由复制，公式也就难以成立。但是现实中投资者很难自由地从股票市场上融资，因而使用期权定价模型存在着误差。其次，期权定价模型没有考虑到投资者的风险厌恶（risk averse）。事实上一般投资者都是风险厌恶型的，所以运用期权定价模型往往高估企业的价值。再次，期权定价模型对于期限较长、以非流通资产为标的资产的期权有一定的局限性，因为方差的持续性和无红利假设对于期限较短的期权不会产生很大争议，但若期权的标的资产不在市场上交易时，标的资产价值及其方差就只能加以估计而无法从市场取得，这将会带来很高的估计误差。最后，期权估价模型虽然精确，并且对未来不确定的情况可以有很好的估计，可缺点是对使用者的数学知识要求比较高，且计算复杂，不易理解。

五、三种主要估价方法的对比及适用范围

1. 贴现现金流估价法

贴现现金流估价法是评估资产内在价值的标准方法，广泛用于金融资产的定价。它是从资产未来的获利能力角度来确定资产价值的，因而最适合于那些未来现金流量较为稳定，但是形成资产的成本费用与其获利能力不对称，以及成本费用无法或难以准确计算的资产。诸如企业整体资产、无形资产、资源性资产，以及与这些资产有关的金融证券的价值评估。但是，对于许多具有期权性质的资产定价，该方法并不理想。

贴现现金流估价法在使用中也有一定的局限性。第一，采用贴现现金流估价法需要

具有一定的前提条件,对于没有收益、收益无法用货币计量或者风险报酬率无法计算的资产难以使用该方法。第二,贴现现金流估价法的操作含有较大成分的主观性,比如对未来收益的预测、对风险报酬率的确定等,均会影响到估价结果的准确性。

虽然从理论上看,贴现现金流估价法的数学模型十分完美,但是倘若采取的假设条件和基于假设条件所选用的数据存在问题,那么据此而进行的预测也不会可靠,结果的可用性将大打折扣。所以,在贴现现金流估价法的使用中如何坚持客观、公正原则将是十分重要的,既需要估价人员具有科学的态度,又需要掌握确定风险报酬率和预测收益的正确方法。另外,采用贴现现金流估价法亦需具备合适的市场条件,否则某些数据的获取就会存在问题。比如在金融市场不完善的情况下,β系数的准确性、适用性就会受到质疑。同时,在运行机制不健全的市场中,由于不确定性因素太多,对未来收益的预测也会变得很困难。

2. 相关比率估价法

相关比率估价法衡量的是资产的相对市场价值,而非其内在价值,因而被认为是最具公允性、客观性的估价方法之一,其估价结果比较容易为交易的各方所理解和接受。所以,在市场经济发达的国家中,该类方法是运用的最为广泛的估价方法。相关比率估价法最适合于用在市场上交易活跃、买卖频繁的那些资产的估价上。诸如房地产、通用设备、金融资产等。在经济发达国家,由于资本市场较成熟,产权交易十分活跃,企业整体资产及其权益证券的估价也经常采用相关比率估价法,或者借助该类方法对贴现现金流估价法的评估结果进行校验。

但是,相关比率估价法的运用需要具备若干前提条件:首先是对产权交易市场的成熟程度具有较高的要求;其次是对被估价资产本身的要求,即被估价资产应是具有一定通用性的资产;再次是对"可比资产"的要求,当市场上的"可比资产"偏离其内在价值时,将导致估价失真,并且"可比资产"的准确选取存在相当的困难。

3. 或有索取估价法

或有索取估价法是将股东持有的股权看作是股东持有的以企业为标的资产、以企业债务总额为执行价格的看涨期权或看跌期权,通过计算看涨期权或看跌期权的价值来求得企业的股权资本价值和债权资本价值。或有索取估价法在计算过程中不仅考虑了企业资产的即时价值,同时也考虑了企业未来获得有益发展前景的各种机会,是一个全面、动态的分析过程。在一般的方法不太适用或很难适用于某些企业及其股票的估价时,或有索取估价法可以另辟捷径得到较理想的结果。即使在一般估价方法可用的情况下,或有索取估价法也指明了一种很有价值的独特视角。

但是,采用或有索取类估价方法评估企业资产价值时,必须考虑资产的特性是否满足其假设前提。例如 B-S 期权定价模型就假设不存在无风险套利机会、标的资产价格的变动是连续的、标准差已知且在期权有效期内不会变化、投资者能够以无风险利率借或贷等。当不能完全满足这些条件时,采用或有索取估价法就有可能产生偏差,这时须进一步估计可能产生的影响并给予相应的修正。

以上三种主要估价方法的具体类型、定价原理、适用范围以及使用限制条件等诸项比较结果,详见表 6-2。

表 6-2 证券定价方法对比表

定价方法	具体类型	定价原理	适用范围	使用限制
贴现现金流估价法	股利贴现模型（DDM）	对预期股利分红进行贴现	是评估资产内在价值的标准方法;适合稳定性较强的权益性资产定价。	对带期权性质的权益定价有局限性,需要的条件较多,准确估计相应条件有很大难度。
	股权自由现金流贴现模型	对预期股权现金流贴现		
	公司自由现金流贴现模型	对预期公司现金流贴现		
相关比率估价法	P/E 比率法	在有效市场中,套利机会使得"可比资产"之间的价值关系很快趋于均衡。	衡量标的资产的相对价值;隐含了内在价值定价所需条件。	可比资产及其信息难以获取,受市场走势、主观偏见影响较大。
	P/BV 比率法			
	P/S 比率法			
	P/CF 比率法			
	P/RC 比率法			
或有索取估价法	B-S 期权定价模型	将期权看作能够产生相同现金流的复制投资组合,市场均衡时,两者价值相同。	对高速增长、陷入困境的企业,以及自然资源、产品专利、期权合约等资产定价。	对于普通企业的定价效果不明显,假设条件较为苛刻。
	二叉树期权定价模型			

本章小结

1. 非固定收益证券最基本的特征是不对未来的收益作出任何承诺,证券的收益将取决于证券发行者的经营业绩、标的资产的未来价值以及所采取的分配方式与分配政策。普通股股票是其最具代表性的形态之一。股票是由股份有限公司发行的、用以证明投资者的股东身份和权益,并据此获取相应股息和红利的凭证。它的三个基本要素是发行主体、股份和持有人。

2. 股票的价格是指股票与货币之间的比例关系,是与股票等值的一定货币量。广义的股票价格是股票的面值、净值、内在价值、发行价、清算价和市价的统称;狭义的股票价格则主要是指股票的市价。影响股票价值的内在因素有公司的经营状况和盈利水平、市场利率水平及财务成本、税赋、非系统风险;影响股票价值的外在因素有供求关系、投资者信心及心理因素、会计信息披露情况等。

3. 贴现现金流估价法是评估资产内在价值的标准方法,其常用的测度指标有资产的内在价值(V)、净现值(NPV)、内部收益率(IRR)。企业股权(股票)估价模型主要分为股利贴现模型(股利零增长、恒增长、多态增长模型)、股权自由现金流贴现模型、公司自由现金流贴现模型等。

4. 相关估价法也常称作市场比较法,它以公司的盈利为基础,采取与相同或类似企业进行价值比较的方法来确定公司的价值。按所选比率指标的不同,可以分为价格/收益比率法(P/E)、价格/账面价值比率法(P/BV)、价格/销售额比率法(P/S)、价格/现金流量比率法(P/CF)以及价格/重置成本比率法(P/RC)等。

5. 或有索取权是指未来可能发生的权利,即只有在某些特定的偶然事件发生的情况下才会获得报酬的一种要求权,期权是其典型代表。或有索取估价法并不将风险(不确定性)仅仅看作是消极因素,相反认为它能够增加企业的价值。用 B-S 期权模型估算企业价值时,只需资产价值 S、债务总额 D、损益的年标准差 σ、无风险利率 r 和债务剩余年限 T 五个变量即可,且均可通过适当方法客观合理地确定,避免了估价过程中的主观臆断,使评估结果能够更客观地反映企业的真实价值。

 阅读资料

光大"8·16乌龙指"殃及池鱼:资管深陷离职潮

一波未平,一波又起。去年震惊资本市场的光大证券"8·16事件"时隔半年多仍在继续发酵,光大证券涉及量化投资的部门正经历一场人事巨变。

"春节过后本来就是从业人员离职的高峰,而近期光大证券资管团队人员流失,更多的是一种无奈之举。"光大证券资产管理有限公司(以下简称"光证资管")量化投资部一位已经离职的分析员对《第一财经日报》表示,"8·16"之后,杨剑波曾经执掌的光大证券策略投资部已经"分崩离析",而余震波及的光证资管量化投资部近期也遭遇人事震荡。由于人员流失密集,光证资管的量化投资部已由光大证券自营部门的量化团队暂时"接管"。

"池鱼"之殃

市场人士认为,光大证券和光证资管量化投资的人事震荡,与7个月前发生的那次震惊资本市场的光大证券"乌龙"事件有直接的关系。当天上午11时02分至11时05分，由杨剑波执掌的光大证券自营部门策略投资部因量化交易系统故障，意外生成72.7亿元的巨量买单将沪指直线拉升超过100点，中石油、中石化等权重股更在瞬间涨停。

证监会对这一事件认定为内幕交易，除了给出5.23亿元的罚款，以及对杨剑波等四位相关决策人"终身证券市场禁入"的处罚，光大证券的证券自营业务（固收除外）被喊停，责令无限期整改。

资产管理规模骤减

与每天写整改报告相比，更让员工们难以接受的还是资产管理规模的大幅缩水。事件发生后，市场对量化投资尤其是光大证券的量化投资闻之色变，截至记者发稿，光大资管共有8只产品遭遇提前清盘或巨额赎回，规模已大幅缩水。

"量化投资这边10亿元的产品，到今年3月就剩下不到2亿元。"王伟向记者表示。实际上，量化投资部管理的产品由于收益稳健，自设立以来，每年都为光证资管贡献高于权益类、固收类产品的业绩。

"最主要的影响是公司80亿元的定向增发'黄'了，资金饥渴已经影响到很多业务。"上述光大证券经纪业务部人士称。2013年5月，光大证券定增方案获得证监会批准，原计划投向两融等创新业务，加大对子公司的投入等。但事件发生后，证监会立案调查，加上市场看淡公司前景，导致公司股价跳水，最终定向增发失败。

资料来源：http://www.yicai.com/news/2014/03/3600958.html。

汇丰2014.03.12——中国股市影响因素分析与配置建议

核心观点：自2013年12月以来，MSCI中国指数下跌6%，我们建议低配中国股票。关于投资者应该何时重返中国股市，需要由影响股市潜在收益的四个因素决定：信贷基金的潜在违约可能、盈利增长、股票估值、资金头寸。我们列了一个清单供投资者参考。

因素一：信贷违约风险。它与信贷机构的资金规模有关，2013年影子银行办理了约36万亿人民币多种形式的信贷业务，总金额占GDP的63%以上，在当年信贷增长中贡献近50%。一旦金融环境恶化，面临高融资成本、沉重的偿债压力或不友好的运营环境，中国市场的信贷风险将大幅增加。由于一起违约事件可能引发连环的信贷违约，从而动摇国内金融体系，这是近几个月中国股市低迷的关键原因。

因素二：盈利和GDP增长。李克强总理的政府工作报告揭示了2014年中国GDP增长目标将维持在7.5%。汇丰分析师认为，目前中国政府在有意削弱经济增速，7.5%的增长目标并不是硬性指标。即使经济下滑超出预期，中国也有充分空间施加货币和财政刺激。如图6-4所示，2014年中国GDP增长预测在第二季度触底随后逐渐增长。

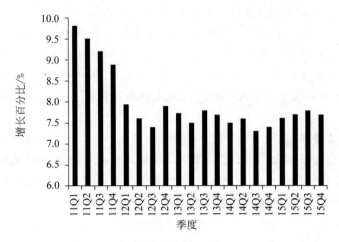

图 6-4　GDP 增长预期 2014 年第二季度触底

从盈利角度看,中国市场表现并不乐观。随着国有垄断行业向私营企业开放,竞争加剧的同时边际利润率降低,企业杠杆增加,债务融资规模扩大。如图 6-5 所示,当前的一致性收益明显高于分析师在 6 个月以前的预测。当前盈利修正率下跌 50%,这表明未来数周或数月之内中国股市的盈利预测可能被下调。

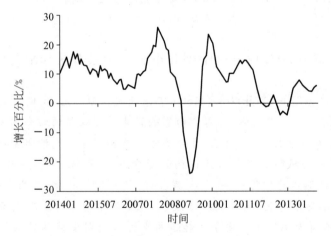

图 6-5　盈利预测高于 6 个月以前的预测

因素三:股票价值。相较亚洲其他市场,中国股市估值明显偏低。图 6-6 描述了中国股市对亚洲股市的市盈率比值。曲线位置越低表明中国股票相对其他亚洲市场股票越便宜。而从绝对趋势来看,当期中国股市市盈率接近历史低值。值得一提的是,国有企业和私营企业的股价表现具有明显差异,中国股票价值严重受到行业因素扭曲。

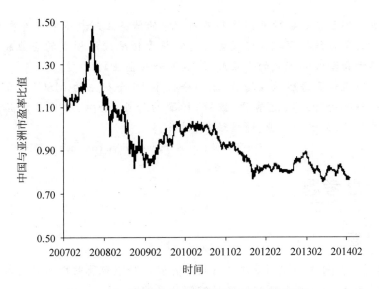

图 6-6 中国股票市盈率比其他亚洲市场股票低

因素四:资金流向。我们用两种方法衡量市场对中国股市的情绪:首先是计算抛售率,抛售率升高表明市场情绪恶化;其次是检验共同基金所持中国股票的头寸,多头头寸表示市场信心增强,低头头寸表示市场信心不足。图 6-7 描述了共同基金对中国股票的持有情况:过去中国股票被共同基金显著低配,而当前已接近标配水平。

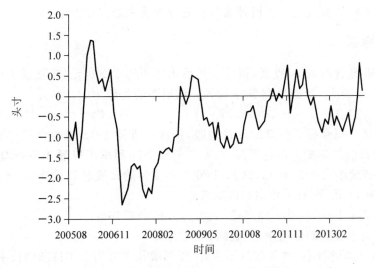

图 6-7 中国股票在共同基金中接近标配

如何配置中国股票？疲软的经济和不断膨胀的债务正刺激着中国着手开展经济体制改革。市场对改革持续的预期促使投资者卖空属于传统经济模式的企业股（多数是国有企业），购买属于新型经济模式的企业股（多数是私营企业）。

利用远期市盈率和每股收益增长，我们分析了10个行业的MSCI中国指数，股票配置建议如下。超配的行业：IT、能源、医疗；标配的行业：金融、日用必需品、日用非必需品、工业、公共事业；低配的行业：通信服务、材料。

资料来源：http://www.yicai.com/news/2014/03/3598716.html。

 复习思考题

一、问答题

1. 股票所代表的财产权利反映在哪几个方面？股票有哪些性质和特点？
2. 股票的价格形式都有哪些？各是如何计算的？
3. 公司价值和股票定价之间存在何种关系？
4. 什么是股票的内在价值、净现值？净现值和内部收益率有何关系？
5. 简要说明贴现现金流估价法三种模型之间的异同点。
6. 影响市盈率的因素都有哪些？说明它们与市盈率之间存在何种相关关系。
7. P/E、P/BV、P/S、P/CF、P/RC各方法之间的关联与区别是什么？
8. 或有索取估价法适用于何种情况？它的独特之处何在？

二、选择题

1. 某企业准备购入A股票，预计3年后出售可得2 200元，该股票3年中每年可获现金股利收入200元，预期报酬率为10%。该股票的价值为（　　）元。
   A. 2 150.24　　　　B. 3 078.57　　　　C. 2 552.84　　　　D. 3 257.68
2. 假设某公司今后不打算增发普通股，预计可维持2012年的经营效率和财务政策不变，不断增长的产品能为市场所接受，不变的营业净利率可以涵盖不断增加的利息，若2012年的可持续增长率是10%，该公司2013年支付的每股股利是0.55元，2013年年末的每股市价为16元，则股东预期的报酬率是（　　）。
   A. 12.87%　　　　B. 13.24%　　　　C. 12.16%　　　　D. 13.78%
3. 下列关于股票的说法中，正确的有（　　）。
   A. 当满足经营效率、财务政策不变时，股利增长率可用上年持续增长率来确定
   B. 不考虑通货膨胀时，长期看公司股利的固定增长率不可能超过其资本成本率
   C. 股票的价值是指其实际股利所得和资本利得所形成的现金流入量的现值

D. 股利的资本化价值决定了股票价格

4. 某企业长期持有 A 股票,目前每股现金股利 2 元,每股市价 20 元,在保持目前的经营效率和财务政策不变的情况下,其预计收入增长率为 10%,则该股票的股利收益率和期望报酬率分别为(　　)。

A. 11%　　　　　B. 21%　　　　　C. 14%　　　　　D. 20%

5. 如果不考虑影响股价的其他因素,下列说法中正确的是(　　)。

A. 零增长股票的价值与市场利率成正比　　B. 零增长股票的价值与预期股利成正比
C. 零增长股票的价值与市场利率成反比　　D. 零增长股票的价值与预期股利成反比

6. 估算股票价值时,可以使用的折现率有(　　)。

A. 投资者要求的必要收益率　　　　　　　B. 股票市场的平均收益率
C. 国库券收益率　　　　　　　　　　　　D. 无风险收益率加适当的风险报酬率

三、计算题

1. 某投资人准备投资于 A 公司的股票,A 公司没有发放优先股,2013 年的有关数据如下:每股净资产为 10 元,每股盈余为 1 元,每股股利为 0.4 元,该公司预计未来不增发股票,并且保持经营效率和财务政策不变,现行 A 股票市价为 15 元,目前国库券利率为 4%,证券市场平均收益率为 9%,A 股票与证券市场过去的有关信息如下:

%

年　　限	1	2	3	4	5	6
市场收益率	1.8	−0.5	2	−2	5	5
证券 A 收益率	−7.0	−1.0	13	15	20	10

要求:

(1)用定义法确定股票的贝塔系数;

(2)问该投资人是否应以当时市价购入 A 股票;

(3)如购入其预期投资收益率为多少?

2. 甲上市公司今年派发股利 3 元/股,并且预测今后每年派发的股利将按 5% 的速度增长。市场上风险相同的其他证券的预期收益率为 10%。该公司股票目前的合理价格是多少?

3. 乙公司普通股的基年股利为 4 元/股,预计股利年增长率 6%,期望收益率 12%,并准备 3 年后转让出去,转让价格打算定为 30 元/股。试计算该普通股的理论价格。

4. 某公司预计第一年年底每股盈利(EPS)为 10 元,公司股利政策是保持股利支付率 40% 不变,权益的机会成本(r)为 16%,留存收益再投资的回报率为 20%。试估计该股票的价值。

第七章
资产证券化

【学习指导】

通过本章学习,了解资产证券化的概念及分类、发展进程、动因与作用、主体和客体;知道各种资产证券的基本类型及其特点,并会加以对比、分析;初步掌握资产证券化的操作流程,明白资产组合与方案设计、成立特设机构、信用增强、资信评级、发行策划及承销安排、现金流管理与清算等各主要环节的内容与功效;初步具备进行资产证券现金流分析与估价的技能。

第一节 资产证券化概述

一、资产证券化的概念

从狭义的角度定义,资产证券化就是把缺乏流动性但是在未来具有可预期的稳定现金流的资产集中起来,形成一个资产池,通过结构性重组,把它转变为可以在金融市场上出售和流通的证券,并借此进行融资的过程。

从广义的角度定义,"资产证券化是使储蓄者与借款者通过金融市场得以部分或全部匹配的过程,或者提供的一种金融工具。在这里,开放的市场信誉取代了由银行或者其他金融机构提供的封闭的市场信誉"(Gardener,1991)。这种定义是把金融过程分为以银行等金融机构为基础的信用中介和以市场为基础的信用中介两大类,也就是一般认为的间接融资和直接融资两大类。在这两种基本的融资方式中,我们通常把以市场为基础的信用中介即直接融资理解为资产证券化。

按照资产证券化的广义、狭义之分,可以进一步将其分解为一级证券化和二级证券化两种形式。广义的资产证券化一般被称为一级证券化,主要是指通过货币市场和资本市场的直接融资过程,所使用的金融工具主要包括商业票据、企业债券和发行股票。一级证券化的实质是"去中介"化。通常所说的金融"脱媒"现象,就是针对一级证券化而言的,借指直接融资的竞争发展给银行业带来了生存危机。狭义的资产证券化则被称为二级证券化,是指将已经存在的商业贷款和应收账款等基础性金融资产转化为可流动的转让工具的过程。如把批量贷款打包进行证券化销售,或者将小额、非市场化且信用质量相异的债权资产进行结构性重组,汇集组合成资产池,重新设计为具有流动性的证券,并通过市场传递到投资人手中。这种资产证券实质上是建立在基础资产之上的衍生资产。通常所说的资产证券化就是指这种二级证券化。资产证券化打破了债权融资和股权融资的传统金融格局,形成了债权融资、股权融资、资产融资三分天下的格局。

二、资产证券化的发展进程

资产证券化兴起于美国的住宅抵押贷款证券化。美国政府为了增加不动产放款金融机构的资金来源,从20世纪30年代起组织联邦国民抵押贷款协会(Federal National Mortgage Association,FNMA)来推动经济大萧条后的金融市场和不动产市场。当时美国的单一银行体制限制银行进行分行,使得很多中小银行经常面临客户要求的贷款数额大于银行信贷能力的情况。为了吸引住客户,这些中小银行通过向其他银行出售贷款资产来筹集资金。成立于1938年的FNMA,本身具有联邦政府公债级的资信,因而筹措资金的成本非常低。其主要功能在于以低成本的资金收购附有联邦住宅管理局(Federal Housing Administration,FHA)保险的抵押贷款债权,并借助此种收购将资金转给承做住宅抵押贷款的银行机构。随着贷款出售方式的发展,获取更多的盈利以及优化资产负债结构逐渐变成了出售的主要目的。在这一时期中,出售的贷款虽然还不能称为证券,但这类活动已经为资产证券化的形成提供了坚实的基础。

资产证券化的正式发展可以分为三个主要阶段:首先兴起于住宅抵押贷款证券化;其次演进到银行信贷资产证券化;最后推广到其他公司应收款资产证券化。

1. 住宅抵押贷款证券化(始于20世纪60年代末)

1968年美国最早的抵押贷款证券雏形问世,叫作抵押过手证券(mortagage pass-through),是发行人按一定的标准把若干个住房抵押贷款组合在一起,以此为抵押发行债券。到1990年,美国3万多亿美元未偿住宅抵押贷款中,50%以上实现了证券化。而2001年年底,抵押担保凭证(collateralized mortgage obligations,CMO)的市场规模已经达到8 000亿美元,而住宅抵押担保证券MBS的市场规模已经达到2.83万亿美元。表7-1列示了住宅抵押贷款证券的种类。

表 7-1 住宅抵押贷款证券种类

首次发行时间	证券品种	证券化的内容
1968 年	GNMA 债券	由 GNMA 做担保而发行的过手证券
1970 年	FNMA 抵押担保债券	以 FNMA 保证的抵押贷款为担保发行的债券
1971 年	FHLMC 参与证券	FHLMC 发行的转付证券
1975 年	民间按揭支持证券(MBS)	首次由民间机构发行,加利福尼亚州联邦储贷协会以抵押贷款为担保发行的证券
1981 年	FNMA 的按揭支持证券(MBS)	FNMA 发行的转付证券,与 FHLMC 发行的参与证券性质相同
1981 年	转付证券	首次公开募集的转付证券
1983 年	抵押担保证券(CMO)	FHLMC 首次发行,是转付证券的变形
1983 年	GNMAⅡ 债券	发行者由多数的贷款者将贷款汇总而发行的证券,为 GNMA 的改良型

2. 银行信贷资产证券化(始于 20 世纪 80 年代中期)

有了住宅抵押贷款证券化的成功经验,金融界很自然地将其技巧应用到其他金融资产上,出现了以资产做抵押的担保证券(assets backed securities,ABS)(见表 7-2)。先是 1985 年 3 月史伯力(Sperry)计算机租赁和约与同年 5 月的汽车贷款证券化,接着是 1987 年信用卡应收款证券化。银行信贷资产证券化比重不断上升,ABS 的规模在 1985 年年初时尚为零,到 2001 年已达到 1.28 万亿美元。国际信贷结构也出现了以银团贷款为主转向以证券化的资产为主的发展趋势。20 世纪 80 年代末,美国储贷机构发生危机,不良债权充斥,资产证券化的方法也应用到了不良债权的处置上。

表 7-2 资产证券种类和首次发行时间　　　　　　　　　　　　　　　　　亿美元

首发时间	按担保品划分种类	发行金额	首发时间	按担保品划分种类	发行金额
1985-03	计算机租赁票据	1 847.8	1988-10	设备租赁	214.6
1985-05	汽车贷款	76 363.6	1988-12	RV 贷款	1 525.8
1986-07	联营公司票据	638.0	1989-01	住宅权益贷款	24 718.0
1986-07	轻型卡车贷款	187.4	1989-07	摩托车贷款	86.1
1987-01	信用卡应收款	80 238.4	1989-08	时间分享应收款	115.5
1987-07	标准卡车贷款	478.6	1990-08	批发商汽车贷款	5 900.0
1987-09	贸易应收款	311.5	1990-12	批发商卡车贷款	300.0
1987-10	汽车租赁	470.0	1992-01	小企业贷款	349.8
1987-11	消费者贷款	1 092.5	1992-05	铁路车辆租赁	998.4
1988-09	游艇贷款	1 202.5	1992-06	活动房屋贷款	249.9
1988-09	机械制造住宅贷款	7 653.7	1992-09	农机设备贷款	1 052.4

3. 公司应收账款证券化（始于 20 世纪 90 年代初）

美国资产证券化演进的示范作用促成了这种融资方式在世界其他地方的推广，欧洲等地区也都纷纷加以仿效，取得了快速发展。20 世纪 90 年代以后，亚洲的日本、印度尼西亚、韩国、马来西亚等国家和地区的资产证券化也得到蓬勃发展。证券化的品种越来越多，形式越来越多样化，结构也越来越复杂。资产证券化技术已经运用到许多具有稳定收益的项目上，如基础设施收费（如公路、铁路、电力、通信等）、贸易公司应收款（如能源、有色金属等）、服务公司应收款（如航空公司、海运公司等）、消费品分期付款、版权专利权收费等。

当前，资产的证券化趋势正深入到金融活动的各个方面，不仅是传统银行贷款的证券化，而且经济中以证券形式持有的资产占全部金融资产的比例越来越大。社会资产金融化、融资投资去中介化都是这种趋势的反映，现代金融正由传统的银行信用发展到证券信用阶段。在证券信用阶段，融资活动以有价证券作为载体，有价证券把价值的储藏功能和价值的流通功能统一于一身，即意味着短期资金可以长期化，长期资金亦可短期化，从而更好地适应了现代化大生产的发展对资金调节的要求。

三、资产证券化的动因与作用

资产证券化自从出现以后得到了迅猛发展。资产证券化之所以能够得到多方面的支持，在于它为证券化过程中各种相关参与者带来了许多好处。以下就从微观和宏观两个方面来加以分析。

1. 资产证券化对微观主体的影响

（1）从发起人（原始权益人）的角度分析

① 实现资本最大利用，增加权益报酬率

发起人是原债权资产的持有人，因而亦称原始权益人。发起人在转让资产、偿还自身的债务后，财务杠杆率下降，资产证券的权益收益率比账面信贷资产的权益收益率高出许多。并且出售资产后，可将释放出来的权益资本用来发起支持新的资产，开展新的融资活动，获取新的获利机会，实现了资本的最大利用。与此同时，发起人还可以作为证券化融资结构中的服务商和信用增强机构，从而获得服务费收入和由基础资产产生的剩余收入。根据不同的会计规则，服务费和剩余收入可以提前获得、在融资过程中获得、在融资过程后期获得，或者结合起来获得。并且，由于通过资产证券化提高了财务杠杆率，所以发起人能够在更大的资产规模基础上获取收入，而一般的资本结构则无法支持如此规模的资产。

② 信用增级和规模效益降低资金成本

虽然资产证券化作为一种融资方式有很多项费用支出,但是总的融资成本低于传统融资方式。首先,资产证券化运用成熟的交易架构和信用增级手段,改善了证券的发行条件。由于资产支持证券有较高的信用等级,不必用折价销售或者提高利率等手段招揽投资者。因而资产支持证券通常都能以高于或等于面值的价格发行,并且支付的利息率比原始权益人发行的类似证券要低得多,较大幅度地降低了原始权益人的融资成本。其次,资产证券化需要支出费用的项目虽然很多,但在很大的交易规模下各项费用与交易总额的比率却很低。实践表明,资产证券化的中介体系收取的总费用率比其他融资方式的费用率至少低 50 个基点。也就是说,每年能为原始权益人节约至少相当于融资额 0.5% 的融资成本。

③ 市场匹配机制提升资产负债管理能力

银行重要资金来源之一是短期存款,而不动产抵押贷款属于长期债权资产。银行以短期负债融通长期资产,极易造成流动性不足。资产证券化通过二级市场优化了发行人的资金期限结构,为发起人的中期和长期贷款、应收款等资产提供了相匹配的负债融资来源。另外,长期固定利率贷款面对短期资金,会给银行带来利率风险。每当短期利率升高时,减少存款利差,造成银行利益受损。如果将长期资产证券化后出售,可以降低利率变动的风险。所以证券化的融资可以在期限、利率和币种等多方面帮助发起人实现负债与资产相应匹配,使得发起人可以和不同类型债务人开展更大的业务量。而如果没有这种融资技术,那么如此巨大的业务量则是不可能实现的。

④ 新的融资渠道使资金来源多样化

资产证券化除了可以使发行人以一种全新的方式介入资本市场进行直接融资外,还变相地降低了资本市场的进入门槛,让其大大扩展了融资对象的等级和范围,为许多非投资等级的公司发行投资等级的证券提供了方便。如前所述,证券化自身就是一个市场性、社会性多品种外部融通的过程。资金来源的多样化可以使发起人易于构造有利于发挥本身最大优势、最适合于自己发展目标的资金来源组合。

(2) 从投资者(证券持有人)的角度分析

投资者,特别是各种机构投资者,如各种基金、保险公司,总是希望能够找到高报酬、低风险且评级优良的投资渠道。对于多数投资者而言,资产证券化完全可以提供报酬与风险特性非常多样化的金融产品,不但可供投资者选为长、短期资产组合,使理财渠道更为丰富、金融资产更为充实,而且结构投资者可充分利用这些产品,增加其分散风险、追求高收益率的能力。

① 较高的投资收益回报

作为与其他类型投资工具的对比,这组数字很有代表性:1987—1996 年,美国三期国库券的平均收益率为 6.782％,穆迪公司评级为 AAA 级的公司债券平均年收益率为 8.473％;而资产支持证券的年平均投资收益率可以达到 10％以上。

② 较低的获取信息成本

拥有专业技术的保险公司对证券化融资结构提供信用增强手段时,对应收款资产要进行评估。普通投资者等于搭乘了保险公司和评级机构的"便车",节省了信息成本。另外,专业评级技术也在减少投资者获取信息的成本。这些技术考察了证券化交易结构的特殊方面,如资产池的规模和组成等,并发展成为一项专业的信用评级技术分支。随着资产证券化的规模越来越大,信息披露越来越标准化,只有那些经过信用增强和信用评级后的资产证券,才会受到投资者的普遍欢迎。

③ 减少了投资风险

首先,投资者有了"破产隔离"的资产池做保障,极大地减少了因原始权益人发生被接管、重组等事件而带来的风险;其次,投资者投资购买资产池所支持的证券,就等于购买了一批抵押资产组合中的一小部分而不是投资于一个单一品种,就像投资者更愿意持有一个分散的股票投资组合,而不是一种单独的股票。这样可以达到分散投资风险的目的。

④ 拓展了投资范围

受监管法规、行业条例和企业规章的限制,有些机构投资者只能投资购买"投资级"——穆迪公司评级 Baa3、标准普尔公司评级为 BBB 级以上信用级别的债券。在传统融资方式下,这意味着只能投资购买信用级别较高的大企业和政府部门发行的债券。资产债证券化则使机构投资者也可以购买信用级别较低的中小企业发行的债券,极大地拓宽了投资的选择范围。

(3) 从原始债务人(借款人)的角度分析

无论是住宅按揭贷款、汽车贷款、还是大件耐用品消费信贷,其借款人都希望能够随时获得数量充裕且利率较低的贷款,以满足其消费理财的需要。而资产证券化正是解决这类资金来源不足的有效方法。资产证券化之后,贷款银行可以将其债权出售换取现金,并且用新取得的现金发放新的贷款。这样周而复始,银行就会不断有低成本的资金供给贷款业务。此外,各种金融机构利用证券化的过程可以不断开发出新的贷款方式,借款人可依其个人财务状况作出最有利的选择。

(4) 从各种金融中介机构的角度分析

对于各种金融中介机构而言,资产证券化的整个过程提供了数量众多的开拓和发展相关业务的机会。要完成资产的证券化,必然涉及产品的设计、增信、评级、包装、承销、管理,以及二级市场交易等各个环节,所以,大量、持续的资产证券化,必然会带来可观而稳定的服务费收入。同时在资产证券化的制度建设中,亦蕴藏着众多的金融创新机会,代表了未来市场扩张的可能性与高获利性。

2. 资产证券化对宏观经济的影响

(1) 提高了资本市场的运行效率和优化资源配置的能力

资产证券化之所以能够提高资本市场运行效率,得益于用新的交易结构使风险实现了重新分配,把流动性差的资产转变为流动性强的现金,减少信息不对称带来的系统内耗,通过金融机构职能细分达到规模经济。另外,传统的投资者为了安全,往往把投资对象限制在具有较高信用级别的公司证券上。这一方面使得大量拥有雄厚资本的投资者因找不到具有较高信用级别的投资对象而使资本外流或闲置;另一方面许多拥有高质量资产的融资者却无法吸引到急需的资本。资产证券化通过"真实出售"、"破产隔离"、"信用担保"等手段,使原始权益人拥有的高质量资产转化成了具备较高信用级别的资产支持证券,用市场机制把资本供求双方连接在一起,增强了资本市场优化资源配置的能力。特别要强调的是,资产证券化还使那些信用级别较低的中小企业也可以进入资本市场直接融资,这些都极大地促进了资本市场的发展。

(2) 重构金融服务体系,改善了金融系统的整体质量

资产证券化的结构涉及债务人、发起人、特设机构、保证人、信用增级机构、受托人和投资者等。这些众多的参与者重构了金融服务体系,包含着许多配套机制。如债权的保险、各种现金流量保证以及信用评级制度等。一项证券化产品在投资人取得之前,要受到不同机构的重重检视与风险确认,许多机构还在此过程中分别承担部分风险。因为相关参与者皆与发行的证券有直接或间接的利害关系,这些市场机制所产生的自发性监督力量必然会大大促进金融机构的债权品质,从而改善了这一金融系统的整体质量。

(3) 减弱信息不对称程度,降低了监管成本和交易成本

资产证券化可以减少管制成本,即企业为适应监管规则而发生的成本。企业通过证券化部分地免除了政府监管,或者说,相当于获得了政府的补贴。需要满足监管规定的机构往往会支持证券化,比如银行需要满足资本充足率的要求,资产证券化就可以使之解决。实际上,证券化更像是一个管制体系的产物。因为一家公司若要进行资产证券化,就必须对自己的应收账款了解更多,并且披露更多。在向外部投资者公告本公司应收账款的质量时,必须更加准确。在将应收账款证券化时,公司和评级机构、担保机构合作,使得应收账款在条款、文件、承销标准上更加标准化,因此也更容易评价。所以,只有标准化的基础资产才适合于证券化,也才适合于信息披露。资产证券化的发展,促使公司将其应收款资产标准化并将有关信息公开化。同时资产证券化建立的交易结构将众多的参与方连接起来,增加了信息收集渠道,使得各方得到这些信息的成本降低了。并且技术的进步又进一步降低了信息的处理成本,从而使基于信息不对称的交易成本大大降低。

(4)推动了金融机构职能调整和细分,有利于实现规模经济

资产证券化出现之前,银行担当着贷款发起人和贷款服务人的双重角色。为了同时完成这两项工作,银行不得不将有限的精力放在少量的优质贷款上,而放弃更多的业务。这样显然不符合规模经济准则。资产证券化可以使银行放弃原来资产持有者与管理者的双重身份,转而成为金融中介与证券化服务者。银行可以承做贷款,不过银行将该贷款作为资产出售,并不持有和管理该资产,但是继续保有服务的权利;或仅负责替其他银行做贷款收付与贷款服务的业务。以上两种职能皆可产生稳定而且风险较低的收益。同时,资产证券化过程中众多的参与方也可以各司其职,充分显示各自的"强项"。这样有助于形成规模经济的优势,增加盈利水平。

第二节 资产证券的基本类型及其特点

目前,资产证券化作为一类持续的金融创新活动依然处在不同形式的组合之中,其品种也在不断地扩展,但我们仍旧可以根据"证券化过程中所有权是否转移"和"资产未来收益是否指定用于资产证券的本利支付"这两条标准,来区分资产证券化的交易结构,将资产证券划分为下述几种基本类型。

一、过手证券

过手证券(pass-through securities)是一种以抵押贷款组合为担保的证券。过手证券发起人以出售方式将金融资产所有权转给发行人,发行人以自己为受托人,以信托名义向投资者发售收益凭证,即过手证券。每份过手证券代表被证券化资产一定比例的所有权及收益权。发起人对过手证券的本息无支付义务,其本金和利息由基础抵押品(住房等)拥有者支付,经由银行或储蓄机构(抵押贷款的发放者)通过发行人转递到投资人手中。所以,过手证券的现金流完全代表抵押贷款组合的现金流,就好像抵押贷款组合的现金流通过证券传递到投资者手中一样,投资者按投资比例的大小得到相应的现金流。因此,过手证券的偿付完全取决于被证券化资产的未来运作情况,即使发起人破产,过手证券也不受影响。

以过手证券市场最发达的美国为例,联邦国民抵押贷款协会(Federal National Mortgage Association,FNMA)、政府国民抵押贷款协会(Government National Mortgage Association,GNMA)、联邦住宅贷款抵押公司(Federal Home Loan Mortgage Corporation,FHLMC)都是主要的过手证券发行机构。GNMA过手证券的本息按月支付,其基础资产是由联邦住宅管理局(FHA)或退伍军人管理局(VA)提供担保或保险的按揭贷款,体现了美国政府的全面信用支持,它的利率和同期限的国债利率相近。FNMA过手

证券的本息也按月支付。FHLMC过手证券的利息按月支付,本金最后支付。这两种证券的基础资产都没有联邦机构(如FHA或VA)的担保,而是由私营保险机构对按揭贷款提供担保。这三种过手证券的收益率由低到高的排列的顺序是:GNMA过手证券、FNMA过手证券、FHLMC过手证券。该排序亦反映了它们不同的信用等级和风险程度。还有一类过手证券是由私营机构发行的过手证券,其基础资产也没有政府机构的保险或担保。

引入信用评级机构的评级制度是FNMA、FHLMC以及私营结构发行过手证券获得成功的关键。正是由于信用评级机构的参与,对证券化进行了信用评级和信用增强,使得过手证券才得到了长足的发展。

由过手证券的发展过程可以看到,它的主要特点是:第一,代表的是所有权证书,拥有过手证券就拥有了基础资产的所有权;第二,信用级别高;第三,过手证券的本金利息的现金流量完全取决于基础资产的现金流量,很不稳定,并有提前支付风险,就是说如果基础按揭贷款的原始借款人提前还款了,则过手证券也就提前到期了。

二、资产支持证券和按揭支持证券

从广义的角度来看,用于担保的资产也应包括按揭贷款,但它又与汽车贷款、商业抵押贷款、信用卡应收款等存在一定的区别,再加上历史沿袭的原因,一般把以住宅抵押贷款为担保的证券称为按揭支持证券(mortgage-backed securities,MBS),而以非住宅抵押资产为担保的证券称为资产支持证券(assets-backed securities,ABS)。并且,当作为一大类证券加以泛称时仍可用ABS。

MBS是一种债权凭证,不同于过手证券的所有权凭证。它按相当于债券面值的110%~200%的数额提供相应规模的基础资产的超额担保。附属担保品交由独立受托人保管,如果出现违约,受托人将抵押品变现清算。

发行ABS时,发起人将用于担保的金融资产向受托人抵押,其价值一般相当于融资额的150%~240%。ABS的发起人并不一定转让金融资产所有权,抵押金融资产所产生的未来收益也不指定用于偿还ABS的本利,只起信用担保作用。

包括按揭支持证券在内的资产支持证券,与过手证券相区别的两个主要特点是:第一,资产支持证券为债权凭证而非所有权凭证;第二,对基础资产的现金流进行重新组合。资产支持证券按季度或每半年支付一次利息,本金在到期日支付,这样资产支持证券的期限结构就和资本市场上的普通债券相似。过手证券的最大特点是其现金流与基础资产的现金流相挂钩,直接过手给投资者。而资产支持证券的现金流与基础资产的现金流并不相同,偿还资产支持证券债券的资金并不直接和基础资产的现金流挂钩,债券发行人也可以用其他资金偿还债务。所以,资产支持证券克服了过手证券现金流量不稳定的缺点。此外,资产支持证券采取的超额担保,常常会获得AAA级信用评级。

三、转付证券

转付证券(pay through securities)是为既能准确地预测现金流量,又能充分利用基础资产而产生的,它兼有过手证券和资产支持证券两方面某些特点。相对而言过手证券虽然充分利用了基础资产,但是经常发生的提前还款使现金流量很不确定;而资产支持证券的现金流量虽然确定,但它对基础资产却没有充分利用,因为资产支持证券的偿还现金流并不是全部来自于基础资产。转付证券则取长补短,形成了以下特点。

(1)转付证券类似于过手证券,将抵押资产的未来收益指定用于偿还转付证券的本息,使基础资产得到了有效使用。与此同时,对本息进行重组,基础资产改由受托机构持有。

(2)转付证券的转付保证使得抵押贷款投资者可以减少抵押支持证券结构所要求的超额抵押品,但会因此而承担偿付风险,一旦抵押资产不能继续产生收益用于支付转付证券的本利时,该抵押资产必须用于偿付,发行者也可以从抵押品处置中获得利益。

(3)转付证券同资产支持证券一样,将证券化资产的管理权仍然保留在发起人一方,发起人可以据此对已证券化的原资产进行管理并收取服务费。

以上三种资产证券化交易的模式构成了资产证券的三种基本类型,其他种类的资产证券亦主要是从这三种基本类型衍生而来。虽然当前的资产证券化交易与从前相比已发生很大的变异,但是它们之间最基本、最原始的区别仍为以下三点:

第一,被证券化的基础资产的处理方式及其所有权的归属;

第二,投资者是否承担因本息提前偿付而产生的再投资风险;

第三,资产证券与发起人的关系,即发行的证券是否作为发起人的债务而出现在其资产负债表中。

根据这三点,对资产证券的三种基本类型——过手证券、资产支持证券、转付证券所做的对比列于表7-3。

表7-3 资产证券三种基本类型的对比

比较内容	过手证券	资产支持证券	转付证券
基础资产的处理及其所有权的归属	基础资产所有权随出售而转移,并从发起人的资产负债表中移出	基础资产的所有权仍属于发起人,资产保留在其资产负债表中	基础资产的部分所有权仍属于发起人,资产是否保留在其资产负债表中视情况而定
投资者承担的风险	投资者承担本息提前偿付而产生的再投资风险	投资者不承担本息提前偿付而产生的再投资风险	投资者可能承担本息提前偿付而产生的再投资风险

续表

比较内容	过手证券	资产支持证券	转付证券
资产证券与发起人的关系	发行的证券不作为发起人的债务出现在其资产负债表中	发行的证券作为发起人的债务出现在其资产负债表中	发行的证券可能作为发起人的债务出现在其资产负债表中

四、抵押担保凭证

抵押担保凭证（collateralized mortgage obligation，CMO）实质是转付证券的衍生结构，主要针对投资者有不同的风险态度和不同的投资期限要求而设计的，包括多级金额不同、期限不同的债券。CMO把每个时段上资产组合的现金流量看成一个整体，在此基础上再按本金支付的"优先"和"次级"两种顺序分成若干个档（tranches）的债券，转卖给投资者，其功能是利用长期的、每月支付的抵押现金流创造出短期、中期、长期不同等级别的证券。购买优先级的投资者享有本息优先偿还权，购买次级证券的投资者是在未来现金流量满足了优先级投资者之后才能分享，因而风险较高，但其收益率自然也就高于前一类投资者。如某CMO包括二个正规级和一个剩余级：前两个正规级（A档、B档）自证券发行结束后即开始付息，并依次偿还本金。第三个正规级为Z档，在前两级本金未偿清之前，Z档只按复利方法计息，但不支付。当前两个正规级（A档、B档）本息全部支付完毕后，Z档才开始支付利息和本金。三个正规级的本息偿清后，剩余的现金流全部属于剩余级证券的持有人（如图7-1所示）。此类抵押担保证券把提前支付风险在各档的投资者之间进行了再分配，A档的投资者最先面对提前支付风险，因此A档证券的期限比其他各档的要短。

类似的分析也适用于债券担保凭证（collateralized bond obligations，CBO）、贷款担保凭证（collateralized loan obligations，CLO）、债务担保凭证（collateralized debt obligations，CDO），它们均是各种可以交易的衍生资产证

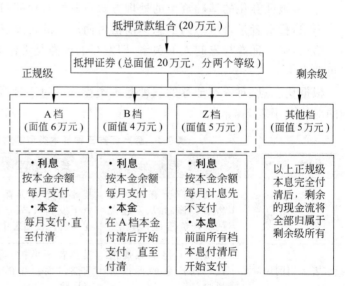

图7-1　CMO本息支付模式

券,背后分别由债券、贷款、债务(债券和贷款)进行支撑。

从以上的分析中,可以得出 CMO 的特点如下。

(1) 期限分割和风险分割。CMO 证券是在抵押资产组合的基础上创造出不同期限、不同风险的证券组合,将基础资产原来聚合在一起的风险进行了解捆。基础资产的期限和风险分割后,发起人对有担保的债券按优先/次级顺序还本付息,使现金流量更为确定。

(2) 降低了筹资成本。CMO 证券组合进行风险分割所带来的一个重要效应是使投资群体也实现了自动分类。CMO 证券组合中的不同债券面向不同类型的投资群体进行融资,可以大大降低融资成本。一般情况下,普通大众(居民和法人)投资正规级债券,银行和保险公司等金融机构投资 Z 级债券,特设机构则持有剩余级债券。

(3) 适应投资偏好,扩大投资者范围。CMO 证券将不同的投资者按投资期限、风险承受度进行归类,可以扩大投资者范围。如期限最短的 CMO 证券可以尽量争取短期投资者,与欧洲商业票据等同样短期限的金融工具争夺短期资金来源;中期 CMO 证券可以争取中期投资者;长期 CMO 则成为美国长期国债十分有力的竞争者。

(4) 高收益、本息支付有保障。与同等级别的公司债券相比,CMO 的收益率通常要高出 20~30 个基点。优先级每半年或每年支付利息,本金分期偿付;Z 级复利计息,本息待正规级债券偿清后一次支付;剩余级债券获取剩余现金收益。如果出现违约拖欠,投资者可以从 CMO 证券的抵押品出售中得到补偿。而普通公司债券则没有这些保护措施。

(5) 有担保,信用级别高。CMO 发行往往由 GNMA、FNMA、FHLMC 等政府机构支持,或者由私人保险公司提供保险。另外,CMO 的发行主体一般是特殊目的机构(SPV),拥有与发起人/母公司之间的破产隔离保护,因而信用评级大多为 AAA 级。

五、剥离式抵押证券

CMO 在发展中不断创新,后来又演变出本息分离证券,又称剥离式抵押证券(stripped mortgage-backed security,或仅写成 strips),主要分为对立的两种形式:一种为只付利息证券(interest-only security,IO),这种证券从抵押组合中只能收到利息,不能收到本金;另一种为只付本金证券(principal-only security,PO),这种证券从抵押组合中不能收到利息,而只能收到本金。

1. 本息剥离式证券的基本特点

此类采用"剥离"技术创造的产品,实质上也是转付证券的另一种衍生结构。转付证券是将来自基础抵押资产组合的现金流量按比例分配给证券持有者,而剥离式抵押担保证券则是将本金和利息的分配从按比例分配变为不均衡的分配。即用一笔抵押资产同时发行两种不同利率的转付证券,将抵押资产未来的本金和利息按不同比例支付给两类证券持有人。

当抵押组合用极端方式剥离本息时,所有的利息都归 IO 证券持有人;而所有的本金,包括提前还款,都归 PO 持有人。在实践中通常使 IO 的期限较短,而 PO 的期限较长,这样可以将本金与利息的现金流加以分离,出售给不同利率预期的投资者。如将一组平均利率为 10% 的抵押贷款组合剥离成息票率 13% 的溢价债券(IO)和 7% 的折价债券(PO)。IO 的收益率与高息票的附属担保品相似,买入该证券的投资者希望它的利率有所提高或保持不变,这样提前偿付率便可下降,该投资者就能够长期地得到较高的收益率。而购买了 PO 的投资者希望利率持续下降,提前偿付率会随之上升。因为提前偿付率提高了,投资者的本金将比预期更多更快地回到自己的手中,收益率得到提高。并且由于 PO 是一种折价发行的证券,因为折价摊销比较快,较快的本金回收便产生了高于预期的收益率。

2. IO 证券的利率敏感性分析

本息分离以后,由于 IO 和 PO 对利率的敏感性不同,这两种证券的现金流量有着迥然不同的特点。更重要的是,IO 和 PO 证券的价格对利率的敏感性与普通债券的价格对利率的敏感性呈现出相反或不同的特点,这使 IO 和 PO 成为套期保值的一类金融工具。

IO 证券的价格 P_{IO} 应是其各期利息 IO_t 的现值之和,当贴现率为 r,总期数为 n 时,有

$$P_{IO} = \sum_{t=1}^{n} \frac{IO_t}{(1+r)^t} \tag{7-1}$$

当利率变动时,IO 证券的价值将会受到影响,主要产生两种效应:一是贴现效应。当利率(市场利率或必要收益率,即式中的贴现率 r)下跌时,证券的未来利息现金流的贴现值将增加,促使证券价格 P_{IO} 上升;反之,当利率上升时,证券未来利息现金流的贴现值减少,导致价格下降。二是提前还款效应。当市场利率下降到基础资产的贷款利率以下时,债务人会提前还款。使得 IO 的总期限缩短,投资者原期望得到的未来利息现金流大大减少。并且提前偿还的本金不属于 IO 投资者,因而证券的价格将大幅下降。反之,市场利率上升并超过基础资产的贷款利率时,提前还款减少,投资者未来可得到更多的利息现金流,促使证券价格上升。

两种效应叠加的结果为:当市场利率小于基础资产的贷款利率时,提前还款效应占主导地位,IO 证券价格随市场利率下降而下跌。当市场利率大于基础资产的贷款利率时,贴现效应占主导地位,IO 证券价格随市场利率上升而下降,但下降的速度没有普通债券的下降速度快。图 7-2 表示了 IO 证券价格与市场利率的内在关系(假定抵押贷款利率为 8%)。

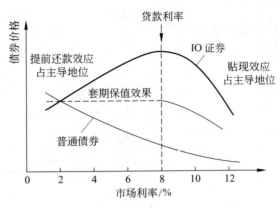

图 7-2　IO 证券的特性及其应用

由图 7-2 可以看出，当利率低于 8% 时，IO 证券价格和利率的关系和普通债券价格和利率的关系正好反向。所以，如果 IO 债券与其他固定收入证券配在一起，构成一个资产组合时，就可以抵御利率下降的风险。这说明 IO 证券具有套期保值的功能，如图 7-2 中虚线所示。

3. PO 证券的利率敏感性分析

PO 证券的价格 P_{PO} 应是其各期本金 PO_t 的现值之和，当贴现率为 r，总期数为 n 时，有

$$P_{PO} = \sum_{t=1}^{n} \frac{PO_t}{(1+r)^t} \tag{7-2}$$

因为 PO 证券的未来现金流为基础资产每月摊还的本金额加上债务人的提前还款额，当利率发生变化时，PO 的价格亦将随之改变，表现为两种效应：一是贴现效应。当利率下降时，未来 PO 现金流的贴现值将增加，导致其价格上升；反之，当利率上升时，未来 PO 现金流的贴现值将减少，使其价格下跌。二是提前还款效应。若市场利率下降且已低于基础资产的贷款利率时，原始债务人会加速提前还款，PO 投资者可以提前收回本金，促使证券价格上升；反之，若市场利率高于基础资产的贷款利率时，原始债务人提前还款势头减弱，PO 投资者收回本金减慢，证券价格下跌。

两种效应叠加的结果为：当市场利率小于基础资产的贷款利率时，贴现效应和提前还款效应同时作用，推动 PO 证券价格上升得更快；当市场利率大于基础资产的贷款利率时，利率若继续上升，证券价格会进一步下降。所以 PO 证券价格与市场利率整体上呈反向变化关系，并且利率越低，价格的敏感性越强，上升得更加明显（见图 7-3）。

由图 7-3 可以看出，当市场利率处在低位并继续下降时，PO 价格的上升速度将超过

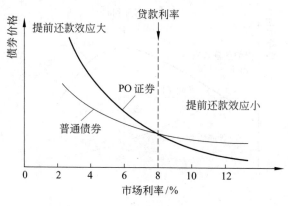

图 7-3　PO 证券的特性曲线

普通固定利率债券,因此 PO 也可以用于套期保值。如当某个公司承担着固定利率的负债时,通过使之拥有 PO 资产,便可以起到套期保值的功效。并且 PO 证券产生的提前还款的现金流,此时相当于在增加低成本融资,减少了原有固定利率负债所占的比重,进而从总体上降低了此时自身的资本成本。

4. IO 与 PO 证券的综合分析

经过上述分析可以看出,当市场利率的变化范围处在基础资产的贷款利率水平以下时,IO 的价格及其投资收益率的变化方向与 PO 的变化方向正好相反。一般而言,市场利率的变动会导致基础资产提前偿还率的小幅度变动,进而促成剥离证券价格及其投资收益率的大幅度变动。影响变化强弱的关键因素是基础资产的提前偿还率,这是剥离式证券这一类资产证券化衍生工具所独有的特点。

由于具有杠杆放大因素,这使得 IO、PO 不但可以作为套期保值的工具,实践中也成为极具诱惑力的金融投机工具。投资者一旦形成了自己对未来市场利率的某种判断后,便可以通过买卖 IO 或 PO 来进行投机。因为利率的小幅变化即可引起证券价格及其收益率的大幅度波动,所以单向投机在有可能带来巨大盈利的同时,也隐含着极大的风险。当市场利率一旦发生与原预期方向相反的变动时,就会遭受惨重损失。诸如 JP 摩根和美林证券等一些著名的金融机构亦都曾在 IO、PO 的投机上翻船。

第三节　资产证券化的主体、客体和操作流程

资产证券化是一个设计、生产各种特定性质的复杂过程,在整个过程中,需要众多的

参与机构各司其职才能成功。本节将逐一介绍这一过程中各种不同的参与主体和客体，以及操作流程中的各个主要的环节。资产证券化的整个运作流程如图7-4所示。

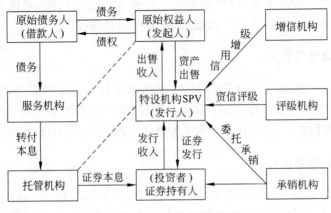

图 7-4 资产证券化运作流程

一、资产证券化的主体：组织与机构

1. 原始债务人（借款人）

原始债务人或借款人是发行人所拥有的证券资产所对应的债务承担者，一般是银行原始放贷的企业，或是以抵押贷款购房的个人等。债务人与发起人之间原始借贷的债权债务关系在经过资产证券化处理以后，转化为债务人与发行人（SPV）之间的债权债务关系。

2. 发起人（原始权益人）

发起人是原始基础金融资产的所有者，因而也称为原始权益人，是资产证券化的发起者、创始者，一般为储贷机构、保险公司等。资产证券化运作的总目标是改善原始权益人作为经营者的整体财务状况，无论是改变资产负债的结构、调整资产的流动性、降低信用风险水平，还是提高资本充足率，均是为了提高原始权益人的收益水平或改善其财务状况，各种资产证券化交易结构的安排也都是以原始权益人为中心而展开的。

3. 发行人或特殊目的机构（SPV）

发行人或特殊目的机构（special purpose vechicle, SPV），是发起人在实现其预期财务目标过程中特设的一个实体，是一个具有法律概念的"空壳实体"。其组织形态不一，可为信托、公司或其他形式。特殊目的机构是资产证券化财务架构的主角,它的主要功能一是代表所有投资者拥有证券担保资产,并成为证券或收益凭证的发行主体;二是隔断资产出售人与被售资产之间的关系,以消除原资产持有人的破产风险,确保投资者的权益;三是为资产证券化争取合理的会计与税赋待遇,避免重复课税。

4. 投资者(证券持有人)

投资者是指资产化证券的实际持有者,泛指由发行人手中购买资产证券的具体出资者,因而也是证券债权的最终持有人。其权益受到 SPV 的保护,但仍得承担提前还本风险。投资者可能是众多的散户,也可能是各种大型基金、保险公司或其他类型的机构投资人。

5. 服务机构(服务人)

原始权益人在出售了贷款等基础资产以后可成为服务机构(servicing agent),其主要任务是协助证券化的具体运作,使之平稳运行。包括向借款人收取每期应付的本金与利息,追收各种应收账款;制作报表,提供有关资产组合的期间或年度报告;并在原始债务人违约时,处理相关事宜。

6. 托管机构(托管人)

托管机构是服务人和投资者之间的中介,也是信用增强机构和投资者之间的中介。其职责为:当原始债务人归还本息时,服务人将其交给托管人,并由托管人把它们转给投资者;如果这些款项没有马上转给投资者,托管人有责任将款项进行再投资,使其保值增值;托管人还要负责确定服务人提供给投资者的各种报告是否充分,并将其转给投资者;当服务人由于各种原因不能履行其职责时,托管人能够取代服务人并担当起相应职责。

7. 信用增强机构、评级机构、承销机构等其他参与者

除了上述各种主要参与方之外,在资产证券化的过程中一般还需要有进行信用增强的机构、进行证券评级的机构、协助资产证券发行的承销商等。这些参与者虽然不是资产证券化的主角,但是在整个资产证券化的过程中也都各自担负着十分重要的职能分工,起着不可或缺的作用。

二、资产证券化的客体:种类与特征

1. 证券化基础资产的主要类型

从当前国际上资产证券化的具体实践和发展方向来看,可以进行证券化操作的基础

资产品种越来越广泛,主要可以分为以下几大类。

(1) 消费贷款和应收款

① 居民住宅抵押贷款(按揭贷款);

② 私人资产抵押贷款、汽车销售贷款、其他各种个人消费贷款、学生贷款;

③ 住宅出租应收款,家电、成套家具出租应收款;

④ 信用卡应收款、转账卡应收款,消费品分期付款。

(2) 商业贷款和应收款

① 商业房地产贷款及商业房地产抵押贷款、各类工商企业贷款;

② 制造商和销售商的贸易应收款,联营应收款,房产、设施出租应收款。

(3) 租赁贷款及应收款

① 计算机、通信、办公设备融资租赁贷款或经营租赁应收款;

② 汽车、铁路车辆、船舶、飞机等融资租赁贷款或经营租赁应收款;

③ 大型机电设备、专用设备、农机设备的融资租赁贷款或经营租赁应收款。

(4) 其他未来具有稳定现金流的资产

① 人寿、健康保险单,保单贷款;

② 基础设施服务费(机场、港口、公路、铁路、电信等)、航空机票收入、海运收入等;

③ 公用事业费收入、版权专利权收入、公园门票收入、俱乐部会费收入;

④ 石油/天然气储备、矿藏储备、林地;

⑤ 各种金融证券(包括高收益、高风险的垃圾债券)及其组合。

2. 适合证券化的基础资产的特征

资产证券化是以基础资产的未来收益作为前提条件的,并凭借对该资产的所有权确保未来的收益现金流能够首先用于对证券投资者的还本付息。要保证资产证券化交易的顺利完成,作为支持证券的基础资产应当达到一定的质量要求,实践经验表明,适合证券化的理想资产最好具备下述若干特征。

(1) 现金流:资产应具有明确界定的支付模式,能在未来产生稳定的可预测的现金流。

(2) 同质性:资产具有标准化、高质量的合同条款。如发起人对资产池中每项资产都应拥有完整的所有权。

(3) 分散化:资产的原始债务人有着广泛的地域分布和人口统计分布。

(4) 期限相似:所有资产的到期日结构相似,本息偿还分摊于整个资产存续期间。

(5) 抵押物:资产的抵押物具有较高的变现价值,或抵押物对于债务人具有很高的效用。

(6) 坏账统计记录：原所有者已经持有该资产一段时间，有着良好的信用记录，如低违约率、低损失率；或者具有相对稳定的坏账统计记录，可以预测未来发生类似损失的概率。

三、资产证券化的操作流程

1. 资产组合与方案设计

许多因素都可能给发起人带来证券化融资的要求，发起人应通过需求分析确定资产证券化的具体目标，对自己拥有的、适合于证券化的有关资产进行清理和估算，然后汇集成一个资产池，并进行以下方案设计。

（1）待证券化资产组合

按照利率、期限等条件的相似程度，对准备证券化的资产加以分组组合。组合的目的是使信贷资产的个别风险能够加以分散。比如有1 000笔条款一样的贷款组合，如果其中一笔贷款因个人因素（非市场因素）产生提前还本，那么对整个组合的影响只有千分之一。但若金融机构仅仅持有一笔单一贷款，当发生提前解约时造成的影响将会是百分之百。

（2）证券品种规划

通过市场调查，以投资者的需求特点和购买偏好为主要依据，结合融资者（即发起人）的目的、基础资产的性质与特点等，对此次发行何种证券进行初步规划。

（3）拟订基本条款

根据资产组合后的实际情况，结合证券品种的总体规划设想，拟订证券的发行额、到期期限、票面利率以及本金偿还方式等基本条款。

（4）未来风险分析

对未来可能出现的拖欠本息等信用风险，可能发生的提前还本、逾期还款的严重程度等问题，进行估计和测算，提出控制方法与应对措施。并作为以下各步骤中的重点考虑内容。

2. 成立特设机构（SPV），进行破产隔离

完成资产组合以后，发起人必须将资产组合出售给一个特设机构（SPV）。成立SPV是为了实现真实出售，以达到与发起人进行破产隔离和避免双重课税的目的。

破产隔离是证券化交易顺利运作的基本前提。它要求一旦原始权益人发生破产清算时，其证券化的资产权益不会被作为清算资产，所产生的现金流仍能按证券化交易契约的规定支付给投资者，以保护投资者的利益。为达到破产隔离目的而成立的SPV，对于证券化资产拥有完整的权益,享有超越其他权益的优先地位。

在交易过程中,资产的转移必须是一种"真实出售"行为。即出售后的资产在原始权益人破产时不作为法定资产参与清算。从法律上对资产合同的出售可以分为三种基本形式:

(1) 更新(novation)

首先由发起人与原债务人终止双方之间的债务合同,然后由特设机构与原债务人按原合同的内容订立一份新合同,以替换原来的债务合同。

(2) 转让(assignment)

不更改、不终止原合同,而是由发起人把合同上的权利转让给特设机构。但这需要有原合同的条款支持(即无禁止转让性条款等),并且需以书面形式通知原债务人。

(3) 从属参与(sub-participation)

原合同一直有效,特设机构与原债务人之间无合同关系。特设机构发行资产证券融资,然后交给发起人。发起人将所融资金转贷给原债务人,贷款附有对发起人的追索权,偿付资金来源于基础资产(贷款)的现金流。

在三种资产出售方式中,"更新"的替换成本最高,只有在资产组合仅涉及少数债务人的情况下才适用;"从属参与"实际上没有真正出售资产,只是让特设机构进行融资,由发起人使用这笔资金而已,所以风险仍由发起人承担。因而,"转让"是资产证券化中最常用的资产出售方式。

3. 信用增强

信用增强是用于确保发行人能够按时支付资产证券本息的各种有效手段和金融工具的总称,是通过改善基础资产质量以提高证券交易质量及其安全性的重要手段。由于证券化资产的偿付依赖于其所预计的未来现金流能否顺利地实现,因而这种不确定性对于投资者而言就意味着存有潜在的风险:原始债务人的违约、拖欠,或债务偿付期与特设机构安排的资产证券的偿付期不匹配等,都会给投资者带来损失。所以,通过信用增强的方式以提高资产证券的级别,就成为顺利实现资产证券化过程中不可或缺的重要环节。

信用增强技术大体上可以分为两种主要途径:由卖方信用支持的内部信用增强和由第三方信用支持的外部信用增强。前者主要依赖于被证券化资产本身,由发起人及特设机构提供;后者则依赖于独立的第三方的信誉状况。内部增强与外部增强在保护范围、支付顺序和定价方法诸方面均有不同。

(1) 内部信用增强

绝大部分资产在证券化时都需要进行内部信用增强,即便是把风险在发起人和担保人之间进行分配的外部担保结构中,发起人也会有一些内部信用增强措施。内部信用增强的方法主要有：出售者追索权、优先/次级结构、超额抵押、现金担保账户、剩余利差账户、现金准备基金等。

① 出售者追索权(seller recourse)

特设机构就借款人的违约拒付，直接向发起人追索。而卖方一般提供偿付保证，或承担回购违约资产的责任。其优点是手续简便，缺点是证券的评级不会高于发起人的信用级别。

② 优先/次级结构(senior/subordinated structures)

优先/次级结构亦称为购买从属权利，特设机构以证券化资产为抵押发行优先、从属两种证券。万一借款人违约，先保证优先证券的支付，若有剩余现金流再归从属证券持有人。发起人购买从属证券等于提供给特设机构和投资者一笔保证金。

③ 超额抵押(over collateralization)

以超额的抵押品发行较少的证券，充作抵押的资产价值大于债务价值的部分就构成了剩余资产价值。如果违约发生，这部分额外价值就可用于缓冲损失。由于剩余资产价值从权利归属上从属于发起人，因而亦称为"保留从属权利"。这种方法简便易行但成本高，且资本使用效率低，因而仅作为其他方法的补充。

④ 现金担保账户(cash collateral account)

证券化一开始，即由发起人安排建立一个现金专户，用于支持发行证券的现金流量。账户中的钱只能投资于最高等级的证券工具，并与投资者的偿付周期相匹配，从而保证特设机构能够完全及时地支持债务。

⑤ 剩余利差账户(excess spread account)

当应收账款的收益超过融资总成本时，设立利差账户是可行的。收益超过成本的差值就是剩余利差，是对亏损的第一层次的保护，可作为第一线的信用增强。只有当剩余利差有可能出现负值时，才需要动用其他形式的信用增强。

⑥ 现金准备基金(cash reserve funds)

证券化开始时由出售人或服务机构存入第一笔钱，以作为证券化现金流量不足时的第一垫款者；或由承销商的承销利得中提拨；或将特设机构最初筹集资金的一定比例作为一般准备金，用以满足投资者信用增强的需要。

(2) 外部信用增强

外部信用增强依赖于外来信用担保机构自身的信誉，能够提供内部信用增强所不具有的一些好处。比如对于发起人，可以不公开有关自身或抵押资产的信息，使交易对竞争者保密。外部信用对那些不愿进行信息披露的公司很有吸引力。而对于一些小公司，外部机构提供的强大信用带来的好处远远大于其支付的成本。外部信用增强技术主要有：公司保证书、银行担保或信用证、单线保险或金融保证书、多线保险或组合保险等。

① 公司保证书(corporate guarantee)

寻求一家信誉较好的公司提供一定额度的保证，在资产组合遭受损失时提供赔偿。这种方法的优点是其形式简单和不需要明确的费用。缺点在于成本较高，并且资产组合的信用评级不会超过提供保证的公司。证券化后，若担保公司被降低评级，将会拖累资产证券的评级。尽管如此，一些投资者仍会因为担保公司用额外的资产去削减抵押资产风险，而从中获得信心。

② 银行担保或信用证(letter of oredit)

银行担保可以保证贷款的本金、利息或者抵押品自身免受过大的损失。而信用证则代表一项具体数量明确的信用支持，它可以对特设机构的债务提供部分或全部的偿还：第一种形式为信用证提供者直接偿付，承担对投资者进行偿还的首要责任；第二种为备用形式，即还本付息的首要资金来源是抵押资产组合，或由抵押资产的创始人承担首要责任，而信用证提供方只承担第二责任。信用证的定价与保险的定价非常相似，由于银行可以对抵押品作部分担保，因而可以根据风险资产的部分价值而不是全部价值进行收费。银行担保也有缺点，一是市场上3A级的银行稀少；二是返回给发起人的支付是有风险的。

③ 单线保险或金融保证书(financial guarantee)

单线保险是单线保险公司(moniline insurance corp.)的简称，由于只承担金融保证的单线业务，所以称单线保险。它通常采取安全债券的形式，在一个资产证券化交易结构中提供及时支付本金和利息的100%的担保。要获得单线保险的资产须达到投资级。它大多用于信用增强的"打包"，即当某资产支持债券已通过超额抵押、次级债务等形式达到了投资级别，单线保险可有效地使其信用上升到3A级。

④ 多线保险或组合保险(pool insurance)

多线保险中，保险公司发出的是免受损失保险单，保护的是证券融资中的抵押品的价值，或者是应收账款，或者是资产组合。这种保险并不保证债权人能收回本金和利息，证券持有人能否收回本息，主要是看基础资产的表现，也要取决于其他风险，如流动性风险、信用风险等。对于这些风险，一般免受损失型保险无能为力。这类保险的主要优势在于其费用低于单线保险。

4. 资信评级

在信用增强之后，发行人要聘请评级机构对资产证券进行正式的发行评级，然后将评级结果向投资者公告。资产证券的信用评级，与普通公司债券和国债的评级有很大的不同。传统证券的评级重点是对发行主体偿债能力的评定；而资产证券的评级则主要是对证券化融资结构偿债能力的评定。金融机构的各种优化措施，包括证券化资产的真实出售、与发起人的破产隔离、发起人及第三方的信用增强等,都是为有利于提高资产证券的评级。目前,资产证券的评级内容和评级技术已经专门化,成为资信评估学中一个重要分支——结构融资资信评级(structure financing rating),主要涉及以下几个方面。

(1) 法律法规风险评估

① 投资者对资产是否具有"第一完全追索权担保"的判定

所谓第一,是指投资者对证券资产享有第一性的优先追索权。所谓完全,是指这种优先追索权已经合法登记,可以从法律上保护投资者对资产的所有权。是否享有"第一完全追索权担保",取决于资产转移的方式。

② 对"真实出售"的判定

"真实出售"是指抵押资产的所有权确实通过证券化交易转移给了债券的发行人(SPV)。判断交易是否"真实出售"的主要依据有:当事人的意图符合证券化目的;发起人的资产负债表已经进行了资产出售的账务处理;出售的资产一般不得附加追索权;资产出售的价格与原贷款的利率相脱离;已通过信用增强将出售的资产与发起人信用风险分离。

③ 对"破产隔离"的判定

当发起人破产时,发行人(SPV)的资产有可能被用来偿还发起人的负债,损害投资者的权益。为防范这种风险,发行人应具有独立的办公场所、独立账册、独立的经营活动,而且董事和财务报表具有独立的公司形式。为降低发行人破产可能性,交易结构中一般规定:限定发行人只负责债券发行,且不同系列债券之间不得有追索权;限制发行人产生与发行债券无关的其他负债;保证发行人的自身收益和资本足以偿付费用支出;不允许发行人有意宣布无力偿债,要求破产;不允许其他债权人申请发行人破产。

(2) 证券化资产信用质量评估

① 对于完全采取内部信用增强的证券化资产,评估重点放在资产自身特点上,并参考相应的历史数据。可分为两种情况:当以资产的现金流为抵押时,主要分析投资者能够从资产中获得的现金流的数量及时间;当以资产的市场价值为抵押时,主要分析资产一旦出售时可能具有的市场清算价值。

② 对于部分由第三方提供外部信用增强的证券化资产,其信用等级受第三方信用降级影响的主要因素有:第三方信用等级下降的程度,提供的信用增强的数量,资产组合与借款人的信用质量,各级债券已偿还的情况,以及资产组合与第三方信用风险的关联程度等。

③ 对于完全采取外部信用增强的证券化资产,评估重点放在对信用担保提供者的信用分析上,看其是否有能力按时偿付全部本息。并且还要考察相应担保协议是否会受到其他法律法规的限制等问题。

（3）证券化结构分析与评估

证券投资者能否及时完整地收回本息，不仅依赖基础资产的信用质量，还取决于整个证券化交易的结构安排是否合理，即通过何种方式保证基础资产产生的现金流能够按时按量转移到投资者手中。评级机构一般首先考虑的是结构中会计和税收诸事项的安排，并对信用增强的有效性进行考察。

① 损失分配的方式

一是损失分配的范围不同。以优先/次级结构为例，有的规定优先偿付权只涉及本金；但也有的规定，既包括本金，也包括利息。二是损失分配的时间不同。有的规定一旦发生损失就进行分配；但也有的规定，在证券期限末分配整个期限内累计的损失。以上不同均会影响到不同类型投资者的实际损益。

② 现金流分配的方式

由基础资产产生的现金流，在采取不同的分配方式方法时，对信用增强的效果也会产生不同的影响。这会给不同种类的资产支持证券带来不同程度的信用风险，进而影响到它们的信用等级。

③ 信用增强规模的变化

信用增强规模逐步变小可能加大结构中的信用风险。应特别注意：发行初期是否就会发生大量提前偿付，导致信用增强规模迅速变小；剩余资产在信用增强规模缩减后继续发生严重损失的可能性；组合中倾向于提前偿付的是否均为资信较好的债务人。

④ 流动性便利

这是指从非信用增强提供方以外的其他渠道取得临时性补充资金的能力，本息发生拖欠会造成基础资产的现金流与应支付给投资者的现金流在时间和数量上不匹配，流动性便利对保证投资者能及时得到本息作用非常明显。所以流动性便利潜在需求的大小、提供流动性能力的强弱，均会影响资产证券的信用级别。

（4）管理及操作风险评估

① 防止资金混用

从基础资产产生现金流到投资者得到偿还的本息，中间经常会存在金额和时间差异。资金在流过发起人、服务人或托管人账户时，可能与其自有资金发生混用。服务人或托管人一旦发生破产，这笔资金就可能因司法程序而被延迟支付，甚至有可能带来损失。为投资者设立独立账户以防止资金的混用，是避免这类风险的有效方法。

② 再投资利弊分析

在有的证券化结构中，允许托管人或服务人在向投资者分配本息之前，用基础资产的现金流进行再投资。此时应当对所允许的投资质量及其安全性进行评估，并全面分析给投资者能够带来何种利益与风险。

③ 各中介机构的服务质量和信用质量

资产证券化流程的各个环节中,会涉及众多的中介机构,它们所提供的各种服务的质量及其信用质量,也会波及并影响到基础资产现金流的及时偿付问题,因而也应给予必要的关注、分析和评估。

综上所述,由于采用了优化的证券化融资结构和多种信用增强措施,因而一般资产证券的信用评级要高于发起人的信用级别。证券定级后,评级结构还需跟踪监督,结合经济金融形势,对发起人、证券发行人情况演变、证券化资产履约情况以及提供信用增强各方的财务状况变化等,定期进行报告并对外公布,必要时还可对已经评定的证券级别进行调整、中止,甚至取消。

5. 发行策划及承销安排

信用评级完成后进入发行阶段。为了简化管理,许多证券往往只设统一的到期日和统一的利率,但有时考虑到市场具体特点并迎合不同投资者的偏好,也可以分为不同的到期日和利率档次。另外,根据发行方式及份额不同,可以分为私募和公募两种。在公募方式下,一般由投资银行作为发行人(SPV)的承销商提供服务,但不买断证券。发行完毕后,证券可以在场外市场交易,或在交易所挂牌上市,在二级市场进行流通。承销机构的职责,一是将所发行的证券以最合适的方法和价格出售给投资者;二是在证券发行以后创造二级市场的流通性。二级市场交易的主要业务有以下几个方面。

(1) 定期统计证券化资产本息的偿付情况,以便确定现有资产的总值;

(2) 进行近期提前还本与违约的有关分析,以此作为二级市场交易的议价参考及风险评估;

(3) 提供市场的流通量与避险产品;

(4) 定期进行市场现状与未来发展趋势的分析与预测。

6. 现金流管理与清算

发行人(SPV)根据证券购销合同约定的价格,从证券承销商那里获得证券发行收入,其中大部分按照资产的购买价格支付给发起人(原始权益人),这样发起人就达到了当初融资的目的。此后,发起人委托一个资产管理公司或亲自对资产进行管理,具体内容包括:

(1) 每月针对资产证券的还本付息进行收款与转款业务;

(2) 代为预收税金与保险费。这项很重要,可以避免原始债务人因拖欠税款而使投资者成为次于政府的债权人,并避免因拖欠保险费而使抵押品遭受意外损失;

(3) 如果基础资产的现金流因意外而中断,代垫拖欠款并予以催收;

(4) 在原资产债务发生违约时出面进行排解,或处理拍卖资产等法律事务;

(5) 统计、核对现金流量,编制账目报表和财务报表。

如果原贷机构(发起人)对以上业务服务不当,投资者可要求更换金融机构以接手服务业务。这类过程要一直持续到所有证券满约到期、与投资者本息结清为止。在现金流归集完毕以后,最终还要对特设机构(SPV)进行清算。

第四节 现金流分析与资产证券定价

贴现现金流的估值方法在证券定价过程中具有普适性,但是需要预测或者设定证券所产生的现金流的数量和时间。为了简化问题,下面以按揭贷款本息支付的最常见形式——固定利率、每月等额支付(level payment, fixed-rate mortgage)的方式为例,分析资产证券的定价过程。

一、无提前支付时的证券现金流分析

对于固定利率、每月等额支付的按揭贷款组合,按揭证券设计的基本思想是:原贷款的借款者按月支付相同的本息额,直至贷款期末还清全部本息为止。同时,与该按揭贷款相对应的按揭证券的本金按月偿付,至到期日全部付清;而其利息支付则按当期的剩余本金额计算;按揭服务商由于提供服务应当收取一定的服务费,这笔费用从收取的利息中扣除。最终,按揭证券的投资者每月得到相等的现金流收入。

以按揭贷款组合产生的现金流作为支撑,相应的按揭证券得到的现金收入可以分解为以下三部分。

(1) 每月偿还的本金额 M_n;

(2) 每月获得净利息收入 I_n;

(3) 每月支付给按揭服务商的服务费 S_n。

当每个月等额偿还的本息额为 A,平均月利率为 i,总偿还期限为 N 个月时,按照年金现值计算公式,该按揭证券的现值 P_0,也就是其当前合理价格应为

$$P_0 = \sum_{t=1}^{N} \frac{A}{(1+i)^t} = A \cdot \frac{(1+i)^N - 1}{i(1+i)^N} \tag{7-3}$$

由此得到在未发生提前支付且省略服务费的情况下,证券投资者每月的本息收入为

$$A = P_0 \cdot \frac{i(1+i)^N}{(1+i)^N - 1} \tag{7-4}$$

如果计算中间任意第 n 个月月末的未偿还贷款余额 P_n(即此时的按揭证券价格),利用等比数列求和公式,有

$$P_n = \sum_{t=n}^{N} \frac{A}{(1+i)^t} = \frac{A}{(1+i)^n} \cdot \frac{1-(1+i)^{-[N-n+1]}}{1-(1+i)^{-1}}$$

$$= \frac{A(1+i)}{i} \cdot \left[\frac{1}{(1+i)^n} - \frac{1}{(1+i)^{N+1}}\right] \quad (7\text{-}5)$$

将式(7-4)代入式(7-5)后,得

$$P_n = \frac{P_0(1+i)^{N+1}}{i[(1+i)^N - 1]} \cdot \left[\frac{1}{(1+i)^n} - \frac{1}{(1+i)^{N+1}}\right] = P_0 \cdot \frac{(1+i)^{N-n+1}}{(1+i)^N - 1} \quad (7\text{-}6)$$

任意月份偿还的本金 M_n 应为前后相邻两个月的贷款余额之差:

$$M_n = P_{n-1} - P_n = \sum_{t=n-1}^{N} \frac{A}{(1+i)^t} - \sum_{t=n}^{N} \frac{A}{(1+i)^t}$$

$$= \frac{A}{(1+i)^{n-1}} = P_0 \cdot \frac{i(1+i)^{N-n+1}}{(1+i)^N - 1} \quad (7\text{-}7)$$

每月利息 I_n 应为当月本息额减去当月偿还的本金之差:

$$I_n = A - M_n = P_0 \cdot \frac{i[(1+i)^N - (1+i)^{N-n+1}]}{(1+i)^N - 1} \quad (7\text{-}8)$$

从而可以算出每月偿还的现金流中,本金所占的比例为 M_n/A,利息所占的比例为 I_n/A。由于在等额支付方式下 A 为常数,所以这两个比例为变量,形成了一种动态的还本付息的比例结构。

如果考虑到中介机构的服务收费,则需要在每期的现金流里减去相应的费用。若设 NA_n 为证券投资者每月得到的净现金流,S_n 为每月收取的服务费,结合式(7-8)有

$$NA_n = A - S_n = M_n + I_n - S_n \quad (7\text{-}9)$$

如果将服务费额 S_n 换成服务费率 s,则服务费额可表示成

$$S_n = P_{n-1} \cdot s \quad (7\text{-}10)$$

当服务费率 s 为常数时,服务费额 S_n 为变量,一开始最高,随着贷款余额 P_{n-1} 的递减而不断减少。

二、有提前支付时的证券现金流分析

在具体实践中,按揭贷款的原始债务人提前偿还贷款的情况是经常发生的。所以,要全面分析按揭证券的现金流特性时,应当计入提前支付的因素。

如果用 P'_{n-1} 表示提前支付情况发生后第 n 个月月初(即第 $n-1$ 个月月末)的贷款余额,月利率为 i,原按揭证券总偿还期为 N 个月,根据式(7-4)可得到在第 n 个月发生提前支付以后的应偿还现金流为

$$A'_n = P'_{n-1} \cdot \frac{i(1+i)^{N-n+1}}{(1+i)^{N-n+1} - 1} \quad (7\text{-}11)$$

第 n 个月的现金流中包含的应还利息 I'_n 和应还本金 M'_n 分别为

$$I'_n = P'_{n-1} \cdot i \qquad (7\text{-}12)$$

$$M'_n = A'_n - I'_n = P'_{n-1} \cdot i \left[\frac{1}{(1+i)^{N-n+1} - 1} \right] \qquad (7\text{-}13)$$

如果用 NI'_n 表示第 n 个月的净利息,S'_n 为服务费,s 为恒定的服务费率,则有

$$S'_n = P'_{n-1} \cdot s \qquad (7\text{-}14)$$

$$NI'_n = I'_n - S'_n = P'_{n-1} \cdot (i - s) \qquad (7\text{-}15)$$

假设第 n 个月的月提前支付率为 SMM_n(single monthly mortality),则第 n 个月提前支付的本金 PP_n 为

$$PP_n = SMM_n \cdot (P'_{n-1} - M'_n) \qquad (7\text{-}16)$$

而按揭证券第 n 个月总的偿债现金流 CF'_n 包括当月应偿还的本息额 A'_n 和当月提前支付的本金 PP_n,并代入式(7-13),有

$$CF'_n = A'_n + PP_N = I'_n + M'_n + PP_n \qquad (7\text{-}17)$$

扣除服务费 S'_n 后,证券投资者得到的净现金流 NCF'_n 为

$$NCF'_n = NI'_n + M'_n + PP_n = A'_n + PP_n - S'_n \qquad (7\text{-}18)$$

应用贴现现金流方法对发生提前支付情况的各期净现金流,加以贴现,可以得到此时按揭证券的合理价格:

$$P_n = \sum_{t=n+1}^{N} \frac{NCF'_n}{(1+i)^{t-n}} \qquad (7\text{-}19)$$

三、提前支付率的估算方法及其有关市场惯例

由于按揭贷款的提前支付增加了还本付息现金流的不确定性,因而一直是解决按揭证券定价问题的重点所在,其核心则是对按揭贷款提前支付率的估算及其概率分布研究。经过长期的探索,已经发展出许多估算提前支付率的模型。这些提前支付估算模型主要是通过对影响按揭贷款债务人行为的种种因素进行分析和研究,进而预测按揭贷款的提前偿还率,以便对按揭证券进行正确的定价。

1. 固定提前支付率(constant prepayment rate,CPR)

这是运用较为广泛的一种方法。为了简化问题,在统计分析的基础上假定按揭贷款的提前支付率(CPR)为某一常数。某段时期的 CPR 表示当期期初的按揭贷款余额在当期提前支付的百分比。CPR 通常以年利率表示,也可以用下述公式转化为相应的月利率,记为 SMM。

$$SMM = 1 - (1 - CPR)^{1/12} \qquad (7\text{-}20)$$

或写为

$$CPR = 1 - (1 - SMM)^{12} \tag{7-21}$$

2. 用计量模型估算提前支付率

这类计量模型大多是为了按揭证券的交易者建立和使用的,具有很强的现实导向特征。选取的影响提前支付率的主要因素有:现行的市场按揭贷款利率、按揭贷款组合的特点、季节性因素、宏观经济形势等。按揭证券的交易者通过市场调研、信息收集,将上述因素加以量化,然后归纳在一个模型里。例如,高盛证券公司具体构造的模型为

月提前支付率 = 再融资动机乘数 × 季节性因素乘数 × 月乘数 × 火灾等灾害乘数

$$\tag{7-22}$$

影响因素的时间序列变动会引起各种乘数数值的改变,从而利用计量模型可以得出一系列的月提前支付率,便于更准确地为按揭证券进行合理定价。

3. 美国市场惯例:公众证券协会(PSA)方法

PSA 方法由公众证券协会(Public Securities Association)提出,目的是使提前还本的假设能有一些实证上的根据,但又不至于计算太复杂。该方法假定新发放的按揭贷款的提前支付率是很低的,随着时间的推移,提前支付率也会相应提高。更具体地说,PSA 标准假定 30 年期的按揭贷款的提前支付率如下:

(1) 第一个月的固定提前支付率 CPR 为 0.2%,之后的 30 个月里每月增加 0.2%,直至达到每年 6% 的水平。

(2) 剩余年份的固定提前支付率 CPR 一直保持在 6% 的水平。

若用 T 代表按揭贷款开始后的月数,则以上条件可以用公式表示如下:

$$CPR = \begin{cases} 6\% \times T/30 & (T \leqslant 30) \\ 6\% & (T > 30) \end{cases} \tag{7-23}$$

对某项具体的按揭贷款来说,其提前支付率不一定与上述 PSA 标准正好相等。如果实际的提前支付率高于或者低于 PSA 标准,可将其表示为 PSA 的百分数。如 50%PSA 表示 CPR 仅有 PSA 标准提前支付率的一半,而 200%PSA 表示 CPR 为 PSA 标准提前支付率的 2 倍,如图 7-5 所示。因此,按揭贷款将随着提前支付率的不同而具有不同的持续时间或不同的账龄。

正常的本息偿还使得每月出现等额的现金流,其典型特征表现为利息支付现金流的比重由大变小,而本金偿还现金流的比重由小变大。这是因为在开始阶段,本金的基数较大,所以产生较多的利息;而在以后的阶段,由于本金已经随着不断的偿还而持续减少,故而只能产生较少的利息。

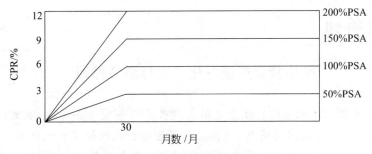

图 7-5　按揭贷款不同的 PSA 对比图

 本章小结

1. 资产证券化就是把缺乏流动性，但是在未来具有可预期的稳定现金流的资产集中起来，形成一个资产池，通过结构性重组，把它转变为可以在金融市场上出售和流通的证券，并借此进行融资的过程。其发展可以分为三个阶段：兴起于住宅抵押贷款证券化，演进到银行信贷资产证券化，推广到其他公司应收款资产证券化。

2. 根据"证券化过程中所有权是否转移"和"资产未来收益是否指定用于资产证券的本利支付"这两条标准来区分资产证券化的交易结构，资产证券可划分为下述基本种类：过手证券（pass-through）、按揭支持证券 MBS 和资产支持证券（ABS）、转付证券（pay-through）、抵押担保凭证（CMO）及债券担保凭证（CBO）、贷款担保凭证（CLO）、债务担保凭证（CDO）、剥离式抵押证券（strips）的只付利息证券（IO）和只付本金证券（PO）等。

3. 资产证券化是一个设计、生产各种市场化信用产品的复杂过程，其行为主体有：原始债务人（借款人），发起人（原始权益人商业银行、储贷机构等），发行人或特殊目的机构（SPV），投资者（证券持有人），服务机构（出售了资产的原始权益人），托管机构（还本付息管理、再投资、保值增值），评级机构、增信机构、承销机构等其他参与者。

4. 资产证券化的操作流程为：(1)资产组合与方案设计，建立资产池、证券品种规划、拟订基本条款、分析未来风险；(2)成立特设机构（SPV），进行破产隔离，实现真实出售和避免双重课税；(3)信用增强，可分成由卖方信用支持的内部信用增强和由第三方信用支持的外部信用增强；(4)资信评级，主要对证券化融资结构的偿债能力进行评定；(5)发行策划及承销安排；(6)现金流管理与最终清算等。

5. 贴现现金流的估值方法在证券定价过程中具有普适性，但需要预测或设定资产证券所产生的现金流的数量和时间。本书以按揭贷款本息支付的最常见形式——固定利率、每月等额支付的方式为例，分析资产证券的定价过程。

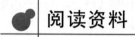
阅读资料

信贷资产证券化　银行渔翁得利

2013年8月28日,国务院总理李克强主持召开国务院常务会议,决定进一步扩大信贷资产证券化试点。会议同时明确,将在实行总量控制的前提下扩大试点,而风险较大的资产暂不纳入试点范围。这是对资产证券化(ABS)试点的第三次扩容,此次扩容规模为2 000亿元,是上一轮扩容规模500亿元的4倍。而与前两轮试点扩容不同的是,此次国务院提出,优质信贷资产证券化产品可在交易所上市交易,这有利于扩大ABS投资者群体、解决流动性难题。这意味着,第三轮ABS试点将更多向券商开放,而不仅仅是信托模式。

信贷资产证券化

国内ABS的发展可谓一波三折。2005—2008年期间,国内公开发行了28只资产证券化产品;2008—2011年间,受全球金融风暴冲击,资产证券化作为一种衍生金融产品,业务停滞;2012年顺应金融深化趋势,三大主管部门(银监会、证监会、银行间交易商协会)密集发布各项政策,重新启动资产证券化。

尽管信贷资产证券化已开始8年之久,但截至2013年6月末,我国信贷资产证券化规模仅为896亿元,占同期人民币贷款余额不到0.2%,远远低于美国60%的水平。可以说,信贷资产证券化的发展空间巨大。

券商信托鹬蚌相争

作为可以开展信贷资产证券化业务的两类金融机构,信托和券商将是信贷资产证券化扩容的最直接受益的中介机构。信贷资产证券化在过去几年的发行方主要是信托公司,如今随着券商的加入,信托和券商面临直接竞争。

对于信托来说,制度优势比较明显。通常说的资产证券化包括三个基本环节,即资产重组、风险隔离、出售资产支持证券。其中,风险隔离机制主要通过对发起人进行隔离管控,担保破产风险,从而对出资人的资产偿付加以保障。业内分析师认为,有效的风险隔离机制是信贷资产证券化的前提,《信托法》明确规定了信托财产的独立性与破产隔离保护机制,使得信托公司作为特殊目的机构具有先天的制度优势。

券商的优势同样明显。证监会对券商开展资产证券化业务持开放和支持的态度,并颁布了《证券公司资产证券化业务管理规定》。券商的人才储备优势很大,经过这么多年的发展,券商汇集了大量金融工程等各方面的人才,在产品的设计、承销和二级市场流通方面具有得天独厚的优势。此外,信托公司开展信贷资产证券化,需要申请特定目的信托受托机构资格(SPV)。而监管部门在 SPV 资格的批复上非常慎重,获得该资格的信托公司并不多。

值得一提的是,业内人士指出信托在产品推出的周期上比券商更快捷,"与券商不同,信托实行报备制,券商是报准制,信托的产品设计发行周期大概在两三个月,而券商需要更长的时间。信贷资产证券化主要还是看银行选谁合作,而信托和券商各有优势和不足"。

银行渔翁得利

"但实际上从 ABS 中获益最大的是银行。"一位资深银行业人士表示,首先,信贷资产证券化可以帮助银行盘活存量,使得银行可以将期限长、收益低、资本占用偏高的贷款置换出来。其次,银行实质信贷投放增加。银行从发放并持有信贷转为赚取服务费价差,带来增量的手续费收入。此外,也是解决平台债的路径之一,能够化解银行前期积累的风险。

值得一提的是,数据显示,2012 年至今发行的几期信贷资产证券化产品,银行等中介机构赚取的利差水平在 1.6%~2.2%,扣除信托(0.3%)和承销商的中介费用(0.3%),银行收益率区间为 1%~1.6%。"在这个过程中,银行获利也是最多的。"上述人士称。

资料来源:http://business.sohu.com/20130905/n385928767.shtml。

市场规模进一步扩大,证券化呈现加速态势

中国资产支持证券 2005 年试点发行以来,受美国次贷危机和国际金融危机的影响,2008 年后资产证券化进程短暂中断。2011 年券商资产证券化率先重启,2012 年信贷资产证券化重启并批准了 500 亿元的试点额度,迅速恢复了中断前的规模水平,并保持了较强的发展势头。2013 年监管层确定了新一轮资产证券化的试点额度(2014 年开始),规模为 3 000 亿元,达上一轮的 6 倍之多。图 7-6 是 2005 年以来中国历年资产支持证券发行规模的对比图。

2013 年中国资本市场承继 2012 年资产证券化发展势头,继续通过证券化产品,有效降低企业融资成本,解决企业融资难问题,改变银行等金融机构的盈利和风险管理模式,大力推进中国金融系统的改革和发展。在过去一年里,共有 10 家银行和企业发行了资产证券化产品,发行规模达到 231.71 亿元,比 2012 年增加 7.29 亿元,增幅 3.25%,其中通过银行间市场发行 157.73 亿元,占上年信贷支持证券总规模的 81.89%,以券商专项资产管理计划发行 73.98 亿元,占上年企业资产支持证券总规模的 232.64%(具体见表 7-4)。

其中,农业发展银行、邮储银行、进出口银行、民生银行均为首次发行信贷资产支持产品。据公开信息显示,2013 年银监会批准的信贷资产证券化项目共 7 个,其中华融资产管理公司和兴业银行的信贷资产证券化信托计划于 2014 年 1 月发行。值得关注的是

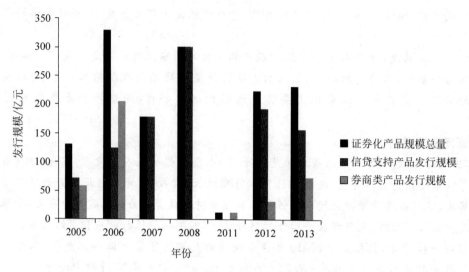

图 7-6　中国历年资产支持证券发行规模的对比

2013年银监会批准的第一、第二、第三期开元铁路专项信贷支持证券的资产池全部为国家开发银行向铁路总公司的贷款,成为国内首次发行单一行业、单一借款人的证券化产品,而在新一轮扩大试点额度分配上,国家开发银行独家分得了1 000亿元额度。在继2013年8月李克强总理主持召开国务院常务会议决定进一步扩大信贷资产证券化试点后,央行与银监会召开信贷资产证券化工作会议,确定新一轮信贷资产证券化试点规模为3 000亿元(加上存量1 000亿元,实际试点达到4 000亿元),并要求在2014年完成发行。

表 7-4　2013年资产证券化发行计划表　　　　　　　　　　　　　　　　亿元

序号	资产证券化项目	发起人	受托人	规模	交易场所
1	工元2013第一期信贷资产支持证券	工商银行	中海信托	35.92	银行间市场
2	2013年第一期发元信贷资产证券化	农业发展银行	中信信托公司	12.74	银行间市场
3	2013年第一期开元铁路专项信贷资产证券化项目	国家开发银行	中信信托公司	80	银行间市场
4	2013年第一期进元资产证券化项目	进出口银行	中信信托	10.4	银行间市场
5	邮元2013年第一期信贷资产证券化	邮储银行	中信信托	5	银行间市场
6	民生2013年第一期信贷资产支持证券	民生银行	中诚信托	13.67	银行间市场
7	华能澜沧江第二期水电上网收费权专项资产管理计划	华能澜沧江股份公司	招商证券	33	深交所

第七章 资产证券化

续表

序号	资产证券化项目	发起人	受托人	规模	交易场所
8	隧道股份BOT项目专项资产管理计划	隧道股份公司	国泰君安	4.84	上交所
9	东证资管——阿里巴巴1号至5号专项资产管理计划	阿里子公司	东方证券	25	深交所
10	汇元一期专项资产管理计划	广汇租赁公司	中信建设	11.14	上交所

资料来源:2013年中国资产证券化年度报告,http://www.chinasecuritization.cn/up_files/。

 复习思考题

一、问答题

1. 何谓资产证券化?它出现的动因与作用是什么?
2. 资产证券有哪三种基本类型?如何对它们加以区分?
3. 结合图示说明抵押担保凭证(CMO)的本息支付模式和特点所在。
4. 结合图示说明剥离式抵押证券如何作为套期保值工具?
5. 简要说明资产证券化的各种行为主体及其作用。
6. 适于证券化的基础资产都有哪些?它们应当具备什么特征?
7. 简述资产证券化操作流程中的各个基本环节和主要内容。
8. 在资产证券化的过程中为何需要成立特设机构(SPV)?说明它的独特作用。
9. 简述资产证券化过程中信用增强的主要途径和具体方法。
10. 提前支付会给资产证券化的定价带来何种影响?如何估算提前支付率?

二、选择题

1. 资产证券化发展过程中形成的三种基本资产证券为( )。
   A. 资产支持证券   B. 过手证券
   C. 抵押担保证券   D. 转付证券

2. 资产证券化过程中的市场行为主体主要有( )。
   A. 原始债务人(借款人)   B. 特殊目的机构(SPV)
   C. 发起人(原始权益人)   D. 投资者(证券持有人)

3. 适合进行证券化的基础资产的特征可以表述为( )。

A. 能在未来产生稳定的可预测的现金流
B. 资产具有标准化、高质量的合同条款
C. 资产的原始债务人有着广泛的地域分布和人口统计分布
D. 资产的抵押物具有较高的变现价值

4. 商业银行进行资产证券化时,下述措施中属于内部信用增强的是(　　)。
A. 签订单线/多线保险　　　　　　B. 第三方保证/担保书
C. 设计优先/次级结构　　　　　　D. 建立现金担保账户

5. 以下所列机构中,属于国外知名的信用评级机构有(　　)。
A. 惠誉国际公司　　　　　　　　B. 穆迪公司
C. 大公国际公司　　　　　　　　D. 标准普尔公司

6. 信用评级机构在评级时对于:(1)抵押担保品品质;(2)发起人和发行人内部操作程序;(3)服务机构服务能力与品质(　　)。
A. 只考虑(1)　　　　　　　　　B. 只考虑(2)
C. 只考虑(1)与(2)　　　　　　D. 考虑(1)、(2)与(3)

7. 提前清偿住房抵押贷款可认为相当于持有(　　)。
A. 欧式买权　　B. 欧式卖权　　C. 美式买权　　D. 美式卖权

8. 下面哪一项不存在提前清偿问题?(　　)
A. 住房抵押贷款　　　　　　　　B. 汽车贷款
C. 商业用不动产抵押贷款　　　　D. 信用卡应收账

B&E 第三篇
衍生性金融工具的特性、定价及其应用

第八章　互换
第九章　远期
第十章　期货
第十一章　期权

第八章 互换

【学习指导】

通过本章学习,全面了解互换的产生、发展及其特征,了解互换交易的特点与功能;知道利率互换和货币互换的概念、基本结构、主要种类;初步具备对利率互换和货币互换进行定价的技能;初步掌握对利率互换和货币互换加以应用的能力,如利用互换转换资产和负债的利率属性或货币属性、利用互换分散风险、降低资金成本、锁定利率损益等。

第一节 互换概述

一、互换市场的产生与发展

互换,顾名思义就是交换,是两个或两个以上的当事人按共同商定的条件,在约定的时间内交换一系列支付款项的金融交易。目前,互换已成为各国银行、国际组织、跨国公司、金融机构积极参与运用的新型金融工具,并且还形成了有着独自标价和交易程序的互换市场,被公认为20世纪80年代最重大的金融创新之一。

1. 互换市场的产生

(1) 互换市场的产生原因

互换的产生有以下几个方面的原因:①消除、减少或预防因利率和汇率变动可能带来的国际金融风险;②通过利率、货币和商品的互换尽量地降低成本,增强金融资产的流动性;③破除当事人之间因资本市场、货币市场的差异以及各国外汇管制的法规不同造成的壁垒,从而开拓更广阔的融资途径;④改善和重构企业的资产负债结构,提高国际金融市场上投资活动的收益率。

(2) 互换市场产生的背景

互换作为 20 世纪 80 年代的重大金融创新工具之一,它的产生主要有以下两方面的背景。

① 企业和银行对资产负债管理的重视促使互换交易产生。现代企业经营日趋国际化,企业的资产负债构成由于受利率、汇率频繁变动的影响,特别是在浮动汇率制度下,其管理变得日益复杂。只重视资产管理的传统思想显然已经落伍。因此,重视资产和负债管理,包括资产和负债的平衡管理以及利率与汇率变动时的对策这两个方面,成为银行、企业日常管理的重要内容。一方面,可以通过互换回避利率、汇率风险,解决不同机构对资产负债管理的需求与资本市场需求不一致的矛盾。另一方面,可以运用剩余资金,采用资产负债两者相结合的管理方法,通过利率互换合理安排负债期限长短的比重和债务结构,尽可能降低企业成本。因此,重视资产负债管理必然促进互换交易和互换市场的发展。

② 欧洲债券市场是互换交易的温床。在国际债券市场上,由于各个市场的债券的品种和期限、债券投资者的构成以及进入各个市场的债券发行人的资信评级各异,因而在各个市场上发行债券的条件不同。各国的金融管理法规,还有各自的习惯做法,也使这些市场所处环境以及市场与市场之间存在极大的差别。正是由于这些差异,构成了互换产生的背景。

与外国债券市场相比,欧洲债券市场有两个明显的特色:一是具有充分的自由性。欧洲债券市场上不存在任何官方管理机构,特别是占总额 75% 以上的欧洲美元债券,除了对其回流国内,美国政府给予一定限制以外,它是一个高度自由的市场,所以无论何人以什么条件,发行什么形式的债券来筹集资金,只要市场接受,都是可行的。在欧洲债券市场上可以非常自由地、富有创新地推出各种各样的筹资方式。二是具有高度的自控机制。欧洲债券市场是一个选择力很强的市场,它的市场机制也很健全。发行欧洲债券,不同于外国债券,它没有官方机构管理,也没有资信评级,凡投资者熟悉的资信优良的政府、企业或国际机构等都能作为最佳发行人参与该市场。承购债券的也是具有最强销售能力的承购人和机构,它们来自世界各知名的证券公司和银行。这些最佳投资者、发行人和承购人自己控制着市场的发展。自由和自控客观上为互换的产生创造了条件,使欧洲债券市场成为互换交易不断发展的温床。

2. 互换市场的发展

20 世纪 80 年代初期以来,互换业务在较短时间内已经发展成为具有多种样式的市场。总的来说,互换市场的发展可分为以下三个阶段。

(1) 第一阶段——萌芽阶段(1977—1983)

互换在这一阶段的主要特点是:交易量小,互换双方的头寸金额与期限完全对应;只有少数金融机构对互换交易有一定了解,互换双方及互换中介能赚取大量的互换利润;大多数潜在的互换用户对互换交易持谨慎态度,人们对互换交易的定价、会计和税收处理还缺乏规范的做法。

在这一阶段,人们主要通过利用货币互换来克服外汇市场的不足;同时,借助于货币互换将不同的融资货币转换为其所期望的货币种类,从而规避汇率风险。在这一阶段后期,国际互换市场的重点发生变化,为了降低融资成本,人们纷纷进行新证券发行套利,即借款者在互换市场上的动机已由过去的融资型转变为成本降低型。国际银行及其他金融机构的高信用评级为新证券发行套利提供了前提条件。原先由于不需要筹集固定利率资金而发行欧洲债券的机构也开始发行(主要以美元计值的)固定利率欧洲债券。然后,通过利率互换使可产生成本大大低于 LIBOR 的浮动利率。这种利率互换之所以能得以进行,是因为另有一些浮动利率的筹资者担心未来的市场利率上浮而承担利率风险,于是便有了以浮动利率交换固定利率的要求。

(2) 第二阶段——成长阶段(1983—1989)

这一阶段是国际互换市场空前成长时期。该阶段的主要特点是:互换的作用不断增强,互换不仅被用来进行资本市场套利,而且还被用来进行资产与负债管理,互换结构本身得以发展,互换中涉及的货币种类趋于多样化,互换市场的参与者数量和类型急剧增加。其具体表现为以下几方面。

① 互换功能不断增强。最初,在互换交易中,交易一方想通过互换得到另一方在不同市场上诸如某种融资渠道或有效税后成本等方面相应的利益,因此,互换交易被最终视为能够帮助企业降低融资成本的一个新的融资市场。然而,任何套利行为,套利机会的出现与利用将最终消灭套利本身。随着货币互换和利率互换交易的不断增加,互换市场为人们带来的套利利润却不断减少。于是,互换市场本身便发生了一些根本变化,它向两种不同但是互补的方向发展。一是寻求新的套利机会,开发旨在利用可识别价格差异成为互换纯利益的交易结构;二是不再仅仅将互换用于降低融资成本,而是将互换视为帮助企业有效管理现有负债的一种工具。既然市场力量使人们最初从事的固定利率与浮动利率之间的信用套利机会逐渐丧失,为了寻求新的套利机会,人们逐渐将一些证券新品种引入互换,产生出零息票债券互换、债务保证互换和双重货币债券互换等。可见,互换交易的形式是随着投资者和借款者的偏好而改变的。另外,由于互换交易的基本套利本质在于它独立于具体的融资或投资行为之外,即借款者可在市场条件最有利时发行证券筹资,此后再在互换市场条件有利时单独进行互换交易,或者在发行证券筹资之前,先在互换市场上进行互换交易。同时,互换的速度快捷灵活,可以进行反向交易,双方借助于互换中介彼此可以保持匿名状态。因此,当人们对互换有了更进一步的认识之后,利用互换的目的也发生了根本性变化:企业开始积极地利用货币和利率互换来管理现有的负债,并在随

后将互换引入现有资产管理中。对于借款者而言,互换主要有四大功能:锁住浮动利率债务成本,创造定期浮动利率债务,根据利率预期积极地对固定利率债务成本进行管理,以及根据利率预期对浮动利率债务成本进行管理。对于投资者而言,可以通过改变其投资的利率或货币基础,锁住资本投资收益,最小化投资组合中面临的利率风险和汇率风险。

② 互换结构不断创新。在互换功能不断增强的同时,互换的技术结构也发生了重大创新。互换结构的创新主要表现在三个独立的领域:(a)为了完善资产与负债管理,将证券新品种用于互换交易中,传统互换结构进一步发展成为新负债互换结构。(b)越来越多的银行和企业发现,资产与负债一样也可以轻易进行互换。于是,资产互换市场应运而生。(c)互换市场技术演变及互换功能的增强,最终使互换市场分化出双重市场:一级市场和二级市场。

③ 国际互换市场迅速扩大。在这一阶段,国际债券初级市场已成为互换驱动型市场,约70%以上的债券发行是由互换驱动的,并且几乎所有国际债券市场上的定价也被互换所驱动。此外,资产互换也大大拓展了投资者的可投资范围,投资者可根据其具体需要,通过购买基础债券便可创造出以某种货币或利率为基础及有关指数表示的相应现金流的投资组合。

由于国际债券市场已日益成为互换驱动型市场,故多种货币的互换市场也相继发展起来。债券市场和互换市场的流动性和定价的关系也日益密切。总之,在这一阶段,多种货币的利率互换和货币互换发展迅速,而美元仍占互换市场最大比例。国际货币互换虽不如利率互换的规模大,但其增长更为迅速。

④ 互换市场的参与者不断增加。互换市场的参与者主要分为两类:最终用户和互换交易商。最终用户是指出于某些经济或金融原因从事互换以规避利率风险的实体;而互换交易商就是互换中介,他们从事互换交易的目的是为了赚取中介费用。

在这一阶段,互换市场的最终用户各种各样,世界各地的银行和企业、保险公司、政府机构等均在互换市场上表现活跃。在这一阶段的早期发展过程中,大多数互换中介只是撮合互换双方进行互换交易,有时还为信用较差的互换一方提供信用担保。然而,随着互换市场最终用户的增多,一些潜在的互换对手越来越不愿意承担对方的信用风险。于是,一些大的商业银行和投资银行纷纷充当起互换中介。

(3) 第三阶段——成熟阶段(1989年至今)

与20世纪80年代初相比,此时互换知识的普及使整个金融界对互换融资技术都已非常熟悉,大量机构进入互换市场,使得互换业务的获利空间大大缩小。同时,银行信用等级恶化,国际清算银行实施了表外业务资本充足性标准,这些外部环境的改变也加速了互换市场的成熟。表现为以下几方面。

① 产品一体化程度提高。互换市场在成熟阶段的突出特点之一,是将互换市场视为衍生工具市场的一个组成部分。由于互换和其他金融衍生工具都能被分解成远期和期权合约,于是这一本质决定了互换产品具有一体化趋势,这就是所谓的金融工程。金融工程使互换和衍生交易进一步发展为包括远期和期权在内具有不同组合的复杂工具结构,并使这些产品的发展、推销、定价、避险及组合管理趋于一体化。

由于注重产品一体化,金融机构内部衍生工具业务也日益合并。在几家大银行里,它们已将互换视为其总的财务和风险管理的一个组成部分。

② 产品的重点发生变化。人们开始将互换产品划分为三类既独立但又密切相关的活动:一是基础产品,是指普通的利率互换、货币互换、远期合约、远期利率协议及利率上限期权和利率下限期权。二是增值结构,是指特殊互换结构、高度组合的创新互换结构及这些工具在企业的资产与负债管理中的具体运用。三是互换技术的跨市场拓展,是指人们在商品和股票等其他市场上,逐渐扩大对基本互换技术的使用,以解决一些实际金融问题。

互换市场发展到成熟阶段后,金融机构不再满足于从简单的商品产品交易中获得的利益,而是日益重视那些增值并高度组合的互换结构的开发与利用。同时,互换技术跨市场拓展也得到了发展。这一领域主要涉及商品市场(主要是能源产品)和股票市场,具体包括商品互换和股权互换,以及将隐含在与商品和股权相关的证券发行中的期权和远期头寸证券化的互换结构。

③ 人们日益重视改进组合风险管理技术。在成熟阶段,金融机构日益重视组合风险管理。所谓组合风险管理,是指在进行互换交易过程中,为防范风险而采取的各个步骤的统一管理,包括:交易定价、风险评价、避险、开发组合管理技术、互换结算、风险报告以及对互换损益和现金流进行分析。

④ 保证金融服务的合理性并对市场参与者进行重整。互换市场的成熟还体现在金融机构参与市场的合理性上。由于金融服务业的合理性以及人们对资本管理的日益重视,使更多的机构加入互换市场中,而那些信用等级下降的机构不得不退出市场,所以互换市场的参与者数目与质量始终处于不断调整之中。

总之,国际互换市场的产生与发展是金融发展的必然结果,而各种互换交易工具的使用必将进一步推动金融工程的发展。随着我国加入WTO,金融市场的全方位、宽领域地向世界开放,互换市场必将会在我国发展和日趋完善起来。当然,在我国要广泛推广互换业务需要几方面条件:一是要积极促使经济上投融资渠道多元化;二是必须抓紧时机完善国内金融市场,同时在某些方面还要积极借助于国际金融市场,实现"两条腿"走路;三是要努力加强银行的金融信息能力,并培养高资信的客户。

二、互换市场的特征

互换市场虽然发展迅速,但互换并不在交易所交易,而是主要通过银行进行场外交易。虽然我们在本章将看到互换与期货很相似,但期货市场要受到严格的监管,而互换市场却几乎没有政府监管。美国的商品期货交易委员会已正式宣布它将不寻求对互换市场的管辖权。

互换市场也有其内在局限性:首先,为了达成交易,互换合约的一方必须找到愿意与之交易的另一方。如果一方对期限或现金流等有特殊要求,他常常会难以找到交易对手。在互换市场发展初期,互换市场的最终用户通常是直接进行交易,这个问题就特别突出。为了解决这个问题,近年来,互换市场出现了专门进行做市(make market)的互换交易商(swap dealer)。其次,由于互换是两个对手之间的合约,因此,如果没有双方的同意,互换合约是不能更改或终止的。最后,对于期货和在场内交易的期权而言,交易所对交易双方都提供了履约保证,而互换市场则没有人提供这种保证,信用风险较高。因此,互换双方都必须关心对方的信用。

三、互换交易的特点

(1)货币:大部分互换交易是以美元、欧元、英镑、瑞士法郎、日元、加拿大元或澳大利亚元等硬通货进行的。也有一些交易以其他货币进行,但是市场的流通量相对较小。

(2)期限:绝大部分互换交易的期限为2~15年,少数交易也有比较长的期限。短于2年的互换期限相对来说较少。

(3)金额:单个互换业务的额度通常在500万美元到3亿美元之间,有时也采用辛迪加式的互换进行较大数额的交易。此时,互换的一方是银团,它们通过互换金额的共同分组来减少单个银行所承担的风险。

(4)二级市场:随着互换的运用和互换市场的扩展,互换的转让市场应运而生。在这种市场上,已经达成的互换协议将再次被拍卖。例如,原来参与互换的企业现在决定,将原来借助于利率互换而实施的由浮动利率向定息负债的转换重新调换过来,于是可以通过二级市场的交易,由一个新的第三伙伴在剩余的互换期限里,将它的浮动利率负债向固定利率负债转换。

四、互换交易的功能

自20世纪80年代初期以来,互换业务在较短时间已经发展成为具有多种样式的市场。简单地说,互换具有以下功能:

(1)通过金融互换可在全球各市场之间进行套利,从而一方面降低融资者的融资成本和提高投资者的资产收益;另一方面促进全球金融市场的一体化。

(2) 利用金融互换,可以调整资产和负债的货币结构,管理资产负债组合中的利率风险和汇率风险。

(3) 金融互换属于表外业务,对资产负债表没有影响,同时可以利用其规避外汇管制、利率管制和税收限制。

第二节 利率互换

一、利率互换的概念及基本结构

利率互换(interest rate swap)是指双方同意在未来的一定期限内根据同种货币的等额名义本金交换现金流,其中一方的现金流根据浮动利率计算得出;而另一方的现金流根据固定利率计算。互换的期限通常在 2 年以上,有时甚至可达 15 年。

双方进行利率互换的主要原因是双方在固定利率和浮动利率市场上具有各自的比较优势。假定甲、乙公司都想借入 5 年期的 1 000 万美元的借款,甲想借入与 6 个月期相关的浮动利率借款,乙想借入固定利率借款。但两家公司信用评级不同,故市场向它们提供的利率也不同,如表 8-1 所示。

表 8-1 市场提供给甲、乙两公司的借款利率   %

公司	固定利率	浮动利率
甲	10.00	6 个月期 LIBOR+0.30
乙	11.20	6 个月期 LIBOR+1.00

注:表中所列固定利率为年利率。

从表 8-1 可以看出,甲的借款利率均比乙低,即甲在两个市场都具有绝对优势。但在固定利率市场上,甲比乙的绝对优势为 1.20%,而在浮动利率市场上,甲比乙的绝对优势为 0.70%。这就是说,甲在固定利率市场上有比较优势,而乙在浮动利率市场上有比较优势。这样,双方就可利用各自的比较优势为对方借款,然后互换,从而达到共同降低融资成本的目的。即甲以 10% 的固定利率借入 1 000 万美元,而乙以 LIBOR+1.00% 的浮动利率借入 1 000 万美元。由于本金相同,故双方不必交换本金,而只交换利息的现金流;即甲向乙支付浮动利息,乙向甲支付固定利息。

通过发挥各自的比较优势并互换,双方总的融资成本降低了 0.50%(即 11.20%+6 个月期 LIBOR+0.30%-10.00%-6 个月期 LIBOR-1.00%),这就是互换利益。互换利益是双方合作的结果,由双方分享,具体分享比例由双方谈判决定。假定双方各分享一半,则双方都将使融资成本降低0.25%,即双方最终实际筹资成本分别为:甲支付LIBOR+0.05%浮动利率,乙支付10.95%的固定利率。从而双方就可根据借款成本与实际融资成本的差异计算各自向对方支付的现金流,即甲向乙支付按LIBOR计算的利息,乙向甲支付按9.95%计算的利息。

在上述互换中,每隔6个月为利息支付日,因此互换协议的条款应规定每6个月一方向另一方支付固定利息与浮动利息的差额。假定某一支付日的LIBOR为11.00%,则甲应付给乙5.25万美元,即1 000万×0.5×(11.00%-9.95%)。由于利率互换只交换利息差额,因此信用风险很小。利率互换的流程图如图8-1所示。

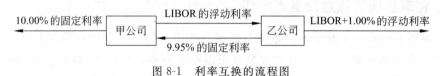

图8-1 利率互换的流程图

二、对利率互换的说明

利率互换是互换中的一种最普通、最简单的互换,利率互换交易的双方都承诺为对方相同期限、相同货币品种的债务支付若干年的现金流。该现金流是按照名义本金乘以事先协定好的固定利率或浮动利率计算的。利率互换的交易双方,由于其各自对金融市场利率未来发展趋势的看法不同,从而形成了互换市场的不同交易者。利率互换主要包括以下三种情况:

(1)债务利率互换:当交易者预计所持债务的利率品种将要上扬时,应将其调换成相对较稳定或未来趋势向下的利率品种。

(2)筹资利率互换:与另外一个资信等级不同的公司的筹资方案相比较,若通过互换联合融资可降低双方的融资成本时,可进行利率互换。

(3)资产收益互换:交易的一方将自己名下具有固定收益率的资产收益与另一方名下具有浮动收益率的资产收益相交换。

标准的利率互换是交易双方事先达成的,承诺在确定的未来日期,在一定名义本金基础之上,用指定的同种货币相互交换来支付固定利率与浮动利率利息的一个协议。虽然双方仅有利息的交换,没有本金的交换,但必须使用指定货币表示的名义本金才能计算利息支付额。随着互换市场的需要和发展,出现了许多种非标准的利率互换,其中有本金变动的利率互换、利差互换、延期互换、差异互换、远期生效互换、额外加价互换、零息票和利率后定互换、异币种基础利率互换等。

三、利率互换的主要种类

一般来说,利率互换主要有三种类型:息票利率互换、基础利率互换和交叉货币利率互换。

1. 息票利率互换

(1) 基本原理:息票利率互换(coupon swap)是同种货币的固定利率和浮动利率之间的互换,即交易的一方向另一方支付一系列固定利率的利息款项换取对方支付的一系列浮动利率的利息款项。从交易的对方而言,则是支付一系列浮动利率的利息款项换取一系列固定利率的利息款项。

(2) 例证:假定中国某家银行(甲方)和美国某家银行在固定利率和浮动利率美元市场的相对借款成本如表8-2所示。

表8-2 市场向不同机构提供的借款利率   %

银 行	固定利率	浮动利率
中国某银行	10.0	LIBOR
美国某银行	12.5	LIBOR+0.5
借款成本差额	2.5	0.5

由此可见,中国某银行的资信比美国某银行要高,因为它无论在固定利率还是浮动利率美元市场上借款成本都较低。两家银行之间存在的利率比较优势为:中国某银行在固定利率市场上比较有利,美国某银行在浮动利率市场上借款相对比较有利;是否按比较优势借款,其成本相差两个百分点(2.5%−0.5%=2%)。

如果中国某银行需要1亿美元的浮动利率借款,而美国某银行需要1亿美元的固定利率借款。这里有两种选择。第一种选择是:中国某银行和美国某银行分别按照自己所能获得的利率去借自己所需的款项,即中国某银行直接借以LIBOR为基础的浮动利率美元,而美国某银行直接以12.5%的固定利率借1亿美元。除此之外的第二种选择便是利率互换。它可使双方一共节约2%的成本。利率互换的基本程序如图8-2~图8-4所示。图8-2显示利率互换的初始流量,即中国某银行从固定利率市场上借美元,美国某银行从浮动利率市场上借美元;图8-3显示了利率互换的利息支付流量,假定该利率互换交易的期限为5年,其利息支付为每年进行一次;图8-4显示了利率互换的本金最终流量,即两家银行分别偿还在市场上的借款本金。

(3) 利率互换的流量表与经济核算。假定利率互换的利息支付从2003年11月1日开始,到2007年11月1日结束,5年期间整个利息支付的流量如表8-3所示。

图 8-2　息票利率互换的初始流量

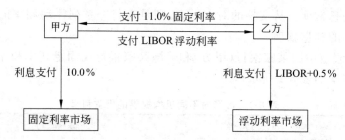

图 8-3　息票利率互换的利息支付流量

图 8-4　息票利率互换的本金最终流量

表 8-3　利率互换的流量表

日　　期	假设的 LIBOR/%	甲方支付给乙方/美元	甲方从乙方收入/美元
2003-11-01	9.0	9 000 000	11 000 000
2004-11-01	10.0	10 000 000	11 000 000
2005-11-01	8.0	8 000 000	11 000 000
2006-11-01	9.0	9 000 000	11 000 000
2007-11-01	11.0	11 000 000	11 000 000

利率互换的经济核算如表 8-4 所示。

表 8-4　经济核算表　　　　　　　　　　　　　　　　　　　　%

中国某银行		美国某银行	
固定利率		固定利率	
支付	10.0	支付	11.0
收到	11.0	直接借款	12.5
收益	1.0	收益	1.5
浮动利率		浮动利率	
支付	LIBOR	支付	LIBOR+0.5
直接借款	LIBOR	收到	LIBOR
收益	0.0	亏损	0.5
净收益	1.0	净收益	1.0

(4) 利率互换的定价范围：利率互换的定价范围问题就是利率互换所带来的利益分配问题。由上例来看,总收益为 2%,它的分配过程也是一个讨价还价的谈判过程。

如果中国某银行支付给美国某银行的浮动利率一定,即定为 LIBOR,并假设 2% 均为中国某银行所得,可算出一固定利率(即美国某银行支付给中国某银行的利率)为 12%;如果假设 2% 均为美国某银行所得,则美国某银行支付给中国某银行的利率为 10%。那么,由此可知固定利率的协议范围为 10%～12%之间,且不包括 10% 和 12%,因为当固定利率少于或等于 10%时,中国某银行就会受到损失或无利可图,当固定利率高于或等于 12%时,美国某银行就会受到损失或无利可图。同理,当固定利率一定时,也可以推算出浮动利率的协议范围。

(5) 其他说明：利率互换所交换的是利息的支付,而不涉及本金的交换。因此,互换过程中的本金只是名义本金。这种名义本金的主要作用是用来计算所支付的利息。

利率互换既可如上例在两个最终使用者中进行,也可以通过中介机构来进行。如图 8-5 所示。

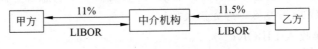

图 8-5　有中介机构参与的利率互换

在有中介机构参与的情况下,图 8-5 所示的互换交易中,中国某银行(甲方)净收益为 1%,美国某银行(乙方)和中介机构分别为 0.5%,总收益仍为 2%。

2. 基础利率互换

(1) 基本原理：基础利率互换(basis swap)是同种货币的不同参考利率的利息互换,即以一种参考利率的浮动利率交换另一种参考利率的浮动利率。在基础利率互换交易中,交易双方分别支付和收取两种不同浮动利率的利息款项。两种浮动利率的利息额都是以同等数额的名义本金为基础计算的。这种类型的互换与息票利率互换在基本程序、经济核算及定价范围等方面有很多相似之处,这里只简单地举一个例子。

(2) 例证:互换交易双方甲方和乙方同意在 5 年内由甲方以 1 000 万美元的名义本金作基础,每 3 个月按 3 个月期美元 LIBOR 向乙方支付利息,同时从乙方收取按美国商业票据利率计算的利息,如图 8-6 所示。

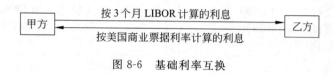

图 8-6　基础利率互换

3. 交叉货币利率互换

交叉货币利率互换(cross-currency interest rate swap)是不同货币的不同利率的互换,即一种货币的固定利率与另一种货币的浮动利率的交换。这种互换最典型的是美元浮动利率与非美元固定利率的交换,如浮动利率的 3 个月期美元与固定利率日元的互换。这种互换 1984 年开始于欧洲资本市场。

四、利率互换的应用

1. 运用利率互换转换负债的利率属性

例如,图 8-7 中的乙公司可以运用该笔利率互换将一笔浮动利率借款转换成固定利率借款。假设乙公司借入了一笔 3 年期的本金为 10 亿美元(与互换的名义本金相同)、利率为 LIBOR 加 80 个基点(一个基点是 0.01%,所以这里的利率是 LIBOR+0.8%)的浮动利率借款。在签订了这笔互换合约以后,乙公司面临 3 个利息现金流:

(1) 支付 L1BOR+ 0.8%给贷款人;
(2) 根据互换收入 LIBOR;
(3) 根据互换支付 5%。

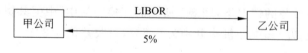

图 8-7　甲公司、乙公司的利率互换

这样乙公司的利息净现金流变成了支付 5.8%的固定利率。因此运用该笔互换,乙公司可以将一笔利率为 LIBOR+0.8%的浮动利率负债转换成利率为 5.8%的固定利率负债。

对甲公司而言,它可以运用该笔利率互换将一笔固定利率借款转换成浮动利率借款。假设甲公司借入了一笔3年期的本金为10亿美元(与互换的名义本金相同)、利率为5.2%的固定利率借款。在签订了这笔互换合约以后,甲公司面临3个利息现金流:

(1) 支付5.2%给贷款人;
(2) 根据互换支付LIBOR;
(3) 根据互换收入5%。

这样甲公司的利息净现金流变成了支付LIBOR+0.2%的浮动利率。因此,运用互换甲公司可以将一笔利率为5.2%的固定利率负债转换成利率为LIBOR+0.2%的浮动利率负债。整个转换过程如图8-8所示。

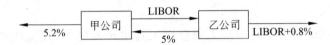

图8-8 甲公司与乙公司运用利率互换转换负债属性

2. 运用利率互换转换资产的利率属性

图8-7中的乙公司也可以运用该笔利率互换将一笔固定利率资产转换成浮动利率资产。假定乙公司拥有一份3年期的本金为10亿美元(与互换的名义本金相同)、利率为4.7%的固定利率投资。在签订了这笔互换合约以后,乙公司面临3个利息现金流:

(1) 从投资中可获得4.7%的利息收入;
(2) 根据互换收入LIBOR;
(3) 根据互换支付5%。

这样乙公司的利息净现金流变成了收入LIBOR−0.3%的浮动利率。因此运用该笔互换,乙公司可以将利率为4.7%的固定利率资产转换成利率为LIBOR−0.3%的浮动利率资产。

而对甲公司而言,它可以运用该笔利率互换将一笔固定利率资产转换成浮动利率资产。假设甲公司也有一笔三年期的本金为10亿美元,利率为LIBOR−0.25%的浮动利率投资。在签订了这笔互换合约以后,甲公司面临3个利息现金流:

(1) 从投资中可获得LIBOR−0.25%的收益;
(2) 根据互换支付LIBOR;
(3) 根据互换收入5%。

这样甲公司的利息净现金流就变成了收入4.75%的固定利率。因此运用该笔互换,甲公司可以将一笔利率为LIBOR−0.25%的浮动利率投资转换成利率为4.75%的固定利率投资。整个转换过程如图8-9所示。

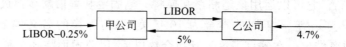

图 8-9　甲公司与乙公司运用利率互换转换资产属性

五、利率互换的定价

如果没有违约风险,利率互换可以通过分解成一个债券的多头与另一个债券的空头来定价,也可以通过分解成一个远期利率协议的组合来定价。

1. 贴现率

在给互换和其他柜台交易市场上的金融工具定价的时候,现金流通常用 LIBOR 零息票利率贴现,因为 LIBOR 反映了金融机构的资金成本。这样做的隐含假设是被定价的衍生工具的现金流的风险和银行同业拆借市场的风险相同。

2. 运用债券组合给利率互换定价

现考虑一个 2004 年 9 月 1 日生效的 3 年期的利率互换,名义本金是 1 亿美元。乙公司同意支付给甲公司年利率为 5% 的利息,同时甲公司同意支付给乙公司 6 个月期 LIBOR 的利息,利息每半年支付一次,如图 8-10 所示。

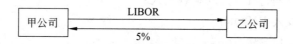

图 8-10　甲公司与乙公司的利率互换

利率互换中乙公司的现金流量如表 8-5 所示。

表 8-5　利率互换中乙公司的现金流量表　　　　　　　　　　　百万美元

日期	LIBOR/%	收益的浮动利息	支付的固定利息	净现金流
2004-09-01	4.20	—	—	—
2005-03-01	4.80	+2.10	−2.50	−0.40
2005-09-01	5.30	+2.40	−2.50	−0.10
2006-03-01	5.50	+2.65	−2.50	+0.15
2006-09-01	5.60	+2.75	−2.50	+0.25
2007-03-01	5.90	+2.80	−2.50	+0.30
2007-09-01	6.40	+2.95	−2.50	+0.45

上述利率互换可以看成是两个债券头寸的组合。虽然利率互换不涉及本金交换,但可以假设在合约的到期日,甲公司支付给乙公司1亿美元的名义本金,同时乙公司也支付给甲公司1亿美元的名义本金。显然,这不会改变互换双方的现金流,所以不会改变互换的价值。这样,利率互换可以分解成:

(1) 乙公司按6个月LIBOR的利率借给甲公司1亿美元;
(2) 甲公司按5%的年利率借给乙公司1亿美元。

换个角度看,就是乙公司向甲公司购买了一份1亿美元的浮动利率(LIBOR)债券,同时向甲公司出售了一份1亿美元的固定年利率为5%的,每半年付息一次的债券。因此,对乙公司而言,这个利率互换的价值就是浮动利率债券与固定利率债券价值的差值。

假定:B_{fix}为互换合约中分解出的固定利率债券的价值;

B_{fl}为互换合约中分解出的浮动利率债券的价值。

那么,对乙公司而言,这个互换的价值就是

$$V_Z = B_{fl} - B_{fix} \tag{8-1}$$

再假定:t_i为当前距第i次现金流交换的时间($1 \leqslant i \leqslant n$);

L为利率互换合约中的名义本金额;

r_i为到期日为t_i的LIBOR零息票利率;

k为支付日支付的固定利息额。

那么,固定利率债券的价值为

$$B_{fix} = \sum_{i=1}^{n} k e^{-r_i t_i} + L e^{-r_n t_n} \tag{8-2}$$

下面考虑浮动利率债券的价值。根据浮动利率债券的性质,在紧接浮动利率债券支付利息的那一刻,浮动利率债券的价值为其本金L。假设利息下一支付日应支付的浮动利息额为k^*(这是已知的),那么在下一次利息支付前的一刻,浮动利率债券的价值为$B_{fl} = L + k^*$。在我们的定义中,距下一次利息支付日还有t_1的时间,那么今天浮动利率债券的价值应该为

$$B_{fl} = (L + k^*) e^{-r_1 t_1} \tag{8-3}$$

式(8-1)给出了利率互换对一个支付固定利率、收入浮动利率的公司的价值,而当甲公司收入固定利率,支付浮动利率的时候,互换对该公司的价值为

$$V_甲 = B_{fix} - B_{fl} = -V_Z \tag{8-4}$$

利率互换中固定利率一般选择使互换初始价值为0的那个利率,在利率互换的有效期内,它的价值有可能是负的,也有可能是正的。这和远期合约十分相似,因此利率互换

也可以看成远期合约的组合。

3. 运用远期利率协议给利率互换定价

远期利率协议（FRA）是这样一种合约，合约里事先确定将来某一时间一笔借款的利率。不过在 FRA 执行的时候，支付的只是市场利率与合约协定利率的利差。如果市场利率高于协定利率，贷款人支付给借款人利差；反之由借款人支付给贷款人利差。所以实际上 FRA 可以看成一个将用事先确定的利率交换市场利率的合约。显然，利率互换可看成是一系列用固定利率交换浮动利率的 FRA 的组合。只要我们知道组成利率互换的每笔 FRA 的价值，就可以计算出利率互换的价值。

如表 8-5 中的乙公司，在这个利率互换中，乙公司和甲公司交换了 6 次现金流。第一次现金流交换在互换签订的时候就知道了，其他 5 次利息的交换可以看成是一系列的 FRA。2005 年 9 月 1 日的利息交换可以看成是用 5% 的利率交换在 2005 年 3 月 1 日的 6 个月的市场利率的 FRA，2006 年 3 月 1 日的利息交换可以看成是用 5% 的利率交换在 2005 年 9 月 1 日的 6 个月的市场利率的 FRA，依此类推。

只要知道利率的期限结构，我们就可以计算出 FRA 对应的远期利率和 FRA 的价值，因此运用 FRA 给利率互换定价的步骤如下：

（1）计算远期利率；
（2）确定现金流；
（3）将现金流贴现。

第三节 货币互换

一、货币互换的概念及基本结构

1. 货币互换的基本概念

货币互换（currency swap）是指交换具体数量的两种货币的交易，交易双方根据所签合约的规定，在一定时间内分期摊还本金及支付未还本金的利息。货币互换一般以即期汇率为基础，两种互换货币之间存在的利率差则按利息平价原理，由货币利率较低方向货币利率较高方定期贴补。

2. 交易步骤

货币互换交易的基本步骤如下：

(1) 确定和交换本金。本金的交换既可以是实际的转手,也可以是名义上的交换,其目的是按不同的货币数额计算应定期支付的利息。

(2) 利息的互换。互换交易双方按货币互换合约规定的各自固定利率、以未偿债务本金为基础支付相应的利息。

(3) 本金的再次互换。互换交易双方在到期日换回原先确定和互换的本金。

3. 例证

假如中国某家银行(甲方)和美国某家银行(乙方)在美元市场和瑞士法郎市场上的相对借款成本如表 8-6 所示。

表 8-6　市场向两银行提供的借款利率　　　　　　　　　　　　　　%

银　　行	美元市场	瑞士法郎市场
中国某银行	10.0	5.0
美国某银行	13.0	6.0
借款成本的差额	3.0	1.0

我们进一步假定中国某银行需要 1 亿美元的瑞士法郎,市场的即期汇率为 1 美元＝2 瑞士法郎,即中国某银行需要 2 亿瑞士法郎,美国某银行需要 1 亿美元。这里依然存在着两种选择：一种选择为中国某银行以 5.0% 的利率直接到市场上去借瑞士法郎,而美国某银行直接以 13.0% 的利率到市场上去借美元；另一种选择是中国某银行和美国某银行之间进行货币互换交易,可节省 2% 的成本。

货币互换的基本程序如图 8-11、图 8-12 和图 8-13 所示。图 8-11 显示了货币互换的初始流量,即甲、乙两方分别在市场上借款并相互交换；图 8-12 显示了双方的利息支付流量,假定该笔货币互换交易的期限为 5 年,其利息支付每年进行一次；图 8-13 显示了货币互换的本金最终流量,即甲、乙双方相互偿还对方本金,再分别偿还给市场。

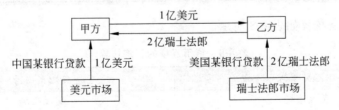

图 8-11　货币互换初始流量图

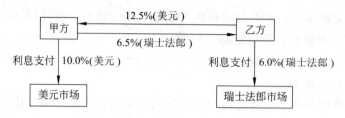

图 8-12 货币互换利息支付流量图

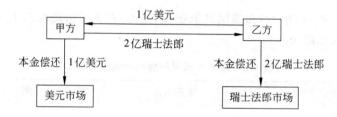

图 8-13 货币互换的本金最终流量

4. 货币互换的流量表与经济核算

假定货币互换的利息支付 2003 年 11 月 1 日开始，到 2008 年 11 月 1 日结束，则 5 年期间货币互换的所有现金流量如表 8-7 所示。

表 8-7 货币互换流量表

时间	甲方支付给乙方	甲方从乙方收入
2003-11-01 的最初交换	1 亿美元	2 亿瑞士法郎
2004-11-01	1 300 万瑞士法郎	1 250 万美元
2005-11-01	1 300 万瑞士法郎	1 250 万美元
2006-11-01	1 300 万瑞士法郎	1 250 万美元
2007-11-01	1 300 万瑞士法郎	1 250 万美元
2008-11-01	2 亿瑞士法郎＋1 300 万瑞士法郎	1 亿美元＋1 250 万美元

此交易的经济核算如表 8-8 所示。

表 8-8 货币互换的经济核算   %

中国某银行		美国某银行	
美元市场		美元市场	
支付	10.0	支付	12.5
收到	12.5	直接借款	13.0
收益	2.5	收益	0.5

续表

中国某银行		美国某银行	
瑞士法郎市场		瑞士法郎市场	
支付	6.5	支付	6.0
直接借款	5.0	收到	6.5
亏损	1.5	收益	0.5
净收益	1.0	净收益	1.0

二、对货币互换的说明

1. 货币互换的主要原因

双方愿意进行货币互换,主要是因为双方在各自国家中的金融市场上具有比较优势。假定英镑和美元汇率为1英镑=1.5000美元。甲想借入5年期的1 000万英镑借款,乙想借入5年期的1 500万美元借款,但由于甲的信用等级高于乙,两国金融市场对甲、乙两公司的熟悉状况不同,因此市场向它们提供的固定利率也不同,如表8-9所示。

表8-9 市场向甲乙公司提供的借款利率　　　　　　　　　　　　　　　　%

公司	美元	英镑
甲	8.0	11.6
乙	10.0	12.0

从表8-9可以看出,甲的借款利率均比乙低,即甲在两个市场都具有绝对优势,但绝对优势大小不同。甲在美元市场上的绝对优势为2%,在英镑市场上只有0.4%。也就是说,甲在美元市场上有比较优势,而乙在英镑市场上有比较优势。这样,双方就可利用各自的比较优势借款,然后通过互换得到自己想要的资金,并通过分享互换收益(1.6%)降低融资成本。

于是,甲以8.0%的利率借入5年期的1 500万美元借款,乙以12.0%利率借入5年期的1 000万英镑借款。然后,双方先进行本金的交换,即甲向乙支付1 500万美元,乙向甲支付1 000万英镑。

假定甲乙两公司商定双方平分互换收益,则甲乙两公司都将使融资成本降低0.8%,即双方最终实际融资成本分别为:甲支付10.8%的英镑利率,而乙支付9.2%的美元利率。

这样,双方就可根据借款成本与实际融资成本的差异计算各自向对方支付的现金流,进行利息互换。即：甲向乙支付 10.8% 的英镑借款的利息计 108 万英镑，乙向甲支付 8.0% 的美元借款的利息计 120 万美元。经过互换后，甲的最终实际融资成本降为 10.8% 英镑借款利息，而乙的最终实际融资成本变为 8.0% 美元借款利息加 1.2% 英镑借款利息。若汇率水平不变的话，乙最终实际筹资成本相当于 9.2% 美元借款利息。若担心未来汇率水平变动，乙可以通过购买美元远期或期货来规避汇率风险。

在贷款期满后，双方要再次进行借款本金的互换，即甲向乙支付 1 000 万英镑，乙向甲支付 1 500 万美元。到此，货币互换结束。若不考虑本金问题，上述货币互换的流程如图 8-14 所示。

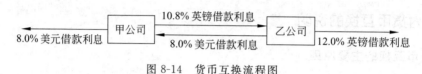

图 8-14　货币互换流程图

由于货币互换涉及本金互换，因此当汇率变动很大时，双方就将面临一定的信用风险。当然这种风险仍比单纯的贷款风险小得多。

2. 货币互换的要点

当预计所筹资金或债务的货币将要升值时，债务人就应当立即将该种货币调换为即将贬值的货币债务，或调换成与创汇币种相一致或相对较稳定的币种。这样在未来偿付债务时，只需花费较低的升值货币。

事实上货币互换的本金交换，通常都被分为几期来完成。因本金换过后还要换回来，所以，只要不是资产互换，甚至后续各期不需要交换本金，只要有一份互换的协议即可。一旦本金交换后，到期如其中一方不能履约，则对另一方将造成本金风险，这也是互换交易者要仔细考虑的后果。所以，一般互换交易一定要在金融中介参与下进行，当然也要为此支付一定的中介费。

有时因为互换的利得较小，甚至不足以支付中介费时，也并非意味着互换交易的失败，因为相对于公司的目标汇率而言，通过互换，已经将无尽的外汇风险转化为有限的损失。

3. 货币互换的定价范围及其他说明

货币互换的定价范围的确定与利率互换所依据的原理相同。参照表 8-6，如果中国某银行支付给美国某银行的瑞士法郎利率定为 6.5%，那么，双方协议的美元利率范围应该在 11.5% 与 13.5% 之间。低于或等于 11.5% 时，中国某银行会受损或无利可图，高于或等于13.5%时,美国某银行将受损或无利可图。

在本金问题上,货币互换比利率互换要复杂一些。利率互换的本金是名义本金,而货币互换的本金既可以是名义的,也可以是实际的。它可以在初始时不交换本金,也可以在到期时不交换本金。像利率互换一样,货币互换交易也可以通过中介机构来进行,如图8-15所示。

图8-15 通过中介机构的货币互换流程

在这笔交易中,中国某银行获净收益0.7%,中介机构和美国某银行所获的净收益分别为0.5%和0.8%,合计仍为2%。

三、货币互换的功能

(1) 有利于企业和金融机构规避汇率风险,从而降低融资成本,获得最大收益。

(2) 有利于企业和金融机构的资产负债管理。企业和金融机构可以根据需要将一种货币的资产或负债通过货币互换交易转换成另一种货币的资产或负债,从而适应资产和负债需求一致的资产负债管理战略要求。

(3) 货币互换还可用于企业投机获利,增加参与互换交易的金融中介机构的表外业务收入。

(4) 有助于交易者自由地进入欧洲资本市场。有些国家的政府订有规章条令,阻碍进入某种欧洲资本市场,而通过货币互换交易就可绕过这样的人为障碍,自由地、间接地进入其中。

(5) 货币互换虽也称为货币掉期,但它与外汇市场上的外汇掉期是不同的。不同之处在于:一是掉期交易不发生分期的利息支付,但货币互换交易则发生;二是掉期交易中的掉期率体现了这种利息的支付,而货币互换交易不存在掉期率。

四、货币互换的定价

1. 运用债券组合给货币互换定价

在没有违约风险的条件下,货币互换一样也可以分解成债券的组合,不过不是浮动利率债券和固定利率债券的组合,而是一份外币债券和一份本币债券的组合。

假设甲公司和乙公司在2004年10月1日签订了一份5年期的货币互换协议。如

图 8-16 所示,合约规定甲公司每年向乙公司支付 11% 的英镑利息,并向乙公司收取 8% 的美元利息。本金分别是 1 500 万美元和 1 000 万英镑。甲公司的现金流如表 8-10 所示。甲公司持有的互换头寸可以看成是一份年利率为 8% 的美元债券多头头寸和一份年利率为 11% 的英镑债券空头头寸的组合。

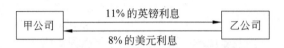

图 8-16　甲公司与乙公司的货币互换流程图

表 8-10　货币互换中甲公司的现金流量表(百万)

日　期	美元现金流	英镑现金流
2004-10-01	−15.00	+10.00
2005-10-01	+1.20	−1.10
2006-10-01	+1.20	−1.10
2007-10-01	+1.20	−1.10
2008-10-01	+1.20	−1.10
2009-10-01	+16.20	−11.10

定义 $V_{互换}$ 为货币互换的价值,那么对收入本币、付出外币的一方,有

$$V_{互换} = B_D - S_0 B_F \tag{8-5}$$

其中,B_F 是用外币表示的从互换中分解出来的外币债券的价值;

B_D 是从互换中分解出来的本币债券的价值;

S_0 是即期汇率(直接标价法)。

对付出本币、收入外币的一方,有

$$V_{互换} = S_0 B_F - B_D \tag{8-6}$$

例 8-1　假设在美国和日本市场基准利率的期限结构是水平的,在日本是 4% 而在美国是 9%(都是连续复利)。某一金融机构在一笔货币互换中每年收入日元,利率为 5%,同时付出美元,利率为 8%。两种货币的本金分别为 1 000 万美元和 120 000 万日元。这笔互换还有 3 年的期限,即期汇率为 1 美元=110 日元。如果以美元为本币,那么

$$B_D = 80e^{-0.09 \times 1} + 80e^{-0.09 \times 2} + 1080e^{-0.09 \times 3} = 964.4(万美元)$$

$$B_F = 60e^{-0.04 \times 1} + 60e^{-0.04 \times 2} + 1260e^{-0.04 \times 3} = 1 230.55(百万日元)$$

此笔货币互换的价值为

$$\frac{123\ 055}{110} - 964.4 = 154.3(万美元)$$

如果该金融机构是支付日元收入美元,则货币互换对它的价值为-154.3百万美元。

2. 运用远期组合给货币互换定价

货币互换还可以分解成一系列远期合约的组合,货币互换中的每一次支付都可以用一笔远期外汇协议的现金流来代替。因此只要能够计算货币互换中分解出来的每笔远期外汇协议的价值,就可计算出对应的货币互换的价值。

例 8-2 假定即期汇率为 1 美元=110 日元,或者 1 日元=0.009 091 美元。因为美元和日元的年利差为 5%,根据 $F=Se^{(r-r_f)(T-t)}$,一年期、两年期、三年期的远期汇率分别为

$$0.009\ 091e^{0.05 \times 1} = 0.009\ 557$$
$$0.009\ 091e^{0.05 \times 2} = 0.010\ 047$$
$$0.009\ 091e^{0.05 \times 3} = 0.010\ 562$$

与利息交换等价的三份远期合约的价值分别为

$$(80 - 6\ 000 \times 0.009\ 557)e^{-0.09 \times 1} = 20.71(万美元)$$
$$(80 - 6\ 000 \times 0.010\ 047)e^{-0.09 \times 2} = 16.47(万美元)$$
$$(80 - 6\ 000 \times 0.010\ 562)e^{-0.09 \times 3} = 12.69(万美元)$$

与最终的本金交换等价的远期合约的价值为

$$(1\ 000 - 120\ 000 \times 0.010\ 562)e^{-0.09 \times 3} = -201.46(万美元)$$

所以此笔互换的价值为$-201.46+12.69+16.47+20.71=-154.3$(万美元),和运用债券组合定价的结果一致。

第四节 互换的应用

互换市场的参与者主要有中央政府、出口信贷机构、金融机构、企业等。互换可以用来转换资产与负债的利率和货币属性。通过利率互换,浮动利率资产(负债)可以和固定利率资产(负债)相互转换。通过货币互换,不同货币的资产(负债)也可以相互转换。互换的主要用途还包括锁定收益或成本,利用某一市场的优势弥补另一市场的不足,在预期利率上升前固定债务成本,使固定利率资产与负债相匹配,获得新的融资变通渠道,调整资产负债表中固定利率与浮动利率债务组合,从利率下降中获利,在资本市场利用信用差异套利,构造产品以满足投资者要求等。本节将加以说明。

一、用利率互换转换负债的利率属性

有许多方式可以改变政府、公司与银行债务的计息方式,以下是将浮动利率债务变成固定利率债务的三种通用技巧。

(1) 在利率互换中支付固定利率,收入浮动利率;
(2) 购买 FRAs(远期利率协议);
(3) 出售欧洲美元期货。

以第一种技巧为例,如图 8-17 所示,浮动利率借款人此时有两个浮动利率风险头寸:一是对浮动利率债务支付的利息;二是在互换协议条件下收到的浮动利率利息。

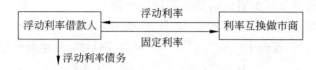

图 8-17　将浮动利率债务变成固定利率债务(1)

浮动利率贷款一般按浮动利率指数——6 个月 LIBOR 确定贷款价格,如图 8-18 所示。如果借款人支付给浮动利率资金贷款人的利率高于这一浮动利率指数 50 个基点,则借款人可以在互换交易中收到浮动利率指数以便为浮动利率风险保值,这时,浮动利率借款人的净浮动利率头寸的成本固定为 50 个基点。不管 LIBOR 水平如何,借款人能对浮动利率的任何变化进行保值,因为借款人既是 LIBOR 的支付方也是收受方。如果 6 个月 LIBOR 为 3%,则借款人对贷款支付的利率为 3.50% 的利息,而其在互换中收到利率为 3% 的利息,净成本为 50 个基点;如果 6 个月 LIBOR 为 6%,则借款人对贷款支付利率为 6.50% 的利息,而其在互换中收到利率为 6% 的利息,净成本也为 50 个基点。

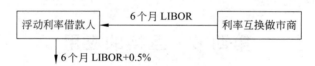

图 8-18　将浮动利率债务变成固定利率债务(2)

为了确保保值有效,借款人必须把贷款利率的制定方法与互换利率的制定方法联系起来,所以,如果贷款的 LIBOR 起始日为 4 月 25 日与 10 月 25 日,则借款人就必须在同一时间与互换做市商谈判。如果贷款中制定的 LIBOR 与路透社 LIBOR 有关,则借款人必须与互换市场做市商就同一利率制定的细节问题进行协商。

假设借款人在互换中支付的固定利率为 5.75%(见图 8-19),那么借款人按固定利率基础计算的资金总成本为 6.25%,因为借款人的利息现金流为

$$-(6\text{ 个月 LIBOR}+0.50\%)$$
$$+6\text{ 个月 LIBOR}$$
$$-5.75\%$$

既然借款人两笔浮动利率的净成本为 50 个基点，则计算固定利率计息的总成本为净成本加上互换利率：

$$\begin{array}{r} 5.75\% \\ +0.50\% \\ \hline 6.25\% \end{array}$$

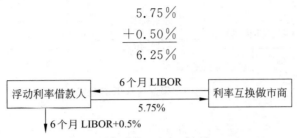

图 8-19　将浮动利率债务变成固定利率债务(3)

以上是将浮动利率债务变为固定利率债务的常用方法，如果要将固定利率债务变为浮动利率债务，则进行相反操作即可。

从上面的分析我们可以看出，利率互换安排可以改变现金流量实际的利率基础。利率互换允许使用者把一种计息基础（见表 8-11）转换成另一种计息基础，例如，从固定利率出口信贷到浮动利率银行借款（假设 3 个月的 LIBOR），或者是指定利率类型间的互换，如从 6 个月的 LIBOR 到 3 个月的 LIBOR。值得注意的是，当保值者进行利率互换时，其现有的债务依然存在，借款人仍须继续支付利息和本金。但是，它通过利率互换可以部分或全部抵消其现金流。

表 8-11　利率基础

固　　　定	浮　　　动
定期存款	银行活期存款
公募债券	商业票据
私募债券	欧洲票据借款
出口信贷	现有利率互换
现有固定利率债务	定期浮动利率存单
现有利率互换	浮动利率贷款
固定利率	

在预期利率大幅上升时，浮动利率借款人会认为，审慎的做法是将债务成本固定于一个利率水平上。在预期利率大幅下跌时，固定利率借款人会考虑接受支付浮动利率。有了利率互换，上述目标可以很容易实现。

二、用利率互换降低资金成本

借款人通过互换市场得到了价格低廉的资金（见图 8-20 和图 8-21）。世界银行与

IBM 的交易又使货币互换套利方式出尽风头，但直到 1982 年才由 Banque Indosuez 首次将债券发行和利率互换相结合。

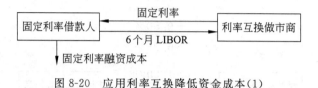

图 8-20 应用利率互换降低资金成本（1）

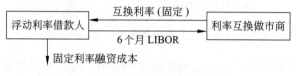

图 8-21 应用利率互换降低资金成本（2）

我们分析一下互换中收入固定利率的一方的融资成本与互换的关系，观察图 8-20 和图 8-21，互换后融资成本由收入与支出之差决定：

（1）若互换利率与借款人融资成本相等，则净融资成本为 LIBOR。例如，固定利率债务成本为 5%，互换利率也为 5%，则净融资成本是 6 个月 LIBOR（见图 8-22）。

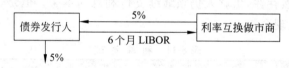

图 8-22 应用利率互换降低资金成本：互换利率与借款人融资成本相等

（2）如果互换利率高于原有债务成本，则净融资成本低于 LIBOR 利率。例如，固定利率债务成本为 5%，互换利率为 6%，则浮动利率资金成本为 LIBOR－1% 或 LIBOR－100 个基点（见图 8-23）。

图 8-23 应用利率互换降低资金成本：互换利率高于原有债务成本

（3）如果互换利率低于债券发行成本，则净融资成本高于 LIBOR。例如，互换利率为 4%，债券发行成本为 5%，则净融资成本为 LIBOR＋1% 或 LIBOR＋100 个基点（见图 8-24）。

图 8-24 应用利率互换降低资金成本：互换利率低于债券发行成本

由此我们可以看出，通过安排适当的互换，借款人或债券发行人可能获得一个比较低的融资成本。要将此原理应用于评级为 AAA 与 BBB 的借款人，就需要了解借款人固定利率与浮动利率融资的原始成本，市场上对信用等级不同的公司的报价一般会有差异，例如表 8-12 中两家信用评级不同的企业面临的融资成本存在差异。

表 8-12 信用评级与融资成本

信用评级	固定	浮动
AAA	g+50	L+20
BBB	g+100	L+50

注：g 表示固定利率的基础利率，L 表示 LIBOR。

无论何时，只要固定利率和浮动利率利差不一致，就可能产生套利行为，而在债券市场上通常能得到这种机会，在套利中，每一借款人按照其相对借款优势借款。

对 AAA 级发行人而言，比较优势是借固定利率，因为在固定利率的基础上，它比 BBB 级的借款人少支付 50 个基点。而以浮动利率为基础则 AAA 级的借款人只比 BBB 级的借款人少支付 30 个基点，所以，AAA 级的借款人更适合固定利率而 BBB 级的借款人相对适合浮动利率。注意，AAA 级的借款人在固定与浮动利率债务上都有优势。

基于同样理由，BBB 级的借款人相对而言更适合浮动利率而不是固定利率。因为 BBB 级的借款人要比 AAA 级的借款人在浮动利率资金上多支付 30 个基点，在固定利率资金上多支付 50 个基点。在上述固定利率与浮动利率市场，它的借款比 AAA 级的借款人都要贵。如果双方需要的资金恰好不是自己具有比较优势的那一种，即 AAA 级的借款人想借浮动利率资金而 BBB 级借款人想借固定利率资金，那么它们就可以通过互换降低融资成本，具体操作如下，图 8-25 是两家企业在市场上的融资情况。

图 8-25 通过互换降低融资成本(1)

由于 AAA 级的借款人通过发行债券产生固定利率债务，因此在互换交易中它必须收入固定利率,如图 8-26 所示。

图 8-26　通过互换降低融资成本(2)

BBB 级的公司,即浮动利率借款人,必须在互换交易中收入浮动利率,如图 8-27 所示。

图 8-27　通过互换降低融资成本(3)

所以为了对自己的现有头寸进行保值,借款人就必须进行如下交易(见图 8-28)。

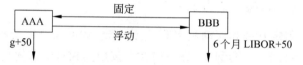

图 8-28　通过互换降低融资成本(4)

三、用利率互换转换资产的利率属性

可以用利率互换将一笔固定利率资产转换成浮动利率资产或者相反。如图 8-29 所示,一位投资者购买了固定利率债券并收到息票,随后将其支付给利率互换做市商(固定利率);作为回报,利率互换做市商支付给投资者浮动利率。这一固定利率债券与浮动利率互换的组合,其效果在于向拥有固定利率债券的投资者提供的收益与浮动利率指数(通常是 LIBOR)的变动相关联,本质上投资者所拥有的固定利率债券变成了浮动利率票据。

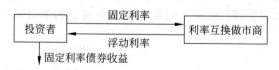

图 8-29　固定利率资产转换成浮动利率资产

资产管理人也可利用利率互换为全部或部分的资产组合保值,如果资金管理人判断利率在某一时期(假设 2 年)可能会上升,但又不想出售固定利率债券,购买浮动利率票据，他就可以考虑利率互换（见图 8-30）。

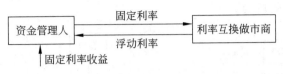

图 8-30 创造浮动利率收益资产

利率互换通过冲抵资金的固定利率收益，创造浮动利率收益使资产管理人降低了固定利率资金风险。如果资金管理人改变看法，这一交易可以中途解约，因此，在利率互换市场具有足够流动性的前提下这是一种灵活的方法。与出售固定利率债券、购买浮动利率票据，并在以后做相反交易相比较，其交易成本相当优惠。

四、利率互换在银行资产负债管理中的应用

银行比较容易获得短期资金，它们可以在银行同业市场上以隔夜、明天/后天（从明天开始的隔夜或者是从明天到后天）、即期/第 2 天、1 星期、1 个月、3 个月或 6 个月等期限融资，这要比获得 5 年或 20 年期限融资容易些。如果客户对银行有大量较长期的固定利率融资需求，那怎么办？对此有许多可能性，组织债券发行或许是合适的办法，鼓励客户考虑浮动利率融资是另一种办法，在任何一种情况下都必须将资产（对客户的贷款）与负债（融资）配对。

银行的另一种选择是"借短贷长"，而许多银行家多年来得到的忠告就是"不要借短贷长"。当利率期限结构较陡时，借短贷长似乎是个相当吸引人的主意，例如，3 个月资金在银行同业市场成本为 5%，而 5 年期国债利率为 8%，银行可能按 9%提供给客户 5 年期固定利率贷款，按 5%的 3 个月的 LIBOR 融资。若银行认为利率有可能下跌、不变或稍微上涨，这看来就是一个很好的商业机会，多年来许多银行都无法拒绝这一机会的诱惑，一些银行因此损失惨重，因为随着利率的上涨其融资成本也将上涨。

随着互换市场的发展，银行在确保资产与负债配对的前提下，能够满足客户的固定利率融资需要。假设一家银行有客户需要 5 年期固定利率资金，并假定银行在同业拆借市场以 3 个月的 LIBOR 利率筹集资金，则银行有 3 个月负债与 5 年期资产（见图 8-31），即 3 个月 LIBOR 的浮动利率利息空头头寸，及对客户 5 年固定利率贷款利息的多头头寸，这是一种不配对的资产与负债。为了抵补这一头寸，银行必须在利率互换中收到浮动利率，以便与 3 个月 LIBOR 风险配对，同时支付固定利率以配对固定利率风险。利率互换非常适合这种保值，在利率互换中银行收到浮动利率利息并支付固定利率利息（见图 8-32）。这种结构对银行有利，它消除了银行的利率风险，银行不能再从利率下跌中获利，但它也不会因为利率的上升而发生损失。银行盈亏与否取决于交易中其信用风险的

定价及其贷款总风险,而不是取决于其预测利率的能力。利率互换给银行提供了将利率风险转变为信用风险的机会。

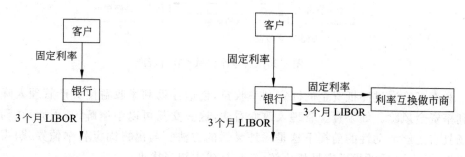

图 8-31　资产与负债配对(1)　　　　图 8-32　资产与负债配对(2)

五、用利率互换锁定利率损益

假设借款人有浮动利率债务,由于公司利率风险管理战略的变化,现在决定换成固定利率债务。将浮动利率贷款变为固定利率贷款方法之一是借固定利率资金,用新债的收入偿还浮动利率的旧债。但是这不是借款人常用的方法,部分原因是因为固定利率资金的短缺,但更多原因是由于新借款项的交易成本相对较高。

另一可供选择的策略是在利率互换中创造一个数额相等而方向相反的头寸以抵补浮动利率风险,并支付固定利率以创造所需的固定利率头寸,如图 8-33 所示。

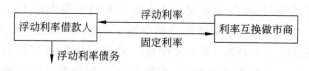

图 8-33　应用利率互换锁定利率损益

六、应用货币互换转换资产和负债的货币属性

货币互换可以用来转换负债的货币属性。以图 8-34 中的货币互换为例,假设甲公司发行了 1 500 万美元 5 年期的票面利率为 8% 的美元债券,签订了该笔互换以后,甲公司的美元负债就转换成了 100 万英镑、利率为 11% 的英镑负债。

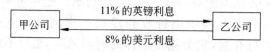

图 8-34　甲公司和乙公司的货币互换流程图

货币互换也可以用来转换资产的货币属性。假设甲公司有一笔5年期的年收益率为11%、本金为1 000万英镑的投资,但觉得美元相对于英镑会走强,通过该笔互换,这笔投资就转换成了1 500万美元、年收益率为8%的美元投资。

七、应用互换分散风险

股票互换可以帮助一个小国在不违反对外资本投资限制的前提下有效实现国际范围的风险分散[①]。假定一个小国中某个已经投资于本国证券市场的养老基金与全球养老金中介(GPI)达成互换协定,要求将这个小国股票市场上每单位货币的年收益与国际股票市场上每单位货币的加权平均年收益进行交换,互换采用通用货币——美元,美元与其他货币之间的汇率调整则参照货币互换的规则。每次支付的货币金额由互换的名义本金额与每单位货币的收益差共同决定。

我们不用去讨论互换合约的具体细则,就可以看出互换交易可以有效地将小国股票市场的风险转移给外国投资者,国内的投资者可以实现与国际市场一致的风险—收益率的最优组合。由于最初交易双方之间不必进行任何支付,因此,对于该国而言,最初并不发生资本流入或流出。而在这之后的资金流动,无论是流入还是流出,都只涉及两个股票市场的收益差额,并不存在本金的流动。

例如,名义本金为10亿美元,如果世界股票市场收益率为10%,该国股票市场收益率为12%,那么,从该国流出的资金仅仅为(0.12-0.10)×10亿美元,即2 000万美元。也就是说,只有当小国的投资者有支付能力时(即该国的股票市场表现好于世界市场整体状况),才会有净支出的情况发生。当本国股票市场的业绩不如世界市场时,互换交易可以为该国的投资者带来资金收入。假定该国股票市场某年的收益率为8%,世界市场为11%,那么国内投资者的资金收入为(0.11-0.08)×10亿美元,即3 000万美元,对该国而言就是资金净流入。而且,在这个互换交易中,国内的投资者仍然拥有股票的所有权,可以进行交易活动。

外国投资者同样可以从这个互换交易中获利。他们可以节省在当地市场买卖股票的交易成本,并且可以避开公司控制权的问题(当外国投资者在本国公司股票中占有较大份额时,就会产生这个问题)。互换交易不同于传统的股票投资与债券投资,其中的外国投资者所面临的违约风险与没收风险只限于收益差额,而不是传统的本金与收益总额之和(在这个例子中,风险敞口为2 000万美元,而不是11.2亿美元)。

对外国投资者而言,互换交易中由于当地投资者的行为所产生的潜在的风险敞口要远远低于直接交易单个股票的情况。毕竟,控制股票市场指数的难度要大大高于对单个

[①] Bodie, Zvi, and Robert C. Merton. Finance[M]. Prentice Hall, Upper Saddle River, NJ, 2000:290.

股票的控制。虽然互换交易的两个结算日之间的间隔是标准化的(譬如说,6个月或1年),但是,由于不同的互换交易的起始日不同,因此具体的结算日期还是有所差别的。这样一来,每天都会有一些互换交易要结算,因此,要达到操纵的目的,必须保证股票市场的价格持续在一个比较低的水平上,而这是十分困难的。

并且,由于互换合约是基于股票市场在一段期间内的收益率的,因此,为了结算而安排的人为的低价位(与低收益率)可能会导致在下一年结算日时出现较高的收益率。因此,在某一个时间段由于控制行为所产生的收益在下一个时间段可能都会被返还,除非在互换安排的整个生命期内都能保持低价位。但是,由于一般的互换合约的期限为2~10年(每半年或一年结算一次),因此,很难在如此长时期内对股票市场进行控制。

 ## 本章小结

1. 互换就是交换,是两个或两个以上的当事人按共同商定的条件,在约定的时间内交换一系列支付款项的金融交易。金融互换是在平行贷款和背对背贷款的基础上发展起来的。

2. 互换的功能为:①通过互换可在各市场之间进行套利,从而一方面降低融资者的成本和提高投资者的收益;另一方面促进金融市场的一体化。②利用互换可以调整资产和负债的货币结构,管理资产负债组合中的利率风险和汇率风险。③金融互换属于表外业务,对资产负债表没有影响,同时可以利用其规避外汇管制、利率管制和税收限制。

3. 利率互换是指双方同意在未来的一定期限内根据同种货币的等额名义本金交换现金流。利率互换的类型主要有:①息票利率互换:同种货币的固定利率和浮动利率之间的互换。②基础利率互换:同种货币的不同参考利率的互换,即以一种参考的浮动利率交换另一种参考的浮动利率。③交叉货币利率互换:不同货币的不同利率互换,即一种货币的固定利率与另一种货币的浮动利率的交换。

4. 货币互换是指交换具体数量的两种货币的交易,双方根据所签合约的规定,在一定时间内分期摊还本金及支付未还本金的利息。货币互换一般以即期汇率为基础,两种互换货币之间存在的利率差则按利息平价原理,由货币利率较低方向货币利率较高方定期贴补。

5. 互换的定价方法主要有:①运用债券组合给互换定价。互换可以看成是两个债券头寸的组合,利率互换可以分解成一个债券的多头与另一个债券的空头来定价;货币互换可以分解成一份外币债券和一份本币债券的组合来定价。②运用远期组合给互换定价。互换还可以分解成一系列远期合约的组合,互换中的每一次支付都可以用一笔远期协议的现金流来代替。因此只要能够计算出每笔远期协议的价值，就可计算出对应的互换的价值。

 阅读资料

陈志武：货币互换对中国有利，但中国必须先来启动

"我们最需要的是大家都愿意用人民币来贸易、储备。当然这是遥远的事了。从理想角度来说，如果进行互换的话，互换的越多，这对中国作为世界最大的贸易体最有利。"2014年4月8日，耶鲁大学管理学院金融学终身教授陈志武在博鳌亚洲论坛2014年年会"改革：亚洲金融与贸易的新格局"分论坛上作出上述表示。

陈志武教授表示，其他国家并没有这么大的动机在中国之外使用人民币，中国应当先来启动。他讲述了一个亲身经历，"2008年10月金融危机爆发之初，当时我在巴西圣保罗，湖南省一家机械公司（三一重工）在圣保罗访问，希望在巴西圣保罗以及其他地方进行销售。当时我听到的情况是，在我们开会前三天当中巴西雷亚尔贬值了10％，使得销售合同没有办法签了。对巴西买方来说，他们当然希望用本国货币。但是对中国卖方来说，他们再也不希望用巴西货币结算了，除非用美元、欧元。所以自然而然我们有这样的需求，就是使用美元、欧元以外的货币来实现交易的灵活性或者对冲货币风险，从而做成这笔销售。"

资料来源：财经网，2014年4月8日。

积极应对六国央行货币互换升级

2013年10月31日，美联储、欧洲央行、瑞士央行、英国央行、加拿大央行和日本央行同时宣布，它们将把现有的临时性双边流动性互换协议转换成长期协议。

从企业间到央行间的互换。货币互换可以视为一笔即期外汇买卖和一笔反向远期外汇买卖的组合交易。由于远期汇率在互换交易中锁定，交易双方便不再承担汇率变动的风险。这是它很快就受到各类交易主体追捧的首要原因。另外，货币互换使交易主体有机会利用其在不同货币市场的比较优势，实现降低融资成本、锁定汇率风险、优化资产负债结构的经营目标。值得注意的是，截至2009年4月6日，所有的央行间货币互换协议的出发点，都是为了满足全球金融机构对美元流动性的需求。正因如此，这些协议的主要条款，都只标明了美联储将向其他国家央行单向地提供多大数额美元的流动性。这表明，在国际货币体系中，美元依然保持着其他任何货币都不可替代的地位。

从单边发展为双边。随着危机的逐步深化，随着美元为核心的国际货币体系的内在矛盾一再暴露，货币互换不再总是复制"美元荒"和美元借机恢复失地的老故事了。2009年4月6日，美联储与英国央行、欧洲央行、日本央行和瑞士央行联合宣布了一项新的货币互换协议。协议称，这四家央行将分别为美联储提供最高达300亿英镑、800亿欧元、10万亿日元和400亿瑞士法郎的本币流动性。这意味着，除了美联储可以经由他国货币当局向他国金融体系注入美元，其他四国央行反过来也能透过美联储向美国金融体系注入英镑、欧元、日元和瑞士法郎。这一协议不仅改变了以取得美元为目的的单向货币流转传统，历史性地使各国央行间的"互换"交易名实相符，而且也使得主要发达经济体的货币供给机制内在地连为一体了。不仅如此，除了美联储与各国央行之间实施了以美元为核心的货币互换，各国央行之间的双边货币互换也大行其道。最突出的特点就是，在签约国之间的货物与资金交易中，唱主角的是签约国双方的货币，其利率也以双方的真实交易为基础确定，而美元则从视野中消失了。毫无疑问，如此发展下去，国际货币体系中多元储备货币的格局将更加巩固。值得一提的是，欧洲央行已经与中国人民银行达成了571亿美元3年期货币互换协议。

互换如今有了升级版。2013年10月31日，美联储、欧洲央行、瑞士央行、英国央行、加拿大央行和日本央行全球六大央行同时宣布，它们将把现有的临时性双边流动性互换协议转换成长期协议，而且，任何当事央行都可在自己司法辖区内以另外五种货币中的任何一种提供流动性。这意味着，在主要发达经济体之间，一个长期、多边、多币、无限的超级储备货币网络已编织成型。美联储作为互换的始作俑者，其新闻稿简单明了地指出了互换升级的意义："现存的临时性互换协议已经帮助缓和了金融市场的紧张形势，并对经济条件产生了影响，修正版长期性互换协议将继续发挥谨慎地提供流动性支持的作用。"

我国亟须应对之策。美联储等六国央行货币互换升级，对我国形成了进一步的压力。因为，如同TTP、TTIP、TSA等超级自贸区网络一样，这个全球超级储备货币网络依然将中国排除在外。这无形中对我国的和平崛起和对外开放战略形成了巨大障碍。为冲破障碍，建议采取的措施包括：第一，应积极主动争取进入发达经济体的货币互换网络，尤其要争取尽快同美联储、日本央行和英格兰银行签署货币互换协议。第二，努力扩大以中国人民银行为中心、以人民币为主要币种的新兴经济体和发展中国家的货币互换网络。第三，加快推进人民币国际化进程。要明确将上海自贸区建成可控的人民币离岸市场，并着意促使在岸、离岸共同成长。第四，在对外金融合作问题上，我们应摈弃简单的"实体经济思维"。即不宜将我国对外金融发展战略全部置于贸易、投资等真实交易基础上，而应广泛注意纯粹的货币交易关系，并致力于发展与各国央行间的货币金融合作。

资料来源：《中国外汇》，2014年1月20日。

复习思考题

一、问答题

1. 什么是互换？它有哪些功能和特点？
2. 什么是利率互换？利率互换有哪些主要类型？
3. 什么是货币互换？它与利率互换有何异同？
4. 试述利率互换交易的主要用途与特征。
5. 试述货币互换交易的基本步骤与主要应用。

二、选择题

1. 金融市场上的互换产品主要有（　　）。
   A. 汇率互换　　　　B. 货币互换　　　　C. 利率互换　　　　D. 债券互换
2. 金融市场上互换合约的期限一般为（　　）。
   A. 短期　　　　　　B. 中短期　　　　　C. 中长期　　　　　D. 长期
3. 利率互换最基本、最常见的形式是（　　）。
   A. 固定利率对浮动利率互换　　　　　B. 零息对浮动利率互换
   C. 浮动利率对浮动利率互换　　　　　D. 远期利率互换
4. （　　）也叫作基础利率互换。
   A. 固定利率对浮动利率互换　　　　　B. 零息对浮动利率互换
   C. 浮动利率对浮动利率互换　　　　　D. 远期利率互换
5. 货币互换的基本步骤是（　　）。
   A. 确定和交换本金　　　　　　　　　B. 确定和交换汇率
   C. 每次利息的互换　　　　　　　　　D. 到期日本金的再次互换
6. 利率互换的交易原理是（　　）。
   A. 绝对优势理论　　B. 比较优势理论　　C. 不完全市场理论　　D. 效率市场假说
7. 货币互换主要应对下列哪种风险（　　）。
   A. 利率风险　　　　B. 汇率风险　　　　C. 信用风险　　　　D. 气候风险

三、计算题

1. 一份本金为 10 亿美元的利率互换还有 10 个月的期限。这笔互换规定以 6 个月的 LIBOR 利率交换 12% 的年利率（每半年记一次复利）。市场上对交换 6 个月的 LIBOR

利率的所有期限的利率的平均报价为10%（连续复利）。两个月前6个月的LIBOR利率为9.6%。请问：上述互换对支付浮动利率的那一方价值为多少？对支付固定利率的那一方价值为多少？

2. 甲公司希望以固定利率借入美元，而乙公司希望以固定利率借入日元，而且本金用即期汇率计算价值很接近。市场对这两公司的报价如下。

%

公司	日元	美元
甲公司	5.0	9.6
乙公司	6.5	10.0

请设计一个货币互换，银行作为中介获得的报酬是50个基点，而且要求对互换双方具有同样的吸引力，汇率风险由银行承担。

3. 甲公司和乙公司如果在金融市场上借入5年期本金为2 000万美元的贷款，需支付的年利率分别如下。

%

公司	固定利率	浮动利率
甲公司	12.0	LIBOR+0.1
乙公司	13.4	LIBOR+0.6

甲公司需要的是浮动利率贷款，乙公司需要的是固定利率贷款。请设计一个利率互换，其中银行作为中介获得的报酬是0.1%的利差，而且要求互换对双方具有同样的吸引力。

4. 甲公司和乙公司若要在金融市场上借入5年期本金为2 000万元的贷款，需支付的年利率分别如下。

%

公司	固定利率	浮动利率
甲公司	9	LIBOR+0.25
乙公司	10	LIBOR+0.75

甲公司需要的是浮动利率贷款，乙公司需要的是固定利率贷款。假设乙公司将在市场上以LIBOR+0.75%的利率借入2 000万元后又借给甲公司，乙公司再从甲公司借入2 000万元的固定利率贷款。问：

(1) 这样可行吗？互换的理论依据是什么？

(2) 甲、乙公司合计降低融资成本多少？以利率表示。

(3) 甲给乙的贷款的固定利率有效范围。

第九章 远期

【学习指导】

通过本章学习,懂得远期合约的种类、特点、功能、构成要素及其定价理论,明确远期价格与期货价格、远期价格与即期价格的关系;重点了解远期利率协议的特点、术语、报价和结算,掌握远期利率协议的定价及损益分析;大体掌握远期外汇交易的构成及分类,作用、特点和标价方法,报价与清算,以及远期汇率的决定。

第一节 远期合约概述

一、远期合约的特点

远期合约是为了规避现货交易风险的需要而产生的。相对于封建社会自给自足的状态而言,现货交易是人类的一大进步,通过交易,双方均可获得好处。但现货交易的最大缺点在于无法规避价格风险。一个农场主的命运完全掌握在他的农作物收割时农作物现货市场价格的手中。如果在播种时就能确定农作物收割时卖出的价格,农场主就可安心致力于农作物的生产了。远期合约正是适应这种需要而产生的。

远期合约是非标准化合约。因此它不在交易所交易,而是在金融机构之间或金融机构与客户之间通过谈判后签署远期合约。已有的远期合约也可以在场外市场交易。

远期合约的特点如下。

1. 标准化程度低

远期交易遵循"契约自由"的原则,合约中的相关条件如标的物的质量、数量、交割地点和交割月份都是根据双方的需要确定的。由于各交易者的需要不同,远期合约条款的具体内容也五花八门,因而远期合约虽具有灵活性的优点,但却给合约的转手和流通造成很大麻烦，这就决定了远期合约二级市场的不发达。

2. 交易场所不固定

远期交易没有固定的场所，交易双方各自寻找合适的对象，因而是一个无组织的、效率较低的、分散的市场。在金融远期交易中，银行充当着重要角色。由于金融远期合约交割较方便，标的物同质性较好，因此很多银行都提供重要标的物的远期买卖报价供客户选择，从而有力地推动了远期交易的发展。

3. 违约风险高

远期合约的履行仅以签约双方的信誉为担保，一旦一方无力或不愿履约时，另一方就得蒙受损失。即使在签约时，签约双方采取交纳定金、第三方担保等措施，仍不足以保证远期合约到期一定能得到履行，违约、毁约的现象时有发生，因而远期交易的违约风险很高。

4. 价格确定方式不固定

远期合约的交割价格是由交易双方直接谈判并私下确定的。由于远期交易没有固定的场所，因此在确定价格时信息是不对称的，不同交易双方在同一时间所确定的类似远期合约的价格可能相差甚远，因此远期交易市场定价效率很低。

5. 履约方式困难

由于远期合约是非标准化的，转让比较困难，并要征得对方同意，因此绝大多数远期合约只能通过到期实物交割来履行。而实物交割对于双方来说都是费时又费力的事。

6. 合约双方关系

由于远期合约的违约风险主要取决于对方的信用度，因此签约前必须对对方的信誉和实力等方面作充分的了解。

7. 结算方式单一

远期合约签订后，只有到期才进行交割清算，其间均不进行结算。

二、远期合约的构成要素

远期合约包括以下基本构成要素。

（1）标的资产。远期合约中用于交易的资产，称为标的资产（underlying asset），又称为基础资产。

(2) 多头和空头。远期合约中约定在某一特定时间以确定价格购买某种标的资产的一方称为多头(long position),而许诺在同样时间以同样价格出售此种标的资产的一方称为空头(short position)。

(3) 到期日。远期合约所确定的交割时间即为到期日(maturity date)。此时,多头支付现金给空头,空头支付标的资产给多头。

(4) 交割价格。远期合约中所确定的价格称为交割价格(delivery price)。合约签订初始时刻交割价格等于远期价格。随着时间的推移,远期价格改变,但交割价格始终相同,一般情况下远期价格与交割价格并不相等。

三、远期合约的损益分析

如果设 S_T 为远期合约标的资产在到期日的市场价格,T 为到期日,K 为交割价格。则一单位资产远期合约的多头损益即买方损益为

$$V_{多} = S_T - K \tag{9-1}$$

对应的,一单位资产远期合约的空头损益即卖方损益为

$$V_{空} = K - S_T \tag{9-2}$$

之所以如此,主要是因为合约的多头在到期日有权按照交割价格 K 购买即时市场价格为 S_T 的标的资产,而空头则以价格 K 出售该种资产。多头和空头的损益图形如图 9-1 所示。

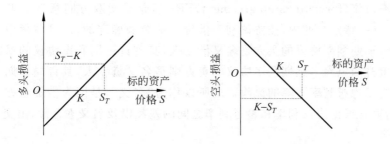

图 9-1 远期合约的多头与空头损益

图 9-1 中,K 为交割价格,S_T 为到期日标的资产的市场价格。可以看出,多头头寸和空头头寸可正可负,关键取决于 S_T 的大小。但是同一合约产生的净损益(多头头寸和空头头寸价值之和)始终为 0。

四、远期合约的功能

远期合约最重要的功能是保值、投机和价格发现。

保值(hedging)是市场交易者现在利用远期交易确定某种资产的未来价格以此来降低甚至消除价格变化带来的不确定性。例如：某一美国客户在一年之后要支付100万英镑给英国出口商，那么他就面临英镑汇率上浮的风险。此时，可以在远期外汇市场上购入一年期100万英镑，将一年后支付的英镑汇率固定在目前英镑远期汇率上。

投机(speculation)是交易者利用远期交易来赚取远期价格与到期日即期价格之间的差额。当他估计资产价格上涨时做多头远期交易，否则做空头远期交易。如果预测错误，他会遭受重大损失。

价格发现(price discovery)是指通过远期市场推算出现货市场的未来价格。由于远期合约中买卖双方同意在未来某特定时间以现在约定的价格进行某项资产的交割，那么远期价格与到期日的预期现货价格之间应该存在某种特定的关系，市场参与者可以利用这种关系估计某种资产在未来某特定日期的可能价格。实际上，在高效率的金融市场上，远期价格应该是未来现货价格的"最佳估计值"，否则投资者会利用被忽略的信息进行跨期套利获得超额利润。

五、远期合约的种类

金融远期合约主要有远期利率协议、远期外汇合约和远期股票合约等。

1. 远期利率协议

远期利率协议(forward rate agreement，FRA)，是买卖双方同意从未来一个商定的时期开始，在某一特定时期内，按协议利率借贷一笔数额确定的、以具体货币表示的名义本金的协议。远期利率协议的买方是名义借款人，其签订远期利率协议的目的主要是为了规避利率上升的风险。远期利率协议的卖方则是名义贷款人，其订立远期利率协议的目的主要是为了规避利率下降的风险。之所以称为"名义"，是因为借贷双方不必交换本金，只是在结算日根据协议利率和参考利率之间的差额以及名义本金额，由交易一方付给另一方结算金。

所谓远期利率是指现在时刻开始的将来一定期限上的利率。如$1×4$远期利率，即表示1个月之后开始的期限3个月的远期利率。

2. 远期外汇合约

远期外汇合约(forward exchange contracts)，是指双方约定在将来某一时间按约定的远期汇率买卖一定金额的某种外汇的合约。交易双方在签订合同时，就确定好将来进行交割的远期汇率，到时不论汇价如何变化，都应按此汇率交割。交割时，名义本金并未交割，只交割合同中规定的远期汇率与当时的即期汇率之间的差额。

按照远期的开始时期划分,远期外汇合约又分为直接远期外汇合约(outright forward foreign exchange contracts)和远期外汇综合协议(synthetic agreement for forward exchange,SAFE)。前者的远期期限是直接从现在开始算的,而后者的远期期限是从未来的某个时点开始算的,因此实际上是远期的远期外汇合约。如 1×4 远期外汇综合协议是指从起算日之后的一个月(结算日)开始计算的为期 3 个月的远期外汇综合协议。

3. 远期股票合约

远期股票合约(equity forwards),是指在将来某一特定日期按特定价格交付一定数量单个股票或一揽子股票的协议。远期股票合约在世界上出现不久,仅在小范围内有交易数量。

第二节 远期合约定价

一、远期合约定价理论的准备知识

1. 连续复利

假定以本金 A 以年利率 R 投资 n 年,如果利率按每一年计一次复利计算,则其投资的终值为

$$FV = A(1+R)^n \tag{9-3}$$

如果每年计 m 次利息,则终值为

$$FV = A(1+\frac{R}{m})^{mn} \tag{9-4}$$

例如,设 $A=100, R=10\%, n=1$,即我们考虑一年的情况。表 9-1 表示了不同复利频率所带来的效果。

表 9-1 复利频率(年利率 $R=10\%$) 元

复利次数	100 元在一年年末的价值
每一年($m=1$)	110.00
每半年($m=2$)	110.25
每季度($m=4$)	110.38
每月($m=12$)	110.47
每周($m=52$)	110.51
每天($m=365$)	110.52

当 m 趋于无穷大时,就称为连续复利,在连续复利情况下式(9-4)转化为

$$FV = Ae^{Rn} \tag{9-5}$$

其中 e 为自然对数的底,约等于 2.718 28。从实用目的来看,连续复利与每天计算的复利等价。对一笔以利率 R 连续复利贴现 n 年的资金,则应乘上 e^{-Rn}。

假设 R_1 是连续复利的利率,R_2 是与之等价的每年计 m 次复利的利率,由式(9-4)和式(9-5)有

$$Ae^{R_1 n} = A\left(1 + \frac{R_2}{m}\right)^{mn}$$

即

$$e^{R_1 n} = \left(1 + \frac{R_2}{m}\right)^{mn}$$

取对数后得到

$$R_1 = m\ln\left(1 + \frac{R_2}{m}\right) \tag{9-6}$$

或者

$$R_2 = m(e^{\frac{R_1}{m}} - 1) \tag{9-7}$$

式(9-6)和式(9-7)可将频率为每年计 m 次的复利利率转换为连续复利的利率;反之亦然。

2. 卖空

这种交易策略在证券价格下跌时盈利,而证券价格上升时亏损。它是指卖出并不拥有的证券,以后再将其赎回。

例如:假设一位投资者与经纪人联系,卖空 500 股 IBM 股票。经纪人立即从另一位客户处借来 500 股 IBM 股票,然后在公开市场上将其卖掉,将出售股票所得存在这位投资者的账户内。只要能借到股票,这位投资者就能够按自己的愿望不断维持该空头头寸。然而到某个阶段,投资者会指使经纪人轧平该头寸。经纪人于是用投资者账户上的资金去购买 500 股 IBM 股票,然后将之归还原主。如果股票价格下降了,则投资者会盈利,若股票价格上升了,则投资者会有损失。若在合约未平仓期间,经纪人借不到股票了,投资者就成了所谓挤空,尽管他可能并不想轧平头寸,但也必须立即平仓。目前,管理部门只允许在价格升档时才能卖空。经纪人要求空头客户支付数额较大的保证金,以避免风险。

空头客户必须将出售证券所应得的红利、股息等收入支付给经纪人,然后由经纪人持其转到被借了证券的客户的账户上。假设一位投资者于 4 月份卖空了 500 股 IBM 股票,每股价格是 120 美元。7 月份,当股票价格为 100 美元时,该投资者买回了这些股票,结清了头寸。假设 5 月份每股股票支付了 4 美元的红利。投资者在 4 月份建立空头头寸时,共收到

$$500 \times 120 = 60\,000(美元)$$

5 月份的红利使投资者付出

$$500 \times 4 = 2\,000(美元)$$

7月份投资者轧平头寸时,需付出
$$500 \times 100 = 50\,000(美元)$$
因此,净收益为
$$60\,000 - 2\,000 - 50\,000 = 8\,000(美元)$$

3. 回购利率

对许多在期货市场上操作的套利者而言,所谓的无风险利率就是所谓的回购利率。回购利率是按回购协议确定的利率,回购协议是指证券所有者同意将其证券出售给另方,之后再以稍稍高些的价格将这些证券买回的协议。这里,对方提供了贷款。证券买卖的价差就是对方的利息收益。这种贷款几乎没有风险,因为如果借钱的公司不遵守协议的话,债权人只需保留证券即可。

回购利率仅比短期国库券利率稍高一点。最普通的回购类型是隔夜回购(overnight repo),该回购协议每天需要重新商定。但是,期限长达两周的长期协议(即期限回购 term repo)有时也会用到。

二、远期合约定价理论

在对远期合约定价前,先作以下几条假设:
(1) 不存在交易成本;
(2) 所有交易收益(减去交易损失后)使用同一税率;
(3) 市场交易商能够以相同的无风险利率借入和贷出资金;
(4) 如有套利机会出现时,市场参与者将会利用这种机会。

对在以后要用到的符号先做出如下说明:
T——远期合约到期的时间(年);
t——现在的时间(年);
S——远期合约标的资产在时间 t 时的价格;
S_T——远期合约标的资产在时间 T 时的价格,在 t 时刻这个值是未知的;
K——远期合约中的交割价格;
f——时刻 t 时,远期合约的多头的价值;
F——时刻 t 时,远期合约的价格;
r——在 t 时的无风险年利率。

变量 T 和 t 均以年表示单位,$T-t$ 就是远期合约的有效时间。远期合约的价格 F 与远期合约的价值 f 是完全不同的两个概念。任意时刻的远期价格是使远期合约价值为零的交割价格。

1. 无收益证券的远期合约

不付红利的股票和贴现债券就是无收益证券。对无收益证券而言,该证券远期价格 F 与现价 S 之间的关系为

$$F = Se^{r(T-t)} \tag{9-8}$$

证明如下:

先假设 $F = Se^{r(T-t)}$。一个投资者可以以无风险利率借入 S 美元,期限为 $T-t$,用来购买该证券资产,同时卖出该证券的远期合约。在时刻 T,资产按合约中约定的价格 F 卖掉,同时归还借款本息 $Se^{r(T-t)}$。这样,在时刻 T 就实现了 $F - Se^{r(T-t)}$ 的利润。

再假设 $F < Se^{r(T-t)}$。投资者可以卖出标的证券,将所得收入以年利率 r 进行投资,期限为 $T-t$,同时买入该资产的远期合约。在时刻 T,投资者以合约中约定的价格 F 购买资产,冲抵了原来的空头,实现的利润为 $Se^{r(T-t)} - F$。

最终当远期合约成交时,远期价格等于合约规定的交割价格,且使该合约本身的价值为 0。

例 9-1 假设一年期的贴现债券价格为 900 美元,6 个月期无风险年利率为 10%,则 6 个月期的该债券远期合约的交割价格应为

$$F = 900e^{0.1 \times 0.5} = 946(\text{美元})$$

2. 收益已知的证券的远期合约

当考虑远期合约的标的资产将为持有者提供已知的现金红利作为收益,假设 I 为远期合约有效期内所得收益的现值,贴现率为无风险利率。由于没有套利机会,F 和 S 之间的关系应为

$$F = (S - I)e^{r(T-t)} \tag{9-9}$$

证明类似于式(9-8),此处略。

例 9-2 假设黄金的现价为每盎司 500 美元,其存储成本为每年每盎司 2 美元,在年底支付,无风险年利率为 6%。则一年期黄金远期价格为

$$F = (500 - I)e^{0.06}$$

其中,$I = -2e^{-0.06} = -1.884$,故

$$F = (500 + 1.884)e^{0.06} = 532.9(\text{美元}/\text{盎司})$$

3. 红利率已知的证券的远期合约

红利率已知意味着证券价格百分比的收益率是已知的。假设红利收益率是按照年率 q 连续支付。例如,假设 $q = 0.05$,即红利收益率为每年 5%。当证券价格为 10 美元时,

下一个小的时间段的红利按照每年 0.50 美元支付。当证券价格为 100 美元时,下一个小的时间段的红利按照每年 5% 的比率支付。

为了确定远期合约的价值,分析资产组合 A 和组合 B。

组合 A:一个远期合约多头,加上一笔数额为 $Ke^{-r(T-t)}$ 的现金;

组合 B:$e^{-q(T-t)}$ 个证券,并且所有的收入都再投资于该证券。

由于支付红利,资产组合 B 中的证券会增值,到时间 T 时,资产组合 B 正好等于一单位数量的证券,所以在 T 时,组合 A 和组合 B 的价值相等,故在 t 时刻两者也相等,可得

$$f + Ke^{-r(T-t)} = Se^{-q(T-t)}$$

或者

$$f = Se^{-q(T-t)} - Ke^{-r(T-t)}$$

远期价格 F 就是使 $f=0$ 时的 K 值,即

$$F = Se^{(r-q)(T-t)} \tag{9-10}$$

例 9-3 假设 S&P500 指数现在的点数为 1 000 点,该指数所含股票的红利收益率预计为每年 5%(连续复利),连续复利的无风险利率为 10%,3 个月期 S&P500 指数期货的市价为 1 080 点,求该期货的合约价值和期货的理论价格。

$$f = (1\,000e^{-0.05 \times 0.25} - 1\,080e^{-0.1 \times 0.25}) = -65.75$$

由于 S&P500 指数合约规模为指数乘以 500,因此一份该合约价值为

$$-65.75 \times 500 = -32\,877 (\text{美元})$$

根据式(9-10),可以求出 S&P500 指数期货的理论价格:

$$F = 1\,000e^{(0.1-0.5) \times 0.25} = 1\,012.58(\text{点})$$

三、不完全市场条件下的定价理论

以上对远期定价理论的探讨完全建立在高效率的完全竞争市场基础之上的,但我们知道在现实的市场中至少有三种因素的干扰使得市场往往表现出不完全:一是交易成本的存在;二是借贷利差的影响;三是对卖空行为的保证金要求和卖空上限限制。受到这些因素的影响,上述等式需要经过一些调整。但是考虑这些因素并不会推翻前述的基本关系,仅会造成某种程度的不确定性。

1. 直接的交易成本

在现实的市场中,交易者每进行一次远期买卖,经纪人都要收取成交金额一定比例的手续费(费率为 C),则无套利机会的远期价格不再是一个确定值,而是一个区间:

$$[S_0(1-C)e^{rT}, S_0(1+C)e^{rT}]$$

在此区间中会发生套利机会,如果远期价格穿越区域的界限,套利者将蜂拥进场。例如:如果远期价格太高,这将迫使现货价格上涨而远期价格下跌,使得远期价格回到无套

利机会的区域之内。如果远期价格在此区域之内,则没有套利机会,套利者也不会影响到远期价格。

2. 借贷利差的存在

在完全市场中,任何人都可以根据无风险利率进行借贷。但现实情况并非如此。一般来说,对于非银行的个人和机构来说,借款利率都高于贷款利率,以 C_B 代表借款利率,以 C_L 代表贷款利率,则均衡远期价格满足:

$$S_0 e^{C_L T} \leqslant F_t \leqslant S_0 e^{C_B T}$$

3. 卖空行为的限制

前面的分析都假设交易者可以卖空资产,并且可以使用卖空所得的现金,但是这样经纪人将承担很大的风险,另外几乎没有完全卖空的机会,如商品。因此几乎所有的经纪人都将他们卖空客户的部分所得扣下来留作保证金。以 g 表示卖空所得款项中留作保证金的比例,则均衡远期价格满足:

$$gS_0 e^{rT} \leqslant F_t \leqslant S_0 e^{rT}$$

当上述三种因素同时存在时,远期价格应满足:

$$gS_0(1-C)e^{C_L T} \leqslant F_T \leqslant S_0(1+c)e^{C_B T}$$

完全市场可以看作: $g=0=C, C_L=C_B=r$。

四、远期价格、期货价格与即期价格

1. 远期价格与期货价格

根据罗斯等美国著名经济学家证明,当无风险利率不变,且对所有到期日都不变时,交割日相同的远期价格和期货价格应相等。但是,当利率变化无法预测时,远期价格和期货价格就不相等。至于两者谁高则取决于标的资产价格与利率的相关性。

当标的资产价格与利率呈正相关关系时,期货价格高于远期价格。这是因为当标的资产价格上升时,期货价格通常也会随之升高,期货合约的多头将因每日结算制而立即获利,并可按高于平均利率的利率将所获利润进行再投资。而当标的资产价格下降时,期货合约的多头将因每日结算制而立即亏损,则可按低于平均利率的利率从市场上融资以补充保证金。相比之下,远期合约的多头将不会因利率的变动而受到上述影响。因此,在此情况下,期货多头比远期多头更具吸引力,期货价格自然就大于远期价格。相反,当标的资产价格与利率呈负相关性时,远期价格就会高于期货价格。

远期价格和期货价格的差异幅度还取决于合约有效期的长短。当有效期只有几个月时,两者的差异通常很小。此外,税收、交易费用、保证金的处理方式、违约风险、流动性等方面的因素或差异都会导致过期价格和期货价格的差异。

在现实生活中,期货和远期价格的差别往往可以忽略不计。在估计外汇期货和远期之间的合理差价时,康奈尔和莱因格纳发现盯市所带来的收益太小了,以至于远期和期货价格几乎没有区别。因此,在大多数情况下,可以合理地假定远期价格与期货价格相等。

2. 远期价格与即期价格

(1) 远期汇率与即期汇率的关系

通常不同期限的远期汇率都是不同的,但从理论上讲,如果两种目标货币与基础货币的利率水平相同的话,那么,远期汇率就应该与即期汇率一致。特别地,如果目标货币与基础货币的利率是趋于一致的话,那么,其远期汇率也就趋向于即期汇率。但是,如果随着时间的延续,目标货币与基础货币的利率偏差越来越大的话,那么会出现相反的情况。

(2) 远期利率与即期利率的关系

通常不同期限的远期利率也是不同的,但从理论上讲,如果不同期限的利率能保持固定的话,那么,远期利率就等于当前的即期利率。但是,如果随着时间的延续,期限越长,利率越高的话,则远期利率也会随之变大。如果期限越长,利率越低的话,则远期利率也会变小。

第三节 远期利率协议

一、远期利率协议的产生

远期利率协议(FRA)是合同双方在名义本金(norminal principal)的基础上进行协议利率与参照利率差额支付的远期合约。协议利率为双方在合同中约定的固定利率,参照利率(reference rate)为合同结算日的市场利率,一般为 LIBOR。

远期利率协议是管理远期利率风险和调整利率不相匹配的会计项目的最新金融工具之一。远期利率协议的交易一方为避免利率上升的风险,交易的另一方则希望防范利率下跌的风险,双方就未来某个期限的一笔资金的使用事先商定一个利率。支付该协议利率者为买方,即结算日收到对方支付市场利率的交易方;反之,收到该协议利率者为卖方。双方在结算日根据当天市场利率(通常是在结算日前两个营业日内使用伦敦同业拆放利率来决定结算日的市场利率)与协议利率结算利差,由利息金额大的一方支付一个利息差额现值给利息金额小的交易一方。

远期利率协议首次出现在 1983 年,该交易最早起源于英国伦敦。目前,伦敦市场仍是远期利率协议的主要交易中心,纽约是第二个重要中心。远期利率协议在场外交易市场成交,信用风险较大,其参与者多为大银行,非金融机构客户可以通过银行参与交易。远期利率协议主要被用来对远期利率头寸进行套期保值。市场的主要参加者是商业银行,有美国的大银行、英国的商人银行和一些清算银行,还有意大利和荷兰的银行。参加交易较少的是比利时、法国、瑞典等国银行。日本的银行在该市场上也曾很活跃。其次远期利率协议被非金融机构客户用来规避远期借款利率上升的风险,而很少用此来固定远期存款利率。最后远期利率协议还可以用作短期防范长期债务的利率风险。例如,某公司有一笔 7 年期的美元浮动利率债务,该公司预测近 2 年里美元利率有上升的风险。于是,该公司通过远期利率协议把 2 年利率(使用 3 笔远期利率协议交易,分别是 6×12,12×18,18×24)固定在较理想的水平。如果某一家公司或银行对短期利率趋势有正确的预测,它们也可以用远期利率协议来开立一个头寸,以获取利润为目的,使用远期利率。另外,还有一些银行,尤其是英国和美国的一些商业银行和投资银行,它们把该交易同金融期货、互换、期权等结合在一起,从中套利。

远期利率协议交易的币种主要有五种:美元、英镑、欧元、瑞士法郎和日元。美元利率的交易占整个市场交易量的 90% 以上,主要原因是美元利率被动较大,而且美元一直是国际结算的主要计价货币。

二、远期利率协议的含义和特点

1. 远期利率协议的含义

远期利率协议是指希望对面临的利率风险进行调整的双方之间签订的一种协议。下面对这种协议的特征进行更为仔细的考察。

我们把参加交易的一方定义为买方,另一方定义为卖方。卖方名义上同意向买方贷出一笔具体数额的贷款。因此,"买方"和"卖方"这样的专门术语与谁是安排远期利率协议交易的人无关,它们主要是指谁是交易的名义借方,谁是交易的名义贷方。银行可以是买方或卖方,客户也可以是买方或卖方。一笔特定货币、既定规模的名义贷款将从未来某一特定日期开始支取,并将持续一段规定的时期。最为重要的是,名义贷款将以固定利率计算利息,固定利率是在远期利率协议交易成交时约定的。

在远期利率协议条件下,买卖双方名义上同意从未来某一商定的日期开始在某一特定时期内借贷一笔利率固定、数额确定、以具体货币表示的名义本金。因此,远期利率协议的买方就是名义借款人。如果利率下跌的话,其必须以事先确定的利率支付利息。但如果利率走高的话,他就可以受到保护。因为他依然以事先确定的利率支付利息,可以有效地防范高利率造成的借款成本上升。远期利率协议的买方有可能出于两种动机应用远期利率协议：一种动机是他确实有借款的需要，应用远期利率协议是作为保值工具；另一种可能则是他的基础资产根本就没有面临利率风险，他应用远期利率协议纯粹是为了对利率上涨进行投机。

远期利率协议的卖方则是名义贷款人。贷款利率的高低由他来确定。如果利率下跌，远期利率协议的卖方受到保护，如果利率上升的话，他依然以事先确定的利率收取利息，这就隐含了某种机会成本。作为远期利率协议的卖方或作为投资者，应用远期利率协议的动机同样可能有两种：一种是确实面临利率下跌可能造成损失的风险；另一种是不存在基础资产面临利率风险问题，其纯粹是想从利率下跌中进行投机获利。在远期利率协议条件下，并没有实际的借贷款行为产生。当远期利率协议最终到期时，如果事先商定的利率与到期时通行的市场利率有差异，那么交易的一方要向另一方作出补偿。

2. 远期利率协议的特点

（1）衍生性。这主要体现在整个交易的过程中只是涉及名义贷款，没有本金和利息的支付，交易双方名义上用一定数额某种特定货币在未来某日进行贷款，并规定一定的贷款期限。实际上这是一种远期对远期的贷款。这样，有实际借贷行为的远期对远期贷款就是远期利率协议的原生产品或称基础资产。

（2）归属表外业务。由于整个交易过程中不涉及本金和利息的流动，使得远期利率协议不必计入资产负债表内，只是相当于一种或有收益或损失。由于归属表外业务，对远期利率协议的资本金要求相对要低得多，一般只有实际远期对远期贷款的1%。

（3）远期利率协议中的协定利率是固定利率。

（4）远期利率协议是一个由银行提供的场外交易市场工具。与外汇市场一样是一个由银行的电话、传真机和计算机网络等联系起来的全球市场。

3. 远期利率协议的优缺点

远期利率协议的优点是简便、灵活和不需支付保证金。它无须在交易所成交，对一些没有期货合约的货币来说，远期利率协议特别具有吸引力。远期利率协议的优点更表现在它没有固定的交割日和标准的金额，任何具体的要求均可以通过交易双方协商从而达成协议。期货交易需在成交前支付一定比例的保证金，而远期利率协议仅凭信用而无须支付保证金即可成交。

任何事物都存在两面性，远期利率协议也不例外，也有其不利的地方。首先，远期利率协议是场外交易，有些信用等级不高的交易者往往较难找到对手来交易，而且远期利率协议不能进行对冲交易，每笔交易都是相对独立的交易，它仅能与另一笔远期利率协议调换，而不能够出卖原协议。其次，远期利率协议的信用风险随着交易对手的变化而发生变化。

三、远期利率协议的重要术语、报价及结算

1. 重要术语及相互关系

实际交易的远期利率协议,几乎都可以纳入由英国银行家协会(British Banker's Association,BBA)所起草制定的、有关远期利率协议交易的标准市场文件所阐述的范围之内。这些文件被称作"FRABBA"术语。这些文件除了确定远期利率协议交易的合法范畴之外,还规定了一系列重要的术语:

合同金额(contract amount)——名义上借款的本金总额。

合同货币(contract currency)——表示合同数额的货币币种。

交易日(dealing date)——远期利率协议成交的日期。

结算日(settlement date)——名义贷款或存款开始的日期。

确定日(fixing date)——参考利率确定的日期。

到期日(maturity date)——名义贷款或存款到期的日期。

合同期(contract period)——结算日至到期日之间的天数。

合同利率(contract rate)——在远期利率协议条件下商定的固定利率。

参考利率(reference rate)——在确定日用以确定结算进的以市场为基础的利率。

结算金(settlement sum)——在结算日,根据合同利率和参考利率之间的差额,由交易一方付给另一方的金额。

这些重要术语之间的关系可由图 9-2 表示。

图 9-2 重要术语间的重要关系

2. 报价

各种期限的远期利率协议的参考实际报价需与提供报价的银行具体商定。假定某日(如某年 1 月 1 日)美元远期利率报价如下:3×6,8.04—8.14。该报价是指在 1 月 1 日起 3 个月后的 4 月 1 日开始的 3 个月期限的美元存款利率,该远期利率协议买入价为 8.04%,卖出价为 8.14%。

期限的首日,既是远期利率协议计息日,同时也是远期利率协议的结算日,即买卖双方在该日交割利息差额。远期利率协议到期日为上述未来3个月期限的终止日,其利息从首日至到期日计算,即为远期利率之下的利息,该利息应折现到期限首日进行交割。

上例中,报价银行买入一笔远期利率协议(可视为名义本金收取方)支付对方远期利率为8.04%;对方则在交割日(即期限首日)支付给该银行现行的参照利率LIBOR。在交割日,买卖双方只收付LIBOR与远期利率的差额。若该日参照利率LIBOR大于远期利率(8.04%),银行向对方支付利率(8.04%),小于所收取利率(LIBOR),银行为利息差额收取方,对方为支付方。反过来,若在交割日LIBOR<8.04%,则银行收取利率(LIBOR)小于支付利率(8.04%),则该银行成为利息净支付方,对方则为净收取方。

上例中,报价银行所报出远期利率协议的卖出价为8.14%。该报价行相当于按8.14%远期利率贷出名义本金。在交割日,银行支付给对方该时点参照利率LIBOR;对方同时支付给该银行远期利率协议的协议利率8.14%。远期利率协议买卖双方只收付参照利率LIBOR与协议利率之间的差额。若在计息日参照利率LIBOR>8.14%,则该银行为利息净支付方,对方则为利息净收取方。反过来,若该计息日LIBOR<8.14%,则银行为利息净收取方,而协议买方为利息支付方。

3. 结算

远期利率协议防范利率风险的功能是通过现金支付的方式来体现的,也就是通过结算金来实现。远期利率协议进行结算时,交易双方应该收取或支付的现金流叫结算金,它是结算日市场通行利率(参考利率)与远期利率协议合约利率之差再乘以远期利率协议合约金额。如果远期利率协议结算金在到期日支付,并且以360天作为一年,那么,结算金的计算公式如下:

$$结算金 = (参考利率 - 合约利率) \times 合约金额 \times 合约期 / 360$$

但在远期利率协议市场上,习惯做法是在结算日支付结算金。这种做法的好处在于提前结清账户,有利于缩短由于期限长而产生的信用风险。同时,由于对结算金进行了提前处理,所以需要对远期利率协议结算金加以贴现(从到期日贴现至结算日)。即

$$S = \frac{(i_r - i_c) \cdot A \cdot \frac{D}{360}}{1 + \left(i_r \cdot \frac{D}{360}\right)}$$

其中,S为结算金,i_r为参考利率,i_c为合约利率,A为合约金额,D为合约期,B为天数计算惯例(360天)。式中的分子表示贴现之前的结算金数额,分母则是对分子进行贴现。

如果计算出来的结算金数额>0,远期利率协议的卖方支付给买方结算金;反之则相

反。结算金>0,实际上就意味着 $i_r>i_c$,这也是"逢低买入,逢高抛出"的原则在远期利率协议领域的应用。

四、远期利率协议的定价

远期利率协议的定价实际上就是研究如何确定远期利率协议的合约利率。远期利率协议的合约利率是一种远期利率,它和时间(期)有着密不可分的关系。因此定价的思路是:把远期利率协议看作是一种在现期市场上填补不同到期期限时间差的金融工具。

假定某投资者有一笔资金需要投资 1 年。市场上 6 个月期利率和 12 个月期利率分别为 9% 和 10%。该投资者在多种投资选择中至少含有以下两种选择。

A:投资一年,获利 10%;

B:投资半年,获利 9%,同时出售一份"6×12"远期利率协议,将下半年的收益锁定在某种水平上。

这两种投资方案用简图表示如图 9-3 所示。

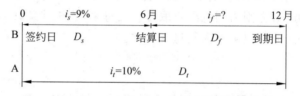

图 9-3 远期利率协议投资方案比较

如果金融市场是有效率的,那么两种投资方式应该获得同样的结果。选择 B 投资方案的投资者,应该将远期利率协议的合约利率(价格)确定为 11%,才能获得与 A 投资方案相同的结果。这种定价方式比较直观实用。但它是一种"快速粗糙"的定价技术。用这种技术虽然可以计算出远期利率协议的大致价格,但没有将"利滚利"的因素考虑在内。因此确定的远期利率协议合约利率总要比实际水平略高一点。

实务工作中运用时已将利滚利因素考虑在内,如果以天数来取代时间分数(年),远期利率协议定价公式为

$$i_f = \frac{i_t \cdot D_t - i_s \cdot D_s}{D_f \left[1 + \left(i_s \cdot \frac{D_s}{360}\right)\right]} \tag{9-11}$$

例 9-4 已知市场上短期利率(6 个月利率)为 $i_s=6\%$,长期利率(12 个月利率)为 $i_t=7\%$,这时,人们可以选择 1 年的长期投资,也可以选择半年+半年的相继的两个短期投资。则根据式(9-11),i_f 为

$$i_f = \frac{7\% \times 12 - 6\% \times 6}{6(1 + 6\% \times 50\%)} = 7.77\%$$

在远期利率协议市场上,银行扮演的是市场主持商的角色,即以买入价购买、以卖出价出售的一方。在由市场主持商确定的双重标价体系下,较低的利率代表借款利率;较高的利率则表示贷款利率。

与市场主持商对应的是客户。远期利率协议的客户在交易时不需要为交易支付任何费用。市场主持商的利润主要来源于买卖价差。在金融市场上,市场参与者会不断地将远期利率协议价差与其他金融工具进行比较,寻求套利机会。这种套利活动的存在,导致远期利率协议的价差波动不大。

银行为了减少自身的利率风险,将远期利率协议视为一种资产——负债管理的手段。故远期利率协议的银行同业交易十分活跃。作为市场主持商的银行可以通过以下任何一种手段来为自己手中持有的远期利率协议头寸防范风险:
(1) 在买卖方向、数量、期限上对远期利率协议进行匹配的对冲交易;
(2) 进行远期——远期交易;
(3) 采用金融期货交易。

通常情况下,在实务中,银行在与客户进行交易时,需要同时报出远期利率协议的买入价和卖出价。所以银行就需要根据货币市场上拆放利率和拆入利率的数值对上述定价一般公式进行适当调整。若设 i_{sb} 为结算日的拆入利率,i_{sl} 为结算日的拆放利率,i_{lb} 为到期日的拆入利率,i_{ll} 为到期日的拆放利率,则实务中采用的远期利率协议的买入计算公式为

$$\mathrm{FRA}_b = \frac{i_{lb} \cdot D_t - i_{sl} \cdot D_s}{D_f \left[1 + \left(i_{sl} \cdot \frac{D_s}{360}\right)\right]}$$

而远期利率协议的卖出价计算公式为

$$\mathrm{FRA}_s = \frac{i_{ll} \cdot D_t - i_{sb} \cdot D_s}{D_f \left[1 + \left(i_{sb} \cdot \frac{D_s}{360}\right)\right]}$$

第四节 远期外汇交易

一、远期外汇交易的概念、构成及分类

1. 远期外汇交易的概念

远期外汇交易是指买卖双方在签订远期汇率合同时预先确定在将来交割日所交割的外汇的汇率,即在将来某一时刻或某一期限内以事先约定的汇率买入或卖出一定数量的外汇。

例如,在某年3月1日,某日本出口商与某银行签订一笔3个月期限的卖出美元同时买入日元的远期汇率合同。假定此时:即期汇率为101日元/美元,3个月远期汇率为106日元/美元。该出口商利用远期汇率合同锁定了3个月后美元兑日元的汇率,以此防范了3个月后美元对日元贬值的风险。

当然,同其他远期或期货类合同一样,利用远期汇率合同保值,只能锁定未来某一期限(或某一时点)相关货币的汇率水平,但无法利用未来时刻相关货币汇率的有利变动。假定3个月后外汇现货市场情形:即期汇率为120日元/美元,所签订远期合同汇率为108日元/美元。由于3个月前已预先锁定汇率水平,该出口商只能按所签订的远期汇率合同的汇率水平(即108日元/美元)出售美元换回日元。但不管怎样,由于预先签订了远期汇率合同,该出口商达到了锁定3个月后收到的美元兑日元的汇率水平的目的,从而防止了3个月后美元对日元不利的汇率变动风险,即美元3个月后对日元贬值的风险。

2. 远期外汇交易构成

远期合约中,最为人熟知的莫过于远期外汇交易(forward exchange transaction)。远期外汇交易给预约购买或预约卖出的外汇业务,亦即外汇买卖双方达成协议以预定的数额预定的汇率在将来某一日清算的外汇交易。远期外汇合约主要包括以下几方面的内容。

(1) 对将来交割外汇的币种、数额的规定;
(2) 对将来交割外汇的日期和地点的规定;
(3) 对交割的远期汇率的规定;
(4) 卖方承担了按以上三个条件向买方交汇的义务,而买方承担了向卖方付款的义务;
(5) 远期合约到期之前没有任何资金的交换。

外汇市场上的远期交易期限,一般按月计算,有1个月、3个月、6个月及1年(超远期交易的期限更长)等种类。但最普通的是3个月的交易,1年以上的很少见,而在报纸上公布的外汇行市,远期仅仅标出1个月和3个月的种类。

3. 远期外汇交易的种类

远期外汇交易按外汇交割日的固定与否划分可分为两种:固定交割日的远期外汇交易和交割日不固定的远期外汇交易。

(1) 固定交割日的远期外汇交易

它是指事先规定具体交割时间的远期交易。这类交易的外汇交割日既不能提前,也不能推迟。进出口商从订立贸易契约到收付货款,通常都要经过一段时间,也就是说,他们要在将来某一时期才能获得外汇收入或支付外汇款项。为了确保这笔外汇兑换本国货币的数额不受损失,预先固定成本,他们往往选择固定交割日的外汇交易。

(2) 交割日不固定的远期外汇交易

交割日不固定的远期外汇交易又称为择期远期交易(option forward)。它是指买卖双方在订约时事先确定交易规模和价格,但具体的交割日期不予固定,而是规定一个期限。买卖双方可以在此期限内的任何一日进行交割。择期交易的方式有两种:一是交易双方商定某一月份作为选择交割的期限;二是把签订远期外汇合约的第三天至约定期满日内的任何一天选择为交割日。后者比前者有更宽的可选择时间范围。

由于择期交易赋予交易者选择权,很多人将择期交易与期权(option)交易联系在一起。而实际上,择期交易是对交割日期的选择权,而期权交易是对交割行为的选择权。从本质上讲,择期交易是一种远期交易,规定的是一种义务,即成交者必须交割;而期权合约规定的是一种权利,期权的买者可以交割,也可以不用交割。

二、远期外汇交易的作用、特点和标价方法

1. 远期外汇交易的作用

远期外汇交易的产生是因为在出口商以短期信贷方式卖出商品,进口商以延期付款方式买进商品的情况下进行的,从成交到结算这一期间对他们来讲都存在着一定的外汇风险。因汇率的波动,出口商的本币收入可能比预期的数额减少;进口商的本币支付可能比预期的数额要增加。在国际贸易实务中,为了减少外汇风险,有远期外汇收入的出口商可以与银行订立出卖远期外汇合同,一定时期以后按签约时规定的价格将其外汇收入出卖给银行,从而防止由于汇率下跌遭受在经济上的损失。有远期外汇支出的进口商也可与银行签订购买远期外汇合同,一定时期以后,按签约时规定的价格向银行购买规定数额的外汇,从而防止汇率上涨而增加成本负担。此外,由于远期外汇买卖的存在,也便于有远期外汇收支的出、进口商核算其进出口商品的成本,确定销售价格,事先计算利润盈亏。

2. 远期外汇交易的特点

(1) 远期外汇交易是银行通过电话、电传等通信工具同其他银行、外汇经纪人和客户之间进行。

(2) 在远期外汇合约中,价格、货币币种、交易余额、清算日期、交易时间等项内容因时因地因对象而异,由买卖双方议定,无通用的标准和限制。远期外汇合约到期时大多采用现金交收。

(3) 远期外汇交易是无限制的公开活动,任何人都可以参与买卖双方直接进行交易,

也可以通过经纪人进行交易。如果不通过外汇经纪商,则无须交付手续费。

(4)远期外汇交易主要在银行之间进行,个人和小公司参与买卖的机会很少。买卖价格由各银行自己报出,且交易中没有共同的清算机构,交易的盈亏在规定的清算日结算。

(5)远期外汇交易除银行偶尔对小客户收一点保证金外,没有缴纳保证金的规定。绝大多数交易都是不用交保证金的。款项的交收全凭对手的信用,相对来说风险要大一些。

3. 远期汇率的标价方法

远期汇率的标价方法有两种:一种是直接标出远期外汇的实际汇率,瑞士和日本等国采用这种方法;另一种是用升水(at premium)、贴水(at discount)和平价(at par)标出远期汇率和即期汇率的差额,英国、德国、美国和法国等国家采用这种方法。升水表示远期外汇比即期外汇贵,贴水表示远期外汇比即期外汇便宜,平价表示两者相等。

由于汇率的标价方法不同,计算远期汇率的原则也不相同。在间接标价法下,升水时的远期汇率等于即期汇率减去升水数字;贴水时等于即期汇率加上贴水数字;平价时则不加不减。

此外,在银行之间远期汇率尚有一种标价方法,即以点数(points)来表示。所谓点数就是表明货币比价数字中的小数点以后的第四位数。一般情况下,汇率在一天内的变动在小数点三位后,也即变动几十个点,不到 100 个点。表示远期汇率的点数有两栏数字,分别代表买入价与卖出价。直接标价法买入价在先,卖出价在后;间接标价法则反是。如远期汇率下第一栏点数大于第二栏点数,其实际远期汇率的计算方法则从相应的即期汇率减去远期的点数,如远期汇率第一栏点数小于第二栏点数,其实际远期汇率的计算方法则在相应的即期汇率上再加上远期的点数。

三、远期外汇交易的报价与清算

1. 远期交易的报价方式

远期交易的报价方式有两种:一种是直接远期报价,另一种是掉期率报价。直接远期报价指不通过掉期率换算而直接报出的远期汇率。如美元对日元 3 个月远期报价为"US＄/YEN150.98/05"。掉期率远期报价指通过掉期率报出远期汇率。掉期率(swap rate)本身并不是一种汇率,它是以基本点表示的远期汇率与即期汇率之间的差额。在远期报价中有几种特殊的报价方式,先介绍如下。

(1)当报价出现"P"时,"P"左边的数字与即期汇率相减,"P"右边的数字与即期汇率

相加。"P"为英文单词"Par"的缩写,意为平价。在这种情况下,即期汇率的中间价等于远期汇率的中间价。例如:

即期汇率　US＄/YEN155.12/22

1个月远期　5P5

1个月直接远期汇率　US＄/YEN155.07/27

(2) 当报价出现"Around"时,意味着在平价左右。斜线左边的相减,斜线右边的相加。例如:

即期交易　STG/NKR10.37/38

1个月远期　5/10Around

1个月直接远期汇率　10.32/48

(3) 当报价出现"20/00"(或 20/P)时,表示对基本货币来说,买价为贴水 20 个基本点,卖价为平价;而对标价货币来说,卖价为升水 20 个基本点,而买价为平价。

(4) 当报价出现"00/20"(或 P/20)时,表示对基本货币来说,买价为平价,卖价为升水 20 个基本点;而对标价货币来说,卖价为平价,而买价为贴水 20 个基本点。

2. 远期交易的清算

远期交易的起算点为即期日,即成交后的第二个营业日。例如某笔远期交易在1月8日成交,即期日则为1月10日。

远期交割日(清算日)的确定规则为:"日对日、月对月、节假日顺延、不跨月。"

(1) 日对日。它是指远期交易的起息日与成交时的即期日相对,也即是从即期日算起,而不是从成交日起算。例如:1个月的远期交易,成交日为1月8日,即期日为1月10日,1个月远期交易的起息日为2月10日,而不是2月8日。

(2) 月对月。月底日指的是某月的最后一个营业日,而不是某月的最后一天。尽管某月的最后一天通常就是最后一个营业日,但有时最后一天并不是营业日。外汇市场上规定,如果即期日为月底日,那么远期交易的起息日也应该是月底日。例如:某年10月的月底日为28日,而该月的29日和30日为周末,31日为法定的休息日。在这种情况下,如果即期为10月28日,即月底日,那么1个月远期交易的起息日为11月30日,而不是11月28日,因为11月的月底日为30日。

(3) 节假日顺延。它是指如果远期交易的起息日为星期六,星期天或公共节假日,则起息日往下一个营业日推延。如果下一天仍是节假日,则在往下一天推延。值得注意的是,营业日必须对两个货币清算国而言,两个货币清算国之间如果有一个国家为节假日,则这一天不能视为营业日。例如:美元对日元的1个月远期买卖,即期日为6月13日,远期起息日为7月13日,但7月13日为节假日,7月14日纽约为营业日,但东京仍为节假日。则 1 个月远期的起息日如表 9-2 所示。

表 9-2 远期起息日的确定(1)

日期	东京	纽约
7月13日	节假日	节假日
7月14日	节假日	营业日
7月15日	营业日	营业日

因此,1 个月远期的起息日为 7 月 15 日。

(4) 不跨月。它指远期交易的起息日遇上节假日顺延时,不能跨过起息日所在月份。例如:假定即期日为 6 月 30 日,1 个月美元对日元的外汇交易起息日情况如表 9-3 所示。

表 9-3 远期起息日的确定(2)

日期	东京	纽约
7月29日	营业日	营业日
7月30日	营业日	节假日
7月31日	营业日	节假日

1 个月的远期起息日应是 7 月 30 日,但 7 月 30 日不是营业日,因为纽约为节假日。如果顺延至 7 月 31 日,但 31 日仍然不是营业日。再顺延就要跨过 7 月份了。因此,按此规则,这笔外汇交易的起息日应该退回到 7 月 29 日。如果 7 月 29 日仍为节假日,则再退回到 7 月 28 日。

四、远期汇率的决定

利率平价理论是关于远期汇率决定的理论,反映了预期的汇率变化与利率变动的关系。但其完全忽略了投机者对市场的影响力,并且将政府对外汇市场的干预也排除在外,导致了其实际上并不能完全解释远期汇率的波动,于是出现了现代远期汇率决定理论。

1. 利率平价理论

利率平价理论考察的是金融市场上的套利行为,可分为无抵补利率平价理论和抵补利率平价理论两大类。

(1) 无抵补利率平价理论(uncovered interest rate parity)假定套利者是风险中立的,金融市场是有效市场,交易成本为零,国际资本流动不存在任何限制,以及套利资金的供给弹性无穷大等。其数学表达式为

$$1 + i_d = \frac{(1 + i_f) S_{t+k}^e}{S_t} \tag{9-12}$$

式(9-12)中，i_d 为本国利率，i_f 为外国利率，S_t 为 t 期的即期汇率，S_{t+k}^e 为预期的未来 $t+k$ 期的即期汇率。等式左边表示单位本币投资于本国金融资产的本利和（用外币表示），等式右边表示当投资期已满的时候，投资者会把外币收益 S_{t+k}^e 的未来即期汇率换成本币。该等式说明，在市场均衡状态下，不存在有利可图的套利机会。

对式(9-12)进行整理，得

$$\frac{1 + i_d}{1 + i_f} = \frac{S_{t+k}^e}{S_t} \tag{9-13}$$

式(9-13)两边求自然对数，得

$$\ln(1 + i_d) - \ln(1 + i_f) = \ln\left(\frac{S_{t+k}}{S_t}\right) \tag{9-14}$$

当 x 很小时，据幂级数展开式可得

$$\ln(1 + x) \approx x, \quad \ln\left(1 + \frac{S_{t+k}^e - S_t}{S_t}\right) \approx \frac{S_{t+k}^e - S_t}{S_t}$$

则式(9-14)可化为

$$\frac{S_{t+k}^e - S_t}{S_t} = i_d - i_f \tag{9-15}$$

式(9-15)即为无抵补利率平价的公式，表明两种货币的预期汇率变动率等与相应的利率差异。

(2) 抵补利率平价理论。与无抵补利率平价理论不同的是，它假设所有的国际投资者或借款者都是风险厌恶者，在套利活动中都会通过套期保值性质的远期外汇交易来抵补市场及其汇率可能变动的风险，而不考虑国际资本流动中的投机行为。此理论反映的是在均衡状态下，由抵补利率套利行为所导致的远期汇率与国际利率差的关系。均衡关系可以表示为

$$1 + i_d = \frac{(1 + i_f) F_{tT}}{S(t)} \tag{9-16}$$

式中，i_d，i_f 分别表示一年期的本国利率、外国利率，S_t 表示 t 时的即期汇率，F_{tT} 表示 t 时的到期日为 T 的远期汇率（采用直接标价法）。

将式(9-16)变形，得

$$\frac{1 + i_d}{1 + i_f} = \frac{F_{tT}}{S(t)} \tag{9-17}$$

无论投资者在进行抵补利息套利时借入本币还是外币，均衡条件都是一样的。采用幂级数展开，式(9-17)变形得

$$f = \frac{F_{tT} - S(t)}{S(t)} \tag{9-18}$$

所以
$$f = i_d - i_f \tag{9-19}$$

即抵补利率平价条件。说明了在均衡条件下,远期升水应当等于本国利率高于外国利率的利率差。

由式(9-19)得出
$$-f = i_f - i_d \tag{9-20}$$

$-f$ 表示远期贴水,即远期汇率低于即期汇率时二者的相对差额,相应地说明了在均衡状态下,远期贴水应当等于外国利率高于本国利率的利率差。如果存在一个充分有效的外汇市场,资本可完全流动,而且资产可完全替代,那么在给定的利率水平上,汇率价格能充分反映所有可得到的信息,无抵补利率平价和抵补利率平价都将成立且是无差异的。用公式表示如下:

$$\frac{F - S_t}{S_t} = \frac{S_{t+k}^e - S_t}{S_t} \tag{9-21}$$

化简得
$$F = S_{t+k}^e \tag{9-22}$$

即在充分有效的外汇市场上,远期汇率是未来即期汇率的无偏和有效的预期。

2. 现代远期汇率理论

现代远期汇率理论除了考虑抵补利息套利者的行为外,还考虑了贸易者、投机者对远期汇率的影响,从而使理论更加接近于现实。现代远期汇率理论假设没有政府对外汇市场的干预行为,远期汇率决定于抵补利息套利者、贸易商及投机者三者的远期外汇供给曲线与需求曲线的相交处,如图9-4所示。

图9-4中,纵轴表示汇率,横轴表示远期外汇的买卖量,S 表示投机者曲线。AT 表示套利者与贸易商联合行为曲线。当投机者对未来即期汇率的预期 $F^* = S^e$,但小于 F_0 时,AT 曲线和 S 曲线相交于 E,它是远期外汇市场的均衡点,所对应的远期汇率 F_e 为均衡远期汇率。这是因为在 F_e 这种远期汇率下,套利者和贸易商打算买入的远期外汇数量 Q_e 正好是投机者打算卖出的远期外汇数量。如果市场远期汇率高于或低于 F_e,那么市场竞争会自发地使远期汇率趋近于均衡远期汇率 F_e。均衡远期汇率 F_e 在这里表现为向下偏离符合抵补利息平价条件的远期汇率 F_0。当投机者对未来即期汇率的预期 $F^* = S^e$,且大于 F_0 时,AT 曲线和 S' 曲线相交于点 E',均衡远期汇率 F_e' 将表现为向上偏离 F_0。

图9-4表明,远期汇率并非是未来即期汇率的无偏预测器。但是,图中投机者所预期的未来即期汇率是 $F^* = S^e$,而市场远期汇率为 F_e 或 F_e'。这说明抵补利率平价理论中高

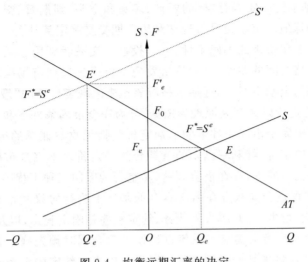

图 9-4 均衡远期汇率的决定

度发达完善的外汇市场是不存在的。

由于投机者在远期外汇交易中承担了风险,所以他们要求有相应的风险报酬。通常把远期汇率与预期未来即期汇率之差看作是风险报酬,用公式表示如下:

$$\frac{F_{tT} - S_t}{S_t} = \frac{S^e_{t+k} - S_t}{S_t} - \delta \qquad (9\text{-}23)$$

式(9-23)中,δ 为风险系数,进一步变形得

$$F = S^e_{t+k} + RP \qquad (9\text{-}24)$$

式(9-24)中,$RP = \delta S_t$,表示风险报酬。

例 9-5 A 机构与 B 机构达成了一项远期外汇交易协议,签约日为 5 月 1 日,双方约定在 8 月 1 日,A 方按 0.950 0 欧元/美元的汇率买入 9 500 万欧元(应付 1 亿美元)。到了 8 月 1 日,如果当天的汇率为 0.940 0 欧元/美元,则 A 方应收到的结算差额为

(0.950 0－0.940 0)欧元/美元×1 亿美元＝100 万欧元

本章小结

1. 远期合约是为了规避现货交易风险的需要而产生的,是非标准化合约,不在交易所交易。其特点是:标准化程度低、交易场所不固定、违约风险高、价格确定方式不固定、履约方式困难、需了解对方的信誉和实力、结算方式单一等。金融远期合约主要有远期利率协议、远期外汇合约和远期股票合约等。

2. 远期合约基本构成要素有：标的资产、多头和空头、到期日、交割价格。远期合约的主要功能为：(1)保值。市场交易者现在利用远期交易确定某种资产的未来价格以此来降低甚至消除价格变化带来的不确定性。(2)投机。交易者利用远期交易来赚取远期价格与到期日即期价格之间的差额。(3)价格发现。指通过远期市场推算出现货市场的未来价格。在高效率的金融市场上，远期价格应该是未来现货价格的"最佳估计值"。

3. 远期合约的定价以无套利原理为依据，分为完全市场条件下和不完全市场条件下两类远期定价。其中完全市场条件下的远期定价包括无收益证券的远期合约的定价、收益已知的远期合约的定价、红利率已知的远期合约的定价。不完全市场条件下的远期定价主要考虑了直接交易成本、存在借贷利差、卖空行为限制三种干扰因素带来的影响。

4. 远期利率协议是合同双方在名义本金的基础上进行协议利率与参照利率差额支付的远期合约。具有衍生性、归属表外业务、约定利率是固定利率，以及场外交易等特点。

5. 远期外汇交易是指买卖双方在签订远期汇率合同时预先确定在将来交割日所交割的外汇的汇率，即在将来某一时刻或某一期限内以事先约定的汇率买入或卖出一定数量的外汇。远期外汇交易按外汇交割日的固定与不固定划分为两类。

6. 远期汇率的标价方法有两种：一种是直接标出远期外汇的实际汇率，瑞士和日本等国采用这种方法；另一种是用升水、贴水和平价标出远期汇率和即期汇率的差额。升水表示远期外汇比即期外汇贵，贴水表示远期外汇比即期外汇便宜，平价表示两者相等。此外，在银行之间远期汇率尚有一种标价方法，即以点数来表示。远期交易的报价方式有两种：一种是直接远期报价，另一种是掉期率报价。

7. 远期汇率的决定理论有：(1)利率平价理论，包括无抵补利率平价理论和抵补利率平价理论。(2)现代远期汇率理论，除了考虑抵补利息套利者的行为外，还考虑了贸易者、投机者对远期汇率的影响，从而使理论更加接近于现实。

 阅读资料

首笔人民币远期利率协议

中国人民银行2007年10月8日发布《远期利率协议业务管理规定》，2007年11月1日起实施。远期利率协议是指交易双方约定在未来某一日，交换协议期间内一定名义本金基础上分别以合同利率和参考利率计算的利息的金融合约。其中，远期利率协议的买方支付以合同利率计算的利息，卖方支付以参考利率计算的利息。

中信银行股份有限公司于2007年11月1日与另一家机构达成一笔人民币远期利率协议，这是中国人民银行公布《远期利率协议业务管理规定》后发生的首笔远期利率协议，标志着继人民币利率互换之后的新一种利率衍生工具登陆我国金融市场。

中信银行这笔交易本金为 2 亿元,参考利率是 3 个月"上海银行间同业拆放利率"(SHIBOR),标的为 3 个月后的 3 个月利率。同时,中信银行自 2007 年 11 月 1 日起对以 3 个月 SHIBOR 为参考利率的远期利率协议向全市场进行报价。

根据《远期利率协议业务管理规定》,金融机构在开展远期利率协议交易前,应将远期利率协议的内部操作规程和风险管理制度送交易商协会和交易中心备案。据了解,目前只有中信银行和另外两家机构已经备案。但根据《管理规定》,在这三家机构中,只有中信银行可以与所有市场参与者进行远期利率协议交易。

资料来源:中国银行官方网站。

中国银行的人民币远期外汇协议

中国银行的人民币远期外汇协议数据定期公布,2007 年 3 月 15 日的详细数据如表 9-4 所示。

表 9-4 中国银行的人民币远期外汇协议数据表

单位:人民币/100 外币　　　　　　　　　　　　　　　　　　　　日期:2007-03-15

期限	美元兑人民币			
	中间价	现汇买入价	现汇卖出价	起息日
7 天 (7D)	773.61	771.67	775.54	2007-03-26
20 天 (20D)	772.58	770.65	774.51	2007-04-09
1 个月 (1M)	772.08	770.14	774.00	2007-04-19
2 个月 (2M)	770.30	768.37	772.22	2007-05-21
3 个月 (3M)	768.67	766.74	770.58	2007-06-19
4 个月 (4M)	767.04	765.12	768.95	2007-07-19
5 个月 (5M)	765.43	763.51	767.34	2007-08-20
6 个月 (6M)	763.98	762.06	765.88	2007-09-19
7 个月 (7M)	762.61	760.55	764.67	2007-10-19
8 个月 (8M)	761.24	758.95	763.52	2007-11-19
9 个月 (9M)	760.02	757.51	762.53	2007-12-19
10 个月 (10M)	758.69	756.03	761.34	2008-01-22
11 个月 (11M)	757.71	754.83	760.59	2008-02-19
12 个月 (1Y)	756.84	753.81	759.86	2008-03-19

数据来源:中国银行官方网站。

如表 9-4 所示,2007 年 3 月 15 日不同期限的中国银行人民币远期外汇牌价,采用直接标价法的报价方式。以6个月远期外汇为例,表中的报价意味着在2007年3月15日,中国银行愿意以762.06元的价格在6个月后向市场交易者买入美元,以765.88元的价格在6个月后向市场交易者卖出美元,起息日(交割日)为2007年9月19日。

根据上述示例中的报价,假设有投资者A于2007年3月15日按765.88的价格与中国银行约定买入其6个月期100万美元远期,投资者B按照762.06的价格与中国银行约定向其卖出6个月期100万美元远期。2007年9月19日,中国银行报出的实际美元现汇卖出价为752.85,实际美元现汇买入价为749.85。显然,投资者A在远期多头上遭受损失,盈亏状况为(752.85−765.88)×10 000=−130 300元;而投资者B则在远期空头上盈利(762.06−749.85)×10 000=122 100元。虽然投资者A与B的盈亏状况不同,但无论如何,他们都通过远期外汇合约锁定了2007年9月19日买入和卖出美元的汇率,从而规避了汇率波动的风险。

资料来源:中国银行官方网站。

复习思考题

一、问答题

1. 什么是远期合约?如何计算远期合约的价值?
2. 什么是远期外汇业务?它有一些什么样的特点?
3. 远期汇率如何标价?什么是利率平价理论?
4. 什么是远期利率协议?什么是远期外汇协议?两者有何异同之处?
5. 如何运用远期利率协议防范利率风险?
6. 谈谈人民币远期结售汇市场的现状与发展。
7. 如何运用多头远期交易对空头金融价格风险保值?如何运用空头远期交易对多头金融价格风险保值?请画出空头远期交易对多头金融价格风险保值的图形。

二、选择题

1. 金融远期合约的基本类型为( )。
   A. 远期利率协议　　　　　　　　B. 远期外汇合约
   C. 远期股票合约　　　　　　　　D. 远期货币合约
2. 远期合约的主要特点为( )。
   A. 标准化合约　　　　　　　　　B. 非标准化合约
   C. 灵活性较小　　　　　　　　　D. 灵活性较大

3. 签订远期利率协议的多方实质上相当于（　　）。
   A. 名义借款人　　　　　　　　　　B. 名义贷款人
   C. 实际借款人　　　　　　　　　　D. 实际借款人
4. 远期利率协议成交的日期是指（　　）。
   A. 结算日　　　B. 确定日　　　C. 到期日　　　D. 交易日
5. "远期利率"一词的内涵实际上为（　　）。
   A. 将来时刻的将来一定期限的利率　　B. 现在时刻的将来一定期限的利率
   C. 现在时刻的现在一定期限的利率　　D. 过去时刻的过去一定时刻的利率
6. 一份 3×6 的远期利率协议表示（　　）。
   A. 在 3 月达成的 6 月期的 FRA 合约　　B. 3 个月后开始的 3 月期的 FRA 合约
   C. 3 个月后开始的 6 月期的 FRA 合约　　D. 上述说法都不正确

三、计算题

1. 某交易商拥有 10 000 英镑远期空头，远期汇率为 0.006 0 英镑/日元。如果合约到期时汇率分别为 0.005 4 英镑/日元或 0.007 0 英镑/日元，那么该交易商的盈亏如何？

2. 假设一种无红利支付的股票目前的市价为 10 元，无风险连续复利年利率为 5%，求该股票 6 个月期远期价格。

3. 某交易商拥有 1 亿日元远期空头，远期汇率为 0.008 0 美元/日元。如果未来金融市场上的实际汇率变化如下：

   （1）合约到期时金融市场上的实际汇率为 0.007 4 美元/日元，那么该交易商的盈亏如何（以美元为单位）？

   （2）合约到期时金融市场上的实际汇率为 0.009 0 美元/日元，那么该交易商的盈亏如何（以美元为单位）？

   （3）画出该远期在上述两种情况下的损益图。

第十章 期货

【学习指导】

通过本章学习,懂得期货及期货交易的基本概念和特性、期货交易的基本功能与商品应具备的条件;了解套期保值原理及其基本原则,初步具备进行基差分析、确定最佳套期保值比率的技能;重点了解股指期货和利率期货的特点、主要品种、影响因素,初步掌握其各种套期保值策略、套利策略与投机策略,大体了解有关外汇期货的基本概念和特点。

期货是标准化的远期合约,是商品交易发展到高级阶段的形式。期货交易可以分为商品期货和金融期货两大类。本章内容以金融期货为主,主要介绍期货的概念、特性和基本功能,期货交易的基本原理,股票指数期货、利率期货和外汇期货等。

第一节 期货交易概述

期货交易是商品经济发达条件下产生的一种商品交换方式,是商品经济发展到一定阶段的必然产物。同人类的发展过程一样,商品的交易方式也遵循着从低级到高级的发展过程,按照时间顺序,人类商品交易方式演化的方向依次为:物物交换的商品交易方式、现货交易方式、远期合约交易方式、期货合约交易方式。

一、期货与期货交易

期货交易是指在期货交易所内通过公开竞价方式集中买卖标准化期货合约的交易活动,期货合约对标的物的品种、数量、交割日期和地点等都作了规范化约定,交易结果由专门的清算机构进行清算。

期货交易与期权交易在某些方面有一定的相似性,都是预先约定好价格和合同期限。但是,期权合约的持有者具有执行看涨期权或看跌期权的权利,而不是一种必须的义务。即如果期权到期时,执行期权有利于期权持有方,他就可以执行期权;反之,如果执行期权不利于自己,他也可以放弃执行。

期货则不同,若期货合约已被持有至交割日,交易就必须进行。期货合约不存在到期单方自主放弃的情形。因为一方已经承诺交割某种商品,另一方也已承诺买入这种商品,任何一方无权自行加以变更(当然,交易双方进行抵消性交易属另一回事)。

比如,某交易商在大连交易所买入1份9月份到期的大豆合约。每公斤价格为3元。按这份合约规定,交割的品种是2号黄豆,数量为10 000公斤,交割地点为指定的仓库,9月份最后一个营业日为交割日。到交割时,合约的买方需要支付总金额30 000万元。如果大豆的即期价格或现货价格高于3元,合约的买方就可以盈利。例如,当1公斤大豆的现货价格为3.05元时,这笔期货交易的盈利就是500元。反之,如果大豆的现货价格是2.95元,那么合约的买入方就要亏损500元。

应当注意的是,期货交易的目的并不是仅仅将其作为一种商品交换的工具。也就是说,通常期货交易并不是为了转让实物资产或金融资产的财产权,期货交易的真正目的是为了减少交易者所承担的风险。

大多数期货合约在到期交割之前就已被抵消掉。这一点类似于股票期权的交易,人们买入期权的目的一般不是为了执行期权,而是在到期日之前可以出售有价值的期权合约。人们可以通过抵消性的交易来履行合约义务,或者通过卖出合约来履行义务。买入期货的投机者可以通过出售合约来抵消多头头寸,出售期货的一方可以通过买入合约来抵消空头头寸,在完成这些交易之后,两者都结清头寸,退出了期货交易市场。

二、期货交易的发展过程和特性对比

迄今为止,人类交易的演进历史大体可以分为易货交易、现货交易、远期交易、期货交易四个阶段。人类早期最简单、最原始的交换是以物易物的交易方式,双方以各自手中的货物进行交换,相互之间不存在商品流通的媒介。

随着经济的发展,货币作为一种特殊商品从商品中分离出来,成为衡量一切商品价值的标准和尺度,这样以货币为媒介的现货交易方式就产生了。货币作为黏合物,将经济社会各部分联合成一个互相紧密联系的整体。

随着商品交易在时间、空间、规模上的进一步扩大,仅靠现货交易越来越不能满足社会经济发展的需要,于是在现货交易的基础之上,创造出了一种相对高级的商品交易方式——远期合约交易。

虽然远期合约交易解决了现货交易中存在的一些缺陷,但也存在着一些自身无法解决的问题,尤其是它不能为生产经营者提供一条比较理想的转移价格波动风险的渠道,而转移这种价格波动风险对生产经营者来说是十分重要的。为了解决远期合约交易的不足之处,历经数百年的实践,又产生了商品交易的更高级形式——期货交易方式。

期货交易和现货交易、远期合约交易是截然不同的概念,它们各自特性之间的区别如表 10-1 所示。

表 10-1　期货交易与远期交易、现货交易的对比

交易种类	现货交易	远期交易	期货交易
交易对象	当前实物	未来实物(主) 远期合约(次)	期货合约(主) 未来实物(≤2%)
交易目的	转移当前实物所有权	转移未来实物所有权 转移价格风险	投机、套利,转移价格风险 转移未来实物所有权(≤2%)
交易方式	一方出钱,一方交货	按双方所签合约 未来交割实物	买卖标准化合约, 未来交割实物(≤2%)
交易过程	买卖双方自行交易	双方当前自行交易, 双方未来自行交割	在交易所集中竞价买卖

期货交易和远期交易虽然都是约定在将来某一时间按合同条款买卖一定数量的某种标的物,但两者之间存在明显差异,这主要表现在以下几个方面。

1. 交易场所不同

远期交易不要求固定的场所,交易双方各自寻找合适的对象,所以市场分散、效率较低。银行在金融远期交易中担当着重要角色,因为金融远期合约交割较方便,标的物同质性较好,故而许多银行都提供重要标的物的远期买卖报价供客户选择,有力地推动了远期交易的快速发展。

期货合约则在交易所内交易,通常不许场外交易。交易所不仅为期货交易提供了交易场所,而且还制定了许多严格的交易规则如保证金制度、涨跌停板制度、最小价格波动幅度、报价方式、最大持仓限额等,并且可以提供信用担保。所以期货市场集中、有序、效率较高。

2. 定价方式不同

远期合约的交割价格是交易双方直洽谈判私下确定的。由于缺少严格的规程和固定的场所,加大了定价时的信息的不对称性。同一时间、同一规模、同一品种的远期合约其定价往往相去甚远,因此远期交易定价易被扭曲,效率很低。

期货交易价格则是由众多买方和卖方通过经纪人在交易所场内公开竞价确定的,各方的信息较为对称、充分,形成的期货价格较为合理、统一,因此期货交易定价效率较高。

3. 标准化程度不同

按契约自由原则,远期合约中的有关条件如标的物的数量、质量、交割地点和月份均是根据双方需要加以确定。因交易者的需求各式各样,远期合约条款的具体内容也互不相同,所以远期合约虽然灵活、适应性强,但给合约的转手和流通造成很大障碍,这就决定了远期的二级市场难以发达。

期货合约则是标准化的。期货交易所为各种标的物的期货在品质等级、交易单位、交割地点、时间、方式等方面制定了标准化条款,只有价格在交易时依据市场行情确定。因为开展期货交易的标的物十分有限,有关条件又是固定的,所以期货合约满足人们各种需要的能力不如远期合约。但是标准化却大大便利了期货合约的订立和转让,使其具有极高的流动性和吸引力。

4. 信用风险不同

远期合约的履行依赖于签约双方的信用如何,一旦一方不愿或无力履约时,就会给另一方造成损失。即使在签约时双方采取了交纳定金、第三方担保等措施,仍难以确保远期合约如期履行,毁约、违约行为时有发生,所以远期交易的信用风险很高。

期货合约的履行则由交易所或清算机构提供担保。双方交易时直接面对的均是交易所,即使一方违约,另一方也不会受到任何影响。交易所提供的这种担保主要基于完善的保证金制度和结算会员之间的连带无限清偿责任,因而期货交易的信用风险几乎为零。

5. 履约方式不同

因为远期交易是非标准化的合约,难以找到完全吻合的转让者,而且需要征得原对方的同意(关联性、信用度发生变化),所以远期合约基本上是持有到期通过实物交割来履行。而实物交割方式相对来说成本高、资金利用效率低。

期货交易则是标准化的合约,设施完备、服务完善的固定场所内,交易非常便利。当一方已达到了目的(如投机、套利、套期保值)等,他无须征得对方同意就可通过平仓来结清自己的头寸。实践中的期货合约实物交割的比例已不足2%。

6. 结算方式不同

远期交易签约后,须持有到期才能进行交割清算,在持有期间之内均不进行结算,因此也不会有盈亏发生。

而期货结算的基本制度是逐日盯市,即每日结算无负债制度和保证金执行制度。逐日盯市是对每一持仓合约从其成交当天开始,按照当日结算价对比原成交价,或者按前后两日结算价每日进行账面盈亏结算。当发生账面亏损较大而已交保证金不足以抵偿时,当事者应于下一交易日之前交纳追加的保证金以确保不负债,否则,交易所有权强制进行平仓。

三、期货交易的基本功能和作用

期货交易的上述种种特性,为企业经营者提供了一类强有力的经营手段,同时也促进了整个市场体系的有效运行。其基本功能可以概括为规避风险的功能和价格发现的功能,其多种作用可以看作是这两大功能的外在表现。

1. 规避风险的功能

价格风险的降低是通过套期保值或头寸对冲来实现的。这是期货交易最重要的一项功能。现货市场受各种因素的影响价格波动非常大,这经常使企业的生产者或经营者承受着不同时期价格变化的风险。有了期货市场,就可使投资者或生产者在未来某一时期需要在现货市场购进或出售某种商品之前,先在期货市场上进行该商品的反向交易,套期保值,这样无论未来价格发生什么变化他都可以保住其经营的收益。

2. 价格发现的功能

如上所述,期货交易所实质上是一种商品的集散地、批发市场。在这种市场里,每一项交易价格都是由大量的买卖双方公平竞价所决定的,而每一个交易者均有同等的机会在其既定的供求状态下,以其认为最合适的价格成交。所以,期货交易价格代表了大量买卖双方对目前和未来供求关系、价格走势的综合观点,反映了在某一经济水平下商品在供求、投资等因素影响下的合理价格水平,具有连续性、公开性、预期性、权威性,为世界范围内的实物交易提供了重要参考价值,也为企业规划生产、加工及营销提供了重要的依据。

3. 提高了市场交易的效率

发展到今天的期货市场,已经成为世界主要买卖方碰头的中心,各方在这里很容易找到成交对象,大大提高了交易效率。加上投机者的广泛参与,交易量大为增加,促进了商品的流通性,提升了整个市场的有效性。商品期货市场把全国甚至全世界的某种商品的各种不同且分散的产地市场联系起来,使整个市场更具完整性。交易者很容易进入商品的世界市场或全国市场,有了更大的选择余地,不必依赖于某一产地市场,从而加强了市场公开、公平的竞争,促进了所有资源的有效利用,提高了经营效率。此外,期货合约的数量、品质、程序的标准化,使得交易更为便利。

4. 增强了微观上的计划性,达到宏观上的调控目的

订立期货合约使产品供应或销售有了保障,产品价格和盈利水平也得到了保证,从而可以使企业有计划地安排生产和经营,这一微观调节功能也在宏观上发挥了调控平衡的作用。如前所述,期货市场报出的交易价格,从总体上反映了整个市场的供求平衡关系,从而在宏观上引导着企业生产和经营的方向,在一定程度上减少了市场自发竞争中的无政府状态。

5. 降低了经营成本,稳定了经济收益

从事期货交易不必付出全部货款,只需支出少量保证金或可买卖的期货合约,由于期货合约从成交到具体交割要经过一段时间,这使企业可以减少资金压边,降低了经营成本,另外,利用期货交易进行保值对冲,稳定了经营收益,提高了信用等级,也为企业对外取得资金融通创造了有利条件,从而间接地降低了经营成本。

四、期货交易的商品

在现货市场进行贸易流通的商品有成千上万种,并非所有的商品都符合期货交易的条件。实践证明,某一商品能否作为期货品种进行期货交易,应基本具备以下条件:

(1) 该商品具有必要的保值和转移风险的经济作用;
(2) 商品应当具有广泛的市场供求关系,即存在众多的买家和卖家;
(3) 商品要宜于贮藏、保存、交割方便;
(4) 商品的品质规格或等级应易于划分和标准化;
(5) 商品价格具有敏感性、易波动性。

目前,在国际期货市场上交易的主要商品有数十种,其中大宗、初级原材料商品是基本的期货品种,也是交易活跃的商品。近些年来,金融性商品的发展也极为迅速,已成为现代国际期货市场中又一重要的期货商品大类,形成了与传统初级商品互相促进、共同发展的格局。从整体发展趋势来看,金融期货的交易逐渐占据主导地位。

五、期货市场的主要参与者

期货市场的存在和成功运行是因为存在两种主要的参与者:保值者和投机者。保值者是期货市场存在的基础,没有保值者,期货市场就失去了存在的必要性,也就不需要投机者来发挥相应的经济作用。

1. 保值者

在期货市场上,保值者是指因从事某种经济活动而面临着不可接受的价格风险的人。比如,农民在冬天要决定春天种植何种农作物,农民的收成及其经济状况取决于所选农作物的价格。若是价格高,则农民可以获得较好的经济收益;如果农作物产量过量,或者需求下降,使得农作物价格下跌,以致收入还不足以抵偿农作物的生产成本,农民的经济状况就会很差。为了降低农业生产的风险,农民需要通过期货交易进行保值,将自己难以承担的风险转移到愿意承担这种风险的投机者身上。但要注意,期货市场虽然可以转移价格风险,却不能消除收成不佳带来的产量风险。产量风险需要通过保险来解决。

作为商品生产的保值者,一般在期货市场上进行的是空头交易,因为他们希望能锁定这种商品未来的出售价格,防止跌价风险。而投机者一般做多头交易即支付贷款买入该种商品。而作为购买原材料的保值者一般进行的是多头交易,这主要是为了消除未来原材料的涨价风险。

2. 投机者

保值者为了消除其无法接受的价格风险,就必须找到愿意承担这种风险的人,通常把这种人称作投机者。投机者进行期货交易并不是出于生产经营的需要,相反,他们从事期货交易是期望能抓住或有的盈利机会,其动机不是为了防范风险,而是通过主动承担风险来谋取风险利润。从某种意义上讲,投机者所起的作用与保险公司的作用相类似。担保人因不愿意承担意外事件发生时可能带来的经济损失而购买保险,把风险有偿转让给保险公司去承担。而愿意承担风险的保险公司,则认为,提供这种保险而可以收取相应的保险费是有利可图的。

如前所述,投机者在期货市场上大多取多头头寸,投机者习惯于"看涨"市场。当然,如果投机者认为现行价格已经过高时,也会毫不犹豫地取空头头寸。按持有时间长短可以把投机者分成两类:头寸交易商和当日交易商。头寸交易商持有的期货头寸一般超过一天,有时可长达一星期。当日交易商通常在开仓当天即结清期货头寸,不管交易出现盈利还是亏损都在当天结束交易头寸。

第二节　期货交易的基本原理

一、套期保值及其基本原则

套期保值交易是指同时在现货市场和期货市场上做数量相等而方向相反的交易。具体而言,就是在现货市场上买入现货的同时,在期货市场上卖出等量的期货;而在现货市场上卖出现货的同时,则在期货市场上买入等量的期货。即如果在现货交易中先买后卖,则期货交易中就先卖后买;而如果在现货交易中先卖后买,在期货交易中就先买后卖。以便用期货交易的盈利来补偿和抵消现货交易中因价格变动而带来的损失。套期保值参加者一般为实际的生产经营者。他们可能是农场主、谷物储运商、生产商、加工制造商、出口或进口商、经销商、银行、保险公司、债券经销商和基金等人员和机构。他们或拥有需要在将来出售的商品,或需要本来购进某种商品,或者拥有债权要在将来收回,或拥有债务需要将来偿还。他们参加套期保值的目的是防范价格的不利变动给经营和利润带来的不利影响,即回避或转移价格风险。

对从事套期保值交易的人来说,必须遵循四大基本原则:交易方向相反原则;商品种类相同原则;商品数量相等原则;月份相同或相近原则。只有这样,他所做的交易才能达到转移价格风险和保值的目的。

1. 交易方向相反原则

该原则是指在做套期保值交易时,套期保值必须同时或先后在现货市场和期货市场上采取相反的买卖行动,即进行反向操作,在两个市场上处于相反的买卖位置。具体地说,就是在现货市场上买进现货商品的同时或前后,在期货市场上卖出该种商品的期货合约,或者,在现货市场上卖出现货商品的同时或前后,在期货市场上买进该种商品的期货合约。这一原则也称作"反向操作的原则"。只有遵循交易方向相反的原则,交易者才能取得在一个市场上亏损的同时在另一个市场上必定会出现盈利的结果,从而才能用一个市场上的盈利去补偿另一个市场上的亏损,达到保值的目的。

2. 交易品种相同原则

该原则是指在做套期保值交易时,所选择的期货商品必须和套期保值者将在现货市场中买进或卖出的现货商品在种类上相同。只有商品种类相同,期货价格和现货价格之间才有可能形成密切的关系,才能在价格走势上保持大致相同的趋势。从而,在两个市场上同时或前后采取反向买卖行动才能取得效果。

由于期货商品上市条件的限制,并非所有的商品都能进入期货市场,这就为许多套期保值者遵循这一原则带来困难。为了解决这一困难,在期货交易的实践中,推出了一种叫作"交叉套期保值交易"的做法,就是当套期保值者为其在现货市场上将要买进或卖出的现货商品进行套期保值时,若无相对应的该种商品的期货合约可用,就可选另一种与该现货商品种类不同但在价格走势互相影响且大致相同的相关商品的期货合约来做套期保值交易。

3. 交易数量相等原则

该原则是指在做套期保值交易时,所选用的期货合约上所载的商品的数量必须与交易者将要在现货市场上买进或卖出的商品数量相等。套期保值交易之所以要遵循商品数量相等的原则,是因为,在基差不变的情况下,两个市场上的亏损额和盈利额就取决于商品数量,只有当两个市场上同时或前后买卖的商品数量相等,两个市场上出现的盈利额和亏损额才会相等,进而才能用盈利额补偿亏损额,达到完全转移价格风险的目的。

4. 时间相同或相近原则

该原则是指在做套期保值时,所选用的期货合约的交割月份最好与交易者将来在现货市场上实际买进或卖出现货商品的时间相同或相近,应尽量缩短在现货市场上买卖的时间和在期货市场上进行对冲的时间之间的差距。在选用期货合约时,之所以必须遵循交割月份相同或相近的原则,是因为两个市场上出现的亏损额和盈利额受两个市场上价格变动幅度的影响,只有使所选用的期货合约的交割月份与交易者决定在现货市场上实际买进或卖出现货商品的时间相同或相近,才能使期货价格和现货价格之间的联系更加紧密,增强套期保值交易的效果。

二、基差和基差分析

期货交易中,现货价格与期货价格之间的差距在套期保值中占有重要的地位,它的变化直接影响套期保值的效果。因而,要取得较理想的套期保值效果,关键就在于正确计算这个价差和分析这个价差的变化趋势。

在期货市场上,远期价格与即期价格之间的差额叫基差(basis)。一般将基差定义为

$$基差 = 现期(即期)价格 - 期货价格$$

在考虑套期保值的情况下,基差的准确定义为

$$基差 = 拟套期保值资产的现货价格 - 期货合约的期货价格 \qquad (10\text{-}1)$$

如果拟套期保值的资产与期货的标的资产一致,则在期货合约到期日基差应为零,而在到期日之前基差可能为正值或负值。如果拟套期保值的资产与期货的标的资产不一致,则不能保证期货到期日基差等于零。当套期保值期限已到,而基差不为零时,套期保值就存在基差风险。

为进一步说明套期保值的基差风险,现以 t_1 表示进行套期保值的时刻, t_2 表示套期保值期限结束时刻, S_1 表示 t_1 时刻拟保值资产的现货价格, S_1^* 表示 t_2 时刻期货标的资产的现货价格。 F_1 表示 t_1 时刻期货价格, S_2, S_2^* 和 F_2 分别表示 t_2 时刻拟保值资产的现货价格、标的资产的现货价格及其期货价格, b_1, b_2 分别表示 t_1 和 t_2 时刻的基差。根据基差的

定义式(10-1),有

$$b_1 = S_1 - F_1$$
$$b_2 = S_2 - F_2$$

对于空头套期保值来说,套期保值者在 t_1 时刻知道将于 t_2 时刻出售资产,于是在 t_1 时刻持有期货空头,并于 t_2 时刻平仓,同时出售资产,因此该套期保值者出售资产获得的有效价格 S_e 为

$$S_e = S_2 + F_1 - F_2 = F_1 + b_2 = F_1 + (S_2^* - F_2) + (S_2 - S_2^*) \quad (10\text{-}2)$$

式(10-2)中的 $S_2^* - F_2$ 和 $S_2 - S_2^*$ 代表了基差的两个组成部分。第一部分是狭义的基差,而第二部分表示两项资产不一致而产生的基差。由于 F_1 已知,而 b_2 未知,因此,套期保值后出售资产获得的有效价格存在基差风险。若 $b_2 > b_1$,则对空头套期保值者较有利;若 $b_2 < b_1$,则对空头套期保值者不利。

同样,对于多头套期保值者来说,他在 t_1 时刻持有期货多头,并于 t_2 时刻平仓,同时买入资产。通过套期保值购买资产所支付的有效价格跟式(10-2)是一样的。这说明,若 $b_2 < b_1$,对多头套期保值者有利。

可见,在有些情况下,通过期货套期保值并不能完全消除价格风险,因为通过套期保值后收取或支付的有效价格中均存在基差风险。但相对原有的价格风险而言,基差风险小多了。

三、套期保值比率的确定

套期比率是指期货合约的头寸规模与套期保值资产规模之间的比率。当套期保值资产价格与标的资产的期货价格相关系数等于1时,为了使套期保值后的风险最小,套期比率应等于1。而当相关系数不等于1时,套期比率就不应等于1。

为了推导出套期比率(h)与相关系数(ρ)之间的关系,我们令 ΔS 和 ΔF 代表套期保值期内保值资产现货价格 S 的变化和期货价格 F 的变化,σ_S 代表 ΔS 的标准差,σ_F 代表 ΔF 的标准差,σ_p 代表套期保值组合的标准差。

对于空头套期保值组合来说,在套期保值期内组合价值的变化 ΔV 为

$$\Delta V = \Delta S - h \Delta F$$

对于多头套期保值组合来说,ΔV 为

$$\Delta V = h \Delta F - \Delta S$$

在以上两种情况下,套期保值组合价格变化的方差都等于

$$\sigma_p^2 = \sigma_S^2 + h^2 \sigma_F^2 - 2h\rho \sigma_S \sigma_F \quad (10\text{-}3)$$

最佳的套期比率必须使 σ_p^2 最小化。因此 σ_p^2 对 h 的一阶偏导数必须等于零,而二阶偏导数必须大于零。

从式(10-3)可得

$$\frac{\partial \sigma_P^2}{\partial h} = 2h\sigma_F^2 - 2\rho\sigma_S\sigma_F$$

$$\frac{\partial^2 \sigma_P^2}{\partial^2 h} = 2\sigma_F^2 > 0$$

令 $\frac{\partial \sigma_P^2}{\partial h} = 0$，就可以得出最佳套期比率：

$$2h\sigma_F^2 - 2\rho\sigma_S\sigma_F = 0$$

$$h = \rho \frac{\sigma_S}{\sigma_F} \tag{10-4}$$

式(10-4)表明，最佳的套期比率等于 ΔS 和 ΔF 之间的相关系数乘以 ΔS 的标准差与 ΔF 的标准差的比率。

第三节　股票指数期货

一、股指期货的产生和发展

第一份股指期货合约是1982年2月美国堪萨斯城期货交易所开发出的价值线综合指数(Value Line Index)期货合约，是当时发达国家蓬勃兴起的金融创新浪潮的一个重要标志。股指期货一经推出，立即显示出顺时应势的强大生命力，受到了市场的热烈欢迎。

1983年2月，澳大利亚悉尼期货交易所报出了以澳大利亚证券交易所普通股价格指数(ASE)为标的指数的股指期货合约，成为除美国之外第一个开办股指期货交易的国家。从20世纪80年代起英国、法国、德国等主要欧洲大陆国家也纷纷推出了各自的股指期货合约。1986年5月，香港期货交易所开办了恒生33指数期货交易，并立即得到市场的广泛欢迎。

在发达国家成功推出股指期货的基础上，一些新兴证券市场也纷纷借鉴先行经验，开始尝试建立和发展本国金融衍生品市场，并大多选择以股指期货作为突破口首先推出，然后再开发股票期权、股指期权、利率期货等其他金融衍生产品。这种做法已经成为新兴市场发展金融衍生品交易的一条共同路径。

股指期货是金融期货中产生最晚的一个类别，至今仅20余年的时间便得到了惊人的扩张，按2006年数据在世界期货交易中仅次于利率期货，所占比例高达18%。当前全球的股指期货交易额已经大大超过了其基础资产(股票)市场的交易额，股指期货市场—股票市场—实体经济三者之间形成了倒金字塔形的"双重虚拟资本—虚拟资本—真实资本"的结构。未来股指期货的发展正呈现出如下鲜明的特征。

1. 股指期货的交易手段日趋电子化

电子化交易代表了未来股指期货交易不可阻挡的发展潮流，其优势主要在于：一是有助于提高交易效率，大幅度降低每笔交易的交易成本；二是有助于交易指令的准确执行，保证交易的公平性；三是可以更紧密地跟踪每一笔交易，有效减少和防止欺诈行为的发生；四是可以改善交易所和清算所的审计系统，有利于迅速查处交易中的不法行为。

2. 股指期货的交易范围日趋国际化

这主要体现在：第一，各交易所会员和业务的国际化程度不断提高。如美国芝加哥期货交易所(CBOT)的清算会员有近1/3是外国公司，中国香港和新加坡的期货交易量分别有50%和80%以上来自海外。第二，离岸交易日益成为股指期货市场中的普遍现象。自新加坡国际金融交易所(SIMEX)于1986年推出日经225指数期货，首开离岸交易先河以来，发展十分迅速。第三，世界各国的金融期货期权交易所日益兴起计算机相互联网、共建电子交易平台的潮流。

3. 股指期货的交易市场日趋整合化

为了获取规模经济和范围经济、增强综合竞争力，各种形式的整合层出不穷：一是从事股指期货业务的金融期货交易所与其他类型的金融衍生品交易所，尤其是期权交易所进行整合；二是业务类型相近的同类金融衍生品交易所之间进行整合；三是从事股指期货业务的金融期货交易所与其基础资产市场即股票交易所进行整合；四是金融期货交易所与相关的证券交易所、期货交易所和清算所进行整合。

4. 股指期货的交易者日趋机构化

参与者日趋机构化是金融市场上的普遍现象，但对股指期货来说显得尤为突出。股指期货的高度复杂性和风险性对交易者的金融专业知识、实践经验、风险承受能力等提出的要求日显苛刻，使得单个投资者有效参与这一市场的难度大大提高。而银行、证券、基金、保险公司等金融机构及机构投资者日益成为在这一市场中占据主导地位的交易者，并且这一趋势在将来还有进一步强化和加快的可能性。

二、几种主要股票价格指数期货

世界各地股市所处的环境不同，影响因素不同，股市行情不同，因而其股价指数也不相同。但是有几种股价指数具有权威性，可以左右某一地区甚至世界的股市行情，以这些股价指数为标的物的股价指数期货也是世界上重要的金融期货品种。

1. 标准普尔指数(Standard & Poor's Index)

标准普尔股价指数,是美国标准普尔公司编制发表的反映美国股票市场行情变化的股票价格指数。标准普尔指数是从 1923 年开始编制,最初的采样股票共 233 种、发表每日每月的股价指数。1957 年调整后包括了两种指数,一种包含 100 种股票,即 S&P Index;另一种将样本股票扩大到 500 种,其中工业股票 435 种、铁道股票 5 种、公用事业股票 60 种,并且增加了编制公布的频数。1976 年又作改动,采样股票数仍为 500 种,但其构成改为工业股票 400 种、运输股票 20 种、公用事业股票 40 种和金融业股票 40 种。

2. 纽约证券交易所股票价格指数(New York Stock Exchange Composite Index,NYSE)

这是由纽约证券交易所编制的股票价格指数。它自 1966 年 6 月起,先是普通股股票价格指数,后来改为混合指数,包括在纽约证券交易所上市的 1 500 家公司的 1 570 种股票。具体计算方法是将这些股票按价格高低分开排列,分别计算工业股票、金融业股票、公用学业股票、运输业股票的价格指数。最大和最广泛的是工业股票价格指数,由 1 093 种股票组成;金融业股票价格指数包括投资公司、储蓄贷款协会、分期付款融资公司、商业银行、保险公司和不动产公司的 223 种股票;运输业股票价格指数包括铁路、航空、轮船、汽车等公司的 65 种股票;公用事业股票价格指数则有电话电报公司、煤气公司、电力公司和邮电公司的 189 种股票。

3. 伦敦《金融时报》指数(London Financial Times Index)

伦敦《金融时报》指数是英国最具权威和代表性的股票价格指数。作为国际金融中心之一的伦敦。其指数与纽约的道·琼斯股票指数具有同等重要地位,同时它也被称作预示英国经济形势的"晴雨表"。《金融时报》指数有三种类型,分别包括 30 种、100 种、500 种股票。通常意义上讲的《金融时报》指数就是说的第一种包括 30 种股票的指数。它由英国 30 家最大的工商业公司的股票组成,所有 30 种股票均为蓝筹股。这种指数以 1935 年 7 月 1 日为基期,令 100 为基期指数。在交易所营业日内,每小时计算并公布一次,下午 5 时再计算一次作为收盘指数。由于这种指数不包括矿业公司股票,所以并不完全反映伦敦证券交易所的行市情况。后两种股票指数弥补了第一种的不足,但计算起来比较烦琐。

4. 香港恒生指数(Hang Seng Index)

香港恒生指数因由恒生银行编制而得名。该指数以 1964 年 7 月 31 日为基期,基期指数为 100。恒生指数包含 33 种股票,其中有金融业类 4 种、公用事业 6 种、地产业 9 种、其他行业 14 种（包括航空和酒店）。这 33 家公司是从香港 200 家上市公司中挑选出来的。在香港均具有雄厚的资金实力，其股票总价值占香港股票交易所上市股票总值的较大份额。以 1983 年 10 月 31 日收盘价计算，这 33 种股票占上市股票总值的 68.8%。

三、股指期货交易的特点

股指期货是金融期货的一种，具有金融期货的一般特征，例如它实行的是保证金信用交易制度和表示当日无负债留存的每日结算制度，交易时有最小价格波幅和每日限价等。与其他的金融期货相比，指数期货具有如下特点。

第一，指数期货的交易对象是股市指数，它只是一个数字而不代表任何实物商品。这一点与外汇期货、利率期货都不相同，但与以期权费为交易对象的期货型期权有些相似。如果说外汇期货本质上可以被看作是交易双方在对外汇汇率进行打赌、赌注为保证金的话，那么，指数期货就可以被看作是交易双方在对股市指数进行打赌。

由于交易的标的物是一个数字，所以在合约交割日交易双方无法进行实物交割，而采取现金结算的方式，即买卖双方根据盈亏由交易所在双方各自的账户中进行转账结算。由于期货交易实行每日结算，因此对于股市指数期货交易来说，交割日只不过是结算终止日，双方可以提走各自保证金账户中的剩余资金。

第二，股指期货针对的是某一种股市指数，合约价格只与该指数的值有关，与该股市指数的点数成正比。

例如，NYSE 指数期货合约和标准普尔 S&P500 指数期货合约的价格表示，都是用 500 美元乘以（协定）股市指数，即每一点指数都等于 500 美元，伦敦（金融时报）FT100 指数期货每一点都等于 250 英镑，恒生指数期货每一点都等于 50 港元，等等。

股指期货合约价格随着每日股市指数的变化而变化，因此，股指期货的价格是一个完全虚拟的价格，没有实际的经济意义。其作用是进行每日结算，确定交易者保证金账户余额，以及最终交割时现金结算。

股指期货每日结算价格，由交易所根据当日某一时点的股市指数确定。例如，一份标准普尔 S&P500 股指期货的协定价格为 13.75 万美元，即 275 点。合约生效后第一天标准普尔指数上升两点，那么期货合约价格上升 1 000 美元，交易买方保证金账户将增加 1 000 美元，卖方账户将减少 1 000 美元。

第三，股指期货交易要缴纳的保证金比其他金融期货的保证金低得多，而且，对于每份指数期货合约，其保证金数额是固定的，而不是按合约价格的百分比提取。例如，NYSF 股指期货的保证金是每份 5 000 美元。这样，随着股市指数的上升，保证金占合约价格的比例会逐渐减小，指数期货"以小搏大"的功能越来越强。对于套期保值者来说，用很少的资金就可以为一大笔股票资产进行保值。对投机者来说，这无疑助长了他们的投机行为,容易造成保证金不足的情况,给交易所带来损失。

四、股指期货套期保值策略

在现代投资理论中,股票市场的风险分为系统性风险和非系统性风险。非系统性风险可以通过股票的多样化组合来规避或分散。但系统性风险是无法通过投资组合的多样化来降低的。它只能通过现货市场与期货市场进行相反部位的操作,使未来现货市场的损失与期货市场的收益相抵,才能有效地规避。

与任何金融期货品种一样,股指期货的套期保值也分为空头套期保值与多头套期保值。前者主要适用于已持有股票或将要持有股票的投资者。如指数化的证券投资基金或股票仓位较重的证券公司;后者主要适用于计划在未来时间买入股票或将持有某一资产或目前已卖空的投资者。当然证券公司也可以采用股指期货规避股票一级市场中的发行风险。

1. 股指期货的空头套期保值

股指期货的空头套期保值又称为卖出套期保值,是指投资者在现货市场上买入现货股票的同时,在期货市场上卖出一定数量特定交割期的某种股指期货合约,用现货市场上的收益补偿或抵消由于股票价格下跌所带来的损失。具体操作我们可举例说明。

(1) 已持有股票的套期保值

如果投资者已持有大量股票现货,当整个股市价格下跌时其持有的现货股票的价值将随之而降低,为避免股票下跌所造成的损失,投资者将根据现货市场与期货市场价格趋同性原理,以期货部位的盈利来补偿或抵消现货部位的亏损。

例如,某投资者已持有价值为 100 万美元的股票投资组合,他预期在未来 3 个月内股市将下跌,为了对手中所持有股票保值,决定卖出同年 6 月到期的 S&P500 指数期货以防范股价下跌而导致的损失。3 月 10 日,S&P500 指数为 1 271.0 点,则每份 S&P500 股指期货合约的价格为 1 271.0×500＝635 500 美元。由于该投资者的现货股票投资组合为 100 万美元,为了在价值上与之相等,他必须卖出 2 份 S&P500 指数期货合约(635 500×2＝1 271 100 美元)才能实现套期保值。假如到 6 月 10 日,S&P500 指数下跌 20%,跌至 1 016.8 点,而投资者持有的现货股票投资组合只下跌 5%,则他将从空头期货中获利 (127 100－1 271.0×0.8×500×2)＝254 200 美元,但现货多头股票组合将亏损 1 000 000×5%＝50 000 美元,盈亏相抵,净赚 204 200 美元(不计佣金)。可见,该投资者通过套期保值交易盈补亏有余,实现了盈利保值,若不采取保值措施,他将亏损 50 000 美元。

(2) 公司发行股票时的套期保值

发行股票是股份公司筹措资金的重要渠道。公司在发行股票时也将面临股市波动所造成的风险,这种风险也可以通过股指期货或期权的空头套期保值来加以规避。

例如,2001年6月5日英国某公司拟发行股票,其市场价格为每股25英镑,共发行20万股,以筹措500万英镑资金用于扩大再生产。但公司预测,10天内股市价格将下跌,于是决定卖出9月到期的FTSE100股指期货合约进行套期保值,6月5日,6月到期的FTSE100指数期货价格为160点,该公司套期保值所需的合约份数为5 000 000/(25×160×10)=125份(分母乘以10是因为FTSE100指数期货价格体系以FTSE100指数除以10报出),合约价值为250×160×125=5 000 000英镑。至6月15日,FTSE100指数跌至1 501.0,跌幅为5%,该公司发行股票价值减少5 000 000×5%=250 000英镑,实际筹措475万英镑,与此同时,FTSE100指数期货价格也相应跌至150。该公司平仓期货部位,获利312 500英镑[(160.00-150)×250×125=312 500],期货市场盈利与现货市场亏损相抵。净盈利62 500英镑(交易成本忽略不计)。倘若不进行套期保值交易,则该公司将亏损250 000英镑。

2. 股指期货的多头套期保值

多头套期保值又称为买入套期保值,与空头套期保值相反,多头套期保值是为了防范股市价格上涨而给自己带来的风险和损失。多头套期保值常用于下列几种情况:

(1) 卖出股票后股市价格上涨而遭受的损失;

(2) 机构投资者即将收到一笔资金并计划投资股市,但在收到资金之前,股市有上涨趋势,为避免在高位买入股票,而预先买入股指期货合约;

(3) 海外投资者投资国内股市,当资金流出受到限制,可利用多头套期保值以减轻股市上涨带来的交易成本的增加。

例如,2001年5月1日,某基金经理预计本月底将收到总额为150万美元的一笔款项,基金公司将用这笔款项购买甲公司和乙公司股票。但由于资金将在1个月后才能到位,如果届时两种股票的价格上涨,他用150万美元购买的股票数额就会相对减少。为避免这一损失,基金经理决定买入主要市场指数期货(MMI)作多头套期保值。

5月1日,甲公司股票的市场价格为每股25美元,乙公司股票的市场价格为每股20美元,按当天市场价格购买,该基金经理用250万美元可买到甲公司股票30 000股,乙公司股票37 500股,共支付1 500 000美元(30 000×25+37 500×20)。同日,主要市场指数期货价格为478点,1份合约的价值为119 500美元(478×250),为与150万美元资金保值,该基金经理购入13份6月到期的主要市场指数期货合约,合约总值为1 553 500美元。

5月31日,该基金经理如数收到150万美元的款项,与此同时,甲公司股票的市场价格已上涨到每股30美元,乙公司股票的市场价格涨到每股25美元。此时如果要购买

3 000 股甲公司股票需支付 900 000 美元(30 000×30),购买 37 500 股乙公司股票需支付 937 500 美元(37 500×25),合计支付 1 837 500 美元,比上月多支付 337 500 美元(1 837 500－1 500 000)。

5 月 31 日主要市场指数期货价格也涨至 588,该基金经理立即卖出原来买进的 13 张 6 月到期的主要市场指数期货合约,从中盈利 357 500 美元[(588－478)×250×13]。

上例可见,由于该基金经理采取了多头套期保值,从期货交易中所获得利润正好弥补了购买股票时所缺的资金,将 1 个月后购买股票的价格锁定在 5 月 1 日的水平。两市场盈亏相抵,净盈利 20 000 美元。

五、股指期货套利策略

应用股指期货进行套利可以分为三种情况:跨月份套利、跨市场套利和跨品种套利。

1. 跨月份套利

跨月份套利也叫跨期套利,是指利用股票指数期货在不同月份的合约之间存在的价格差,在建立多头合约的同时再建立不同月份的空头合约,以达到获利的目的。

例如,5 月份,美国标准普尔 500 指数期货 6 月份合约指数值为 192.45。9 份合约为 192.00,某投资者通过市场分析后认为,股市已过峰顶,正处于下跌的初期。他决定售出该指数期货 6 月份合约 100 份。但若分析不正确,股市没有下跌,将会给该投资者带来很大损失,因此同时他又购进该指数期货 9 月份合约 100 份。这样他就采取了跨月空头套利的策略。

5 月 15 日后,股市迅速下跌,与该投资者的预期一致。不久,交易所内 6 月份合约的指数价格下跌为 188.15 点,9 月份合约则下跌为 190.45 点。6 月份合约指数价格下跌幅度为 4.3 点,而 9 月份合约下跌幅度为 1.55 点,近期变化幅度大于远期变化幅度,两个合约的价格变动之差为 2.75 点,则该投资者获得的利润为 137 500 美元(8 500×2.75×100)。

2. 跨市场套利

跨市场套利是指利用在两个不同的交易所交易的相同合约之间的价格差价,在一个交易所建立一种合约多头(空头)的同时,在另一个交易所建立相同合约的空头(多头),以从中获利。一般来说,在指数期货价格较低的交易所买进期货,同时在期货价格较高的另一交易所卖出同种期货。这种策略是利用不同市场之间由于某种原因造成的价格暂时失衡而进行的。

例如,日经 225 指数在大阪和新加坡的跨市套利。如两地分别为 18 580 点和 18 590

点,若在低价市场买入200张合约,在高价市场卖出200张合约,如果交易顺利,就可获利约16 000美元。

3. 跨品种套利

跨品种套利是指利用两种不同的具有相互替代性或受到相同供求因素影响的商品之间的价差进行套利交易。由于不同商品对市场变化的敏感程度不同,交易者根据对它们发展趋势的预测,可以选择做多头或空头交易。

例如:某交易者预测不久将出现多头股票市场,而且主要市场指数的上涨势头会大于纽约证券交易所综合股票指数的涨势。于是,他在382.75点的水平上买进5份主要市场指数期货合约,并在102.00点的水平上卖出1份纽约证券交易所综合股票指数期货合约,当时的价差为280.75点。之所以买进5份主要市场指数期货合约,而卖出1份纽约证券交易所综合股票指数期货合约,是因为两者的交易单位不同,前者是100美元,后者是500美元。

经过一段时间,价差扩大为284.25点,交易者在388.25点的水平上卖出5份主要市场指数期货合约,而在104.00点的水平上买进1份纽约证券交易所综合指数期货合约,进行对冲。结果是由于前者在多头市场中上升5.50点,大于后者在空头市场中上升的2.00点,净赢3.5点,合500×3.5=1 750(美元)。

第四节 利率期货

一、利率期货的产生和发展

利率期货是金融期货的一种,是第二次世界大战后世界经济格局发展变化的产物。从1971年8月15日起美元和黄金脱钩,西方国家的货币汇率不再盯住美元,开始实行浮动汇率制度。以美元为中心的固定汇率制度,即布雷顿森林体系在20世纪70年代初终于崩溃。浮动汇率制度给各国经济带来了一系列的问题。在汇率实行自由浮动以后,各国政府纷纷以调整本国利率的方式来稳定汇率,于是利率的波动幅度和范围进一步扩大,企业和个人的投资风险也随之增加,在这种情况下,金融期货应运而生。1972年,芝加哥商业交易所(CME)开设了专门从事期货交易的国际货币市场(International Monetary Market,IMM),IMM最先推出的是外汇期货交易,开创了金融期货交易的先河。

此外,20世纪70年代美国联邦抵押贷款协会所主导的抵押贷款市场迅速成长,抵押贷款市场是政府设计以促进资金流入房地产业。由于当时美国利率升高及通货膨胀,造成对房地产的需求减少,从而使作为国民经济支柱产业之一的房地产市场由盛而衰,造成了庞大失业。因此,1975 年,当美国经济刚从 1974 年的衰退中复苏时,芝加哥期货交易所便首先推出了利率期货交易,这第一张利率期货合约以 GNMA 抵押贷款为标的物。GNMA 抵押贷款期货合约一经推出,便受到市场的热烈欢迎,成交量不断攀升,市场影响不断扩大。1977 年芝加哥期货交易所又推出了美国长期公债期货合约。目前利率期货已经成为世界上成交最活跃的期货品种,美国利率期货的成交量占美国期货市场总成交量的 30% 左右。

从 20 世纪 70 年代末到 80 年代初,西方发达国家纷纷开始推行金融自由化,放松对金融机构和金融业务的种种限制,从 1980 年起开始逐步取消对金融机构存货款的最高利率限制。从 1986 年起,美国废除了联邦储备法案 Q 条款所规定的储蓄和定期存款利率上限。从那以后,美国各种类型的利率都由市场供求关系决定。金融自由化带来了利率市场化,伴随利率市场化而来的投资风险,成为推动世界各国利率期货发展的原动力。

二、影响利率变动的因素和利率期货种类

影响利率变动的因素有:平均利润率、资金供求关系、物价指数变动、银行存贷利差的合理要求和国际金融市场利率的影响等。

1. 平均利润率是决定利率的内在因素

一般地说,利息率是以平均利润率为它的界限的。利息是借款人支付给货币资金所有者或贷出者的一部分利润,是剩余价值的一种分割。而利息率则是借贷双方同意作为一段时期内利用一个定额货币资本的代价来接受借款的比例金额,利息的来源是利润。因此,马克思认为:"利息是由利润调节的,确切些说,是由一般利润率调节的。"利息率一般应以一定时期内社会平均利润率来确定,而不应当以个别企业或部门的特殊利润率来确定。由于企业利润要分割为企业自留、上缴财政税金和支付银行利息三个部分,因而要考虑三者所得的比例相对合理,使利润、税金、利息发挥各自应有的杠杆作用。

2. 资金供求关系是决定利率的外在因素

利息率是伴随着货币资金的借贷而产生的经济关系,不能脱离资金的供求来决定利息率。利息率的直接调节对象是资金的供求,也促使利息率发生变化。

3. 物价指数变动是决定利率的时效因素

当通货膨胀时期,物价普遍上涨,人们觉得存款利息收益不能抵补物价上升所带来的损失,就不愿存款,出现"存钱不如存物"的现象。同时,从银行自身的利益来说,会因物价上涨而增加资金贬值风险,在利息率低于物价上涨幅度的情况下,银行将承担更大的风

险,遭受重大的经济损失。当物价平稳,而且呈下降趋势的时候,如果仍然保持较高的利息率,将会增加企业的负担,扩大企业成本支出,不仅会造成资金的"供过于求"的现象,而且会直接或间接地助长物价的波动。总之,物价指数的变动是确定正确的利率水平所不可缺少的前提。

4. 银行存贷利差是决定利率的合理因素

通常银行的贷款利率应当高于存款利率。两者之间的差额称为存贷利差。如果银行不适当地提高贷款利率,扩大利差,将加重企业的负担,使利息占企业利润的比例上升,减少企业的经营利润,这样,就会影响企业生产经营的积极性,助长企业间的相互拖欠;如果不适当地降低存款利率,使利差不合理地扩大,又会使存款下降,影响信贷资金来源的稳定和增长。利差过小,不仅会减少银行的合理收入,影响银行的经济核算,而且削弱了利率的杠杆作用,助长企业盲目扩大投资,追加贷款,不合理地占用信贷资金,甚至引起派生存款的扩张。因此,确定银行的利率应该兼顾借款人、存款人和银行三者的利益,使存贷利差保持相对的合理水平。

5. 国际金融市场利率是调节国内市场利率的诱导因素

在当代经济中,国内金融市场利息率与国际金融市场的利息率存在着一种相互渗透关系。国内利率高于国际金融市场利率时,就会争相利用外资,诱导外资流入,国内资金相对过剩;国内利率低于国际金融市场利率时,就排斥外资,对国内资金需求过旺,甚至国内资金外流。在市场开放,企业独立经营、自负盈亏的条件下,国际金融市场利率的升降,不能不引起国内金融市场利率的变化。

三、利率期货的种类

目前国际期货业界通常将利率期货分为中长期利率期货和短期利率期货两大类。这两类利率期货的主要区别在于期限、报价方式以及交割方式的不同,而其共同点在于这两类利率期货的价格决定因素基本上相同。

1. 短期利率期货

短期利率期货的交易标的物是期限在1年以内的债务凭证。计价方式为用100减去其基准利率(即协定利率)。这样计价是为了符合交易者的习惯,因为如果以协定利率计价,就会出现卖价低于买价时依然无法成交的反常现象。

短期利率期货价格最低波动幅度为一个基本点,一个基本点为一个年利率百分点的1%。如果核算成美元,最小价格波幅为:合约金额×(合约期限/360)×0.01%。

目前主要的短期利率期货有以下几种。

(1) 美国短期国库券期货。美国短期国库券由美国财政部以折扣方式发行,期限种类有3月期、6月期和12月期三种,因信用等级高,流动性强,而成为最受欢迎的债券之一。芝加哥商品交易所(CME)的国际货币市场(IMM)分部,在1976年1月推出短期利率期货,交易标的物为金额100万美元,期限90天的美国国库券。

(2) 3个月期欧洲美元期货。1982年由IMM推出,欧洲美元是指存放在美国境外的银行中的美元。3个月期欧洲美元期货的交易标的物为金额100万美元,3个月期的伦敦银行欧洲美元存款。其计价方式也是以指数形式,用100减去欧洲美元3个月期存款的年利率。

(3) 港元利率期货。1988年3月由香港期货交易所推出,交易标的物为金额100万港币,期限3个月的港元存款。计价方式为100减去香港同业拆放利率(HIBOR)。

2. 长期利率期货

长期利率期货的交易标的物是期限为1年以上的债务凭证。其对应的现货商品长期债券,都是以百分比的形式计价,即以"点"加"1/32点"表示。例如,若价格为89—16,则表示以面值的$(89+16/32)\%$计价。其价格的最小变动幅度为1/32点,如果核算成美元,最小价格波幅为:合约金额$\times(1/32)\times(1/100)$。

目前主要的长期利率期货有以下几种。

(1) 美国长期国库券期货。长期国库券是由美国财政部发行的一种长期债券,期限为10~30年不等。长期国库券期货1977年由CBOT推出,曾被认为是最成功的利率期货之一。如前所述,该期货标准债券为面值10万美元,年收益率8%,期限至少是15年的长期债券,价格最低波幅为1/32个百分点,即31.25美元。

(2) 美国中期国库券期货。1979年CBOT和IMM分别推出了4年期、3~4年期的中期国库券期货,与长期国库券期货相比,中期国库券只是期限短,其他方面几乎完全一致。

(3) 房屋抵押债券(GNMA)期货。GNMA是美国政府国民抵押贷款协会(Government National Mortgage Association)的简称,GNMA债券是经批准的银行或金融机构以房屋抵押的方式发行的一种债券,期限平均为12年,最长可达30年。房屋抵押债券期货是最早推出的利率期货,标准债券为面值10美元、年收益率8%的房屋抵押债券。

四、利率期货套期保值与投机策略

利率套期保值,就是金融市场上借贷者采取与其现货市场相对的立场买卖利率期货,以确保自己现在拥有或将来拥有将要买卖的金融凭证的价格(或收益率)。其基本原理是利用利率下跌时各种金融凭证的价格会升高和利率上升时金融凭证价格将下跌的原理。一切贷款者或购买金融凭证者,应在预期利率要下降时进行多头套期保值,即买进有关利率期货以确保收益;反之,一切借贷者或出售金融凭证者,应在预测利率将上扬时进行空头套期保值,卖出利率期货以避免损失。也有这种情况:如一个投资者持有固定收益证券,他预测利率可能上升,但又必须依靠手中所持有的证券来维持资金的流动性。为保险起见,他可通过出售利率期货合约进行套期保值,这样可将收益定在较高的水平。如到时利率果然上升,则其在现货方面的损失(证券价格下降)可由期货方面来弥补;如利率下降,则在期货市场上受到的损失可以由现货市场中的收益来补偿。当然,进行期货交易是要付出佣金的。

第五节 外汇期货

一、外汇期货的产生和发展

外汇期货又被称为货币期货,它是以外汇汇率为交易标的物的金融期货。具体地说,外汇期货是交易双方在金融期货交易所里对标准交易条款的外汇进行买卖、并约定在未来的某个时刻或一段时期内按协定的汇率进行交割的合约。

外汇期货的产生要早于利率期货(1975年)和股票指数期货(1982年)。《布雷顿森林协议》的崩溃是外汇期货出现的"催生婆"。1972年5月16日,美国芝加哥商品交易所(CME)鉴于固定汇率制崩溃以后国际金融市场上汇率巨幅波动的现实,认为可将已有多年历史的商品期货交易技术应用于金融领域。因此专门设立了一个金融期货的交易部门,即国际货币市场(IMM),推出包括英镑、加拿大元、德国马克、日元、瑞士法郎、意大利里拉、墨西哥比索在内的七种外汇期货合约,在世界上首创了能够转移汇率风险的集中交易场所。外汇期货交易的产生,将期货交易的范围扩展到了金融领域。

目前主要的外汇期货市场是美国芝加哥商品交易所(CME)的国际货币市场(IMM)、中美商品交易所(CAME)、英国伦敦的国际金融期货交易所(LIFFE)和伦敦股票交易所(LSE)、澳大利亚的悉尼期货交易所(SFE)、加拿大的多伦多期货交易所(TFE)、荷兰阿姆斯特丹的欧洲期权交易所(EOE),以及新加坡的国际货币交易所(SIMEX)。在IMM交易的外汇期货占据了全球外汇期货交易量的绝大多数。

各地期货交易所交易的品种略有不同,但总的来说包括了几乎所有的主要货币品种。例如:美元、英镑、日元、加拿大元、瑞士法郎、澳大利亚元、新西兰元以及美元指数期货、英镑期货期权、欧洲美元期货,还有现在的欧元等。

二、有关外汇期货交易的基本概念

1. 外汇

在国际经济交往中存在着大量的债权与债务关系,对于这些债权与债务,由于本国货币与外国货币所代表的价值、名称和单位都不相同,因此,不能直接用一国货币来结算国际间债权债务。一般把各国在进行国际清偿时均可接受的、在国际金融市场上可自由兑换的货币(例如美元、欧元、日元、英镑等)或其相对应的支付凭证(银行汇票、银行支票)、有价证券称作外汇。要注意,外汇是外币,对中国来说,美元是外汇,以美元表示的有价证券和支付凭证都是外汇;但是对美国来说,尽管美国进口商可以用美元或以美元表示的有价证券和支付凭证直接支付贷款,但这些并不是外汇。

外汇的主要形式有以下几种:外汇存款,外汇支付凭证(包括汇票、本票、支票、旅行支票和信用证等),外汇有价证券(股票、债券、可转让存单)。外币现钞和其他外汇资金。

黄金曾是国际间支付的主要手段。但国际货币基金组织在 1973 年从组织章程中删除了有关黄金的条款,开始了黄金非货币化的进程。近年来黄金的国际市场价格始终低迷,但美国"9·11"事件后黄金价格走强。一些国家在国际黄金市场上不断出售官方黄金储备,但是多数国家的政府仍把黄金与外汇储备并列,共同作为其对外支付能力的保证。

2. 汇率

汇率是指不同货币兑换时的比率,表示一种货币的一个单位能换取多少个单位的另一种货币,又称汇价,即外汇的买卖价格。它是两国货币的相对比价,也就是用一国货币表示另一国货币的价格。

在浮动汇率制下,不同货币之间的汇率由它们之间的供求关系决定,影响两种货币之间供求关系的因素主要有以下几种。

(1) 物价水平。物价水平低的国家,一个单位的货币可以买到比较多的商品,其货币相对来说就比较有价值;物价水平高的国家,一个单位的货币只能买到比较少的商品,其货币相对来说价值就比较小。

(2) 通货膨胀。国内外通货膨胀的差异是决定汇率长期趋势的主导因素。如果一国通货膨胀高于他国,该国货币在外汇市场上就会趋于贬值;反之,就会趋于升值。

(3) 利率。如果一国利率水平相对高于他国,就会刺激国外资金流入,由此提高本国货币在外汇市场上的汇率;反之,如果一国的利率水平相对低于他国,则会导致资金外流,本国货币在外汇市场上不受欢迎。

(4) 经济增长。国内外经济增长的差异对汇率的影响是多方面的。经济的增长,国民收入的增加意味着购买力的增强,由此会带来进口的增加;经济增长同时还意味着生产率的提高,产品竞争力的增强,对进口商品需求的下降。另外经济增长也意味着投资机会的增加,有利于吸引外国资金的流入,改善资本账户。从长期看,经济的增长有利于本币币值的稳中趋升。

(5) 市场预期。国际金融市场的游资数额巨大,这些游资对世界各国的政治、军事、经济状况具有高度敏感性,由此产生的预期支配着游资的流动方向,对外汇市场形成巨大冲击,预期因素是短期内影响外汇市场的最主要因素。

(6) 政府干预。各国货币当局为了使汇率维持在政府所期望的水平上,会对外汇市场进行直接干预,以改变外汇市场的供求状况,这种干预虽然不能从根本上改变汇率的长期趋势,但对外汇的短期走势仍有重要影响。

3. 外汇标价法

汇率可以用以下两种方法进行标价。

(1) 直接标价法。

直接标价法是以一定单位的外国货币能换取多少单位的本国货币的形式表示。也就是说,在直接标价法下,汇率是以本国货币表示的每单位外国货币的价格。例如,在中国,以人民币为本币,1美元=7.9人民币元,美元的汇率用"7.9人民币元/美元"表示;在美国,以美元为本币,1英镑=1.5美元,英镑的汇率用"1.5美元/英镑"表示。若汇率按这种形式表示就称为直接标价法。在这种标价法下,外汇汇率上升,说明外币币值上涨,本币币值下降;外汇汇率下降,说明外币币值下跌,本币币值上升。

(2) 间接标价法。

间接标价法是以一定单位的本国货币能换取多少单位的外国货币的形式表示。在间接标价法下,汇率是以外国货币来表示的每单位本国货币的价格。例如:在英国,以英镑为本币,1英镑=1.5美元,美元的汇率用"1.5美元/英镑"表示;在美国,以美元为本币,1美元=1.6德国马克,德国马克的汇率用"1.6马克/美元"表示。若是用间接标价法表示的外汇汇率上升,则说明外币币值下跌、本币币值上升;外汇汇率下降,则说明外币币值上涨,本币币值下降。

目前只有英国和美国等少数国家使用间接标价法。世界上大多数国家采用直接标价法。我国也采用直接标价法。

在国际外汇市场上,大多数货币的汇率都是以与美元的比价进行报价的。但在实践中,许多交易是在两种非美元的货币之间进行的,这种交易在国际外汇交易中也是重要的组成部分。比如一个英国的进口商可能需要直接用英镑购买日元。那么,他用英镑购买日元时使用的汇率,即英镑对日元的汇率,有时候也称为交叉汇率,这个汇率必须与利用英镑对美元的汇率和日元对美元的汇率计算得到的汇率一致。比如当英镑对美元的汇率为 1.5(美元/英镑),日元对美元的汇率为 110(日元/美元)时,则英镑对日元的交叉汇率一定是 165(日元/英镑),否则的话,就会有套利机会出现。出于国际外汇市场的交易非常活跃,市场的效率很高,一旦不同货币之间的汇率出现不平衡,有套利机会出现,马上就会被发现和利用。不平衡的汇率迅速发生变化,套利机会很快就会消失,不同货币之间的汇率会达到一种平衡的状态。

三、外汇期货的特点

外汇期货合约,是一份有关外汇交易条款内容标准化的协议。有如下主要特点。

1. 特定的外汇币种

期货合约规定的外汇币种,一般都是可自由兑换的外汇。但是,不同的交易所规定上市的外汇币种不同。

2. 所有外汇期货均以美元标价

外汇期货以美元标价,有利于外汇期货市场间的清算、交割和转让。

3. 规定统一的合约数量单位

例如,芝加哥商品交易所的外汇期货合约规定的每张合约数量单位为英镑 62 500,瑞士法郎 125 000,加拿大元 100 000,澳大利亚元 100 000,日元 12 500 000。

4. 点数、最小价格波动值和每日涨跌幅限制

外汇期货交易中的点数等于万分之一个货币单位,即每个点数为外汇期货合约面值的万分之一美元。其计算公式为

$$每个点数折合美元 = 外币期货合约的固定面值 \times 万分之一$$

例如,英镑期货合约的固定面值为 25 000 英镑,因而 1 份期货合约(英镑)的 1 个点数代表 2.5 美元,即(25 000×0.000 1)美元=2.5 美元。

最小价格波动是指外汇期货交易中,不同交易间的最小价格波动额。例如,某月某日外汇期货市场上公布的英镑的最小价格波动为 5 个点数,即每份英镑合约最小价格波动为 5 个点数的美元波动。最小价格波动额为 25 000×0.000 1×5=12.5 美元。

每日价格限制亦称为日限价。它是指各种外币期货合约每日最高允许上浮和下浮的限制。例如,某月某日外汇期货市场上公布的英镑的日限价为 500 点,即每份英镑合约最

高允许上、下浮动的限额为(25 000×0.000 1×500)美元＝1 250美元。

5. 合约交易时间

指某类外汇期货交易每周的营业日数及每一营业日内开市至收市的交易时间。在交易时间中,每一份期货合约规定到期外汇合约最后交易日的交易截止时间为当天中午(如LIFFE为10:30),即对冲到期合约须在最后交易日的当日中午实施,否则只有履行现货交割。

不同的期货商品和不同的期货市场交易时间并不相同,例如CME统一为7:20～14:00,但在伦敦国际金融期货交易所(LIFFE),不同的外汇币种的交易时间也略有差别,如英镑8:32～16:02;德国马克8:34～16:04;日元8:30～16:00;瑞士法郎8:36～16:06;美元8:34～16:04。

6. 交割月份、交割日期、交割终结日

IMM的外汇期货交割月份为3月、6月、9月、12月,3个月为一个交割月份的周期。交割日期为到期月份第三个星期的星期三。若遇到节假日,则顺延一天。交割终结日为交割日前的第二个交易日。

本章小结

1. 期货交易是在期货交易所内通过公开竞价方式集中买卖标准化期货合约的交易活动。期货合约对标的物的品种、数量、交割日期和地点等都作了规范化约定,交易结果由专门的清算机构进行清算。其基本制度是逐日盯市,即每日结算无负债制度和保证金执行制度,以及涨跌停板制度、最小价格波动幅度、报价方式、最大持仓限额等,并且可以提供信用担保。

2. 期货交易的基本功能可以概括为规避风险和价格发现,多种作用可以看作是这两大功能的外在表现。期货交易商品应具备的条件有:(1)该商品具有必要的保值和转移风险的作用;(2)商品应存在众多的买家和卖家;(3)商品要宜于贮藏、保存、交割方便;(4)商品的品质规格或等级易于划分和标准化;(5)商品价格具有敏感性、易波动性。

3. 套期保值交易是指同时在现货市场和期货市场上做数量相等而方向相反的交易。具体而言,就是在现货市场上买入现货的同时,在期货市场上卖出等量的期货;而在现货市场上卖出现货的同时,则在期货市场上买入等量的期货。以便用一种交易的盈利来补偿和抵消另一种交易中因价格变动而带来的损失。

4. 股指期货交易的特点:(1)交易对象是股市指数,它只是一项数字而不代表任何实物商品。(2)针对的是某一种股市指数,合约价格只与该指数的值有关,与该股市指数的点数成正比。(3)股指期货交易要缴纳的保证金比其他金融期货的保证金低很多,而且对于每份指数期货合约,其保证金数额是固定的,而不是按合约价格的百分比提取。

5. 金融自由化带来了利率市场化,伴随利率市场化而来的投资风险,成为推动世界各国利率期货发展的原动力。其影响因素主要有:平均利润率、资金供求关系、物价指数变动、银行存贷利差的合理要求和国际金融市场利率的影响等。

6. 外汇期货又称为货币期货,它是以外汇汇率为交易标的物的金融期货。具体地说,外汇期货是交易双方在金融期货交易所里对标准交易条款的外汇进行买卖、并约定在未来的某个时刻或一段时期内按协定的汇率进行交割的合约。

 阅读资料

2013年度期货市场六大新闻盘点

1. 国债期货9月6日重回中国资本市场:国债期货9月6日正式在中国金融期货交易所上市交易。时隔18年,国债期货重回中国资本市场,作为国际衍生品市场上交易量最大的品种,国债期货是金融期货中当仁不让的"王者"。然而,市场的热度距投资者的预期和成熟市场经验出现了一定差距。作为现券市场持有量和交易量最大机构的商业银行以何种形式参与国债期货市场,目前监管层尚未有定论,相信未来商业银行参与国债期货市场将会有广阔的发展空间。

2. 国内期货挂牌9个新品种步入"40时代":今年相继上市了焦煤、动力煤、石油沥青、铁矿石、鸡蛋、粳稻、纤维板、胶合板8个商品期货品种和国债期货1个金融期货品种,至此,国内期货品种增加至40个。统计显示,从2008年到2012年,国内共新上市了13个商品期货品种。而今年以来已经上市9个期货新品种,这在近年来是非常少见的。期货部分品种已经从单一品种发展到产业链上下游,在服务国民经济的纵深和广度上都有显著的延伸。

3. 上海期货交易所6个期货品种开展连续交易:7月5日,上海期货交易所正式启动黄金、白银的连续交易,11月20日连续交易的期货品种从贵金属扩展到铜、铝、锌、铅4个有色金属品种。纽约商品交易所和伦敦金属交易所分别在贵金属和基本金属定价方面有很大的影响力,国内的交易时间与这两个交易所均不重叠,导致国内期货市场价格不能跟随国际价格波动,隔夜跳空风险很大。从贵金属过去5个月的交易数据来看,夜盘上线大大激发了市场潜力。随着国内商品期货市场国际化程度不断提升,连续交易被认为是国内期货市场与国际市场接轨的重要步伐。

4. **前8月期市成交额超去年,全年成交量、成交额将双创历史新高**:今年以来,期货市场行情总体较为活跃,成交额及成交量同比增长翻番,均创1993年期货市场有统计以来的历史新高。据中期协统计,今年1—8月全国期货市场累计成交金额逾185.5万亿元,超过去年创造的171万亿元的年成交额历史纪录。1—8月,全国期货市场累计成交量逾14.2亿手,距2012年全年14.5亿手的累计成交量数据仅一步之遥。今年前11个月全国期货市场累计成交量为18.95亿手,累计成交额为246.09万亿元,同比分别增长45.86%和61.93%。今年,国内期货市场新品种上市较为频繁,新品种带动的产业资金和炒新资金的入市直接推动了期货市场成交量和成交额的大幅攀升。

5. **上海国际能源交易中心11月22日正式挂牌成立**:上海国际能源交易中心11月22日在上海自贸区内正式挂牌,这标志着国内原油期货筹建工作迈出了关键一步。上海期货交易所确认称,目前原油期货合约及交易细则设计已经基本完成,计价和结算货币仍备有人民币和美元两套方案。此前经中国证监会决定,同意上期所在自贸区内筹建上海国际能源交易中心股份有限公司,具体承担推进国际原油期货平台筹建工作。依托这一平台,全面引入境外投资者参与境内期货交易,扩大中国期货市场对外开放程度。国际能源交易中心成立后,标志着中国版原油期货的筹备工作迈出了坚实的一步,距上市交易渐行渐近,更加有利于我国争取原油定价的国际话语权。

6. **金价大幅下跌,12年牛市如过眼云烟**:今年以来,大宗商品市场跌幅最大的一定是黄金,连续12年上涨记录将被打断。截至目前(12月20日),纽约商品交易所(COMEX)黄金期货累计下跌28.2%,其中4月12日、9月12日、10月11日、11月20日、11月26日,黄金市场一再上演断崖式下挫,其间还触发了交易所的熔断保护机制。黄金一路走低,在上半年以抄底之势杀入金市的中国大妈们如今纷纷被套。金价从此是否踏入"熊市"、明年金价会不会有所反弹、买黄金还能不能抗通胀……这些还需等市场最终来揭晓。

资料来源:中商情报网(http://www.askci.com/)。

期货公司新一轮并购和增资扩股热潮

近两年来,在期货业继续保持快速发展势头及创新业务逐步启动的背景下,期货公司涌现出新一轮的并购和增资扩股热潮。2013年共有6单并购案例,5家期货公司公告了增资事宜,合计总额17.93亿元。

3月26日,长江证券发布公告,公司子公司长江期货收到证监会《关于核准长江期货有限公司吸收合并湘财祈年期货经纪有限公司的批复》,吸收合并完成后,湘财祈年期货依法解散并办理相应的工商注销手续,湘财祈年期货的营业部变更为长江期货的营业部;6月24日晚间,西部证券公告,公司子公司西部期货收到证监会核准股权变更的批复。通过本次股权变更,西部证券完成收购西部期货原有3家股东持有的12.5%西部期货股权,使西部期货成为西部证券全资子公司;8月1日,格林期货和山西证券全资拥有的大华期货发布关于证监会核准吸收合并的联合公告,山西证券以支付现金和非公开发行股份购买资产的形式收购格林期货全部股权,交易总对价约11.37亿元,创造了国内期货业并购史上的新高。国内证券行业首例通过上市公司资本运作平台发起的跨行业并购案例,山西证券收购格林期货已经尘埃落定;8月22日,方正证券公告称,核准其收购北京中期期货60%股权,并由北京中期吸收合并方正证券子公司方正期货,北京中期拟更名为方正中期期货有限公司;9月25日晚间西南证券公告,近日,证监会向西南期货下发批复,核准西南期货股权变更,公司持有西南期货100%股权;11月26日中航投资公告称,控股子公司中航期货拟以现金1450万元收购中胜实业持有的江南期货33.33%的股权。同时,中航期货作为存续方吸收合并江南期货,吸收合并完成后,中航期货持续存在,江南期货作为被合并方完成注销登记。

2013年的期货公司并购不仅限于国内。7月26日,广发证券发布公告称,并购英国NCM期货公司。这是首单国内券商海外并购期货公司的案例。此外,中粮期货官网公示信息显示,中国人寿已于去年12月入股中粮期货,成为后者的第二大股东。据了解,中国人寿此次并购出资近3亿元,以第二大股东的身份持有中粮期货35%的股份。

期货公司收购大规模出现的同时期货公司增资扩股潮再起。10月29日,西南证券发布公告称,拟以现金方式向西南期货经纪有限公司增资4.5亿元人民币,本次增资完成后西南期货经纪有限公司注册资本将达到5亿元人民币;长江证券4月21日发布公告称,董事会同意公司以现金方式向长江期货增资2.9亿元人民币,增资完成后,长江期货的注册资本增至人民币6.0亿元;5月份,东海期货有限责任公司正式完成相关工商变更手续,注册资本金由2亿元增资至5亿元;高新发展6月20日公告,成都倍特期货拟以4 666万元注册资本为基数,用截至2012年12月31日经审计后的5 841.66万元资本公积和未分配利润中的9 492.34万元向其全体股东同比例转增注册资本共计15 334万元。交易完成后,倍特期货的注册资本将由4 666万元增至2亿元。此外,作为国内三家合资期货公司之一的银河期货,在披露了其2012年度有关财务信息的同时,也公告了其注册资本已由6亿元增至12亿元的消息。

资料来源:中商情报网(http://www.askci.com/)。

复习思考题

一、问答题

1. 期货交易有哪些特点？与现货交易、远期交易有何区别？
2. 金融期货产生和发展的原因是什么？
3. 利率期货的定价机制是什么？
4. 基差、现货价格和期货价格的关系如何？
5. 利率期货有什么功能？
6. 如何进行跨市场套利？如何进行跨时期套利？

二、选择题

1. 目前国内期货交易所有（　　）。
   A. 深圳商品交易所　　　　　　　　B. 大连商品交易所
   C. 郑州商品交易所　　　　　　　　D. 上海期货交易所
2. （　　）的基本功能是组织商品流通。
   A. 商品期货交易　　　　　　　　　B. 金融期货交易
   C. 期货期权交易　　　　　　　　　D. 现货远期交易
3. 现代市场经济条件下，期货交易所是（　　）。
   A. 高度组织　　　　　　　　　　　B. 期货交易活动必要的参与方
   C. 影响期货价格形成的关键组织　　D. 期货合约商品的管理者
4. 最早产生的金融期货品种是（　　）。
   A. 利率期货　　B. 股指期货　　C. 国债期货　　D. 外汇期货
5. 由股票衍生出来的金融衍生品有（　　）。
   A. 股票期货　　　　　　　　　　　B. 股票指数期货
   C. 股票期权　　　　　　　　　　　D. 股票指数期权
6. 利率期货交易中，价格指数与未来利率的关系是（　　）。
   A. 利率上涨时，期货价格上升　　　B. 利率下降时，期货价格下降
   C. 利率上涨时，期货价格下降　　　D. 不能确定

三、计算题

1. 某铜厂预计 6 月生产 300 吨电解铜，现在是 3 月 31 日，6 月铜期货价为 16 100 元/吨，

现货价为每吨 16 000 元/吨，假定 6 月 18 日，现货价为 15 600 元/吨，6 月铜期货价为 15 610元/吨，该厂如何对其生产的铜作套期保值？结果如何（每手铜期货合约为 5 吨）？试作简要分析。

2. 某公司预计 3 个月后需借入一笔 3 月期 500 万欧洲美元贷款，公司经理预测市场利率将上升，因此买进了 500 万美元、3 个月对 6 个月远期利率协议，即 3 个月后开始计算的 3 个月利息。协议利率 7.75%，参考利率为 LIBOR 7.68%。3 个月后市场利率（LIBOR）上升为 8.5%。计算远期利率协议清算日公司收付数。如果以 8.5% 借入 500 万欧洲美元，加上述远期利率协议收付数，其综合借款成本是多少？

第十一章 期权

【学习指导】

通过本章学习,了解期权市场的发展及现状、构成与运作;深入理解期权的基本概念和内容、二叉树和B-S期权定价模型的指导思想、假设条件;基本掌握对期权进行各种价值分析与损益分析的方法;初步学会应用单期和两期二叉树模型、B-S公式对期权进行定价;初步具备利用各种看涨与看跌、多头与空头期权策略及其组合解决实际问题的能力。

金融期权是国际金融创新中发展起来的又一种新的颇具特色的衍生金融工具,自产生以来发展非常迅速,应用非常广泛,尤其是在金融风险管理中,它更是一种颇受投资者欢迎的套期保值的新型金融工具。

截至目前,我们所讨论的金融工具都具有一种共同的特性,即线性(straightline)特性,这是因为使用前几种金融工具时,多空双方都有相同的获利与亏损机会,这笔交易的期望值为零。所以,买卖双方都不需要预付对方一笔期初费用。而期权可以使买方在某个方向的市场走势中获利,却不会在相反的走势中发生亏损,买卖双方之间的对称性不复存在,买卖双方之间需要一笔预付的期初补偿金。

期权是变化最复杂的金融工具之一,它所具有的灵活性创造了无限的机会。它与各种金融工具相配制,组合出具有各种特性的金融交易工具。期权的种类本身也繁衍出一个庞大而复杂的"家族",并且期权经常隐藏在其他的金融工具当中。

第一节 期权交易概述

一、期权市场的发展及现状

在许多人心目中,期权是20世纪70年代后才出现的一种金融创新工具,但事实上具有期权性质的交易可以追溯到很久以前。早在公元前3500年,古罗马人和腓尼基人在货物交易的合同中就已经使用了与期权相类似的条款。不过,最早的有史料记载的期权交易是由古希腊的哲学家萨勒斯(Thales)进行的。而在17世纪荷兰郁金香热中期权得以广泛运用。当时,郁金香的交易商与种植者之间进行合同交易的做法十分流行。这种合同实质上是在未来某一时刻以特定的价格买入或卖出某一种郁金香的买权或卖权合同。同时,郁金香交易合同的二级市场也应运而生,越来越多的投资者开始根据合同的价格波动来进行郁金香合同的交易。

  1973年4月26日,芝加哥期权交易所(CBOE)正式宣告成立,这意味着期权市场的发展进入了一个新的历史时期。而在此之前期权的交易一直是在店头交易市场(OTC)上进行的。由于其流动性差、风险大、成本高等缺陷,芝加哥期权交易所做了以下两方面的开拓性工作:第一,对上市交易的期权合同进行了标准化,如规定了各种期权的到期月份及最后到期日,规定了合同执行价格的设置方法等。期权合同的标准化为投资者进行期权交易提供了极大的方便,从而有力地促进了二级市场的发展。第二,成立了期权清算公司这样的中介组织,集中处理期权交易的清算和交割事宜,从而为期权的交易和执行过程提供了可靠的保障。从此之后,金融期权市场的发展非常迅速,特别是进入21世纪后,随着信息网络技术的应用,期权交易得到更大发展。

  目前,在一些发达国家的不同交易所里都有期权交易,一些金融机构和非金融机构同时也进行着大量的场外期权合约交易。现在,有关金融期权合约的标的资产主要包括股票、股票指数、利率、汇率、债务工具、期货合约等基础性金融资产,同时还有一些以商品为标的资产的商品期权合约。

二、期权的基本概念和内容

1. 期权的基本概念

  期权(option)亦称选择权,是一种衍生性契约(derivative contract)。其持有人有权利在未来一段时间内(或未来某一特定日期),以一定的价格向对方购买(或出售给对方)一定数量的特定标的物,但是没有必须履约的义务。期权的卖方(seller)授予期权的买方(buyer)或称为期权的持有者(holder)这项权利,期权的买方为取得这种权利必须向期权的卖方付一定的费用,所支付的这笔费用称为期权费(option premium),又称为期权的权利金。期权费是期权的价格(option price)。在期权合约中,约定的商品买卖的价格称为"敲定价格"(strike price),也称为"履约价格"或"执行价格"(exercise price),它是与当时市场上的现行价格相对应的。期权合约中所规定的那种特定商品称为期权的"基础资产"(underlying asset),又称为"标的资产"。期权的买方所拥有的买卖基础资产的权利是有一定的时间限制的,这种权利只在规定的时期内(或规定的日期)有效,其中期权到期的日子称为到期日或期满日(expriation date)。

2. 看涨期权和看跌期权

根据持有人拥有的是购买资产的权利或是出售资产的权利的不同,期权分为看涨期权(call option)和看跌期权(put option)。看涨期权赋予持有人在一个特定时期以某一固定价格购进标的资产的权利,而看跌期权则赋予持有人以固定的执行价格出售标的资产的权利。

如果期权执行时标的资产的市场价格高于执行价格,看涨期权的持有人就可赚取市场价格与执行价格之间的差价。而对于看跌期权,如果标的资产的市场价格低于执行价格,看跌期权的持有人则可赚取执行价格与市场价格之间的差价。对于卖方而言,看涨期权的卖方有履行在合约规定的时间出售资产的义务,看跌期权的卖方则有履行买进资产的义务。

3. 欧式期权和美式期权

按照期权执行的时间限制,期权可分为欧式期权(European option)和美式期权(American option)。欧式期权只能在到期日执行。而美式期权可以在到期日或到期日之前的任何时间执行。由于美式期权具有更多的灵活性,所以目前世界上的大部分期权是美式期权。

4. 期权合约的主要内容

表11-1给出了芝加哥期权交易所CBOE的S&P500指数期权合约的主要内容。

表11-1 芝加哥期权交易所S&P500指数期权合约文本的主要内容

合约项目	具体规定
报价单位	点
交易单位	100美元/点
期权样式	欧式
执行价格	初始执行价格由交易所列出,但如果S&P500指数达到执行价格的最高或最低价时,交易所将增加新的执行价格
最小变动单位	当期权在3.00点以下交易时,最小变动单位为0.05点(5美元);如果期权超过3.00点时,最小变动单位为0.10点(10美元)
合约月份	3个近期月份,再加上3个连续的季度月份(3、6、9和12月)
最后到期日	合约交割月份的第3个周五后的周六

续表

合约项目	具体规定
最后结算日	到期日之前的最后1个营业日(通常是周五)
最后交易日	最后结算日之前的1个营业日(通常是周四)
最后结算价	结算的S&P500指数用各成分股票的最后结算日的开盘第一笔卖出报价计算,最后结算日不开盘时,则用结算日前的最后一笔卖出报价计算
交易时间	8:30—15:15
最后交易日的交易时间	8:30—15:15
合约结算价值	最后结算价×合约乘子
结算方法	现金结算
头寸限制	没有限制,但每个会员持有的合约数超过100 000时,必须向市场监管处报告

资料来源:http://www.cboe.com/Products/indexopts/spx_spec.aspx。

三、期权市场的构成与运作

1. 期权的市场结构

期权市场的结构与期货市场大体相同,都是由买者、卖者、经纪公司、期权交易所和期权清算所(或结算公司)组成。

买者(taker)是购买期权的一方,即购买权利的一方。卖者(grant)是出售期权的一方,也就是出售权利的一方。

20世纪五六十年代,期权交易在店头市场进行,店头市场的交易成本过高,妨碍了期权交易的发展。1973年4月26日,随着第一个期权交易所——芝加哥期权交易所的成立,期权交易所开始实行会员制。

期权清算所独立或附属于交易所,通常由一些经纪商出资组成。在交易达成时,清算所充当买方和卖方的对立面。当买方要求履约时,清算所依据一套规则,随机选择出一名或数名未平仓的卖方接受履约,倘若被选中的卖方违约,清算所将无条件地履行卖方义务。清算所增强了期权市场的安全性。

2. 标准化的期权合约

凡在交易所上市的期权合约都是标准化的合约。在这些标准化的合约中,交易单位、最小变动价位、每日价格波动限制、敲定价格、合约月份、交易时间、最后交易日、履约日等均由交易所作出统一规定。由于在这些规定中有许多与期货合约中的规定相同或相似,因此我们只就其中的几条规定作一简述。

(1) 交易单位。期权的交易单位是由各交易所分别加以规定的,因此,即使是标的物相同的期权合约,在不同的交易所上市,其交易单位也不一定相同。以股票为例,美国股票期权的交易单位是 100 股,在澳大利亚是 1 000 股。

(2) 敲定价格。敲定价格是指期权合约被执行时,交易双方实际买卖基础资产的价格。一般地说,当交易所准备上市某种期权合约时,将首先根据该合约标的物的最近收盘价,依某一特定的形式确定一个中心敲定价格,然后再根据既定的幅度设定该中心敲定价格的上、下行若干个级距的敲定价格。因此,在合约规格中,交易所通常只规定敲定价格的"级距"(intervals)。以美国股票期权为例,新的股票选择权上市时,交易所会以股票的最近收盘价为中心点,找出最接近的 5 美元的倍数,再以 5 美元为一个级距,往上或往下各定出一至两个可用的履约价格。当股票的市价超过近 100 美元时,履约价格改为每 10 美元一个级距;当股票的市价低于 30 美元时,履约价格改为每 2.5 美元一个级距。

(3) 权利期间。权利期间是指自期权合约签订生效至期权合约到期这一段时间。在权利期间内,期权合约规定的买卖期限有两种:美式和欧式。期权交易所期权合约的权利期间是标准化的,分 3 个周期,每个周期的起止月份均予以固定,从而形成一个循环。在 CBOE,3 个周期的起止月份如下。

周期Ⅰ:1 月/4 月/7 月/10 月

周期Ⅱ:2 月/5 月/8 月/11 月

周期Ⅲ:3 月/6 月/9 月/12 月

当一份合约的期满月到来时,周期中的另一个月便替补进来。设计采用 3 个周期的目的在于将到期日分布开来,避免所有的期权在同一天或同一月份到期。

3. 保证金制度

期权中的保证金制度与期货中的保证金制度有着相似的性质和功能。但是,在具体执行中,这两种保证金制度又有着很大的区别。对于期货交易者来说,无论是买方还是卖方,均必须交纳保证金,以确保交易双方履行合约;而在期权交易中,只有期权出售者才需缴纳保证金,而期权购买者却无须缴纳保证金。其所以如此,是因为保证金的作用在于确保履约,而期权购买者为得到期权合约赋予的权利已经付出了期权费,同时他也没有必须履约的义务。而对于期权的出售者来说,他在出售期权时必须在保证金账户中保持一定数额的资金,这是由于经纪人和交易所需要确保当期权行使时该期权出售者不会违约,保证金的大小则取决于当时的市场环境。

4. 期权的交易过程

场内期权交易与期货交易相似,都是在交易所大厅内由经纪人进行的。投资者本身不能直接进入交易所大厅,而是委托场内经纪人(floor broker)代为进行交易。投资者决定交易后,便将委托指令下达给经纪商。该指令包括买进或卖出合约种类、履约价、限价、期权类型(看涨期权还是看跌期权等)。经纪商收到委托指令后,便以快捷的方式把委托指令传递到交易所内,再由跑递人交给场内经纪人。场内经纪人必须是交易所会员,他们可能受雇于这位经纪商,也可能不是。交易对手可能是另一位场内经纪人,或者是造市商,或者是委托单处理员。造市商只能自营,而委托单处理员则只可以从事代理业务。这些人须在进行交易的期权柜台边,通过公开喊价的方式达成交易。

交易一经谈妥,双方立即记录在案,交易所对双方记录核查无误后,即为成交,有关记录报告清算所。第二天,期权的购买方将其期权费通过清算所会员交至清算所,清算所发出期权。卖方则通过清算所会员将保证金交到清算所,其中保证金的金额取决于卖方标的物的市场价格、敲定价格。

5. 期权的结算过程

期权的结算过程与期货也大体相似,清算所充当卖方、买方的对立面,即卖方和买方不再发生直接的权利义务关系。清算所收到期权购买者的期权执行通知后,根据一套公正平等的准则选择清算所会员实施结算;清算所会员再依据同样的准则,选择期权卖出者履行合约。

清算过程中,清算所的职责包括:

第一,确保保证金的充足。保证金是否充足,直接关系到期权市场的安全性。清算所不仅要求期权出卖者在成交时缴付足额保证金,而且在每月结算出现亏损时,都要及时补足保证金。

第二,盈亏的计算。对于期权买者来说,其盈亏的计算既要考虑履约价格,也要考虑期权费;但对于清算所而言,成交时支付的期权费是不必加入最后结算的,只在成交当日一次性结清,最后结算盈亏只考虑履约价格与到期行使期权的期货价或现货价。

第三,实施会员制和两级结算制度。清算所处理一级结算时,对会员经纪公司持有的到期期权必须计算其盈亏,对有盈利者,必须主动为其办理行使期权的手续,并向相应的购买者和出卖者发出履约通知,即"到价期权自动结算"。会员经纪公司为客户进行二级结算,也必须遵守"到价期权自动结算"的原则,为有盈利的购买者主动行使期权。

6. 期权的对冲和履约

期权合约的解除方式有两种:一种是对冲平仓,另一种是履行合约。

(1) 对冲平仓。对于看涨期权购买者来说,他必须卖出一张同样内容的看涨期权合约才能对冲其在手的交易部位;而对于看跌期权购买者来说,他必须卖出一张同样内容的看跌期权合约才能对冲平仓。对于期权的出售者来说也是如此,看涨期权的出售者必须买入一张相同内容的看涨期权合约才能对冲,看跌期权的出售者也必须买入一张相同内容的看跌期权合约才能平仓。

(2) 履行合约。在期权合约的到期日以前的任何一天,期权购买者都可以要求期权出售者履行合约。不同的期权会有不同的履约方式。一般来说,除股票指数期权以外的各种现货期权在履约时,交易双方将以敲定价格作实物交割;各种股票指数期权则依敲定价格与市场价格之差实行现金结算;期货期权则依敲定价格将期权部位转化为相应的期货部位。

四、期权价值与损益分析

1. 内在价值和实值、平值、虚值期权

期权的内在价值(intrinsic value),或称内涵价值,是指执行期权时能够给持有人带来损益的价值。设当前时刻的股票价格为 S_t,执行价格为 X,对于看涨期权而言,其内在价值为 $V_u=(S_t-X)$。反之,对于看跌期权而言,其内在价值为 $V_d=(X-S_t)$。

实值期权(in the money):当期权的内在价值处于增值状态,即有 $V_u>0$ 或 $V_d>0$ 时,执行该期权会给持有人带来收益,期权会被实际执行,所以称之为实值期权。

平值期权(at the money):当股票价格和执行价格处于等值状态,即有 $S_t=X$,因而 $V_u=0$ 或 $V_d=0$。此时期权执行与否,不会影响持有人的损益,一般称之为平值期权。

虚值期权(out of the money):当期权的内在价值处于贬值状态,即有 $V_u<0$ 或 $V_d<0$ 时,执行该期权会给持有人带来损失,期权不可能被执行,所以称之为虚值期权。

表 11-2(a)和表 11-2(b)分别列出了看涨期权和看跌期权的增值、等值、贬值状态分布范围,以及期权交易双方的盈亏情况。

表 11-2(a) 看涨期权的执行范围和盈亏状态

标的资产价格 S_t	$S_t<X$	$S_t=X$	$S_t>X$
内在价值状态(S_t-X)	贬值:$V_u<0$	等值:$V_u=0$	增值:$V_u>0$
是否执行期权	不执行	不执行	执行
看涨期权类型	虚值期权:$V_u=0$	平值期权:$V_u=0$	实值期权:$V_u>0$
期权买方损益	$-C$	$-C$	$(S_t-X)-C$
期权卖方损益	C	C	$C-(S_t-X)$

表 11-2(b)　看跌期权的执行范围和盈亏状态

标的资产价格 S_t	$S_t < X$	$S_t = X$	$S_t > X$
内在价值状态($X - S_t$)	增值：$V_d > 0$	等值：$V_d = 0$	贬值：$V_d < 0$
是否执行期权	执行	不执行	不执行
看跌期权类型	实值期权：$V_d > 0$	平值期权：$V_d = 0$	虚值期权：$V_d = 0$
期权买方损益	$(X - S_t) - P$	$-P$	$-P$
期权卖方损益	$P - (X - S_t)$	P	P

2. 期权的时间价值

对于到期前的实值期权来说，它的当前价值(价格)通常仍要高出它的内在价值，因为只要尚未执行，它还存在获取未来更高收益的机会。对于虚值期权来说，虽然此时马上执行期权会给持有人带来损失，但这并不意味着该期权已经完全没有任何价值，因为在到期前的时间里，股票价格很有可能会重新提升，从而使得未来执行该期权仍有获取收益的可能性，虚值期权仍然具有"波动性"价值即时间价值。反之，即使是最坏的结果，也只不过是最终至到期日以零值放弃期权，故而此时期权的总价值仍应为正值。一般把期权价格超过内在价值的那一部分称为期权的时间价值。

期权的时间价值本质上属于"波动性"价值。因为不管是实值、平值，还是虚值期权，只要持有人尚未执行期权，其收益就不可能小于零。虽然看涨期权有时会处于贬值或等值状态，但仍会具有正的价格。这是由于股价一直存在未来上升的可能性，也即一直存在潜在的获利机会；而在股价继续下跌时，却不会带来更多的损失。波动性价值依赖于期权内涵的对自己不利时可以不执行的权利，期权具有在股票价格发生不利变化时为持有人提供保险的功能。随着股价不断上升，(美式)看涨期权越来越有可能在到期日之前被执行，当趋向于肯定要执行时，期权的时间价值亦趋向于最小值。随着股价的进一步攀升，期权价值逼近"调整过"的内在价值，即股价减去执行价格的现值 $S_t - P_v(X)$。其原因在于，倘若持有人会十分确定地执行期权，即在到期日按执行价格 X 去购买股票，这就相当于持有人现在即按 $P_v(X)$ 的价格购买价值为 S_t 的股票，故而该看涨期权的当前净值为 $S_t - P_v(X)$。

看涨期权的总价值、时间价值和内在价值之间的相互关系如图 11-1 所示。通过价值曲线可以看出，当股票价格很低时，期权价值趋向于零，此时基本不存在执行的可能性。伴随股价的不断升高，看涨期权的价值不断增加。当股价上涨到很高时，期权增值程度迅速加大，曲线斜率达到可能的最大值。在此情况下，期权的执行基本上已经确定，期权价值趋近调整后的内在价值，期权价值提升的速度与股票价格增加的速度趋同。而期权的价值曲线与调整过的内在价值曲线相差最大的区间处于执行价格 X 的附近，说明在此范围内期权具有很高的时间价值。其原因是,此时若执行期权虽然收益很小甚至为负,但期权价格的波动性价值却相对很高。

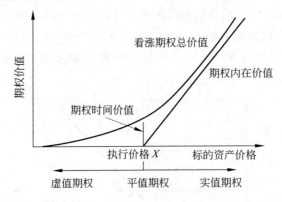

图 11-1 看涨期权的时间价值、内在价值与总价值的关系

3. 期权的价值图与损益图

研究期权和类似期权的工具在金融工程中如何应用,一种直观的方法是分析与金融工具相关的收益图(payoff profiles)。对于期权类工具,常用的收益图有价值图(value diagram)和损益图(gain or loss diagram)。一个收益图描绘了某种金融工具头寸在某特定时点上为持有者所能带来的盈利或损失。

构造损益图的第一步,先要构造一个价值图。假设 S_t 代表标的资产的市场价格,X 代表执行价格,期权费为 C(看涨期权)或 P(看跌期权),代表期权买入方为期权支付的总费用。到期时,对于看涨期权而言,期权价值将是 S_t-X 或为零,应取其最大值。对任何 $S_t \leqslant X$ 的情形,期权由于不可能执行而价值为零;S_t 每超出执行价格 1 元,期权价值就相应增加 1 元,依此构造的价值图如图 11-2 所示。

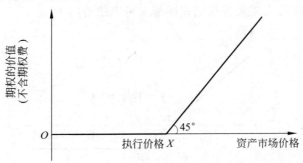

图 11-2 看涨期权价值图

由图 11-2 可以看出,在执行价格左侧,期权价值为零;在执行价格右侧,期权价值随标的资产市场价格的增加而等值增加。因为期权买入方需要付出 C 元费用才能购买到看涨期权,其损益曲线应是图 11-2 中的价值曲线向下平移 C 而得到的新曲线,其损益方程为

$$\text{买入看涨期权的损益值} = \max[S_t - X, 0] - C = \max[V_u, 0] - C \quad (11-1)$$

相对于标的资产市场价格 S_t,看涨期权为持有人带来的实际盈亏数额就是表示在图 11-3 中的损益曲线。

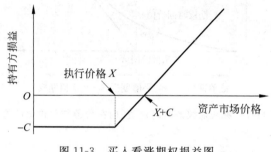

图 11-3 买入看涨期权损益图

由图 11-3 可以看出,在 $X+C$ 处,期权持有方盈亏为零;在标的资产市场价格 $>X+C$ 的右侧价区,期权持有方获得盈利;在标的资产市场价格 $<X+C$ 的左侧价区,期权持有方遭受亏损,即收益为负。最大损失为买入看涨期权所需要付出的费用 C 元。

运用同样的分析方法,可以构造出看跌期权损益图。对于买入看跌期权的一方,其损益方程为:

$$\text{买入看跌期权的损益值} = \max[X - S_t, 0] - P = \max[V_d, 0] - P \quad (11-2)$$

方程(11-2)中,P 为看跌期权费,对应于方程(11-2)的损益图见图 11-4 所示。由图可以看出,在 $X-P$ 处,期权持有方盈亏为零;在标的资产市场价格 $<X-P$ 的左侧价区,期权持有方获得盈利;在标的资产市场价格 $>X-P$ 的右侧价区,期权持有方遭受亏损,即收益为负。最大损失为买入看跌期权所需要付出的费用 P 元。

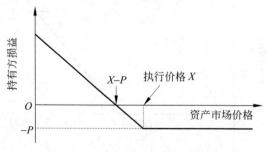

图 11-4 买入看跌期权损益图

期权卖出方的损益图正好是期权买入方损益图的镜像(mirror images),这种损益对称可以通过期权交易为"零和博弈"(zero-sum game)的结果来说明(略去交易成本),即赢者的收益正好是输家的亏损。看涨期权和看跌期权卖出方的损益图分别如图 11-5 和图 11-6 所示。

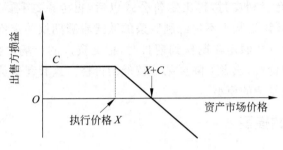

图 11-5 卖出看涨期权损益图

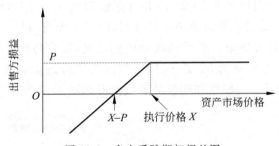

图 11-6 卖出看跌期权损益图

由图 11-5 可以看出,在 $X+C$ 处,看涨期权卖出方盈亏为零;在标的资产市场价格>$X+C$ 右侧价区,期权卖出方遭受亏损;在标的资产市场价格<$X+C$ 左侧价区,期权卖出方得到盈利。最大收益为卖出看涨期权所获取的期权费 C 元。

由图 11-6 可以看出,在 $X-P$ 处,看跌期权卖出方盈亏为零;在标的资产市场价格<$X-P$ 左侧价区,期权卖出方遭受亏损;在标的资产市场价格>$X-P$ 右侧价区,期权卖出方得到盈利。最大收益为卖出看跌期权所获取的期权费 P 元。

第二节 二叉树期权定价模型

在上一节中,我们对期权的概念有了初步的认识,然而,期权价格的合理取值应为多少?本节和下一节将要讨论这一问题。为期权进行准确估值的两种常用方法是二叉树定价模型和 Black-Scholes 定价模型。

下面以股票期权的定价问题为例,由于与美式期权相比,欧式期权只能在到期日执行,相对来说具有比较高的确定性,所以先研究欧式期权的定价模型。同时,对欧式期权而言,由于有看涨期权和看跌期权的平价关系,即确定了看涨期权的价格就可以确定看跌期权的价格,所以只需要先研究欧式看涨期权即可。同时为了简单起见,假设在期权有效期内,其标的股票没有红利支付,得出定价公式以后,再考虑红利的影响,对公式进行修正。因此,以下将主要讨论基于不付红利股票的欧式看涨期权的定价模型。

二叉树期权定价方法假定在期权到期日时,标的资产的市场价格只有两种可能:或者上涨到某一较高的价格,或者下降至某一较低的价格。这看起来虽然简单,但可以帮助我们理解更现实与更复杂的模型。

一、单期二叉树模型

1. 二叉树模型的例子

假设某种股票的当前价格为 20 美元,并且能够知道 3 个月后,股票价格的可能取值为两种:22 美元或 18 美元。假设股票不付红利,现对 3 个月后以 21 美元执行价格买入股票的欧式看涨期权进行估值。根据期权合约的定义,很容易计算得出下面的结果:在期权的到期日,如果股票价格为 22 美元,则期权的价值将是 1 美元;如果股票价格为 18 美元,则期权的价值将是 0。股票和期权的取值情况如图 11-7 所示。

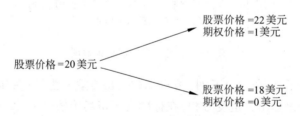

图 11-7 股票和期权价格的取值变化

根据这个例子可以看到:在无套利假设条件下,如何利用二叉树模型为期权定价。我们将构造股票和期权的投资组合,特别的,对股票和期权分别取适当的头寸,将能构造出一份股票和期权的无风险组合,从而无风险组合的价值在 3 个月末是确定值。由于该组合无风险,根据无套利假设条件,该组合的收益率一定等于无风险收益率,由此可以得出有关期权价格的方程,求解该方程,就可以得出期权的价格。由于组合中只有两种证券(股票和股票期权),并且只有两个可能的结果,所以只要选择合适的股票和期权的比率,便一定能构造出无风险组合。

现在构造下面的证券组合,该组合包含 Δ 股股票的多头头寸和一份看涨期权的空头头寸。首先计算 Δ 值为多少时,所构造的组合为无风险组合。当股票价格从 20 美元上升到 22 美元时,股票的价值为 22Δ,期权的价值为 1 美元,在这种情况下,该证券组合的价值为 $22\Delta-1$;当股票价格从 20 美元下降到 18 美元时,股票的价值为 18Δ,期权的价值为 0,在这种情况下,该证券组合的价值为 18Δ。如果选取某个具体的 Δ 值,使得在两种情况下,组合最终的价值相等,则该证券组合一定是无风险组合。即

$$22\Delta - 1 = 18\Delta \tag{11-3}$$

求解方程 11-3 可得
$$\Delta = 0.25$$

因此,按照上面求得的 Δ 值,可以构造下面的无风险证券组合。

多头:0.25 股股票;

空头:一份看涨期权合约。

如果股票上升到 22 美元,该组合的价值为
$$22 \times 0.25 - 1 = 4.5 \tag{11-4}$$

如果股票价格下跌到 18 美元,该组合的价值为
$$18 \times 0.25 = 4.5 \tag{11-5}$$

可以看到,无论股票价格怎样变化,最终是上升还是下降,在期权有效期结束时,构造的证券组合价值总是 4.5 美元。

在无套利假设条件下,无风险证券组合的收益率一定为无风险利率。假设无风险利率为年利率 12%,可以计算该组合的现在价值一定是 4.5 美元的贴现值,即

$$4.5e^{-0.12 \times 0.25} = 4.367 \tag{11-6}$$

我们用 f 表示期权的价格。已知股票现在价格为 20 美元,因此该组合现在的价值为
$$20 \times 0.25 - f = 5 - f = 4.367 \tag{11-7}$$

求解 11-7 可得
$$f = 0.633$$

在无套利假设条件下,期权的价值一定为 0.633 美元。如果期权的价值超过了 0.633 美元,投资者构造该组合的成本就有可能低于 4.367 美元,并将获得超过无风险利率的额外利润,这与无套利假设条件矛盾;如果期权的价值低于 0.633 美元,投资者可以通过卖空该证券组合来获得低于无风险利率的资金,这也与无套利假设条件矛盾。

2. 期权的二叉树计算公式

考虑一种不支付红利的股票,股票现在价格为 S,以该股票为标的资产,有效期为 T 的某个期权的价格为 f。假设在未来 T 时刻股票的价格只有两种取值情况,股票价格或者从 S 上升到一个新的价格 Su,或者从 S 下降到一个新的价格 Sd(其中:$u>1,d<1$)。即当股票价格向上变化时,股票价格增长的比率为 $u-1$;当股票价格向下变化时,股票价格减少的比率为 $1-d$。在期权的有效期 T 时间,我们可以根据股票的取值情况,计算期

权的相应取值情况。当股票价格变化到 Su 时,假设期权的收益为 f_u;当股票价格变化到 Sd 时,假设期权的收益为 f_d,如图 10-8 所示。

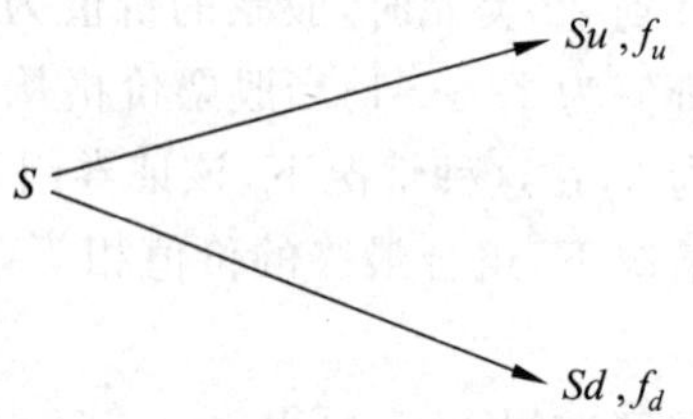

利用前面例子的思想方法,可以利用股票和期权合约构造一份无风险证券组合。在证券的组合中,可选取 Δ 股的股票多头头寸和一份期权合约的空头头寸来组成证券组合。为使得该证券组合为无风险组合,需要计算股票的多头头寸数量 Δ 的具体取值。

图 11-8 股票价格和期权价格的单期二叉树图

如果股票价格由 S 上升到 Su,则在期权的到期日,该组合的价值为

$$Su\Delta - f_u \tag{11-8}$$

如果股票价格由 S 下降到 Sd,则在期权的到期日,该组合的价值为

$$Sd\Delta - f_d \tag{11-9}$$

要想使得上述证券组合为无风险组合,则无论股票价格是上升还是下降,在期权的到期日,式 11-8 和式 11-9 的取值应该相等,即

$$Su\Delta - f_u = Sd\Delta - f_d \tag{11-10}$$

整理求解可得

$$\Delta = \frac{f_u - f_d}{Su - Sd} \tag{11-11}$$

当组合中股票的 Δ 取值为 $\frac{f_u - f_d}{Su - Sd}$ 时,所构造的组合一定是无风险组合,根据无套利假设条件,组合的收益一定为无风险利率。

用 r 表示无风险利率,则该组合的现值为

$$(Su\Delta - f_u)e^{-rT} \tag{11-12}$$

而该组合的初始价值为 $S\Delta - f$,因此

$$S\Delta - f = (Su\Delta - f_u)e^{-rT} \tag{11-13}$$

将式(11-11)中的 Δ 代入式(11-13)整理可得

$$f = e^{-rT}[pf_u + (1-p)f_d] \tag{11-14}$$

其中

$$p = \frac{e^{rT} - d}{u - d} \tag{11-15}$$

由此,可以利用单期二叉树图模型和式(11-14)和(11-15)估计期权的价值。

看下面的具体例子,假设 $u=1.1, d=0.9, r=0.12, T=0.25, f_u=1$ 和 $f_d=0$。由式(11-15)可得

$$p = \frac{e^{0.03} - 0.9}{1.1 - 0.9} = 0.6523$$

将求得的 p 值代入式(11-14)可求得期权的价值为

$$f = e^{-0.03}(0.6523 \times 1 + 0.3477 \times 0) = 0.633$$

这个结果与前面的计算结果完全一致。

3. 期权的风险中性定价

注意二叉树期权计算式(11-14)并没有顾及股票上升和下降的概率。也就是说,当上升概率是 0.5 时,计算得到的欧式期权价格,与上升概率为 0.9 时,计算得到的欧式期权价格相等。直观上,人们很自然地会想到,如果股票上升的概率增加,则基于股票的看涨期权价值也会增加,看跌期权的价值会减少。而事实上,情况并非如此。

虽然不需要对股票价格上升和下降的概率作任何假设,在期权计算公式(11-14)中,可以将公式中的变量 p 解释为股票价格上升的概率,相应地,$1-p$ 也就是股票价格下降的概率,则期权的预期收益可表示为

$$pf_u + (1-p)f_d \tag{11-16}$$

按照这种对 p 的解释,于是式(11-14)表示的含义为期权的现值就是未来期权的预期值按无风险利率的贴现值。

当上升变化的概率假设为 p 时,考虑一下股票的预期收益。若在 T 时刻预期的股票价格 S_T,则股票的预期收益可表示为

$$E(S_T) = pSu + (1-p)Sd \tag{11-17}$$

即

$$E(S_T) = pS(u-d) + Sd \tag{11-18}$$

将式(11-15)中的 P 代入式(11-18)化简可得

$$E(S_T) = Se^{rT} \tag{11-19}$$

平均来说,股票价格以无风险利率增长。因此,设定上升变化的概率等于 p 等价于设定股票收益为无风险利率。

一般把所有投资者是风险中性的世界称为风险中性世界(risk-neutral world)。在这样的世界中,投资者对风险不要求补偿,证券市场上所有证券的预期收益都假设是无风险利率。式(11-19)说明:当设定上升变化的概率为 p 时,等同于在假设所有投资者都是风险中性。式(11-14)说明:在风险中性世界中,给期权定价时,可以假设证券市场上所有证券的预期收益都是无风险利率,期权的价值是其预期收益按无风险利率的贴现值。

为进一步说明风险中性估值,继续看前面的具体例子。已知股票现价为 20 美元,3 个月后股票价格可能上涨到 22 美元或下降到 18 美元。本例中所考虑的期权是一份执行价格为 21 美元、有效期为 3 个月的欧式看涨期权,无风险利率是年率 12%。

在风险中性假设条件下,股票价格上升变化的概率是 p。在这样的世界中,股票的预期收益率一定等于无风险利率 12%。这意味着 p 一定满足

$$22p + 18(1-p) = 20e^{0.12 \times 0.25}$$

即
$$4p = 20e^{0.12 \times 0.25} - 18$$
求解得
$$p = 0.652\ 3$$

在3个月末尾,看涨期权的价值具有1美元价值的概率为0.652 3,价值为0的概率为0.347 7。因此,看涨期权的期望值为

$$0.652\ 3 \times 1 + 0.347\ 7 \times 0 = 0.652\ 3$$

利用无风险利率进行贴现,可以得到该期权的价值为

$$0.652\ 3e^{-0.12 \times 0.25} = 0.633$$

这一计算结果与前面所得结果相同,这说明利用无套利理论和风险中性定价方法计算的结论相同。

二、两期二叉树模型

可以将以上单期二叉树分析模型推广到两期二叉树模型。股票的初始价格为20美元,在两期二叉树图的每个单期二叉树图中,股票价格可以上升10%或者下降10%。假设每个单期二叉树的时间间隔是3个月,无风险利率是年率12%,考虑一份执行价格为21美元的期权价值。

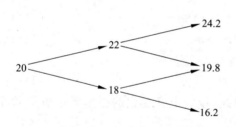

图11-9 两期二叉树图中的股票价格　　图11-10 两期二叉树图的股票价格和期权价格

二叉树图11-10中的每个节点,上面的数字是股票价格,下面的数字是期权价格。在树图最后节点的期权价格计算比较容易,它们是期权的损益状态:在节点D,股票价格是24.2美元,期权价格是24.2−21=3.2美元;在节点E和F,期权处于虚值状态,其价值为0。

在节点C,期权的价格为0,因为节点C的期权值来源于节点E和F,而这两个节点的期权价值为0。利用单期期权的二叉树计算式(11-14),可以计算在节点B的期权价格。将$u=1.1, d=0.9, r=0.12, T=0.25$和$p=0.652\ 3$代入期权计算式(11-14),则节点$B$的期权价格为

$$e^{-0.12 \times 0.25}(0.652\ 3 \times 3.2 + 0.347\ 7 \times 0) = 2.025\ 7$$

由后向前倒推,最后计算节点 A 的期权价格。已知在节点 B 的期权价值为 $2.025\ 7$ 以及在节点 C 的期权价值为 0。因此,再次利用单期期权计算式(11-14),可以计算节点 A 的期权价值

$$e^{-0.12\times0.25}(0.652\ 3\times 2.205\ 7+0.347\ 7\times 0)=1.282\ 3$$

于是得到两期期权的价格为 $1.282\ 3$ 美元。

在构造这个例子时,u 和 d(股票价格上升和下降的比率)在树图的每个节点上是相同的,并且每个单步二叉树的时间长度是相等的。由式(11-15)得到的风险中性概率 p,在每个节点都相同。

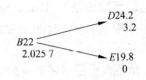

图 11-11　节点 B 的期权价格估值

下面给出两期二叉树的期权定价模型。考虑图 11-12 所示两期二叉树的情况。初始股票价格为 S。在每个单期二叉树中,股票价格或者上升到初始值的 u 倍,或者下降到初始值的 d 倍。期权价值的符号表示在二叉树图中股票价格的下方(例如,在两次上升变化后,期权的价值为 f_{uu})。假设无风险利率为 r,每个单步二叉树的时间长度都相等,且为 Δt 年。

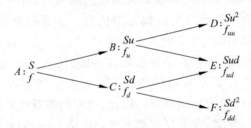

图 11-12　两期二叉树的股票价格和期权价格

重复期权的单期二叉树计算式(11-14)可得

$$f_u=e^{-r\Delta t}[pf_{uu}+(1-p)f_{ud}] \tag{11-20}$$

$$f_d=e^{-r\Delta t}[pf_{ud}+(1-p)f_{dd}] \tag{11-21}$$

$$f=e^{-r\Delta t}[pf_u+(1-p)f_d] \tag{11-22}$$

将式(11-20)和(11-21)代入式(11-22)可以得到

$$f=e^{-2r\Delta t}[p^2 f_{uu}+2p(1-p)f_{ud}+(1-p)^2 f_{dd}] \tag{11-23}$$

这与前面的风险中性估值的原理一致。变量 p^2,$2p(1-p)$ 和 $(1-p)^2$ 是达到最后上、中、下三个点的概率。

可以利用同样的方法,将两期二叉树模型,推广到多期的二叉树模型。不管二叉树模型为多少期,风险中性定价的原理一直成立。期权的价格总是等于它在风险中性世界的

预期收益按无风险利率贴现的值。

第三节　Black-Scholes 期权定价模型

二叉树期权定价模型提供了一种直观的方法,但它需要获得并处理大量的数据(即每一时点上的预期价格)。Black-Scholes 定价模型是二叉树定价模型的一种特例,它是在 n 期定价模型中当 $n \to \infty$ 时的一种极限情形,借助于正态分布,可以大大减少所需要的信息量和计算量。

在 n 期定价模型中随着 n 的不断增大,资产价格变动的时间 t 不断缩短。若随着 $t \to 0$,资产价格变动幅度逐步缩小,则二项式分布将逼近于正态分布,此时价格运动是一个连续过程;若随着 $t \to 0$,资产价格变动幅度仍较大,则二项式分布将逼近于泊松分布,此时价格运动是一个跳跃过程。

一、建立 Black-Scholes 期权定价模型的指导思想

Black-Scholes 模型奠定了现代期权定价理论的基础,具有重要意义。该模型避免了对未来股票价格概率分布和投资者风险偏好的依赖。这是因为 Black 和 Scholes 敏锐地意识到,股票看涨期权可以用来回避股票的投资风险。比如采取这样的投资策略:买入一种股票,同时卖出一定比例的该股票看涨期权,可以构造一个无风险的投资组合,即投资组合的收益将完全独立于股票价格的变化。在资本市场均衡条件下,根据 CAPM 理论,这种投资组合的收益应等于短期利率。因此,期权的收益可以用标的股票和无风险资产构造的投资组合来加以复制,在不存在套利机会的情况下,期权价格应等于购买该投资组合的成本,这说明期权价格的变动仅仅依赖于股票价格的波动量、无风险利率、期权到期时间、敲定价格、股票时价。在这些变量中,除股票价格波动量以外都是可以直接观察到的,而对股票价格波动量的估计比起对股票价格未来期望值的估计也要简单得多。这就是建立 Black-Scholes 期权定价模型的指导思想。

二、Black-Scholes 期权定价模型的假设条件

在推导 Black-Scholes 微分方程时,需要用到下面的假设:
(1) 股票价格遵循几何布朗运动 $dS = \mu S dt + \sigma S dz$,并且参数为常数。
(2) 允许使用全部所得卖空期权。
(3) 没有交易费用或税收,所有证券都是高度可分的。
(4) 在期权有效期内没有红利支付。
(5) 不存在无风险套利机会。

(6) 证券交易是连续的。

(7) 无风险利率 r 为常数,并且对所有到期日都相同。

在一些拓展的 B-S 期权定价公式中,上面的有些假设条件可以放松,比如 μ, r 和 σ 可以是随机函数。在上述假设条件下,我们下面将推导期权价格所必须满足的 Black-Scholes 微分方程。

三、Black-Scholes 微分方程的推导

我们现在来推导 Black-Scholes 微分方程。通过下面的推导过程,我们能够更为深刻地体会无套利假设在期权定价中的应用。

我们假设股票价格遵循下面的几何布朗运动

$$dS = \mu S dt + \sigma S dz \tag{11-24}$$

假设 f 是基于股票的某个看涨期权。因此,可以将 f 看成是 S 和 t 的某一函数,得到 f 遵循的方程为

$$df = \left(\frac{\partial f}{\partial S}\mu S + \frac{\partial f}{\partial t} + \frac{1}{2}\frac{\partial^2 f}{\partial S^2}\sigma^2 S^2\right)dt + \frac{\partial f}{\partial S}\sigma S dz \tag{11-25}$$

式(11-24)和(11-25)的离散形式为

$$\Delta S = \mu S + \sigma S \Delta t \tag{11-26}$$

$$\Delta f = \left(\frac{\partial f}{\partial S}\mu S + \frac{\partial f}{\partial t} + \frac{1}{2}\frac{\partial^2 f}{\partial S^2}\sigma^2 S^2\right)\Delta t + \frac{\partial f}{\partial S}\sigma S \Delta z \tag{11-27}$$

其中,由于刻画期权 f 和股票 S 随机变化部分的布朗运动相同,即式(11-24)和(11-25)中的 dz 相同,所以选择某种股票和期权的证券组合,使得组合之中不含布朗运动的随机项,这样就可以构造一个瞬时无风险证券组合。

为使组合中不含布朗运动的随机项,构造下面的证券组合

-1:期权合约

$+\frac{\partial f}{\partial S}$:股票

即证券组合的持有者卖空一份期权,买入数量为 $\frac{\partial f}{\partial S}$ 的股票。用 Π 表示证券组合的价值,则

$$\Pi = -f + \frac{\partial f}{\partial S}S \tag{11-28}$$

Δt 时间后证券组合的价值变化 $\Delta\Pi$ 为

$$\Delta\Pi = -\Delta f + \frac{\partial f}{\partial S}\Delta S \tag{11-29}$$

将式(11-26)和式(11-27)代入式(11-29),得

$$\Delta \Pi = \left(-\frac{\partial f}{\partial t} - \frac{1}{2}\frac{\partial^2 f}{\partial S^2}\sigma^2 S^2\right)\Delta t \tag{11-30}$$

因为这个方程不含随机项 Δz,因此经过 Δt 时间段后,所构造的证券组合 Π 必定是无风险的。从假设条件可以得出:该证券组合的瞬时收益率一定为无风险利率,否则会出现无套利。如果该证券组合的收益率大些,套利者就可以通过卖出无风险证券然后用其收入购买该证券组合来获取无风险利益;如果该证券组合的收益小些,套利者就可以通过卖出该证券组合购买无风险证券来获取无风险利益。因此,下面的公式成立

$$\Delta \Pi = r\Delta \Pi \Delta t \tag{11-31}$$

其中,r 为无风险利率,再由式(11-29)和式(11-30)可以得到

$$\left(\frac{\partial f}{\partial t} + \frac{1}{2}\frac{\partial^2 f}{\partial S^2}\sigma^2 S^2\right)\Delta t = r(f - \frac{\partial f}{\partial S}S)\Delta t$$

化简为

$$\frac{\partial f}{\partial t} + rS\frac{\partial f}{\partial S} + \frac{1}{2}\sigma^2 S^2 \frac{\partial^2 f}{\partial S^2} = rf \tag{11-32}$$

式(11-32)就是著名的 Black Scholes 微分方程。

对应于可用标的变量 S 定义的所有期权,此方程有许多解。解方程时得到的特定的期权取决于使用的边界条件。这些边界条件确定了在 S 和 t 的可能取值的边界上期权的价值。对于欧式看涨期权的情况,关键的边界条件为

$$f = \max(S - X, 0) \quad (t = T)$$

对于欧式看跌期权,边界条件为

$$f = \max(X - S, 0) \quad (t = T)$$

在式(11-32)的推导过程中,应当强调的一点是:证券组合 Π 并不是永远无风险。只是对于无限短时间间隔内,它才是无风险的。当 S 和 t 变化时,$\frac{\partial f}{\partial S}$ 也会变化。为保持证券组合无风险,需要连续调整证券组合中期权与股票的相对比例。

四、Black-Scholes 风险中性定价计算公式

Black 和 Scholes 成功的求解解释了他们的微分方程,得到了欧式看涨期权和看跌期权的精确公式。

在风险中性世界里,欧式看涨期权到期日的期望价值为

$$\tilde{E}[\max(S_T - X), 0]$$

其中,$\tilde{E}$ 表示风险中性世界中的期望值。由风险中性定价理论可知,欧式看涨期权的

价格 c 是这个值以无风险利率贴现的结果

$$c = e^{-r(T-t)} \tilde{E}[\max(S_T - X), 0] \tag{11-33}$$

假定股票价格运动是几何布朗运动,运用数学上随机变量函数的一些定理,可以得出股票价格的自然对数 $\ln S_T$ 具有正态分布的特征,具有下列概率分布:

$$\ln S_T \sim \varphi\left[\ln S + r - \frac{\sigma^2}{2}(T-t), \sigma\sqrt{T-t}\right] \tag{11-34}$$

对式(11-33)右边求值是一种微分过程,结果为

$$c = SN(d_1) - Xe^{-r(T-t)}N(d_2) \tag{11-35}$$

其中

$$d_1 = \frac{\ln(S/X) + (r + \sigma^2/2)(T-t)}{\sigma\sqrt{T-t}}$$

$$d_2 = \frac{\ln(S/X) + (r - \sigma^2/2)(T-t)}{\sigma\sqrt{T-t}} = d_1 - \sigma\sqrt{T-t}$$

$N(x)$ 是均值为 0,标准差为 1 的标准正态分布变量的累积概率分布函数(即这个变量小于 x 的概率)。

式(11-35)也可写为

$$c = e^{-r(T-t)}[SN(d_1)e^{r(T-t)} - XN(d_2)] \tag{11-36}$$

$N(d_2)$ 表示在风险中性世界里期权执行的概率,所以 $XN(d_2)$ 是执行价格乘以支付执行价格的概率。$XN(d_1)e^{r(T-t)}$ 是如下变量的期望值:在风险中性世界里,当 $S_T > X$ 时该变量等于 S,其他情况下该变量为 0。这解释了 Black-Scholes 定价公式中的各种含义,并说明它与风险中性估值一致。

利用看涨期权与看跌期权之间的平价关系,欧式看跌期权的价值可以利用欧式看涨期权类似的方法计算出

$$p = Xe^{-r(T-t)}N(-d_2) - SN(-d_1) \tag{11-37}$$

五、Black-Scholes 期权定价公式的性质

对远期合约而言,远期合约多头的价值为标的资产的现价减去其交割价的贴现值,即 $f = S - Ke^{-r(T-t)}$。式中,f 为远期合约多头的价值,S 为其标的资产(如股票)的现价,K 为远期合约交割价格。

而实际上,对期权而言,当股票价格 S 变得很大时,看涨期权肯定会被执行,此时,期权就与(交割)价格为 X 的远期合约非常相似。因为 S 相当大,d_1 和 d_2 也变得很大,$N(d_1)$ 和 $N(d_2)$ 都近似为 1。这样,Black-Scholes 模型就变为

$$c = S - Xe^{-r(T-t)} \tag{11-38}$$

而这就是远期合约价值公式。

Black-Scholes 期权定价理论的意义在于,它是第一个有实际应用价值的期权定价理论。此后,许多学者对它进行了修正,以使其更加完善;并且,从 Black-Scholes 的期权定价思想出发,学者们提出了解决利率期权、期货期权、货币期权以及更为复杂的期权定价的理论与模型。

六、Black-Scholes 期权定价模型与二叉树模型的比较

二叉树模型中的时间段是离散型的,考虑到期前价格变化的时间段不断增加的情况,比如说,到期前每天,甚至每小时、每分钟股价都有不同变化,将会得到一个非常大的二叉树。实际上,当时间段被无限细分时,二叉树模型中的期权定价公式就变为 Black-Scholes 期权定价公式。

Black-Scholes 期权定价模型与二叉树期权定价模型的主要差别有如下三点:

(1) Black-Scholes 模型没有考虑期权提前执行的情况,而二叉树模型并未排除美式期权的情况,因而使用更广泛。

(2) 二叉树模型在计算机发展的初期阶段比 Black-Scholes 模型计算起来更为复杂,更为费时,但随着快速大型计算机和模型计算的标准程序的出现,这个问题得到了解决。

(3) 二叉树模型假定标的物价格变化呈二项式分布特征,而 Black-Scholes 模型假设价格呈标准对数正态分布。后者的假设更接近于现实。

第四节 期权交易策略

本节将采用典型例题加以解释四种常用的期权交易策略:保护性看跌期权多头策略、抛补性看涨期权空头策略、对敲性双头期权策略和避险性双限期权策略。

一、保护性看跌期权多头策略

例 11-1 甲投资基金持有 30 000 股 A 股票,当前的价格为每股 70 元。基金经理预测未来 2 个月内股票价格还会上扬,所以他准备继续持有 A 股票,目标价格为每股 100 元。怎样才能保证 2 个月后他的 A 股票能够以每股至少 100 元的价格出售?

投资组合方案:

甲投资基金在持有 A 股票的同时,买进执行价格为 100 元的 2 个月期 A 股票看跌期权(假定该看跌期权的价格为 15 元)。这样,当 2 个月后 A 股票价格上升超过 100 元时,该基金可以获取股价上升带来的资本利得。反之,当 A 股票价格跌破 100 元时,买进的看跌期权将仍然能够保证基金经理可按 100 元的价格售出持有的股票。所以,无论股价

怎样变化,此项投资组合均可使得到期日时甲基金持有的A股股票总价值不低于执行价格100元。而付出的代价,则是需要在期初交纳一笔每股15元的看跌期权费。该组合方案的期末现金流为 $\max(100, S_T)$,减去期初的两项支出共计85元,可以净赚 $\max(15, S_T-85)$。整个投资组合的现金流测算结果如表11-3所示。

表11-3 保护性看跌期权多头策略的价值测算

投资组合方案	期初现金流（支出）	到期日现金流（收入）	
		到期日股价 $S_T < X$	到期日股价 $S_T \geq X$
A股股票多头	$S_0 = 70$	S_T	S_T
看跌期权多头	$P = 15$	$X - S_T$	0
资产组合	$S_0 + P = 85$	$X = 100$	S_T
组合盈利	$-(S_0 + P)$	$X - (S_0 + P)$	$S_T - (S_0 + P)$

通常把这种既能获取股价上升带来的收益,又能规避股价下降造成的损失的期权交易策略称为保护性看跌期权的多头策略。这里,"多头"意指预计股价会继续上升,因而可以获取股票差价收益;"保护性看跌期权"则是指持有该看跌期权的目的,是用于防护股价可能下降带来的损失,起码能保证获得以执行价格计算的股票销售收入。

借助股票与看跌期权多头的价值图可以清晰地看出保护性看跌期权的多头策略是怎样得以实现的。例如起始时买入的股票价格是 S_0,同时买入执行价格为 X 的看跌期权,看跌期权的价格为 P,则股票价值的变化如图11-13(a)所示,看跌期权多头价值的变化如图11-13(b)所示,两者叠加后组合价值的变化如图11-14所示。

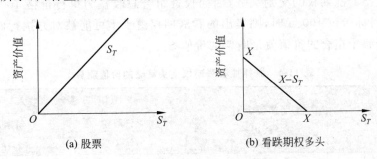

(a) 股票　　　　　　　　　　(b) 看跌期权多头

图11-13　保护性看跌期权多头策略分解图

图11-13和图11-14中的横轴为到期日的股价 S_T。图11-13(a)说明,到期日的股票价值将随着 S_T 的变化而变化,两者之间呈正比关系。图11-13(b)则表明看跌期权多头在到期日的价值状况:当股价 S_T 大于执行价格 X 时,期权的价值为零;当 S_T 小于 X 时,期

权的价值为 $X-S_T$；特别地，当 $S_T=0$ 时，期权的价值即为其执行价格 X。图 11-13(a) 和 (b) 中的两条斜线相叠加后，就得到图 11-14 中的资产组合价值折线。它表明当股价 S_T 小于执行价格 X 时，资产组合的价值为 X，即以持有的股票通过执行看跌期权而获得执行价格 X；当 S_T 大于执行价格 X 时，看跌期权因不会被执行而价值为零，此时资产组合的价值即为 S_T。把资产组合折线向下移动，减去成本占有的价值 (S_0+P)，便可得到资产组合的盈利线（图 11-14 中用细线表示）。股价 S_T 小于执行价格 X 时，保证的盈利为常量 $X-(S_0+P)$，而股价 S_T 大于 X 时，盈利为变量 $S_T-(S_0+P)$。

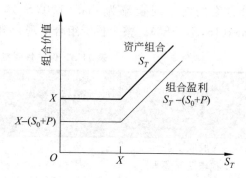

图 11-14　保护性看跌期权多头策略合成图

二、抛补性看涨期权空头策略

例 11-2　乙投资基金持有 20 000 股 B 股票，当前的价格为每股 75 元。基金经理预测未来 3 个月 B 股股价上升超过目标价位 100 元的可能性不大。因而他打算采取卖出执行价格为 100 元的 B 股看涨期权来赚取相应的期权费（假定期权费为每股 15 元）。

投资组合方案：

由 B 股股票多头和看涨期权空头组成的投资组合方案在到期日现金流价值的测算结果列于表 11-4。当到期日的 B 股股价 S_T 高于目标价位 100 元时，原持有的 B 股股票恰好用于完成卖出看涨期权的交割义务，因而投资组合总收益为执行价格 100 元；当 B 股股价 S_T 低于目标价位 100 元时，则卖出的看涨期权由于不可能被对方执行而价值为零，所以该项投资整个组合的价值就是股票的价值 S_T。

表 11-4　抛补性看涨期权空头策略的价值测算

投资组合方案	期初现金流（支出）	到期日现金流（收入）	
		到期日股价 $S_T \leqslant X$	到期日股价 $S_T > X$
B 股股票多头	$S_0=75$	S_T	S_T
看涨期权空头	$C=15$	0	$X-S_T$
资产组合	$S_0-C=60$	$S_T \leqslant 100$	$X=100$
组合盈利	$-(S_0-C)$	$S_T-(S_0-C)$	$X-(S_0-C)$

在该项投资组合中，因为手中持有的股票可以用于看涨期权空头的交割，也就是说卖

出的看涨期权在股价上升时产生的单向损失恰好被手中持有的股票所覆盖,因而这种组合被称为"抛补性的"(covered)。与保护性看跌期权的多头策略相对照,由于这种策略中投资者更多的是在预期未来的股价可能下跌,故而称之为"空头"策略。

借助股票与看涨期权空头的价值图可以清晰地看出抛补性看涨期权的空头策略是怎样得以实现的。例如,起始时买入的股票价格是 S_0,同时卖出执行价格为 X 的看涨期权,看涨期权的价格为 C,则股票价值的变化如图 11-15(a)所示,看涨期权空头价值的变化如图 11-15(b)所示,两者叠加后组合价值的变化如图 11-16 所示。

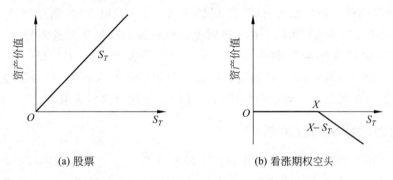

图 11-15　抛补性看涨期权空头策略分解

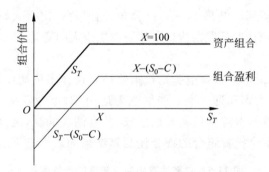

图 11-16　抛补性看涨期权空头策略合成图

图 11-15(a)说明,到期日的股票价值将随着到期日股价 S_T 的变化而变化,两者之间呈对应关系。图 11-15(b)则表明看涨期权空头在到期日的价值状况:当 S_T 小于执行价格 X 时,看涨期权不产生任何损失;当 S_T 大于执行价格 X 时,卖出看涨期权的损失为 $X-S_T$。图 11-15(a)中的斜线和(b)中的折线相叠加后,就得到图 11-16 中的资产组合价值折线。它表明当股价 S_T 大于执行价格 X 时,投资组合的总价值为 X,这是由于持有的股票用于兑现看涨期权空头出售股票的义务,销售收入即为执行价格 X;当股价 S_T 小于

执行价格 X 时,看涨期权因不会被执行而价值为零,此时投资组合的总价值就等于股价 S_T。把资产组合价值折线向下移动,减去成本占有的价值(S_0-C),便可得到组合的盈利线(图 11-16 中用细线表示)。股价 S_T 小于执行价格 X 时,盈利为变量 $S_T-(S_0-C)$,而股价 S_T 大于 X 时,保证的盈利为常量 $X-(S_0-C)$。

通过对比保护性看跌期权多头策略与抛补性看涨期权空头策略双方的盈利线可以发觉,抛补性看涨期权策略不具有保护性看跌期权的股价下降保险功能,也得不到保护性看跌期权的股价上升盈利。那么抛补性看涨期权策略何时采用才会有利呢?在实际运用中,如果预计股价将下降但幅度有限,S_T 仍处于 $X-P-C$ 以上时,则抛补性看涨期权策略就会优于保护性看跌期权策略。由于这时抛补性看涨期权策略的盈利为 $S_T-(S_0-C)$,而保护性看跌期权策略的盈利为 $X-(S_0+P)$,因此当 $X-P-C<S_T<X$ 时,有 $X-(S_0+P)<S_T-(S_0-C)$。这说明到期日股价如果介于 $X-P-C$ 与 X 之间,采用抛补性看涨期权空头策略所得到的盈利要高于保护性看跌期权多头策略。

三、对敲性双头期权策略

例 11-3 丙基金经理得悉一场拖延已久的涉及 D 上市公司的诉讼行将判决,其结果肯定会对 D 公司未来产生重大影响,但是社会上对此却毫不知晓。此时丙基金经理也不清楚判决结果对 D 公司到底是否有利。不过他认为,若判决结果有利于 D 公司,那么其股价一定会大幅上扬,如若判决结果不利于 D 公司,则股价一定会大幅下跌。所以无论判决结果对该上市公司是否有利,其股票价格必然要发生很大的变动,不是大涨,就是大跌。

投资组合方案:

在上述情况下,无论单一选择空头期权策略还是选择多头期权策略,按照概率论的等可能性准则,风险都会大到几近一半。如果改为运用"对敲性双头"期权策略(straddle),即同时买进同一种股票的看涨期权和看跌期权,并且两者的执行价格和到期时间均相同,则风险会减少很多。整个投资组合的现金流测算结果如表 11-5 所示。

表 11-5 对敲性双头期权策略的价值测算

投资组合方案	期初现金流（支出）	到期日现金流（收入）	
		到期日股价 $S_T<X$	到期日股价 $S_T \geqslant X$
看涨期权多头	期权费 C	0	S_T-X
看跌期权多头	期权费 P	$X-S_T$	0
资产组合	$P+C$	$X-S_T$	S_T-X
组合盈利	$-(P+C)$	$X-S_T-(P+C)$	$S_T-X-(P+C)$

选择了这种策略后,如果遇到股价实际大幅上扬,虽然会造成看跌期权价值为零,但看涨期权却能带来可观的盈利。反之,如果遇到股价实际大幅下跌,固然会导致看涨期权价值为零,而看跌期权却能获得丰厚的盈利。因而无论股价是实际大涨,还是实际大跌,对敲性双头期权策略都能使投资者取得盈利。

当然,对敲策略也有自身的不确定性,它的风险在于股价的波动幅度到底有多大。同时卖出看涨期权和看跌期权的一方,即对敲组合的出售者认为,股价的波动不可能很大,其变化幅度要小于期权费,所以卖出期权组合是有利可图的。而购买期权组合的投资者则认为,股价的变化幅度肯定要高于期权费,买入对敲组合才会使自己盈利。并且所承担的风险是可控的,其损失最大以期权费为限。

对敲性双头策略的价值分析如图 11-17 和图 11-18 所示。图 11-17(a)和(b)分别是看涨期权多头和看跌期权多头的价值图。把两条斜线相叠加后,得到图 11-18 中的资产组合价值折线,当到期日的股价 S_T 等于执行价格 X 时,对敲组合的价值为 0。并且不管在两侧的哪一端,只要 S_T 偏离 X 越远,该对敲组合的价值就越高。把资产组合折线向下移动,减去成本占有的价值$(C+P)$,便可得到资产组合的盈利折线(图 11-18 中用细线表示)。由盈利折线可以看出,当到期日的股价 S_T 偏离执行价格 X 的幅度大于 $C+P$,即 $S_T>X+C+P$,或 $S_T<X-C-P$ 时,对敲性双头策略都可盈利。

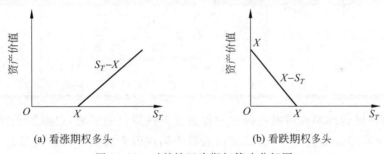

(a) 看涨期权多头   (b) 看跌期权多头

图 11-17 对敲性双头期权策略分解图

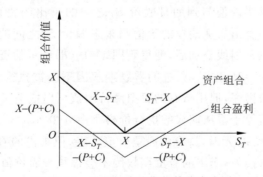

图 11-18 对敲性多头期权策略合成图

四、避险性双限期权策略

例 11-4 丁基金经理持有 30 000 股 E 股票,现在的价格为每股 100 元。而今后的股价走势看来难以预测,基金经理觉得涨跌的可能性都很大,但亦有可能不涨也不跌,这使他无法使用对敲性双头期权策略。基金经理希望 2 个月后他持有的股票价值起码不要低于 90 元,可是他又不情愿再承担购买看跌期权的费用。

投资组合方案:

在买入执行价格为 $X_1=90$ 元的看跌期权的同时,再卖出一个执行价格为 $X_2=110$ 元的看涨期权。由于买入看跌期权的费用刚好可以用卖出看涨期权的收入加以冲抵,因而基金经理就不需要另外支付费用来保护股价免受下跌的损失。这种期权交易策略被称之为避险性"双限策略"(collar)。整个投资组合的现金流测算结果如表 11-6 所示。

表 11-6 避险性双限期权策略的价值测算

投资组合方案	期初现金流（支出）	到期日现金流（收入）		
		到期日股价 $S_T \leqslant X_1$	到期日股价 $X_1 < S_T < X_2$	到期日股价 $S_T \geqslant X_2$
股票多头	$S_0=100$	S_T	S_T	S_T
看跌期权多头	$P=10$	X_1-S_T	0	0
看涨期权空头	$C=10$	0	0	X_2-S_T
资产组合	S_0+P-C	$X_1=90$	$90<S_T<110$	$X_2=110$
组合盈利	$-(S_0+P-C)$	$X_1-(S_0+P-C)$	$S_T-(S_0+P-C)$	$X_2-(S_0+P-C)$

但是,这种组合式期权策略在保护股价免受下跌损失的同时,也限制了股价上涨带来的好处。由于当股价超过 110 元时,卖出的看涨期权因会被执行而产生损失,这正好抵消了所持股票价格上涨带来的收益。图 11-19 给出了避险性双限策略的损益分析图。

基金经理持有的股票价值与到期日股价 S_T 之间的正比例关系如图 11-19(a)所示。买进看跌期权的价值和卖出看涨期权的价值与未来股价 S_T 之间的关系如图 11-19(b)和图 11-19(c)所示。将三条斜线叠加后,便得到图 11-19(d)所示的资产组合价值曲线。

当到期日股价 $S_T > 110$ 元时,买进的看跌期权因不会被执行而价值为零,卖出的看涨期权因被执行将带来损失,但用持有的股票涨价增值可以抵消卖出看涨期权的损失,所以三项资产的组合价值等于看涨期权的执行价格 $X_2=110$ 元。

当到期日股价 $S_T < 90$ 元时,持有的股票价值下降,但买进的看跌期权因被执行刚好规避了股票价值的下跌损失,卖出的看涨期权因不会被执行而价值为零,所以三项资产的组合价值等于看跌期权的执行价格 $X_1=90$ 元。

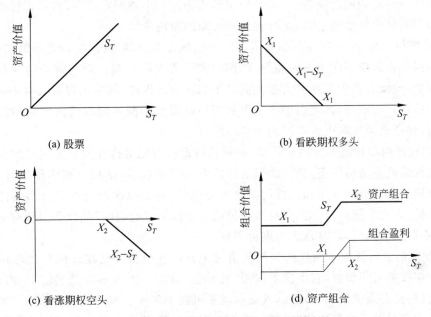

图 11-19　避险性双限期权策略损益分析图

当到期日股价 S_T 介于 90 元和 110 元之间时，买进的看跌期权和卖出的看涨期权因都不会被执行而价值为零，所以三项资产的组合价值即为此时持有的股票价值 S_T。

本章小结

1. 期权亦称选择权，是一种衍生性契约。其持有人有权利在未来一段时间内（或某一日期）以一定价格购买或出售一定数量的特定标的物，但没有必须履约的义务。期权卖方授予期权买方这项权利，期权买方为取得这种权利需向卖方付一定费用，称为期权费或权利金。

2. 根据拥有的是购买还是出售资产的权利不同，分为看涨期权和看跌期权。看涨期权赋予持有人在一特定时期以某一固定价格购进标的资产的权利，而看跌期权则赋予持有人以固定执行价格出售标的资产的权利。按照期权执行的时间限制可分为欧式期权和美式期权。欧式期权只能在到期日执行。而美式期权可以在到期日或到期日之前的任何时间执行。

3. 敲定价格是指期权合约被执行时，交易双方实际买卖基础资产的价格，也称为履约价格或执行价格，它与市场上的现行价格相对应。当交易所准备上市某种期权合约时，将根据合约标的物的最近收盘价,依某特定形式确定一中心敲定价格,然后再按既定的幅度设定该中心敲定价格的上行、下行若干个级距的敲定价格。

4. 在期权交易中,只有期权出售者才需缴纳保证金,而期权购买者无须缴纳保证金。这是因为保证金的作用在于确保履约,而期权购买者为得到期权合约赋予的权利已经付出了期权费,他没有必须履约的义务。而对于期权的出售者,他在出售期权时必须在保证金账户中保持一定资金,这是由于经纪人和交易所需要确保当期权行使时该期权出售者不会违约,保证金大小取决于当时的市场环境。

5. 期权的内在价值也称内涵价值,是指执行期权时能给持有人带来损益的价值。当期权内在价值处于增值状态,执行期权会给持有人带来收益,期权会被实际执行,此时称之为实值期权。当资产价格和执行价格处于等值状态,期权执行与否不会影响持有人的损益,此时称之为平值期权。当期权内在价值处于贬值状态,执行期权会给持有人带来损失,期权不可能被执行,此时称之为虚值期权。

6. 期权的总价值等于期权的时间价值加上其内在价值。期权价格超过内在价值的部分称为期权的时间价值,它本质上属于"波动性"价值。因为不管是实值、平值、还是虚值期权,只要持有人尚未执行期权,其收益就不可能小于零。波动性价值依赖于期权内含的对自己不利时可不执行的权利,期权具有在资产价格发生不利变化时为持有人提供保险的功能。

7. 在风险中性世界中,投资者对风险不求补偿,市场上所有证券的预期收益都假设是无风险利率。期权的价值是其预期收益的贴现值。二叉树期权定价方法假定在期权到期时,标的资产的市场价格只有两种可能:或者上涨到某一价格,或者下降至某一价格。并可依此推广到多期。当时间段被无限细分时,二叉树期权公式就变为 Black-Scholes 期权公式。

 阅读资料

中信泰富累计期权巨亏事件

2008 年 10 月 21 日下午 5 点,一条消息震惊全香港:中信泰富外汇期权交易亏损超过 150 亿港元。中信泰富 2006 年 3 月底与澳大利亚的采矿企业签订协议,以 4.15 亿美元收购两个分别拥有 10 亿磁铁矿资源开采权的公司 Sion-Iron 和 Bal-moral Iron 的全部股权。Sion-Iron 投资了一项 42 亿美元的磁铁矿项目,时间长达 25 年。由于澳元不断升值,导致以美元计算的该项目的投资成本也不断增加。为了降低澳元升值带来的汇率风险,2008 年 7 月 16 日,中信泰富公司两名高层在未取得主席荣智健批准前,通过买入外汇衍生品来避险。

2008年10月,中信泰富曝出曾与花旗银行香港分行、瑞信国际、法国巴黎百富勤、美国银行、摩根士丹利、汇丰银行、德意志银行等13家外资银行签订了数份杠杆式外汇合约,其中金额最大的是澳元累计期权,而这十三家外资银行都是国际上排名前列的大银行。在6月底的中信泰富中期业绩报告中,公司披露总负债由2007年上半年286.54亿港元急升至419.06亿港元,净负债则从上年同期的206.09亿升至312.11亿港元。该公司中期净利润43.77亿港元,较上年同期减少12%。这笔可赎回远期合约实亏8.07亿港元,浮亏147亿港元,总计155.07亿港元。这家颇具声誉的公司在两个交易日中市值蒸发掉了2/3,成了在全球金融危机中首批中箭的中国企业。

这份期权协议的原理可近似看作中信泰富向对手方购买一个澳元兑美元的看涨期权以及卖出两个看跌期权,行权价格都是0.87。该协议规定:澳元对美元汇价的月收盘价在0.870美元之上,中信泰富有权按0.870美元的价格购买1000万澳元,如果市场价格上穿1.016美元的屏障价格,则合约自动作废。投资这种累计期权所获得的收益与要承担的风险是极不对称的。这类杠杆式外汇买卖合约交易者只需支付一定比例的保证金,就可进行数十倍的额度交易,本质上属于高风险金融交易,外汇价格正常的波动会被大幅放大。

资料来源:根据 http://wenku.baidu.com/view/e804ed1f10a6f524ccbf85f3.html?re=view 等整理。

"中航油"做空期权遭破产

事件经过

2003年下半年:中国航油公司(新加坡)(以下简称"中航油")开始交易石油期权,最初涉及200万桶石油,中航油在交易中获利。

2004年一季度:石油价格攀升导致公司潜亏580万美元,公司决定延期交割合同,期望石油价格能回跌;交易量也随之增加。

2004年二季度:随着石油价格持续升高,公司的账面亏损额增加到3000万美元左右。公司因而决定再延后到2005年和2006年才交割;交易量再次增加。

2004年10月:油价再创新高,公司此时的交易盘口达5200万桶,账面亏损再度大增。

10月10日:面对严重资金周转问题的中航油,首次向母公司呈报交易和账面亏损。为了补加交易商追加的保证金,公司已耗尽近2600万美元的营运资本、1.2亿美元银团贷款和6800万元应收账款资金。账面亏损高达1.8亿美元,另外已支付8000万美元的额外保证金。

10月20日:母公司提前配售15%的股票,将所得的1.08亿美元资金贷款给中航油。

10月26日和28日:公司因无法补加合同保证金而遭逼仓,蒙受1.32亿美元实际亏损。

11月8日到25日:公司衍生商品合同继续遭逼仓,至25日实际亏损达3.81亿美元。

12月1日:在亏损5.5亿美元后,中航油宣布向法庭申请破产保护令。

原因分析

1. 中航油的期权交易一开始就存在巨大隐患,因为其面临的风险敞口是巨大的。期权交易中,期权卖方收益是确定的,最大收益限于收取买方的期权费,然而其承担的损失却可能很大(看跌期权),甚至无限量(看涨期权)。中航油恰恰选择了风险最大的做空期权。

2. 管理层风险意识淡薄。企业没有建立起防火墙机制,在遇到巨大的金融投资风险时,没有及时采取措施进行对冲交易来规避风险,使风险无限量扩大直至被逼仓。事实上公司是建立起了由安永会计事务所设计的风控机制来预防流动、营运风险的,但因为总裁的独断专行,该机制完全没有启动,造成制定制度的人却忘了制度对自己的约束的局面。

3. 内部:公司治理结构存在不合理现象。作为中航油总裁的陈久霖,手中权力过大,绕过交易员私自操盘,发生损失也不向上级报告,长期投机违规操作酿成苦果。这反映了公司内部管控存在大缺陷,风险管理体系的虚设导致对陈久霖的权利缺乏有效的制约机制。

4. 外部:监管机构监管不力。中国航油集团公司归国资委管理,中航油造成的损失在5.3亿至5.5亿美元之间,其开展的石油指数期货业务属违规越权炒作行为。该业务严重违反决策执行程序,这监管漏洞无疑为后事爆发埋下伏笔。

资料来源:根据http://www.xiangyuqh.com/alfx/10000395.jhtml等整理。

复习思考题

一、问答题

1. 什么是期权?什么是看涨期权和看跌期权?什么是溢价期权,折价期权和平价期权?欧式期权和美式期权有什么区别和联系?

2. 什么是期权的时间价值?影响时间价值的因素有哪些?

3. 为什么交易所向期权的卖方收保证金而不向买方收保证金?并介绍其机理。

4. 如何理解二叉树期权定价方法?它与Black-Scholes期权定价公式是什么关系?

5. 股票指数期权与股票指数期货都有哪些不同?

二、选择题

1. 作为获得期权的代价,买方需要支付一笔金额给卖方,一般称该项金额为( )。
   A. 交易佣金　　　　B. 协定价格　　　　C. 权利金　　　　D. 保证金
2. 期权交易过程中,应当缴纳保证金的一方为( )。
   A. 期权买方　　　　　　　　　　　B. 期权卖方
   C. 期权买方和期权卖方　　　　　　D. 都不用缴纳
3. 当买入一份看涨期权时,如果某一时点该期权标的资产的市场价格大于期权的执行价格,那么这一时点该期权属于( )。
   A. 实值期权　　　　B. 虚值期权　　　　C. 平值期权　　　　D. 零值期权
4. 美式期权是指期权的执行时间( )。
   A. 只能在到期日
   B. 可以在到期日之前的任何时候
   C. 不能随意改变
   D. 可以在到期日或到期日之前的任何时候
5. 当忽略佣金等其他费用时,投资者买入看跌期权可能损失的最大值为( ),可能获得的最大值为( )。
   A. 协议价格与权利金之和;协议价格与权利金之差
   B. 权利金;协议价格与权利金之和
   C. 权利金;协议价格与权利金之差
   D. 协议价格与权利金之差;协议价格与权利金之和
6. 影响期权价格的因素很多,以下陈述中最为正确的是( )。
   A. 期权的有效期限越长,期权价值越大
   B. 标的资产价格波动率越大,期权价值越大
   C. 无风险利率越小,期权价值越大
   D. 标的资产的收益越大,期权价值越大

三、计算题

1. 某投资者卖出一份标的资产为 A 股票的欧式看涨期权,12 月份到期,协议价格为 20 元。现在是 8 月份,A 股票的价格为 18 元,期权价格为 2 元。如果期权到期时 A 股票的价格为 25 元。请描述该投资者在整个过程中的现金流量状况。
2. 某一协议价格为 25 元,有效期 6 个月的欧式看涨期权价格为 2 元,标的股票价格

为24元，该股票预计在2个月和5个月后每10股各支付5元股息，所有期权的无风险连续复利年利率均为8%。请问：该股票协议价格为25元，有效期6个月的欧式看跌期权价格应该等于多少？

3. 某投资者9月份买入10月份标准普尔500股票指数期货合约的看涨期权，11月份到期。购入时，股票指数是761.90，敲定价格为762.00，每点500美元，权利金为15点。假设10月份股票指数上涨到783.00点，该投资者行使期权，可获利多少？请画出其收益图。

4. 某只股票目前价格为40元，假设该股票一个月后的价格要么为42元，要么为38元。连续复利无风险年利率为8%。请问：1个月的协议价格为39元的欧式看涨期权价格等于多少？

5. 一只无红利股票的美式看跌期权，有效期为3个月，目前股票的价格和执行价格均为50美元，无风险年利率为8%，波动率为每年30%。请按时间间隔为一个月来构造二叉树模型，为期权定价。

参 考 文 献

[1] 萨利赫·N. 内夫特奇. 金融工程学原理[M]. 第2版. 王忠玉,等,译. 北京:中国人民大学出版社,2014.

[2] 马雷克·凯宾斯基,托马斯·札斯特温尼克. 金融数学:金融工程引论[M]. 第2版. 佟孟华,译. 北京:中国人民大学出版社,2014.

[3] 叶永刚等著. 宏观金融工程[M]. 北京:高等教育出版社,2013.

[4] 周爱民. 金融工程[M]. 北京:科学出版社,2013.

[5] 郑振龙,陈蓉. 金融工程[M]. 第3版. 北京:高等教育出版社,2013.

[6] 林清泉. 金融工程[M]. 第3版. 北京:中国人民大学出版社,2013.

[7] 叶永刚,郑康彬. 金融工程概论[M]. 第2版. 武汉:武汉大学出版社,2009.

[8] 周洛华. 金融工程学[M]. 第2版. 上海:上海财经大学出版社,2008.

[9] (美)Paul Glasserman. 金融工程中的蒙特卡罗方法[M]. 范韶华,孙武军,译. 北京:高等教育出版社,2008.

[10] Yuh-Dauh Lyuu. 金融工程和计算——原理·数学·算法[M]. 影印版. 北京:高等教育出版社,2008.

[11] (美)John F. Marshall,Vipul K. Bansal. 金融工程[M]. 宋逢明,朱宝宪,张陶伟,译. 北京:清华大学出版社,1998.

[12] (英)Lawrence Galitz. 金融工程学——管理金融风险的工具和技巧[M]. 修订版. 唐旭,等,译. 北京:经济科学出版社,1998.

[13] (英)Keith Cuthbertson,Dirk Nitzsche. 金融工程——衍生品与风险管理[M]. 张陶伟,彭永江,译. 北京:中国人民大学出版社,2004.

[14] (美)Scott Mason,Robert Merton,André Perold,Peter Tufano. 金融工程学案例——金融创新的应用研究[M]. 胡维熊,主译. 大连:东北财经大学出版社,2001.

[15] (美)Robert F. Bruner. 金融案例研究——为公司的价值创造而管理[M]. 潘国英,译. 北京:清华大学出版社,2005.

[16] (美)Maureen Burton,Reynold Nesiba,Ray Lombra. 金融市场与金融机构导论[M]. 惠超,刘丹,李晓蕾,译. 北京:清华大学出版社,2004.

[17] (美)Aswath Damodaran. 投资估价——确定任何资产价值的工具和技术(上册)[M]. 第2版. (加)林谦,译. 北京:清华大学出版社,2004.

[18] (美)Aswath Damodaran. 投资估价——确定任何资产价值的工具和技术(下册)[M]. 第2版. (加)林谦,译. 北京:清华大学出版社,2004.

[19] (英)Terry J. Watsham,Keith Parramore. 金融数量方法[M]. 陈工孟,陈守东,译. 上海:上海人民出版社,2004.

[20] (美)A. G. Malliaris,W. A. Brock. 经济学和金融学中的随机方法[M]. 陈守东,李小军,李元,译. 上海:上海人民出版社,2004.

[21] (加)John Hull 著. 期权、期货和其他衍生品[M]. 英文版. 第5版. 北京:清华大学出版社,2006.

第 1 版后记

新年的钟声敲响了。站在 2008 年的门槛上,面对三尺书楼,回溯二十多年的探索之路,不禁感慨万千。

我毕业于兰州理工大学(原甘肃工业大学),所学专业为液压与自控(后并入控制工程专业)。毕业后随着经济体制改革的需要,进入省级经济管理部门工作,业务由工程技术转向金融、投资领域。为了改进和提高我国省级经济和金融管理部门的决策模式与决策水平,20 世纪 80 年代国家先后出资,安排广东省引进了美德联合研制的 Markal 模型、甘肃省引进了比利时欧洲系统分析研究所(Systems-Europe)为欧共体研制的 EFOM-12C 模型。我有幸受甘肃省政府委派,于 1986 年赴比利时布鲁塞尔欧洲系统分析研究所(Systems-Europe)研修经济系统工程与金融数学模型。期间,对英国及欧洲刚开始出现的"金融工程师"称谓和活动有所耳闻,对西方微观金融和宏观金融的内在区别与结合模式印象深刻,并全面接触了经济发达国家中正日益数量化、模型化、计算机化的"现代金融",发觉它与当时国内金融学的研究方向和实践方向竟大相径庭。

1987 年回国后,我在省政府部门、金融管理机构从事投资项目管理和金融科研工作,主持完成了 30 多项省部级投资项目的可行性研究、经济财务评估及工程设计等,积累起了大量宝贵的实践经验;主持完成省部级科研课题 6 项,发表论文 40 余篇,注意引入国外新兴的金融工程分析方法和分析手段,并与我国的具体国情相结合,同时在其本土化方面不断进行探索。近年来在政府机构调整中,我随原单位并入兰州商学院,转任金融学院副教授,主要研究方向为金融工程、风险投资管理。使我有时间将多年来在科研方面的若干探索与设想加以整理和实现。近期完成的与此相关的省级科研课题有:甘肃省自然科学(中青年)基金项目"经济金融复杂系统整合辨识理论中的定量分析方法与应用"、"金融经济(高维复合)系统多结构递进辨识技术理论研究"、"金融经济(高维复合)系统多结构递进辨识技术应用研究";甘肃省哲学社会科学项目"西部地区自主创新中的金融工程及金融创新对策研究"等。2004—2005 年度主持的重点课题"金融工程专业建设研究"经教育部审批通过,在兰州商学院设立了西北五省第一家金融工程本科专业,并正式招生。与东部重点院校的首批招生时间仅距三年,为缩小东西部地区的教育差距奉献了微薄之力。

这本书就是多年来为金融工程的学科本土化、知识普及化所作努力的结晶之一。先后参加编写工作的有滕俊、李映宗、赵明霄、张学峰、周鸿霞诸位老师,博士生许晓永、庞楷,硕士生付海龙、张利军、周子茗、南旭、周洋帆、聂宁、聂瓅等同学。对清华大学出版社诸位编辑所付出的辛勤劳动和提供的全方位服务表示由衷的感谢。对本书中尚存在的不足之处表示歉意,并随时敬请各位读者不吝赐教。

周复之
2008 年 1 月 1 日

教师服务

感谢您选用清华大学出版社的教材！为了更好地服务教学，我们为授课教师提供本书的教学辅助资源，以及本学科重点教材信息。请您扫码获取。

» 教辅获取

本书教辅资源，授课教师扫码获取

» 样书赠送

财政与金融类重点教材，教师扫码获取样书

 清华大学出版社

E-mail: tupfuwu@163.com
电话：010-83470332 / 83470142
地址：北京市海淀区双清路学研大厦 B 座 509

网址：http://www.tup.com.cn/
传真：8610-83470107
邮编：100084